新时代
司法改革
心路历程

XINSHIDAI SIFA GAIGE
XINLU LICHENG

李少平 / 著

法律出版社
LAW PRESS · CHINA
北京

图书在版编目(CIP)数据

新时代司法改革心路历程 / 李少平著. -- 北京 :
法律出版社, 2024
ISBN 978-7-5197-9145-2

Ⅰ. ①新… Ⅱ. ①李… Ⅲ. ①司法制度-体制改革-
中国 Ⅳ. ①D926

中国国家版本馆 CIP 数据核字(2024)第 095926 号

新时代司法改革心路历程
XINSHIDAI SIFA GAIGE XINLU LICHENG

李少平 著

策划编辑 许 睿
责任编辑 许 睿
装帧设计 汪奇峰

出版发行 法律出版社
编辑统筹 司法实务出版分社
责任校对 李慧艳
责任印制 胡晓雅
经 销 新华书店

开本 710 毫米×1000 毫米 1/16
印张 30.5 字数 379 千
版本 2024 年 8 月第 1 版
印次 2024 年 8 月第 1 次印刷
印刷 天津嘉恒印务有限公司

地址:北京市丰台区莲花池西里 7 号(100073)
网址:www.lawpress.com.cn
投稿邮箱:info@lawpress.com.cn
举报盗版邮箱:jbwq@lawpress.com.cn

销售电话:010-83938349
客服电话:010-83938350
咨询电话:010-63939796

书号:ISBN 978-7-5197-9145-2
定价:118.00 元
凡购买本社图书,如有印装错误,我社负责退换。电话:010-83938349

作者简介

李少平

汉族，中共党员，1956年10月生，山西武乡人，研究生学历，法学硕士学位，教授。曾任最高人民法院副院长、二级大法官，十三届全国政协常委，十三届全国政协社会和法制委员会委员，四川省高级人民法院院长，天津市高级人民法院院长。

序　言

1978年9月，我踏入西南政法学院（现西南政法大学）的校门，从此迈进了学习法律、研究司法，为我国法治建设去奋斗、去拼搏、去奉献的人生征途。1987年7月，我硕士研究生毕业，成为四川省高级人民法院研究室干部，从此开启了我的司法生涯。之后34年中，除在四川省人民检察院短暂任职外，主要在人民法院工作。2002年11月和2008年1月，我先后任四川省高级人民法院、天津市高级人民法院党组书记、院长。2013年10月，任最高人民法院党组成员、副院长、审判委员会委员。自2016年12月起，兼任最高人民法院第五巡回法庭庭长。在最高人民法院任职期间，还先后担任过第十二届全国人大代表和政协第十三届全国委员会委员、常委。

从1987年到2021年，我在人民法院的工作经历，与司法改革密不可分，可谓缘分颇深。在地方高级人民法院任职期间，我就深度参与司法改革工作，并组织开展过一系列具有探索、示范意义的改革创新。例如，四川省高级人民法院曾在全国率先推行案件繁简分流、便民速裁机制，刑事二审开庭、案件质量评查工作当时也走在全国法院前列。天津法院的诉讼服务标准化、庭审公开、涉台纠纷化解等改革举措，也曾被作为典型经验在全国推广。担任最高人民法院副院长后，也一直分管司法改革工作，并为之投入大量时间和精力。

我到最高人民法院伊始，正值党的十八届三中全会召开，司法体制改革很快以前所未有的深度、广度、力度展开。到我2021年8月卸任时，最高人民法院已先后印发两个“五年改革纲要”，推进实施130项改革任务，制定出台330多件改革文件，从夯基垒台、立柱架梁，到全面推进、积厚成势，再到系统集成、协同高效，做成了想了很多年、讲了很多年但没有做成的改革，推动法院工作很多领域实现历史性变革、系统性重塑、整体性重构。本书所记录的，正是我参与和见证上述伟大变革的心路历程。

所谓“心路历程”，并非凭空感慨，而是由一项项具体工作串接而成。司法改革工作既是系统工程，也需要重点突破。我在最高人民法院分管司法改革工作期间，在院党组的坚强领导下，在其他兄弟部门的支持配合下，重点组织开展了以下六项工作：

第一，经过实践检验、经验总结，逐步形成了一套符合中国国情、贴近法院实际、操作行之有效的司法改革方法论。例如，坚持“试点先行、总结经验、立法转化”，先后就人民陪审员制度、民事诉讼程序繁简分流、四级法院审级职能定位改革开展试点，为修订《人民法院组织法》《法官法》，制定《人民陪审员法》，修改相关诉讼法提供了实践素材，也为人民法院在法律框架下推进重大改革创新“蹚”出一条新路。再如，党的十八届三中全会以来，我每年都会组织至少一次司法改革督察，主持召开一到两次人民法院司法改革推进会，通过督察和推进会，交流先进经验，通报具体问题，明确改革思路和举措。此外，我还带领司改办[1]的同志，边探索边实践，陆续打造了人民法院改革创新奖、司法改革案例、“羊城杯”司法改革学术征文、司法改革重点调研课题等常态化工作机制，每年发布人民法院司法改革白皮书、司法改革年鉴、司法改革热点问答，为司法改革创造良好氛围和舆论环境。

第二，按照中央关于“让审理者裁判，由裁判者负责”的改革要求，持续推进司法责任制改革，先后就完善司法责任制、院庭长办案机制、法官惩戒机制、法官履职保障机制、专业法官会议机制、审判人员权责清单、“四类案件”监督管理机制等印发十多个规范性文件。在此过程中，我们坚持法定审判组织依法行权和民主集中制相结合，既尊重独任法官、合议庭的办案主体地位，又坚持人民法院整体责任本位，强化院庭长监督管理职权，健全专业法官会议研究咨询、审判委员会最终决定的新型审判权力运行机制，推动司法责任制全面准确落实。

第三，推动建立“中国特色，世界领先”的互联网司法新模式。经中央批准，在杭州设立全球首家互联网法院，并在总结经验基础上增设北京、广州互联网法院。组织开展“移动微法院”试点工作，实现全国性应用推广。制定印发《人民法院在线诉讼规则》，在新冠肺炎疫情期间推动互联网司法大显身手，实现了“公平正义不停步”。牵头组织召开世界互联网法治

① 司改办，全称为最高人民法院司法改革领导小组办公室。

国际论坛，向全世界推介中国互联网司法实践和制度建设成就。

第四，从制度层面推动了案件繁简分流、轻重分离、快慢分道。经全国人大常委会授权，在15个省份20个城市305家法院开展为期两年的民事诉讼程序繁简分流改革试点。试点举措包括扩大司法确认、小额诉讼、独任制的适用范围，优化简易程序，完善在线诉讼程序等。2021年12月24日，第十三届全国人大常委会第三十二次会议审议通过《关于修改〈中华人民共和国民事诉讼法〉的决定》，将试点成果上升为法律。

第五，健全开放、动态、透明、便民的阳光司法制度体系。牵头推动审判流程公开、裁判文书公开、执行信息公开工作，打造司法公开“四大平台”，为新时代全面深化司法公开打开局面。先后制定印发《关于加强和规范裁判文书释法说理的指导意见》《关于深入推进社会主义核心价值观融入裁判文书释法说理的指导意见》。修正《人民法院法庭规则》，规范新时代法庭秩序。会同公安部印发通知，明确刑事被告人或上诉人出庭受审时不再穿号服或囚服。

第六，推动全面构建多元化纠纷解决机制。把非诉纠纷解决机制挺在前面，灵活调动各方力量，共同化解各类矛盾纠纷，是从制度上推动诉源治理的重要举措。最高人民法院制定印发《关于人民法院进一步深化多元化纠纷解决机制改革的意见》，完善委托调解、委派调解机制，多次组织召开全国法院多元化纠纷解决机制改革工作推进会，开展中央部委层面多元化纠纷解决机制改革交流活动。十年来，最高人民法院先后会同司法部开展律师调解试点、会同中国侨联开展涉侨纠纷多元化解试点、会同中华全国总工会开展劳动争议多元化解试点、会同全国工商联完善商会调解优势，为未来推动多元纠纷解决机制立法打下良好基础。

除上述六大领域外，我还参与了设立最高人民法院巡回法庭、跨行政区划法院、推动以审判为中心的刑事诉讼制度改革、组织开展人民陪审员制度改革试点等重要工作。当选为政协第十三届全国委员会委员、常委后，我认真履行参政议政职责，提出一系列法治建设领域的政协提案。

“人生天地之间，若白驹过隙，忽然而已”。正因如此，每到人生重要节点，才有必要盘点过往、梳理得失。我在地方高级人民法院任职时的相关思考，已收入《司法理性与公平正义》《二十载之刑法心路》等著作。而在最高人民法院任职期间的讲话、发言、致辞、访谈和提案等，经过我本人认真筛选，都收录在这本《新时代司法改革心路历程》中。为便于读者阅读，我将内容分为把握司法体制改革方法论、全面准确落实司法责任制、以阳光司法提升司法公信、以审判为中心促制度建设、以繁简分流完善诉讼体系、打造更高水平的数字正义、将非诉解纷机制挺在前面、建言献策助推法治新发展八个专题，每个专题再以时间为线索谋篇布局。尽管随着改革的深化，在改革实践中出现了一些新情况新问题，人们对司法改革的某些政策、措施有不同的认识，但为了尊重改革历史，也为全面、真实地反映人民法院司法改革全貌，统稿时仅删除了重复表述、纠正了个别硬伤，并未对内容作过多修改。故难免有疏漏与不当之处，敬请读者批评指正。

积土而为山，积水而为海。司法改革只有进行时，没有完成时。一代人有一代人的使命，一代人有一代人的担当，作为一名司法老兵，我为自己的使命和担当努力过、奋斗过。至于成效如何，留待后人评说。希望本书能为读者提供一个视角，更好地了解新时代十年人民法院司法体制改革的过程、实践和成效，并将之作为建设公正高效权威的社会主义司法制度伟大征程中的一个重要坐标。

是为序。

2024 年 6 月

目　录

一、把握司法体制改革方法论

二、全面准确落实司法责任制

三、以阳光司法提升司法公信

四、以审判为中心促制度建设

五、以繁简分流完善诉讼体系

六、打造更高水平的数字正义

七、将非诉解纷机制挺在前面

八、建言献策助推法治新发展

一、把握司法体制改革方法论

党的十八大以来，习近平总书记提出一系列关于司法改革的新论断新观点新要求，体现在关于全面深化改革、全面依法治国的一系列重要论述中，科学回答了“为什么改”“改什么”“怎么改”等重大理论和实践问题，形成了关于司法体制改革的认识论和方法论，闪耀着马克思主义真理的光辉，为新时代司法体制改革指明了正确方向、提供了根本遵循。

结合我分管人民法院司法改革工作的心路历程，以及学思践悟习近平法治思想的心得体会，我认为新时代司法改革的方法论主要体现在以下几方面：政治方向上，始终坚持党对司法体制改革的绝对领导；战略定位上，司法体制改革是政治体制改革的重要组成部分，是全面深化改革、全面依法治国的重要内容；改革目标上，坚持把完善和发展公正高效权威的中国特色社会主义司法制度作为总目标；根本宗旨上，坚持以人民为中心的发展思想，不断增强人民群众获得感；理论基础上，司法权是判断权和裁量权，也是中央事权，必须坚持符合国情和遵循司法规律相结合；改革路径上，必须坚持问题导向、系统推进、顶层设计和试点探索相结合等要求。

新时代十年人民法院司法改革，无论是搭梁建柱还是综合配套，无论是授权试点还是改革督察，无论是政策解读还是案例宣传，无一不是深入贯彻落实习近平总书记关于新时代司法改革认识论和方法论的生动实践。

司法改革理论研究既要关注“体制改革”也要关注“机制改革”*

司法体制改革是我国政治体制改革的重要组成部分，具有非常强的政治性、政策性和法律性。推动司法体制改革必须坚持中国特色社会主义政治方向，在全社会达成共识，最重要的是坚持在党的领导下，树立和维护法律权威，这是司法体制改革的核心和重要内容。司法机关是党领导下的重要国家机关，人民司法是党领导人民治国理政的重要方式。确保法律的有效实施，树立和维护法律权威，就是在维护党的权威，提升党的执政水平和威信。因此，推进司法体制改革的关键在于坚持在党的统一领导下，不断提升全社会对树立法律权威和建设法治国家的统一认识，达成高度共识，这样才能使司法体制改革沿着正确的方向迈进。

一、司法体制改革和工作机制改革的关系

司法体制和工作机制都属于司法制度的重要组成部分，但层次

* 根据《深化司法体制改革》改编。原文刊载《环球法律评论》2013 年第 2 期。

显著不同。首先，涵盖范围不同。司法体制改革的范围较小，只涉及司法机关的设置、领导和监督体制、职权划分和管理制度，司法工作机制改革的范围较大，不仅可以涉及各项具体制度或措施，而且涉及司法工作制度、司法程序所包含的具体内容。其次，制度形式不同。司法体制改革涉及的是一种处于静态的制度形式，即司法机关的组织体系或组织架构，其本身不涉及实施问题，而司法工作机制改革则涉及一种动态的制度实现形式，具体表现为具体工作的实施和运行。最后，改革途径不同。司法体制改革事关司法主体的机构设置和权力来源的合法性，对其改革和调整主要自上而下地进行，而司法工作机制改革只涉及制度运行中的环节或方法方式问题，通过文件、方案或通知的途径进行，手段灵活。把握好两者之间的关系，就要在改革过程中既做好顶层设计，坚持自上而下保持一致；又做到积极探索，勇于担当。

二、司法体制改革和民众司法需求的关系

民众的司法需求是司法体制改革的原动力，我国长期以来的司法改革实践证明，凡是符合民众根本司法需求的改革措施都具有持久的生命力；凡是误读甚至背离民众司法需求的，则难以实现预期的效果。首先，要正确认识当事人利益诉求和民众司法需求的关系。司法的本质是经过正当程序和法律衡量后，判断抽取当事人诉求中的正义内涵，从而实现社会公平正义的过程。只有利益诉求中的正义成分，才构成民众司法需求的组成部分。其次，民众的司法需求应当体现在法律目的与法律规范中。在中国特色社会主义法律体系已经建立的今天，法律本身已经包含了各种利益的妥协以及各方当事人权利义务的平衡。人民法院应正确理解立法意图，严格执行法律，依法公正、独立行使审判权，就是在最大限度地满足民众的司

法需求。最后，民众的司法需求体现在司法工作的方式方法上。法律目的与法律规范体现着民众对司法的需求，但实现的工作方式方法却可大有作为。当前各级法院采取的诉讼服务、诉调对接、民意沟通、便民利民等各项改革措施正是在机制改革上的突破和提升。

三、关于新一轮司法体制改革的几点建议

（一）通过依法独立公正行使审判权推动法治国家建设

法院依法独立行使审判权，包含着两个层次的含义：一是审判权只能由法院行使，其他任何机关、团体、组织或个人不能也无法代替。我国是单一制的社会主义国家，地方各级法院是国家统一司法体系中的组成部分。人民法院依法独立行使审判权，是在履行宪法法律赋予的职责，必须保障审判权行使的独立判断、独立思考，唯如此才能提升司法公信，强化社会的法治信仰。在这方面，可以深化法院系统的经费保障制度改革，实行中央、省级两级财政；探索跨区审判，完善法官职业保障等措施，强化审判权的国家属性，避免司法的“地方化”。二是审判权的行使不受外界干扰。人民法院依法独立行使审判权，就是在最大限度地实现人民利益和社会正义的过程，要坚决杜绝那些利用领导干预、煽动民意围攻、非法人身攻击等不良手段干预司法的行为，只有坚守法律底线，才能增强社会对民主法治的信心。在这方面，要特别注重解决好涉法涉诉信访问题，将信访工作纳入法治化轨道，贯彻落实信访终结制度，维护司法裁判的终局效力。

（二）通过基础调研强化司法体制改革的理论支持

司法体制改革事关国家政治的顶层设计，需要强大的理论支持，

既要立足当前，着力落实已有改革成果，又要着眼长远，科学规划适应时代要求、符合人民意愿的框架蓝图。任何一项司法改革措施都要符合基本的司法规律，要根据新的形势任务，准确把握党和国家工作大局对司法体制改革的要求，深入分析制约人民法院工作科学发展的问题，夯实司法改革举措的法理基础，在此基础上确定新一轮司法体制改革的基本路线。特别是要深入研究如何推进司法公信建设，如何通过深化司法体制改革确保人民法院依法独立行使审判权，如何优化司法职权配置等重大问题，合理配置侦查权、检察权、审判权，确保司法机关相互配合、相互制约，理顺司法机关的纵向关系，按照宪法和法律的规定，正确处理各级司法机关之间的领导关系、指导关系和监督关系，完善中国特色社会主义司法制度，为推进新一轮司法体制改革提供理论和实践依据。

（三）通过司法衡平引导良性利益博弈机制建设

司法体制改革的目的之一是提高司法机关解决社会纠纷、化解社会矛盾的能力。在社会日趋多元化的背景下，利益博弈的时代发生社会矛盾和利益冲突是正常的社会现象，通过社会矛盾的相互制衡来谋求社会的和谐，通过利益的博弈促进社会公正秩序的建立是未来的发展趋势。法律是社会关系的基本调整器，司法的最终目的就是通过对社会关系的调整和利益的衡平，确立一个公认的社会规则和标准，通过公平、公正的司法过程建立健全社会利益博弈机制，促使矛盾各方按照法律的渠道和程序进行对话和谈判协商，通过已知裁判结果而预知行为结果，促进自主解决其利益冲突，实现社会的自我管理、自我调节。改革就是要让司法更好地起到衡平利益关系、引导推动良性利益博弈机制的作用，一方面使个案的竞争与矛盾利益进行价值平衡和选择，使法律结论具有实质的正当性和合理性，实现个案的实质正义；另一方面克服和弥补制定法和制度的形式价值缺损，进行创造性的解释和适用，使法律结论具有形式上的正当性和合法性，实现法律的形式正义。

（四）通过统一法律方法提升司法公信力建设

统一司法尺度、规范自由裁量权一直是司法体制改革关注的热点，案例指导制度也因此应运而生。但正如“人不可能踏入同一条河流”一样，实践中只有相似的案件，而没有完全相同的案件，即便是同一个案件在法官之间、学术界与实务界之间也会有不同的看法。在中国特色社会主义法律体系已经建立的背景下，司法体制改革的理论研究并不能仅停留在体系建设这样的“硬制度”层面，更应去关注法律方法这种“软制度”的构建。当今的不足就是没有统一的法律思维和推理方式，如果法律界用的是统一的法律推理方法，那么大部分案件的结果就应该是没有分歧的，而不会出现法典的公开化和法律思维的不公开化相冲突的困境。这就需要构建具有中国特色社会主义法学理论体系，统一法学思维和方法，即“创设中国法学中心，促进中国法学文献，借以统一和发展中国法”，让法官、法学教授和实务界人士参与进来，制定一套各部门法和法学理论的法通典，为中国法的统一适用，法律思维和逻辑推理统一的形成开创一个新局面。

深化新一轮司法体制改革的重大问题*

新一轮司法体制改革正在党中央的坚强领导下积极有序推进，改革的力度、深度、广度前所未有，党中央对司法改革的重视程度也是前所未有的，理论界、实务界乃至社会上对此高度关注，全国法院热切期盼。大家普遍关心这一轮司法改革是在什么样的时代背景下展开的？要解决哪些问题？改革的重点问题有哪些？改革目前进展如何？具体又将如何推进？下面将就深化司法体制改革的基本认识、进展情况和若干重大问题作一报告。

一、关于深化司法体制改革的基本认识

（一）深刻把握深化司法体制改革的时代背景

虽然我国仍处于发展的重要战略机遇期，但前进道路上也面临各种风险和挑战，国际局势错综复杂，综合国力竞争空前激烈，国内改革发展稳定任务日益繁重，发展中不平衡、不协调、不可持续问题依然突出，在经济结构调整和社会转型过程中，人民内部矛盾

---

* 根据2014年11月18日在全国高、中级人民法院院长学习贯彻十八届四中全会精神培训班上的报告改编。

和其他社会矛盾凸显，我国仍处于对敌斗争复杂期、社会矛盾凸显期、刑事案件高发期。要解决党和国家事业发展面临的一系列重大问题，不能仅依靠GDP的增长，还必须通过全面深化改革，完善和发展中国特色社会主义制度，推进国家治理体系和治理能力现代化；必须找到一条能够确保党和国家长治久安的治国理政道路和方式，把法律作为治国之重器，把法治作为国家治理体系和治理能力的重要依托。

当前，全面建成小康社会已经进入决定性阶段，改革进入攻坚期和深水区，要发展社会主义市场经济，解决制约持续健康发展的种种问题，维护公平、开放、透明的发展环境离不开法治；要保障人民民主，解决人民群众最关心的教育就业、收入分配、社会保障、医药卫生、住房消费等方面的突出问题离不开法治；要构建社会主义和谐社会，解决促进社会公平正义、完善互联网管理、保障食品药品安全、创新社会治理、维护社会稳定等方面的难题离不开法治；要坚决惩治腐败、消除特权、反对“四风”离不开法治。只有全面推进依法治国，把法治作为治国理政的基本方式，充分发挥法治的引领和规范作用，运用法治思维和法治方式解决各种社会矛盾和问题，才能确保我国社会在深刻变革中既生机勃勃又井然有序。

在全面推进依法治国的进程中，深化司法体制改革是保证公正司法、提高司法公信力的必然要求，是实现国家治理体系和治理能力现代化的重要方面，是建设中国特色社会主义法治体系的强大动力。只有把深化司法体制改革放到全面推进依法治国的大背景下，放到党和国家长治久安的大局中，放到建设中国特色社会主义法治体系的总体布局中，才能坚定我们推进司法改革的信心，增强改革的责任感、使命感和紧迫感。

（二）深刻把握深化司法体制改革的问题导向

总体而言，人民法院司法为民、公正司法，为建设平安中国、法治中国作出了积极贡献，成效应予以充分肯定。但我们也必须清醒地认识到，当前司法不规范、不严格、不透明、不文明的现象较为突出，一些地方司法不公、司法不廉，引起人民群众强烈不满。其中有些问题与司法体制机制的不合理、不科学有关。

从法院内部环境看：一是司法资源配置不合理，全国法院总体上案多人少矛盾突出。大量具有法官身份的人员没有充实到审判一线，许多地方忙、闲不均情况也比较突出。二是司法廉洁问题突出，存在人情案、关系案和金钱案。个别案件严重不公，少数案件甚至存在以权谋私情况，在社会上产生了很不好的影响，对司法公信力产生了严重的损害。三是司法职权配置不合理，审判权运行机制不科学。一些法院司法行政化问题突出，案件层层请示、层层审批，审者不判、判者不审；一些法院内部监督制约机制不完善，审判权缺乏有效监督；审级关系有待进一步规范，最高人民法院、高级人民法院的监督指导作用有待进一步加强，审判委员会、人民陪审员等制度作用发挥得不理想；一些地方司法公开程度不够，司法透明度不高。四是队伍素质参差不齐，职业化建设不足。法官长期以来被等同于普通公务员管理，没有建立符合司法职业特点的法院人员管理制度和司法职业保障制度，法院人员正规化、专业化、职业化程度不足。总体而言，人民群众日益增长的司法需求与司法资源和司法能力不足的矛盾，已经严重影响和制约人民司法事业的科学发展，到了不改革就难以适应发展需要的地步。从法院外部环境看：首先确保人民法院依法独立公正行使审判权的体制机制还不完善，法院人财物受制，办案受外部各种因素干扰较多，容易影响和妨碍司法公正。其次少数领导干部法治意识淡薄，把司法机关当成自己的下属机构、发号施令，插手干预司法个案。

深化司法体制改革，就是要始终坚持问题导向，紧紧抓住当前一些地方司法不公、司法不廉等人民群众反映强烈的突出问题，对症下药、标本兼治、综合施策，从体制机制上给人民法院依法独立公正行使审判权提供制度保障，着力提升司法公信力。

（三）深刻把握深化司法体制改革的基本要求

一是必须坚持一切从中国国情出发。新时代中国特色社会主义的核心要求就是走中国自己的路，而不能照搬照抄。在改革过程中，既要充分吸收、借鉴域外法治建设和司法文明发展的优秀成果，大胆探索、不搞自我封闭；又要坚持立足中国国情，不照搬照抄外国司法制度，偏离社会主义方向，不超越经济社会发展阶段盲动冒进，把改革的进度、力度与社会可承受程度统一起来。改革要正确处理坚持党的领导和保障人民法院依法独立行使审判权的关系，不能削弱甚至否定党的领导，必须始终坚持在党的领导下推进改革，确保改革的正确方向。

二是必须尊重司法规律。司法活动有其固有的规律性，我国的司法制度与其他国家相比，有差异也有共性。司法体制改革必须严格遵循审判权作为判断权和裁决权的权力运行规律，彰显审判权的中央事权属性，充分体现审判权独立性、中立性、程序性和终局性特征，充分体现权责统一、权力制约、尊重程序的要求。

三是必须积极稳妥推进。此次改革涉及面广，任务艰巨，直接触及司法体制的深层次问题，直接打破现有利益格局，下决心破除妨碍司法事业科学发展的制度藩篱，必须依法、积极、稳妥、有序推进。改革必须依法进行，于法有据，需要修改法律法规的，要在法律法规修改后推开，重要改革举措需要得到法律授权的，要严格按照法定程序进行。对于省级人财物统管、法官员额制等重大改革探索，必须反复研究论证，精心统筹谋划，稳妥有序推进，设置必要的过渡期和过渡方案，确保人心不散、队伍不乱、工作不断。对于司法公开等已经把握准的任务要积极推进，尽快取得成效。此外，还要注意改革的系统性、整体性、协同性，坚持全面整体推进与重点领域突破相结合。

四是必须坚持顶层设计和试点探索相结合。司法体制改革事关全局，政治性、政策性强，涉及司法体制和权力运行的重大调整必须加强顶层设计、统筹规划，不允许各行其是。同时要尊重地方首创精神，鼓励下级法院在中央统一安排部署下先行先试，及时总结试点经验，推动制度创新。需要强调的是，并不是每一项试点都能完全成功，甚至有些问题只有在试点中才能发现，因此在司改试点工作中要允许出现问题，允许试错。试点工作尤其要注重实证研究，把实证研究作为科学决策的重要参考，逐步探索形成一套科学、务实、有效的司法改革方法论。

二、关于当前深化司法体制改革进展情况

（一）中央深化司法改革层面

2013年12月30日，中央成立了由习近平同志任组长的中央全面深化改革领导小组[①]（以下简称中央深改组），下设6个专项小组，负责全面深化改革的总体设计、统筹协调、整体推进、督促落实，这是我国改革开放以来设立的最高级别的改革领导机构。司法

① 2018年3月，根据《深化党和国家机构改革方案》，中央全面深化改革领导小组已更名为中央全面深化改革委员会。余同。

体制改革工作主要由6个专项小组当中的社会体制改革专项小组牵头推进，对外又称中央司法体制改革领导小组。中央深改组与中央司改领导小组均下设办事机构，分别简称中央改革办与中央司改办。

中央深改组成立以来，已经召开了7次全体会议，其中与司法改革紧密相关的有4次[①]，充分显示出党中央对司法改革的重视程度。2014年1月22日，中央深改组召开第一次全体会议，审议通过《中央有关部门贯彻落实党的十八届三中全会〈决定〉重要举措分工方案》，明确了党的十八届三中全会《中共中央关于全面深化改革若干重大问题的决定》（以下简称三中全会《决定》）中需要由中央有关部门组织贯彻实施的336项重要举措。2014年2月28日，中央深改组召开第二次全体会议，审议通过了《关于深化司法体制和社会体制改革的意见及贯彻实施分工方案》，明确了深化司法体制改革的目标、原则，确定了85项司法改革举措。

根据中央关于重大改革事项先行试点的要求，中央决定就完善司法人员分类管理、完善司法责任制、健全司法人员职业保障、推动省以下地方法院检察院人财物统一管理4项改革，选取上海等6省市作为第一批中央司改试点地区先行先试。2014年6月6日，中央深改组召开第三次全体会议，审议通过了《关于司法体制改革试点若干问题的框架意见》（以下简称《框架意见》）、《上海市司法改革试点工作方案》[②]，同时还审议通过了《关于设立知识产权法院的方案》。7月15日，孟建柱书记主持召开司法体制改革试点工作会议，对如何科学推进司改试点工作提出了明确要求。为及时了解试点中的问题，指导试点工作有序推进，孟建柱书记带队，先后到广

---

① 数据截至2014年11月18日报告时间。

② 《坚持顶层设计与实践探索相结合　积极稳妥推进司法体制改革试点工作》，载《人民法院报》2014年6月16日，第1版。

东、上海、吉林等试点地区调研，听取一线干警、专家学者和律师代表对司改工作的意见建议。9 月 25 日，中央政法委召开司法体制改革试点工作推进会，组织部分省（区、市）交流了推进试点工作的经验，并对如何分批次推进司改试点工作提出要求。针对试点中存在的突出问题，10 月 10 日，孟建柱书记主持召开了中央司改领导小组专题会议，听取了最高人民法院、最高人民检察院党组关于司改试点工作中几个重要问题的汇报，并作出重要指示。11 月 4 日，孟建柱书记在湖北武汉召开的全国政法委书记座谈会上，就扎实推进司法体制改革再次作出重要指示。

党的十八届四中全会《中共中央关于全面推进依法治国若干重大问题的决定》（以下简称四中全会《决定》）就全面推进依法治国、深化司法体制改革等提出了一系列重大改革举措。2014 年 10 月 27 日，习近平总书记在第六次全面深化改革领导小组会议上指出，"要把全会提出的 190 项对依法治国具有重要意义的改革举措，纳入改革任务总台账，一体部署、一体落实、一体督办。"① 此后中央印发了贯彻实施分工方案，中央有关各单位正抓紧结合本部门职责，对照任务清单，抓紧制订实施方案，努力推动改革任务不折不扣地完成。12 月 2 日，中央深改组召开第七次全体会议，审议通过了《最高人民法院设立巡回法庭试点方案》和《设立跨行政区划人民法院、人民检察院试点方案》，并建议根据会议讨论情况进一步修改完善后按程序报批实施。

（二）人民法院推进司法改革层面

党的十八届三中全会召开后，最高人民法院迅速组织专门力量，

① 高尚全：《新时期改革逻辑论》，人民出版社 2015 年版，第 2 页。

结合三中全会精神，启动了《人民法院第四个五年改革纲要(2014—2018)》（以下简称“四五改革纲要”）的起草工作。

2014年1月6日，最高人民法院调整了院司法改革领导小组，由周强院长担任组长。2月16日，最高人民法院司法改革领导小组召开第一次全体会议，审议通过了最高人民法院关于贯彻实施《中共中央关于全面深化改革若干重大问题的决定》的分工方案。7月3日，最高人民法院在吉林省长春市召开第一次“司法改革试点地区法院座谈会”，听取了试点地区法院的工作进展和意见建议。7月18日，最高人民法院在上海市召开“法官工作量测算与法官员额制改革座谈会”，集中研究了法官员额制度改革过程中存在的主要问题。

2014年7月31日，最高人民法院司法改革领导小组召开第二次全体会议，安排部署了“四五改革纲要”的推进工作。8月27日，最高人民法院在青海省西宁市召开第二次“司法改革试点地区法院座谈会”，听取了试点地区法院反映的困难和问题。

2014年8月31日，第十二届全国人大常委会第十次会议通过《关于在北京、上海、广州设立知识产权法院的决定》。10月27日，最高人民法院印发《关于北京、上海、广州知识产权法院案件管辖的规定》；10月28日，印发《知识产权法院法官选任工作指导意见(试行)》。11月6日，北京知识产权法院正式挂牌成立，12月16日广州知识产权法院挂牌，标志着这项改革任务基本完成。下一步，最高人民法院将在全国人大、中央政法委、中编办等有关部门的支持下，按照实行扁平化管理、全面探索司法体制改革的工作要求，加大督促、协调力度，按照中央部署完成知识产权法院组建工作。为贯彻落实党的十八届四中全会精神，按照重大改革项目先行试点的要求，最高人民法院还在中央政法委领导下，研究制定了《关于最高人民法院设立巡回法庭的试点方案》和《关于设立跨行政区划法院、检察院的试点方案》。

三、关于当前深化司法体制改革的重大问题

（一）推动省级以下地方法院人财物统一管理

推动省级以下地方法院人财物统一管理，是党的十八届三中全会作出的一项重大司法改革举措。四中全会《决定》在此基础上，提出要进一步改革司法机关人财物管理体制。

需要注意的是：首先，统管不是垂直管理。法院管理有自身特点，要尊重审级独立，将统管简单等同于垂直管理，是一种行政化思维，是错误的。其次，统管坚持以公开透明民主的方式展开，通过公开、公平、公正的程序机制进行统管。最后，统管既不是简单的权力交接，也不是权力再分配。当然，省级统管涉及体制改革问题，不能一蹴而就。具体来说包括以下几个方面：

一是推进法官的统一管理。所谓人员统管，包括编制统管、干部统管、法官统管和其他人员统管四个层次。应配合中央有关部门，推动建立省级以下地方法院法官统一由省级提名、管理并按法定程序任免的机制。今后初任法官由高级人民法院统一招录。预备法官应接受统一培训，由省一级法官遴选委员会统一把关，统一由省级提名并按法定程序任免。

二是推进干部的统一管理。干部管理体制改革是省级人员统管改革的难点问题。目前法院干部实行双重管理体制，但更侧重分级管理，省级以下地方法院干部管理方式主要是以地方党委为主，上一级法院党组协管。对于统管方式，我们认为，改革的基本思路应立足于“统”，总体考虑是坚持党管干部原则与尊重司法规律相结

合，保持目前法院干部双重管理体制不变，但应充分发挥高级人民法院党组熟悉审判工作、了解法院干部的优势，加大高级人民法院党组干部管理权限。

三是推进财物的统一管理。这一改革的总体思路是完善人民法院事权和支出责任相适应的经费保障体制，将法院经费保障纳入中央和省级财政预算。需要强调的是，中央对这项改革的要求是确保省级以下地方法院预算安排的经常性支出不低于改革前的实际水平，法院工作人员的收入水平也努力实现“托低保高”。对于计划单列市法院，应当考虑其经费保障体制上的特殊性，在坚持省级统管的同时，在经费管理方面给予其一定的自主性。

（二）加强法院队伍正规化、专业化、职业化建设

一是推进法官单独职务序列改革。建立符合职业特点的司法人员管理制度，关键是建立符合法官职业特点的单独职务序列。当前，由于对法官职业的特殊性缺乏认同，仍然有人将建立法官薪酬制度简单等同于给法官加工资，而没有从加强司法职业保障、确保依法独立行使审判权的角度考虑问题。实际上，审判权的判断权和裁决权属性要求法官依法独立公正行使审判权，这是法官职业的特殊性。这一特殊性需要法律人才中的精英人才进入法官队伍。只有建立法官单独职务序列、给予法官充分的职业保障，才能使符合要求的人才进入并留在法院，确保他们依法独立公正行使审判权。推进这项改革，一方面，在认真总结司法改革综合试点地区的实践经验基础上，探索法官专业职务与行政职级脱钩、实行按期晋升和择优选升相结合的法官等级晋升方式，研究制定新的法官单独职务序列制度，改变目前依据行政职级确定法官等级的做法。另一方面，采取务实稳妥的方式，积极推动落实《法官法》有关规定，逐步建立与法官

单独职务序列配套的薪酬制度。

二是建立法官员额制。目前我国法院内部审判工作和审判事务性工作没有科学区分，法官与审判辅助人员配比不合理，一些优秀法官不得不花很大精力从事送达、订卷、通知开庭等事务性工作，影响工作效率。推动分类管理要求科学确定法官与审判辅助人员的数量比例，减轻法官事务性工作负担，建立法官员额制度是一个重大改革探索和制度创新。我们认为，确定法官员额要因地制宜，建立在科学的数据测算基础上。要防止法官员额比例确定后，法官的工作量陡然增加而加剧“案多人少”的矛盾，更要防止法官员额急剧压缩后引发的优秀人才流失。最高人民法院始终要求各地必须立足各地法院实际，在重新核定各级法院人员编制、增补审判辅助人员的前提下，根据法院辖区经济社会发展状况、人口数量、案件数量等基础数据，结合法院审级职能、法官工作量、审判辅助人员配置、办案保障条件等因素，科学测算法官员额比例，并建立法官员额动态调整机制。计入法官员额的人员原则上应当配置在审判委员会和审判业务部门。在哪些人可以进入法官员额的问题上，我们认为，改革的关键是要盘活存量、做好增量，不能搞“就地卧倒”或“一刀切”，已具有法官身份者要统一接受考核，严格标准、宁缺毋滥、逐步择优分批进入法官员额。

三是完善法官选任制度。目前我国法官职业门槛不高，对法官的选任等同于普通公务员招录，没有体现职业化特点。因此，这次改革提出要针对不同层级的法院，设置不同的法官任职条件，在省一级设立法官遴选委员会，体现公平、公正、公开的遴选原则。遴选委员会负责从专业角度提出法官人选，并将人选名单、岗位需求、任职资格、拟任人选等情况向社会公示，由组织人事、纪检监察部门在政治素养、廉洁自律等方面考察把关，党委按照权限审批，人大依照法律程序任免。同时建立逐级遴选制度，中级以上人民法院不再直接从应届毕业生中招录法官，初任法官今后一律首先在基层法院任职，上级法院的法官除可面向社会公开遴选符合条件的律师、法律学者和其他法律工作者外，原则上从下一级法院的优秀法官中遴选，打开基层法官上升通道。

四是完善法官办案责任制和惩戒制度。目前，一些法院案件内部层层请示、层层审批，审者不判、判者不审的问题比较突出，不仅难以保障司法质量，而且会引发责任不明的问题。此次改革提出完善主审法官、合议庭办案责任制，就是要突出审判组织的审判主体地位，实现权责统一，真正做到谁审理、谁裁判、谁负责。最高人民法院已经在 12 家法院开展了审判权运行机制改革试点工作。下一步，要进一步明确合议庭及其成员的办案责任与免责条件，特别是科学界定合议庭成员办案责任，既要确保其独立发表意见，又要明确其个人意见、履职行为在案件处理结果中的责任。当然，强调主审法官、合议庭的办案责任制，并不意味着院、庭长就不再进行管理和监督了，而是要进一步明确院、庭长与其职务相适应的管理和监督职责，确保监督不缺位、监督不越位、监督必留痕、失职必担责。此外，严格的办案质量负责制也必须与法官履行法定职责保护机制相互配套。我们一方面要建立法官办案质量负责制和错案责任倒查问责制，确保案件处理经得起法律和历史检验；另一方面对法官的问责特别是因法官依法履职行为的问责必须有相应的履行法定职责保护机制。非因法定事由、非经法定程序，不得将法官、检察官调离、辞退或者作出免职、降级等处分。此轮改革提出要在中央和省一级分别建立以法官为主、吸收社会有关人员参与的法官惩戒委员会。惩戒委员会的组成应体现法官自治原则，以法官为主，惩戒程序的设计应体现法官职业特点，提升惩戒工作透明度，保障法官陈述、辩解、举证、申请复议、申诉等权利，充分体现公正性。通过惩戒制度改革，实现依法及时惩戒与强化职业保障相统一，推动对法院内部监督与外部监督有机结合。

（三）优化司法管辖和司法职权配置

一是设立知识产权法院。目前全国知识产权审判庭有420多个，从事知识产权审判法官共计2700多名。2008年以来我们在7个高级人民法院、94个中级人民法院、104个基层人民法院开展了集中审理知识产权民事、行政案件试点工作。近年来，知识产权审判案件年均增长37.6%，案件增长较快，审理难度较大，国际关注度高，但是知识产权审判也存在对案件特殊性、专门性重视不够、裁判标准不一、审理周期过长、审判效率不高等问题。设立知识产权法院有利于提升知识产权审判质效，加强知识产权的司法保护，充分发挥司法保护的主导作用，促进我国创新驱动发展战略。目前决定在北京、上海、广州三地设立知识产权法院。同时，应以知识产权法院为重要“试验田”，探索适用于知识产权法院案件审理的特有程序，同步推进人员分类管理、法官员额制、办案责任制、扁平化机构设置和管理等司法体制改革。

二是设立跨行政区划的人民法院。目前我国地方法院设置基本与行政区划对应，便于明确管辖、方便诉讼。但是，近年来因城市拆迁、农村征地、环境污染、企业破产等引发的大量行政案件和民商事案件容易受到各种地方因素干扰。随着跨行政区划乃至跨境案件的增多，涉案标的越来越大，案件处理结果与地方经济社会发展和社会稳定的联系越来越密切，一些法院所在地有关部门和领导越来越关注案件处理，不利于平等保护外地当事人合法权益，促进形成公平竞争、统一有序的市场经济体系。行政诉讼受到的干扰更多，跨行政区划行政案件当事人告政府胜诉更难。这次改革提出要探索设立跨行政区划的法院，办理跨地区案件，有利于排除地方保护主义对审判工作的不当干扰，特别是对于破解行政案件立案难、审理难、胜诉难、执行难等问题具有重要意义。

目前的改革思路主要是依托现有的铁路运输法院进行改造，使之成为跨行政区划法院，主要管辖行政案件、跨区域重大民商事案件、重大环境资源保护案件、重大食品药品安全案件、跨行政区划检察院提起的公益诉讼案件及上级法院指定管辖的其他重大案件。铁路法院目前管辖的涉铁路刑事、民事案件和审级监督关系，可以暂时保持不变，将来要构建普通案件在行政区划法院审理、特殊案件在跨行政区划法院审理的诉讼格局。

三是设立最高人民法院巡回法庭。最高人民法院设立巡回法庭，是四中全会《决定》提出的一项重大举措。省级统管和跨行政区划的人民法院设立后，跨省的重大行政和民商事案件能否得到公正审理也引起广泛关注。四中全会《决定》要求设立最高人民法院巡回法庭，审理跨省的重大行政、民商事案件，有利于理顺省级统管后的司法管辖机制，保障涉及省级利益或跨省案件的司法公正，有效监督、指导、支持地方法院依法独立公正行使审判权，确保中央政令畅通，推进法律正确实施，维护国家法治统一。此外，最高人民法院受理案件连续 6 年均突破万件，涉诉信访案件数量高位运行，设立巡回法庭有利于配合涉诉信访制度改革，及时将矛盾化解在地方，减少进京信访，有力维护首都社会稳定；有利于方便人民群众诉讼，减轻当事人诉累；有利于合理配置最高人民法院内部职权，整合审判资源，提高审判效率，强化最高人民法院本部监督指导全国法院审判工作的职能。巡回法庭的基本定位是最高人民法院的派出机构，不作为一个独立的审级和法院。巡回法庭的裁判就是最高人民法院的裁判，主要职能是办理案件，不具有制定司法解释、对下指导审判、协调执行工作、管理司法政务等职能。为了确保重大跨行政区划案件能够进入巡回法庭审理，最高人民法院还将进一步完善提级审理制度，并发布配套司法解释。

四是明确四级法院职能定位。我国实行四级两审终审制，各级法院均承担一审职能，中级人民法院以上同时承担二审职能，各级法院同时还承担再审职能。我们国家也没有建立事实审和法律审相分离的诉讼制度。四级法院审理模式的同质化，决定了上下级法院职能的"同一化"，导致四级法院职能定位不清。特别是高级人民法院以上的法院将大量精力用于审理案件，不利于对下监督指导。这轮改革提出建立中国特色社会主义审判权力运行体系，必须明确四级法院在不同审级中的职能定位。一要强化基层人民法院化解矛盾的职能，逐步改变主要以诉讼标的额确定案件级别管辖的做法，科学确定基层人民法院的案件管辖范围。二要强化上级法院的审级监督作用，同时充分发挥上级法院通过提级审理重大、疑难、复杂和新类型等案件，指导类案审判工作，确保法律统一适用。三要强化最高人民法院对全国法院统一司法尺度和监督指导的职能。不同级别法院职能定位科学、清晰、明确，才能有利于维护法制统一、尊严和权威，才能有利于保障公正司法、提高司法效率、提升司法公信力。

五是推动审判权和执行权相分离的体制改革试点。这是一项涉及司法职权配置的重大改革措施。近年来人民法院采取各种措施（如组织开展专项活动），推行财产申报调查、限制高消费、建立失信被执行人名单曝光制度、建立"点对点"网络执行查控机制等，一定程度上缓解了执行难。但司法实践中，因为被执行人已经丧失实际履行能力而无法执行，申请执行人往往归咎于法院，并对司法公正产生怀疑。所以，审判权和执行权应当分离，由不同的机关或部门行使。但这种分离应当采取哪种模式，现在认识还不尽一致。推动执行体制改革的根本目的是解决“执行难”。如果现在把执行实施权从人民法院剥离出去，交给其他部门实施，未必能切实解决“执行难”问题。在这个问题上，我们不能简单照搬照抄其他国家的做法，必须立足中国国情，认真研究论证，积极推动试点，在反复论证、总结经验、评估实效的基础上，有计划、有步骤地推开。但是在具体方案没有明确之前，要确保法院执行工作不能散、不能乱，最高人民法院也应着眼解决“执行难”来研究分析问题，并积极主动和有关部门协商解决问题。当前，要进一步在法院内部强化审执分立体制，加强执行指挥中心建设，健全统一管理、统一指挥、统一协调的全国法院执行工作体制。同时，要推动立法部门制定强制执行法，加快建立失信被执行人信用监督、威慑和惩戒法律制度，依法保障胜诉当事人及时实现权益，进一步有效化解“执行难”。

（四）构建开放、动态、透明、便民的阳光司法机制

一是完善诉讼服务中心制度。我们认为，在完善诉讼服务中心这一制度时，应当坚持：（1）诉讼服务中心是法院与社会对接的平台，而且应是能负责任、能解决问题的平台。（2）诉讼服务中心是规范化的司法为民方式。通过诉讼服务中心建设，可以将法院与社会对接的日常活动制度化、规范化，实现诉讼服务的有序开展。（3）诉讼服务中心要能承担责任。通过制度机制建设，要形成全院对中心负责、中心对社会负责的问题解决机制，防止责任推卸和程序空转。

二是改革法院案件受理制度。四中全会《决定》提出要改革法院案件受理制度，变立案审查制为立案登记制，对人民法院依法应

当受理的案件，做到有案必立、有诉必理，这就意味着人民法院今后在立案环节对当事人提交的诉讼材料只进行形式审查，不再进行实质审查，实现了程序与实体相分离。立案制度的这一巨大变化，一方面会给人民群众通过诉讼解决纠纷提供制度保障，另一方面又给人民法院的工作带来新的挑战。目前，最高人民法院立案庭已会同部分高级人民法院成立项目组，拟于近期在全国选择6—8个基层、中级人民法院开展立案登记制改革试点，并结合调研和试点情况拿出具体指导意见。考虑到这项改革将对人民法院未来的审判工作产生重大影响，人民法院应当对可能存在的压力和风险有明确预判，既要贯彻落实四中全会《决定》精神，又要稳妥有序地推进这项改革，要精确估算改革可能给各级法院审判工作量带来的影响，如果人案矛盾加剧，要及时向党委政府反映，积极争取人员编制、经费保障方面的支持。要深入调查研究，明确哪些是按照法律规定应当受理、而过去没有受理的情况，哪些是不应当由人民法院受理的情况，做好分析论证，认真做好预案。

三是进一步深化司法公开。阳光是最好的防腐剂。司法公开是倒逼法官提高自身素质、提升审判质量的重要举措，是促进司法公正、保障司法廉洁的重要途径，是落实宪法法律原则、保障公民诉讼权利、展示现代法治文明的题中之义。党的十八大以来，最高人民法院充分依托信息技术，建设审判流程公开、裁判文书公开、执行信息公开三大平台，推进全媒体庭审直播和裁判文书上网，开通最高人民法院官方微博、微信和新闻客户端，通过新闻发布会、典型案例发布、裁判文书上网、主题公众开放日活动等举措，进一步推进阳光司法，以公开促规范、保公正。截至2014年9月底，各级法院视频直播庭审8.2万次，上网公布裁判文书308万件，中国审判流程信息公开网也正式投入运行。开放、动态、透明、便民对人民法院深入推进司法公开提出了更高的要求。在今后的改革中，应通过全面加强信息化建设，依托现代信息科技，进一步推进庭审公开、审判流程公开、裁判文书公开、执行信息公开、减刑假释公开，实现公开内容和范围的进一步拓展，公开平台从零散到集中的新的布局，公开深度从浅层向深层延伸，真正让正义以看得见的方式实现。

四是完善人民陪审员制度。实行人民陪审员制度，是人民群众依法参与审判、监督审判的最直接形式，是健全司法权力监督体系、促进司法公正、提高司法公信力的重要措施。人民陪审员来自人民群众、代表人民群众，具有通民情、知民意的优势，可以与职业法官在思维、知识上形成优势互补，有助于促进司法公正，提升司法公信力。由普通百姓参审或陪审案件是世界各国的通例。针对目前人民陪审员制度存在的问题：（1）应增强制度的严肃性。不能表面化、形式化，要进一步扩大人民陪审员的选任范围，增加人民陪审员的选任数量，尽可能向基层普通群众倾斜，在审理案件时更多地听到普通百姓的声音，在依法裁判的基础上，兼顾社会的常理、常识、常情。要完善随机抽选方式，不事先指定。（2）应增强制度的科学性。四中全会《决定》提出要逐步实行人民陪审员不再审理法律适用问题，只参与审理事实认定。（3）应增强制度的有效性。发挥人民陪审员社会阅历丰富、了解乡规民约、熟知社情民意的独特作用，以朴素的社会常识和大众思维弥补职业法官专业思维，提高民众对裁判的认同度。

五是推进多元化纠纷解决机制建设。四中全会《决定》提出要“健全社会矛盾纠纷预防化解机制，完善调解、仲裁、行政裁决、行政复议、诉讼等有机衔接、相互协调的多元化纠纷解决机制”。为了推进这项改革，最高人民法院近年先后发布了《关于建立健全诉讼与非诉讼相衔接的矛盾纠纷解决机制的若干意见》《关于人民调解协议司法确认程序的若干规定》，推动中央15家单位联合发布了《关于深入推进矛盾纠纷大调解工作的指导意见》。下一步的工作重点，将是按照四中全会《决定》要求，配合立案登记制改革，充分发挥多元纠纷解决机制化解矛盾、诉讼分流的功能，主要举措包括：（1）继续完善衔接机制，引导当事人选择适当的纠纷解决方式；（2）推动在征地拆迁、环境保护、劳动保障、医疗卫生、交通事故、物业管理等领域加强行业性、专业性纠纷解决组织建设，推动仲裁制度和行政裁决制度的完善；（3）建立人民调解、行政调解、行业调解、商事调解、司法调解联动工作体系；（4）推动多元化纠纷解决机制立法进程，构建系统性、科学性的多元化纠纷解决体系。

（五）加强人权司法保障

一是推进以审判为中心的诉讼制度改革。司法权的判断性、中立性、终局性决定了诉讼制度各环节都要以审判为中心，对事实认定、证据采信、法律适用的标准最后都要落实到审判环节中，这也是确保案件质量和司法公正的重要保障。推动建立以审判为中心的诉讼制度，有利于强化诉讼过程中当事人和其他诉讼参与人的知情权、陈述权、辩护辩论权、申请权、申诉权的制度保障，有利于强化对刑讯逼供和非法取证的源头预防，有利于落实罪刑法定、疑罪从无、证据裁判等法律原则，有效防范和纠正冤假错案，进一步强化人权的司法保障。首先，要科学配置司法职权。当然，强调以审判为中心，并不是说以法院为中心，更不涉及公安、检察、审判机关谁高谁低的问题，而是公检法三机关办案活动都应围绕审判工作进行。其次，要特别强调人民法院审判工作以庭审为中心。以审判为中心，对人民法院来说，特别要强调以庭审为中心。审判案件要以庭审为中心，实现事实证据调查在法庭、定罪量刑辩论在法庭、裁判理由形成于法庭，全面落实直接言词原则，严格执行非法证据排除制度，让法庭成为确认与解决被告人罪责刑问题的最终阶段和关键环节，保证庭审在查明事实、认定证据、保护诉权、公正裁判中发挥决定性作用。最高人民法院正会同有关部门抓紧研究制定相关规定，严格实行非法证据排除规则，进一步明确排除非法证据的程序和标准，建立对被告人、罪犯的辩解、申诉和控告认真审查、及时处理的机制，完善审判环节重视律师辩护、代理意见工作机制，确保冤假错案防止、纠正、责任追究机制落实到位，严防发生冤假错案。此外，在民事诉讼中，要注意强化当事人举证责任，充分发挥庭审质证、认证在案件事实认定中的核心作用，平等保护双方当事人的诉讼权利。

二是推进涉诉信访制度改革。近几年来，通过集中交办涉法涉诉信访案件，对化解社会矛盾发挥了重要作用，但也暴露了一些弊端，不仅涉法涉诉信访总量始终居高不下，而且加剧了信访不信法、信上不信下的矛盾：有的群众以访压法，甚至缠访闹访、制造极端事件，给政法机关施压；有的基层单位为了息事宁人，突破政策法律底线，结果“按下葫芦起来瓢”；有的简单地“花钱买平安”，导致闹访现象严重。这些问题的存在，损害了司法权威，影响了社会秩序，不利于在全社会形成尊重司法、崇尚法治的良好氛围。从目前试点情况看，依法终结涉法涉诉信访的新机制正在形成，涉法涉诉信访群众到党政部门信访的少了、选择司法渠道解决问题的多了。下一步改革我们还要继续坚持诉访分离的基本思路，把涉诉信访纳入法治轨道加以解决，研究制定好相关配套措施。同时要注意：（1）坚持有错必纠，防止程序空转。只要发现涉法涉诉信访案件中执法办案、审理裁决有错误或者司法程序有瑕疵的，都要依法及时纠正，不能只在法律程序上“兜圈子”。（2）坚持依法终结，防止无限申诉。要建立、完善涉法涉诉信访事项依法终结制度，对已经穷尽法律程序的，依法予以终结，不再启动复查程序。（3）坚持依法治闹，防止无所作为。对非正常闹访特别是缠访闹访的，建立联动处理协作机制。对以信访为名聚众滋事、冲击国家机关或在重点地区、敏感部位聚集闹事、扰乱公共秩序的，及时依法处理。

司法体制改革试点工作要把握好节奏和力度*

根据中央深化司法体制改革部署，全国第三批司法改革综合试点工作将全面开展。按照中央政法委要求，谈谈全面推进人民法院司法体制改革的几个主要问题。

一、关于当前推进改革总体把握的几个原则

当前，中央司法体制改革第三批试点工作即将全面展开。针对第三批改革试点地区，还要强调以下几点：

第一，要坚定改革信心。改革已经进入深水区和攻坚期，四项中央司法体制改革涉及司法管理体制的深刻变革和利益格局的深刻调整，属于“动自己的奶酪”。从第一批、第二批试点情况来看，虽然改革总体保持平稳有序，但仍有一些对改革不理解不认同的声音。特别是案件数量持续增长，一些地区“案多人少”矛盾较去年同期相比更加突出，一些地方法院辞职人数较去年同期相比有所增加，以此为由片面唱衰司法改革的声音，需要引起重视。第三批试点法院要切实做好干警思想工作，统一思想认识，把政策讲清楚，把道

* 根据2015年11月30日在第三批司法体制改革试点地区培训会上的讲话稿改编。

理说透彻，坚定改革信心，保持改革定力，发扬改革韧劲，确保改革有良好的群众基础和舆论环境。

第二，要正确处理好司法改革与执法办案的关系。执法办案始终是人民法院的第一要务，在任何时候都不能放松。当前，人民法院案件数量持续增长，一些地区案多人少矛盾非常突出，虽然我们反对单纯以结案率来考核，但是面对持续增长的未结案数量，工作压力的确很大。坚决不能把司法改革同执法办案对立起来，一方面要切实抓好执法办案工作，另一方面要按照中央部署扎实推进司法改革，要善于用改革的思维和办法进一步完善审判权力运行机制和工作机制，进一步破解制约司法能力和效率的难题瓶颈，进一步提高审判质量和效率，以改革为动力不断推动审判工作取得新进步。

第三，要正确把握改革的节奏和力度。第三批试点法院既有北京等发达省市，也有新疆、西藏等欠发达地区，改革面临的自身条件差异很大，一些中西部地区改革面临的难度和阻力也不小。各试点地区要按照中央司法体制整体部署，注意根据自身条件和实际情况，把握好改革的节奏和力度，在科学评估试点法院试点工作的基础上，稳妥有序地推进好司法体制改革，不要急于求成、急功近利。

二、关于完善司法责任制

司法责任制改革是全面深化司法体制改革必须牢牢牵住的“牛鼻子”，在整个司法体制改革中具有基础性、关键性地位。目前，《最高人民法院关于完善人民法院司法责任制的若干意见》（以下简称《司法责任制意见》）已经正式印发实施。《司法责任制意见》印发后，最高人民法院还专门举办司法责任制改革专题培训班，并配发大量解读文章。我在培训班上的讲课稿和有关司法责任制的全面解读文章在《人民法院报》和互联网上都能找到，希望第三批试点法院认真研究，抓好《司法责任制意见》的贯彻落实，对照上述意见内容进一步细化改革试点方案，构建科学的审判权力运行机制和司法责任体系。这里，我再重点强调几个问题：

第一，关于改革审判组织模式。一是各地在改革审判组织模式时，要根据自己法院层级、案件种类、案件数量、人员规模等实际情况决定采取何种审判组织模式，避免“一刀切”或者简单复制其他法院做法，导致“水土不服”。二是无论采取何种审判组织模式，首先要保证为法官配置一定数量的法官助理和书记员，不能仅靠取消审判庭室实现审判资源的优化配置。三是要与内设机构改革统筹考虑、互相衔接、互相配套，积极探索人事、经费、政务等司法行政事务集中管理制度，推行扁平化管理模式。四是《司法责任制意见》并不是要取消所有基层法院的审判庭建制。对于案件数量较多的基层人民法院，可以保留大的审判庭，使合议庭相对固定，组建专业性较强的审判团队，集中办理某一类型的案件。五是凡是入额的法院领导干部，都应当编入合议庭或者审判团队办理案件。对于重大、疑难、复杂的案件，可以直接由院长、副院长、审判委员会委员组成合议庭进行审理。各地要在《司法责任制意见》框架下，积极探索创新，切实消除审判权力运行过程中不必要的行政化做法，为构建新型审判组织模式、推动《人民法院组织法》修改积累经验。

第二，关于改革裁判文书签署机制。《司法责任制意见》明确改革裁判文书的署名权和签发权相分离的做法，明确了不同审判组织签署裁判文书的不同方式，让审判权力运行真正回归司法规律的本质要求。除审判委员会讨论决定的案件以外，院长、副院长、庭长对其未直接参加审理案件的裁判文书不再进行审核签发。对于中西部一些法院，可能一些试点法院院长心存顾虑，担心不审核裁判文书导致案子出问题，进而不敢放权。我们认为，既然是试点，就要敢改敢试，不能瞻前顾后、畏首畏尾，这也是倒逼法官提高自身能力素质、促进司法公正高效的重要途径。当然，也要确保案件的质量，把握好改革的力度与进度。

第三，关于规范审判监督管理。处理好法官、合议庭办案责任制与院庭长审判监督管理的关系，是完善司法责任制的关键问题，也是难点问题。完善独任法官、合议庭办案责任制与院庭长审判监督管理并不矛盾。我国宪法和法律明确规定人民法院依法独立行使审判权，而并非法官个人独立行使审判权，院庭长作为各级人大依法选举和任命且负有管理和监督职责的人员，依法对审判活动享有与其职务相对应的管理权和监督权。如何正确评价和定位院庭长对审判活动的管理权和监督权，关键要看二者的权力边界和行权方式是否有利于更好地确保法院审理案件的质量与效率、实现司法公正。院庭长的审判管理和审判监督要服从服务于审判权，改革的关键在于防止院庭长以行政化方式对独任法官、合议庭独立办案进行干预，要通过权力明晰化、组织化、公开化的方式规范审判管理和监督权，绝对不是否定或排斥院庭长的审判管理和监督权。

改革重点包括四个方面：一是监督有序。制定院庭长权力清单，明确其审判监督管理职责。除了对审判资源配置、审判运行态势、整体审判质效等进行宏观把控指导外，根据《司法责任制意见》规定要对一些疑难复杂且在社会上有重大影响的四类案件进行事中监督，保障司法公正。二是监督有度。对没有参加审理的案件，除参加专业法官会议、审判委员会外，院庭长不得直接否定或者改变合议庭意见。三是监督留痕。院庭长全部管理和监督活动要记录在办公平台上，实行全程留痕。四是失职担责。一方面明确了院庭长审判监督管理权的边界，另一方面也明确院庭长的监督管理责任。因此，要强调不能把责任制与审判监督管理对立起来，防止把“去行政化”变成放任不管，把该管的要切实负起责来。

第四，关于改革审判委员会制度。审判委员会制度是中国特色审判制度的有机组成部分。这一轮改革也存在取消审判委员会制度的声音。我的理解是，审判委员会制度在当前及今后一个时期仍然需要保留，并继续发挥重要作用。当然，不同审级的审判委员会职能的重心也会有所不同。这轮改革的重点：一是要合理定位审判委员会职能。今后，审判委员会的职能重心应该从主要审理讨论个案转变到从宏观上总结审判经验，研究审判工作中的重大问题，切实发挥审判决策、审判指导、审判管理、审判监督的功能作用。二是依法合理确定审判委员会讨论案件的范围。改革要求审判委员会主要讨论重大、疑难、复杂案件的法律适用问题。考虑到目前法院工作实际，涉及国家外交、安全和社会稳定的重大复杂案件，也应当提交审判委员会讨论决定。三是完善审判委员会会议准备工作。四是完善审判委员会表决程序。

第五，关于建立办案质量终身负责制和错案责任倒查问责制。《司法责任制意见》明确了法官应当对其履行审判职责的行为承担责任，在职责范围内对办案质量终身负责；明确了对法官进行责任评价的基础是客观行为和主观过错，即是否存在违法审判行为、是否存在故意或者重大过失；明确了独任法官、合议庭法官、审判委员会讨论的案件等不同情形下责任承担原则；明确了司法豁免的情形和严格的问责追责程序。一方面，有利于正确认定法官审判责任，根据错案形成的具体原因科学合理追责；另一方面，也设置了对法官追责的“防火墙”，有利于保障法官依法履职。

对于司法责任制这两方面的作用，各试点法院院长都要向法官讲清楚讲到位，防止法官误解产生巨大的心理压力。在贯彻落实办案责任制和错案责任倒查问责制的过程中，应当注意把握以下几点：

一是必须坚持主观过错和客观行为相结合，不能仅以裁判结果错误对法官进行办案责任追究。只有法官在审判工作中，故意违反法律法规，或者因重大过失导致裁判错误并造成严重后果的，才应当承担违法审判责任。二是必须依法认定错案。错案的提法是否科学虽然可以再斟酌，但是错案的客观存在，以及人民群众对追究错案责任的朴素认识，确实是不容回避的问题。但一个案件是否错误，必须由法院审判组织按程序依法确认，也不得因案件被改判或者发回重审而简单认为原判错误甚至追究法官错案责任。三是要注意查明法官是否存在司法豁免的情形。《司法责任制意见》主要列举了 7 种司法豁免情形（第 28 条第 8 项属于兜底条款），这些情形是认定法官是否承担违法审判责任的重要依据。四是要把故意徇私枉法、重大过失造成错案和一般工作差错、审判瑕疵区分开来。《司法责任制意见》只集中解决法官违法审判责任问题，法官司法作风、庭审不规范、文书错误等审判瑕疵责任归入法官业绩考评的范围，将法官违反职业道德准则和纪律规定的行为归入纪检监察的范围。各试点法院要结合实际，将审判瑕疵责任处理与本院法官业绩考评制度结合起来考虑，当然处理方式、程序与违法审判责任不同。

第六，关于完善法官惩戒制度。法官惩戒制度是完善司法责任制的重要配套制度之一。但从目前情况来看，大多数试点地区还没有成立法官惩戒委员会或者没有开展实质性工作，对法官惩戒委员会的组成、职责、工作程序等还未达成一致认识，一些问题未完全达成共识。但总的思路是法官惩戒委员会应当与遴选委员会分设，委员人选应体现专业性、代表性、权威性，法官应当占有一定比例；非经法官惩戒委员会审议，不得直接追究法官违法审判责任；注重保障当事法官在接受调查和责任审议时的权利，确保惩戒程序的公平、公正、公开，畅通权利救济途径，实现依法及时惩戒与强化职业保障相统一。最高人民法院正配合中央政法委，就法官惩戒委员会制度改革提出指导意见。

三、关于法官员额制改革

法官员额制是按司法规律配置人力资源，实现法官正规化、专业化、职业化的重要制度，既是司法责任制的基石，也是司法体制改革的重点和难点。建立法官员额制，目标就是要实现人员分类管理，让优秀法官资源集中到审判一线，建立以法官为中心、以服务审判工作为重心的法院人员配置模式。

第一，关于严格控制法官员额比例。推进法官员额制改革，应从严掌握员额，必须严格标准、择优选用，进入员额的法官必须在司法一线办案。上述表述十分明确，也很具体。试点初期，员额比例还要留有余地，为暂未入额的优秀人才留下空间。要积极借鉴第一批、第二批试点省份的经验做法，根据法院的审级、职能等实际，员额比例适当向基层和案件较多的法院倾斜，进一步缓解案多人少矛盾。员额比例是针对全省法院的中央政法专项编而言的，可以在不同审级、地域进行调剂，不是要求每个法院的法官员额都必须是相应比例。

第二，关于员额岗位配置的问题。法官员额岗位应限定在人民法院直接行使审判权的审判机构和岗位，与办案职能无关的部门，原则上不设置法官员额。进入员额的人员必须办理案件，要坚决防止既入额又不办案，或少办案、挂名办案等的情况。上海试点法院将法官员额全部用于一线办案岗位，一线办案力量不降反升，达到了改革预期效果。

第三，关于领导干部入额问题。解决这个问题的关键在于明确领导干部进入员额的条件和程序。领导干部如果要进员额，也必须按照试点地区统一的法官选任标准和程序进行，经法官遴选委员会专业把关，不能无条件进入员额。入额后也必须亲自办案，并办理一定数量的案件。领导干部要敢于担当，敢啃“硬骨头”，办理重大、疑难、复杂案件。当然，有些地方法院领导班子成员承担的党务、行政事务过于繁重，大小会议不断，严重妨碍其参与办案，这些问题一方面应当商请当地党委政法委统筹协调，另一方面应当通过推动行政事务集中管理等内部调整方式解决。

第四，关于入额遴选考试考核问题。从目前一些试点情况来看，由于遴选条件、程序、考试考核内容等问题事关遴选入额公平公正性，各地法官普遍比较关注。有的地方在遴选法官过程中，考试考核内容和方式不合理，导致参加遴选人员对遴选公正性产生怀疑。有的地方将领导意见权重设置过大，等于由院领导凭印象直接确定谁入员额。因此，第三批试点法院的入额遴选考试考核办法必须要科学合理，要充分考虑入额人选的实际表现，全面衡量素质能力、审判绩效和司法经验，不能简单以票取人或以分取人，不搞论资排辈或迁就照顾。要突出候选人工作业绩和办案能力、经验的考核，政治素养考核主要由组织人事部门来把握，同时要合理设置考试、考核在最后总成绩中所占比重。

第五，关于未入额法官职责和分流问题。对具有法官身份而不能入额的，我们的政策是一贯的，即采取“双轨制”，强调过渡期内身份不变、原有待遇不变，以保持队伍稳定。在改革过渡期内，未进入员额的审判员和助理审判员保留法官职务和待遇，可协助员额内法官办案。这里的协助办案，是指从事法官助理的一些工作，帮助员额内法官办案，但不享受改革后法官的相应待遇。

在改革过渡期采取这种协助办案的做法，一方面可以减少改革的阻力和压力，最大限度调动暂未入额法官的工作积极性，也为培养他们下一步通过遴选进入员额打下基础；另一方面也可以缓解目前法院办案压力。对于未入额法官愿意转任法官助理或者从事司法行政、审判研究等综合工作的，可以按程序免去其审判员或者助理审判员职务，让其从事审判辅助或者司法行政工作。

第六，关于审判辅助人员配备问题。审判辅助人员管理制度是法官员额制和司法责任制改革的重要配套制度。目前从一些试点情况来看，法官数量减少了，但是审判辅助人员配备却没有跟上，审判辅助人员管理和保障制度改革工作滞后，影响了法官员额制和司法责任制改革的实施效果。最高人民法院正在研究制定人民法院法官助理、书记员管理制度改革方案，在正式文件出台前，不同地域的法院，可以结合实际需要，借鉴上海、江苏等地法官助理、书记员管理先进经验和做法，积极探索采取不同模式的审判辅助人员配置模式，积极探索采取购买社会化服务、建立司法雇员制度等方式，加强审判辅助人员配备。

四、关于省级以下地方法院人财物统一管理改革

推动省级以下地方法院人财物统一管理，是确保法院依法独立公正行使审判权的重要改革举措，各地要按照中央政策积极稳妥推进人财物统一管理体制改革。从目前情况来看，对人的统一管理主要涉及对中央政法专项编制的统一管理、对法官的统一管理、对领导干部的统一管理。对财物的统一管理，各地希望中央进一步加强顶层设计。最高人民法院正积极配合中央政法委、财政部进一步研究财物统管改革问题。

五、关于健全司法人员职业保障制度

健全司法人员职业保障制度，是四项改革中的重要环节。只有

加强法官的职业保障，才能真正落实司法责任制。2015 年 9 月 15 日，习近平总书记主持召开中央全面深化改革领导小组第 16 次会议，审议通过了《法官、检察官单独职务序列改革试点方案》和《法官、检察官工资制度改革试点方案》，强调要突出法官、检察官职业特点，对法官、检察官队伍给予特殊政策，建立有别于其他公务员的单独职务序列，要注重向基层倾斜，重点加强市（地）级以下法院；要体现职业特点，建立与法官单独职务序列设置办法相衔接、有别于其他公务员的工资制度；要建立与工作职责、实绩和贡献紧密联系的工资分配机制，健全完善约束机制，鼓励办好案、多办案；要加大对一线办案人员的工资政策倾斜力度，鼓励优秀人才向一线办案岗位流动。目前，中央组织部、中央政法委、最高人民法院、最高人民检察院已经联合印发《法官、检察官单独职务序列改革试点方案》。

目前各试点法院仍然要按照法官职务序列改革“两步走”工作思想抓紧推进有关工作，第一阶段要全面落实《法官职务序列设置暂行规定》，各地组织法官职务套改工作，着重解决基层法官职级偏低问题，设过渡期稳妥做好新旧法官等级衔接，不降低法官已评定的等级。需要特别强调的是，法官职务套改工作属于法官职务序列改革的第一阶段工作，套改适用范围是全国各级法院的所有法官，而第二阶段法官单独职务序列改革方案仅适用于试点地区试点法院中已进入员额的法官。根据中央有关改革精神，确保法官职务套改工作按期顺利完成，既是推进法官职务序列改革的一个重要步骤，也是第二阶段实施法官单独职务序列的前提基础。第二阶段要按照《法官、检察官单独职务序列改革试点方案》的要求，建立按期晋升和择优选升相结合的等级晋升制度，建立有别于其他公务员的法官职务序列及工资制度。最高人民法院正全力配合中央有关部门进一步落实职务序列及工资制度改革，确保改革举措落地生根，防止方案“空转”。各试点法院院长也要做好宣传引导和思想教育工作，把政策讲清楚，把工作做到位，共同把好事办好办实。

司法体制改革试点是一项系统工程，任务十分艰巨、繁重，难啃的硬骨头很多。既要敢于攻坚克难，积极大胆探索，也要善于统筹协调，整体推进改革。推进改革的过程，是不断发现问题、认识问题、解决问题的过程，也是不断凝聚共识、坚定信心、增强定力的过程。有些问题具有复杂性，需要凝聚各方面的智慧和力量，共同加以解决。第三批试点地区高级人民法院及各试点法院党组要加强组织领导，认真学习贯彻中央改革精神和部署，积极借鉴第一批、第二批试点成功经验，结合自身实际研究制定贯彻落实措施，提高改革精确发力和精准落地能力，扎扎实实确保改革措施落实到位，确保司法改革健康有序推进。

司法改革给人民法院工作带来十大新变化*

司法改革是我国全面深化改革的重要组成部分，是全面推进依法治国的必然要求。2013 年以来，人民法院的司法改革始终坚持目标导向、问题导向，紧紧围绕“让人民群众在每一个司法案件中感受到公平正义”的目标，坚持从回应人民群众最迫切的司法需求做起，从影响司法公正的问题改起，推动出台了一系列具有标志性、引领性的改革举措，改革共识不断凝聚，改革成效逐步显现。

目前，中央统一部署的四项重大改革，即完善司法人员分类管理、完善司法责任制、健全司法人员职业保障、推动省级以下地方法院人财物统一管理，已分三个批次在全国范围内开展试点，截至 2015 年年底，全国共有 417 个法院纳入改革试点，其中，吉林、上海、湖北、海南已在全省（市）范围内推开。

党的十八届四中全会确定由最高人民法院牵头的司法改革任务有 29 项，已完成 11 项，绝大部分已开展试点并取得阶段性成果。《人民法院第四个五年改革纲要（2014—2018）》确定的 65 项改革举措也正有序推进，已完成 24 项，其他 32 项均有实质性进展。

---

* 根据 2016 年 2 月 29 日在《中国法院的司法改革》（白皮书）新闻发布会上的发言稿改编。

2015 年，最高人民法院共出台 22 个司法改革文件。试点地区普遍反映“早改早受益、早改早发展”，人民群众也逐步感受到改革带来的新变化。下面，主要从十个方面，介绍司法改革给人民群众和法院工作带来的新变化。

变化之一：放权与监督相结合，司法责任制落地生根

人民群众最盼望的是司法公正。司法改革首先要着眼于解决影响司法公正的制度性问题，牢牢牵住司法责任制这个“牛鼻子”。针对社会普遍诟病的审者不判、判者不审、权责不清等突出问题，最高人民法院于 2015 年 9 月发布了《关于完善人民法院司法责任制的若干意见》，指导试点法院改革审判权力运行机制，完善司法责任制，推动实现“让审理者裁判，由裁判者负责”，奠定司法公正的制度基石。

试点法院法官普遍感到，与过去案件层层审批的权力运行模式相比，肩上的责任更重，工作的热情更高，职业尊荣感更强。与此同时，案件审理周期缩短，人均办案量明显提升，当庭裁判率提高，审限内结案率等反映司法公正的主要审判质效指标明显提升。例如，吉林试点法院去年入额法官人均结案量提高 35.6%。上海市法院法官人均结案数达 187 件，同比上升 20.13%，全市法院直接由独任法官、合议庭作出裁判的案件比例达到 99.9%。在有序放权同时，院庭长依法监督、监督留痕，做到放权不放任。

变化之二：“动自己的奶酪”，法官员额制改革有序推进

审判权也是判断权，人民群众普遍希望行使判断权的法官品行端正、精通业务、经验丰富，能够把精力主要放在审好案子上，而不是陷入各类行政性或事务性工作中。建立法官员额制，就是要通

过严格考核，选拔最优秀的法官进入员额，并为他们配备法官助理、书记员等审判辅助人员，确保法院85%的人力资源配置到办案一线。

对人民法院来说，法官员额制改革是一场深刻的自我革命。无论领导干部，还是普通法官，不管职务高低和资历深浅，所有人在遴选标准和入额条件上均一视同仁。要当法官就得办案，院庭长入额后也必须在一线办案，从在办公桌前批案子，变为在法庭上审案子。去年以来，江苏法院3957名院庭长共审理案件62.7万件，同比增长39.83%。海南法院入额院庭长402人，办案3.66万件，同比上升30.14%。深圳市两级法院院庭长去年也直接承办案件4.8万件。

总体来看，实行法官员额制后，试点法院一线办案力量普遍提升。上海全市法院主要办案部门法官实有人数比改革前增加了7.6%。吉林试点法院一线办案人员增加7.5%。湖北试点法院入额法官中，具有5年以上办案经历的人员达90%以上，硕士以上学历法官较过去提高了7%。

变化之三：保障跨区划案件公正审理，探索完善法院组织体系

人民群众最担心出现诉讼“主客场”问题，害怕地方保护主义影响司法公正。为解决这个问题，经中央批准，最高人民法院在深圳、沈阳设立第一、第二巡回法庭，北京市第四中级人民法院、上海市第三中级人民法院作为跨行政区划法院试点也先后设立。这些法院按照新的审判权运行机制和扁平化管理模式运行，成为司法改革的“试验田”和“样板间”。最高人民法院第一、第二巡回法庭实行主审法官和合议庭办案责任制，去年收案1774件，审结1653件，主审法官人均结案70件左右，审限内结案率均为100%。巡回

法庭的两位大法官也率先示范，带头办案，直接承办 57 件，作为审判长参审 111 件。截至 2015 年 12 月 31 日，北京市第四中级人民法院共收案 1893 件，结案 1799 件；上海市第三中级人民法院共收案 1370 件，结案 1162 件。具体情况和典型案例，我们也提供了相关材料供大家参考，这里就不详细展开说明了。

变化之四：多措并举诉讼更便民，立案制度重大变革

人民群众最烦心的就是打官司难，特别是“立案难”问题。为此，最高人民法院以上率下，推出三项改革举措：一是实行立案登记制。从 2015 年 5 月 1 日开始，最高人民法院出台规定将立案审查制改革为立案登记制，对人民法院依法应当受理的案件，做到有案必立、有诉必理。去年 5 月到 12 月，全国法院共登记立案 994.4 万件，同比增长 29.54%，当场登记立案率达到 95%。人民群众反映比较突出的房屋拆迁、土地征用、政府信息公开等行政诉讼“立案难”问题得到切实解决，行政案件同比增长 66.51%。二是拓展诉讼服务平台。最高人民法院指导各地依托现代信息化技术，加强诉讼服务中心建设，创建了诉讼服务大厅、人民法院诉讼服务网、12368 诉讼服务热线等诉讼服务平台。截至目前，全国 98.9% 的法院建立了诉讼服务大厅，2189 家法院开通诉讼服务网，781 家法院开通诉讼服务手机 App，1734 家法院开通 12368 诉讼服务热线。吉林、浙江等地建立“电子法院”，充分运用信息技术方便群众诉讼，让数据多跑路，让群众少跑腿。三是健全多元化纠纷解决机制。各级人民法院对家事纠纷、道路交通事故、消费者权益保护、物业服务纠纷、保险理赔等民事诉讼案件与人民调解组织、行业调解组织、商事调解组织等建立诉调对接机制，引导群众选择非诉讼方式解决纠纷，在诉讼外化解了大量纠纷，节约了司法资源。

变化之五：彰显司法文明，加强司法人权保障

人权在各个领域得到切实尊重和保障，是人民群众的强烈期望。最高人民法院积极推进以审判为中心的诉讼制度改革，推进庭审实质化，防止庭审“走过场”。坚持罪刑法定、疑罪从无。2015 年，各级法院共依法宣告 1039 名被告人无罪。2013—2015 年，最高人民法院坚持实事求是、有错必纠，监督指导各级法院通过审判监督程序纠正重大刑事冤假错案 23 起。在北京等 18 个城市开展刑事速裁程序改革，对轻微刑事案件快立快审快判，切实防止超期羁押。截至 2015 年 12 月 31 日，全国 212 个试点基层人民法院适用速裁程序审结刑事案件共 31, 086 件 32, 188 人，当庭宣判率达 95. 9%，附带民事诉讼原告人上诉率为 0，被告人上诉率仅为 2. 13%。此外，最高人民法院会同公安部采取有力举措，规定从 2015 年 2 月开始，刑事被告人或上诉人出庭受审，不再穿着监管机构的识别服。这些细节变化，都彰显了无罪推定的理念，体现了现代司法文明。

最高人民法院还会同有关部门，对因遭受犯罪侵害或民事侵权无法获得有效救济、生活困难的当事人，积极提供司法救助。2015 年，中央和地方安排救助资金总额为 29. 49 亿元，41, 823 个司法救助案件中的当事人及其家庭得到救助。2015 年，人民法院共为有困难的诉讼当事人减免诉讼费 2. 55 亿元。

变化之六：共同维护司法公正，依法保障律师权利

切实保障律师执业权利，也是依法保障当事人合法权益的体现。去年年底，最高人民法院印发了关于依法保障律师诉讼权利的文件，依法保障律师知情权、阅卷权、出庭权、辩论辩护权、申请调取证据权、申请排除非法证据权、代理申诉权等执业权利。我们还制定

了《关于办理死刑复核案件听取辩护律师意见的办法》，进一步保障了律师在死刑复核程序中的执业权利。为了方便律师诉讼，最高人民法院及其巡回法庭以及地方各级法院普遍建立律师工作室，开通律师服务平台，确保网上立案、网上阅卷、联系法官等功能畅通实现。截至 2015 年 12 月 31 日，最高人民法院律师服务平台已经收集律师事务所信息 21,707 家，录入律师信息 81,476 条。

变化之七：阳光司法促公信，司法公开进一步提升

人民群众最期待司法公开透明。2015 年以来，人民法院继续在深化司法公开上下功夫，深入推进审判流程公开、裁判文书公开、执行信息公开三大平台建设。通过公开审判信息，有效遏制了当事人到处托关系打听案件进展的现象。通过打造全方位、立体化的信息公开平台，人民群众切实感受到了各种诉讼便利，增强了对法院公正司法的信心。

截至 2015 年 12 月 31 日，全国所有省份基本建成辖区统一的审判流程信息公开平台，中国审判流程信息公开网总访问量达 87.85 万次，最高人民法院新收 10,883 个案件的审判流程信息全部向当事人及其诉讼代理人公开。中国裁判文书网全面升级改版，截至 2015 年年底已公布 1448 万份裁判文书，极大地方便了人民群众对裁判文书的检索和专家学者对裁判文书的研究利用。截至 2015 年 12 月 31 日，中国执行信息网累计公布被执行人信息 3434.7 万条，提供执行案件信息查询 3685 万人次。去年，我们还开通了全国法院减刑、假释、暂予监外执行信息网，为相关案件的公示、公告、庭审及裁判文书公开提供了统一的平台。

变化之八：开展人民陪审员制度改革试点，切实推进司法民主

对于涉及公众利益或社会普遍关注的案件，许多人希望能够以人民陪审员的身份直接参与审理、发表意见，这也是人民群众当家作主在司法领域的重要体现。去年，经全国人民代表大会常务委员会法律授权，最高人民法院会同司法部，在北京等 10 个省（区、市）50 个法院实行人民陪审员制度改革试点工作。截至目前，50 个试点法院人民陪审员选任工作陆续完成，新增选人民陪审员 7800 余人，人民陪审员参审案件数量达 3.5 万余件，其中参加 5 人以上大合议庭审理案件数量近 100 件。郭某某开设赌场案等一些社会广泛关注、影响较大的案件中，人民陪审员参审发挥了很好的作用。

通过改革，试点法院进一步扩大了人民陪审员参审案件的范围，明确了参审职权，强化了任职保障。2016 年，最高人民法院还将就这项改革试点工作向全国人大常委会作中期报告，进一步总结经验，推动改革落到实处。

变化之九：打击“老赖”出重拳，失信被执行人信用惩戒加快推进

人民群众最失望的是生效裁判得不到有效执行，判决书成了“一纸空文”。去年，最高人民法院修改惩治“老赖”的司法解释，主要涉及以下方面：一是对失信被执行人全面限制非生活或经营必需的消费；二是拓宽被限制主体，从个人扩展到单位负责人、实际控制人；三是惩戒的范围从现实的社会活动扩展到网络虚拟空间；四是建立全社会失信惩戒联动机制。2016 年 1 月，最高人民法院联合 44 个国家机关和具备社会管理职能的单位，以签署备忘录的形

式，共同对失信被执行人进行信用惩戒。截至 2015 年 12 月 31 日，全国共有 308 万名被执行人被纳入“黑名单”，累计拦截 357.7 万人次购买飞机票、59.88 万人次购买列车软卧、高铁和动车一等座以上车票。最高人民法院还与国家工商总局合作，通过网络专线推送失信被执行人名单数据，限制失信被执行人担任公司法定代表人、董事、监事和高管，系统运行以来，共有 139.4 万名失信被执行人被纳入名单，拦截注册登记 6686 次。

变化之十：防范内外部干预过问案件，司法公信有制度保障

人民群众到法院打官司时，最担心对方能找到领导干部或内部人员打招呼、批条子，造成法律面前不平等。2015 年，最高人民法院认真落实中央“两个规定”[①] 要求，出台专门文件，确定在全国法院的案件信息管理系统中设立内外部人员过问案件信息录入专库，对法院外领导干部干预司法活动和司法机关内部人员过问案件的，人民法院工作人员均将全面、如实、及时地予以记录，并对责任人员进行通报。目前，中央政法委分两次通报了 12 起干预司法活动插手具体案件处理的典型案例，最高人民法院也分两次对机关内部人员违反审判纪律、廉政纪律、充当诉讼掮客的案件予以处理和通报。许多法官反映，“两个规定”实施以来，“打招呼”“批条子”的情况已经越来越少，依法独立审判更有制度保障。

为便于大家全面了解党的十八大以来人民法院司法改革的进展和成效，最高人民法院编写了《中国法院的司法改革》（白皮书）。

---

① “两个规定”指：中共中央办公厅、国务院办公厅印发的《领导干部干预司法活动、插手具体案件处理的记录、通报和责任追究规定》和中央政法委印发的《司法机关内部人员过问案件的记录和责任追究规定》。

白皮书以中英文双语形式，客观展现了2013年以来法院改革的进展及成效，内容全面、资料翔实、图文并茂、通俗易懂，是大家了解人民法院司法改革的重要参考资料。

人民的理解支持是司法改革的动力源泉，人民的获得感是司法改革的评价标准。面对时代的新挑战、人民的新期待、科技的新进步，各级人民法院将紧紧围绕让人民群众在每一个司法案件中感受到公平正义的目标，切实贯彻创新、协调、绿色、开放、共享的新发展理念，不断推进司法体制改革，促进国家治理体系和治理能力现代化，为实现“两个一百年”奋斗目标、实现中华民族伟大复兴的中国梦提供强有力的司法保障。

司法改革要坚持顶层设计、经验借鉴和自身探索有机结合*

本次全国法院司法改革试点工作推进会的主要任务是，进一步统一思想认识，凝聚改革共识，交流试点经验，研究实际问题，积极、稳妥、有序地推进司法体制改革试点工作。两天来，通过视频短片、大会交流、分组讨论等不同形式，圆满完成了会议主要任务。刚才各组召集人也都汇报了讨论情况，反映了问题困难，提出了意见建议。大家普遍反映，在此次会议中学习借鉴了很多优秀经验，收获很大，倍受启发。大家就审判组织构建模式、审判辅助人员配备、科学合理配置员额、完善职业保障，落实人财物省级统管等方面展开了深入的讨论，提出了很多有益的意见建议。比如，有的同志提出要加强改革的宣传解读，以法律形式明确司法责任制意见的相关制度；有的同志建议加强对案件数据指标的研究和应用，构建科学合理的考评制度；有的同志认为要稳步推进员额制改革，既要科学遴选出员额法官，也要妥善处理未入额法官的分流和任用问题

---

* 根据2016年5月13日在全国法院司法改革试点工作推进会上的讲话稿改编。

等。经过两天的会议，促进了试点法院之间的交流，有力地推动了司法改革试点工作。

新一轮司法体制改革启动以来，最高人民法院先后在吉林、青海、海南组织召开过三次部分试点地区法院座谈会，但召开全国范围的试点工作推进会还是第一次。截至目前，全国法院已分三个批次陆续进入试点。尽管各地推进司法体制改革工作进度不同，但总体来看，方向正确、目标明确、方法得当，整体工作处于平稳有序状态，呈现出几个方面的初步成效：一是改革共识已经达成，信心决心进一步增强。从已经开展试点的法院情况来看，司法体制改革得到了法院干警的普遍认同。许多法院积极争取加入试点，从“要我改”向“我要改”转变，“早改早发展、早改早受益”的共识逐步达成，大家理解改革、支持改革、参与改革的意识更加坚定。二是改革成效初步显现，队伍素质和审判质效进一步提升。第一批、第二批试点地区通过司法体制改革，审判资源普遍得到优化配置，法官专业化、职业化程度有效提升。特别是新的审判权力运行机制建立以后，法官办案积极性更高、责任心更强、工作更细致规范，审判质效明显改善，改革在服务、推动、促进审判方面取得明显成效。三是改革经验不断成熟，全面推进改革基础进一步夯实。第一批、第二批试点地区积极稳妥推进司法体制改革，不少试点法院总结出不少可复制、可推广的经验。昨天上午，九家单位从不同角度，介绍了自己在争取地方支持、人员分类模式、员额配置方式、落实司法责任制等方面的经验，特别是通过生动、具体、翔实的案例、故事和数据，用可视化的方法展现了多层面的成绩。这些成绩都应予以充分肯定，为我们全面推进司法体制改革坚定了决心、增强了信心、夯实了基础。需要强调的是，中央部署的四大项司法改革试点工作和最高人民法院确定的65项司法改革任务，各地法院在贯彻落实中所形成的经验做法，远远不止大会发言的几个方面，之前的三次司法改革座谈会陆续都有其他方面的介绍，这次会议着重选取新的经验，也书面印发了各地的基本情况介绍和基本经验，大家要及时注意相互学习、相互促进。

当然，改革既然涉及体制和利益的重新调整，就不可能都是鸟语花香、一路赞歌，从前期调研和昨天交流情况来看，试点工作中确实存在不少困难和问题。其中，有的是执行既定政策过程中的问题，有的是需要完善配套政策的问题。比如，一些领导干部落实统一思想、凝聚共识、政策解读的主体责任不到位；有的法院领导干部只重待遇、忽视责任，在落实新型办案机制、破解人案矛盾方面着力不够，案件繁简分流机制和纠纷多元化解机制的作用未能充分发挥；有的法院在贯彻执行司法责任制时变形走样，或者不敢大胆放权，仍然变相审核把关，或者完全放任不管，导致案件质效下滑，法律适用不统一现象抬头；有的法院审判辅助人员配备不足、职责不清、保障不力，无法有效缓解法官压力和发挥团队合力；法官职业保障制度改革尚未完全到位，仍需要加快推进等。

今年是司法改革攻坚之年。下一步，试点范围将进一步扩大，改革任务将更加艰巨，需要我们进一步统一认识、厘清思路、破解难题、补齐短板。在此，就下一阶段如何推进改革试点工作，贯彻落实好中央出台的各项改革政策和试点文件，我讲几点意见：

第一，加强组织领导，落实主体责任。各级法院要高度重视司法改革的重要性和紧迫性，不断加强组织领导，健全工作机制，落实主体责任。

一是要切实加强统筹管理。各高级法院要统筹管理辖区内试点改革工作，统一安排部署，全面掌握情况，细化改革方案，完善工作台账，聚焦重点，精准发力，把改革任务抓紧抓实抓好。要注重依托信息化手段，加强改革台账的可视化和项目式管理，法官员额的增减、辅助人员的变化、内设机构的调整、审判质效的对比，都要自动生成、及时更新。只有这样，领导班子才能对改革情况心中有数、整体把控。最高人民法院目前已在内网建立司法改革工作台账系统，对牵头改革项目挂账督办，下一步将建立与各高级人民法院联网的台账系统，及时汇总全国的改革数据、推进情况和试点成效。

二是要切实发挥试点作用。顶层设计和地方探索相结合是这一轮司法改革的一项基本原则，两者要紧密结合，互为支撑。试点之初，顶层设计与地方探索的范围尚缺乏明确界定，导致一些法院自主性不高，存在“等、靠、要”的依赖思想。但是，试点推进至今，中央各类政策已陆续出台，从司法责任制、法官单独职务序列、工资制度、员额比例、逐级遴选到助理招录，都已有指导文件。在中央顶层设计的框架内，就需要充分发挥试点作用，地方积极探索实践。

例如，《最高人民法院关于完善人民法院司法责任制的若干意见》（以下简称《司法责任制意见》）提出可以组建由法官和审判辅助人员组成的审判团队，实行扁平化管理，部分地区也积极探索，创建了新型的审判组织模式，如江苏省江阴市人民法院根据人案情况，设置“1＋N＋N”的动态审判团队模式；浙江省台州市椒江区人民法院设置“1＋1”“N＋1”“1＋1＋1”三种团队配置模式；贵州省贵阳市花溪区人民法院设置“1＋1＋1”和“1＋2＋2”两种不同模式的审判团队。采取何种审判组织模式，如何配置审判组织内部人员，需要各地法院根据自身审级、人员、案件、编制等实际情况确定，绝不能搞“一刀切”，也不能照搬照抄其他法院模式。要通过大胆探索实践，找到一个最适合自己、最有利于资源优化配置、最能提升办案质效的审判组织模式。

此外，像审判辅助人员如何配置效率最高、未入额人员如何分流安置发挥作用、专业法官会议如何运行最有利于确保法律统一适用、法官工作业绩如何评价最为科学，都可以大胆去试，及时总结，通过试点发现问题、研究问题、解决问题，充分发挥好改革试点的示范、带动、促进作用。

三是要切实加强督察评估。改革的推进落实和督察评估要齐头并进，中央政法委和最高人民法院已经对第一批、第二批试点法院试点情况开展了督察，各地也应当自行展开阶段性督察评估，客观准确评价改革进展与效果，保障改革举措落地生根。这里要强调的是，各级法院要改革传统的统计口径，科学全面收集数据，注重用数据说话，让数据成为改革决策、推进和评估的重要依据。例如，关于审判力量变化情况的描述，就得包括法官数量增减情况、辅助人员增补情况、不同类别人员从综合部门到审判部门的流动情况、审判质效前后对比情况等，不能笼统说一句“一线审判力量增加”就概括了事。

第二，做好思想工作，把握改革方向。从大家交流讨论以及近期开展的督察和调研情况来看，仍然有许多干警，尤其是基层法院和非试点法院干警，对改革举措认识不清楚，理解有偏差，进而对司法改革存在消极、抵触情绪。甚至个别法院的领导不认真学习传达改革政策，不抓紧做好人案情况测算摸底，反而有人带头“说怪话”“唱黄腔”，严重影响队伍稳定。总体来看，加强思想引导和政策解读的任务依然相当艰巨。改革推进过程中要始终把政策解读、思想引导和舆论宣传工作摆在突出位置。

一是要加强政策解读。要把改革精神讲清楚，把改革内容讲透彻，坚决防止因为解读不到位、引导不正确而产生的改革负面情绪。

例如，《司法责任制意见》出台后，目前，仍有部分法官片面认识司法责任制，认为是给司法人员压担子、套枷锁，只看到责任倒查和终身负责，看不到其中包含的司法规律和职业属性。司法责任制改革是对审判权力运行体系的重塑，基本目标是实现“让审理者裁判，由裁判者负责”，改革主线是“明晰权责、优化机制、有序问责、强化保障”，绝不能单把“问责”作为立足点。

在错案责任追究问题上，《司法责任制意见》强调法官必须因故意或者重大过失导致裁判错误才承担违法审判责任，各级法院不得随意扩大司法责任的内涵，任意改变追责程序。中央正在加快制定建立法官、检察官惩戒制度的意见，法官惩戒委员会开始运行后，主要职责就是审议法官是否应当承担审判责任，并提出惩戒建议。各级法院要加强对司法责任制意见的学习领会，科学全面认识其丰富内涵，正确理解和贯彻制度举措，真正实现司法责任制的功能和价值。

最高人民法院已经将司法改革政策解读列入国家法官学院和各高级人民法院的年度法官培训计划，并在西部地区巡回授课活动中增设了司法改革政策解读课程。各高级人民法院要通过组织培训宣讲、推广先进经验、制作问答读本、接受干警咨询，建立全面覆盖、上下贯通的思想工作机制，不仅要引导试点法院稳妥有序开展试点，还要重点做好非试点法院，尤其是基层法院的政策宣讲工作。这里要强调的是，思想引导和政策解读不仅是最高人民法院和高级人民法院的事，各中级、基层人民法院的领导班子也要切实履行主体责任，发挥表率作用，自觉作改革的实干家和促进派，帮助广大干警正确认识理解改革，推动达成“早改早受益、早改早发展”的思想共识。

二是要讲好改革故事。要善于利用互联网和新媒体，采用大家喜闻乐见的方式宣传改革进展和成效，提升改革的能见度和鲜活度，争取法院干警、专家学者、人民群众对改革的广泛理解和支持，传播改革正能量。对于在微信、微博等社交媒体上公开发表与中央司法改革政策不一致声音的干警，要做好纠正批评和说服教育工作。对于只算小账，不顾大局，不履行主体职责，甚至带头与中央“唱反调”的干部，要依纪依法严肃处理。

第三，做好基础工作，补齐工作短板。从试点情况来看，凡是改革推进顺利、成效显著的，往往数据统计、人员摸底、调查研究、建章立制等基础性工作做得较好。例如，上海、贵州、江苏等地在开展员额制改革前，都研究开发了案件权重系数，精确测算法官办案饱和工作量，为员额比例的核定提供了科学依据。吉林、湖北等地在搞员额制改革时，深入调研、精细论证，注重做好干警思想政治工作，注重人员情况详细摸底调查，注重建立公平、公正、公开的遴选工作机制，保证了员额制改革的顺利推进。

因此，各地在推进改革过程中：一是要做好基础测算。各地高级人民法院要做好编制、人员、案件和办案饱和度的测算工作，为员额的确定和配置提供可靠依据。要积极借鉴贵州、江苏等地“以案定员”“以岗定员”经验，员额比例和数量可以根据案件情况在不同审级和地域法院之间合理调控。在确定法官办案饱和工作量时，既要考虑改革之前法官“单打独斗”的工作饱和度，也要考虑改革之后审判团队“协同作战”的工作饱和度。

二是要开展情况摸底。试点法院党组要全面掌握队伍思想情况和人员结构，预先了解各类人员入额意愿，对谁能独立办案、谁不能独立办案进行预判，做到心中有数、临阵不慌。

三是要建立科学机制。从前期改革情况来看，有的地方遴选办法不公开、遴选标准不统一、考试内容不合理，引发了一些质疑和争论。各地法院要建立和完善公平公正公开的遴选工作机制，遴选办法要及时向干警公开，制定形成过程中要充分听取干警意见。要合理设置各项遴选方式权重，避免简单以票取人和以分取人，对入额人员要进行全面综合评价。领导干部入额要一视同仁，按遴选工作办法的统一标准和要求进行。法官遴选委员会要发挥实质性作用，在专业性方面严格把关，坚持优中选优，独立公正地履行好自身职能。

四是遴选方式要注重考察、考核、考试相结合。考察注重政治素养、职业操守、廉洁情况，考核注重业务能力、审判业绩、职业履历，考试注重专业素养、法律功底和庭审能力。考试内容应当兼顾不同审判领域和专业类型，注重对法律知识、逻辑思维和解决问题能力的考察。前段时间，北京、江苏组织的入额遴选考试，采取“微型卷宗”等方式命题，考察法官对归纳争议焦点、回应诉辩意见、分析解决问题、分配举证责任方面的能力，起到良好效果，也得到参考法官认同。

第四，加强机制创新，破解改革难题。随着立案登记制、司法责任制、法官员额制等改革的推进，部分地方反映改革后人案矛盾依然突出、办案压力持续增大；一些院庭长反映裁判不把关后对审判质量放心不下，但是担心违反司法责任制又不愿监督、不敢监督、不会监督；有的试点法院实行司法责任制后，“同案不同判”现象确实有抬头趋势；有的院庭长反映其行政事务工作量太大，入额后还要办理一定数量案件，压力很大。对这些问题，我们要有清醒的认识。执法办案与司法改革并不矛盾，改革本身不是目的而是手段，根本上还是要促进和服务于执法办案工作。针对改革中出现的问题，要用改革思维和改革办法加以破解，而不是简单地否定改革或者走“回头路”。

一是要以完善案件繁简分流机制为抓手，着力破解案多人少矛盾。针对当前的办案压力，要通过优化审判资源配置、完善繁简分流机制、改革庭审方式、完善多元化纠纷解决机制等办法，多措并举缓解案多人少矛盾。最高人民法院今年将就如何实现“简案快审、繁案精审”出台指导意见，并制定完善审判辅助人员管理等配套办法，着力研究破解这一难题。上海市第二中级人民法院、贵州省贵阳市花溪区人民法院等在昨天大会发言介绍了促进繁简分流、提升审判效率的经验做法，值得大家认真学习借鉴。改革措施必须释放出让人民群众感受得到的改革红利。

二是要以改革创新审判监督管理方式为抓手，坚持有序放权与监督管理的统一。放权不能放任，监督不能缺位，关键是明确审判管理和监督权力的边界和行使的方式，《司法责任制意见》对此已经作了明确规定。要建立重大案件报告制度，对《司法责任制意见》明确规定的几类案件，在案件管理系统要设计标注，院庭长有权要求独任法官或者合议庭报告案件进展和评议结果，决定将案件提交专业法官会议、审判委员会进行讨论。要完善组织化、平台化、公开化的监督管理方式。充分运用专业法官会议、审判委员会等组织形式，通过组织化、公开化的方式发表意见，充分利用信息技术，实现审判监督管理活动全程留痕。要善于创新审判管理方式，例如，贵州省贵阳市花溪区人民法院专门组建了审判管理团队，负责庭审巡查、案件质量评查分析、发改案件分析、司法行为评查分析等监督管理工作，形成专门分析和反馈机制，保障了案件质效和裁判尺度统一，也是一条很好的经验。

三是要以标准化建设为抓手，靠制度来带队伍、抓审判。放权之后，院庭长除了办好案件，做好指导，要把工作重心放到标准化建设上来。这里的标准化，就是规范化、制度化、常态化，将前期改革成果固定下来，为后续改革营造良好制度环境。各级法院要在司法责任制意见基础上进一步细化司法各类人员岗位职责，制定分类合理、内容翔实、责任明确的岗位职责说明，确保各类主体权责清晰、各司其职、各尽其责。要大力推动各项工作流程的标准化管理，从立案、分案、传唤、送达、庭审、合议到判决，每个审判流程都应当形成具体工作标准和时限要求，加强节点管理和流程衔接，通过信息化手段进行监督、管理、督察和评价，促进工作全程高效运转。广东省东莞市第二人民法院制定了《审判、执行案件辅助人员跟案工作指引》，明确了不同辅助人员在不同审判流程的工作职责、工作方式和工作标准，便于新入职人员快速进入角色，适应岗位要求，改变了过去“徒弟好不好，全靠师傅带”的模式。

四是要以建立和完善确保法律适用统一的工作机制为抓手，保障裁判标准相对统一。各试点法院在推进放权时，必须同步研究建立确保法律适用统一的工作机制。（1）要充分发挥专业法官会议作用。要通过专业法官会议，加强对法律适用问题的交流研讨，解决类案裁判标准的问题。比如，海南法院专业法官会议讨论成果具有指导意义的，提请审判委员会讨论发布参考性案例的做法值得学习。要激励法官积极参加专业法官会议，参会情况应当计入工作绩效。（2）要建立和完善类案检索和类案参考制度。比如，海南法院在推进司法责任制改革时，就以本省典型案例和精品案例为样本，选定刑事、民事、行政、执行参考案例 318 个，基本涵盖全省近年审判实践中常见、多发、具有代表性的案件类型，减少了“同案不同判”的现象。（3）要强化审判委员会总结审判经验、统一法律适用的职能。

五是要突出院庭长办理重大、疑难、复杂和新类型案件的作用，确保院庭长办案机制落实到位。司法责任制要求入额的院庭长必须实际办案，各地法院均开始推进院庭长办案制度，各地院庭长办案数量普遍有较大幅度增长，许多大法官也都走上审判庭开庭审案，这也是此次司法改革的重要成效之一。当然在落实过程中，出现院庭长办案走形式、做样子，委托办案、挂名办案、选择办理简单系列案件等现象和问题。院庭长办案若想落到实处，就必须以业绩服众：（1）要主动啃“硬骨头”，帮法官“挑担子”，办理重大、疑难、复杂、新类型案件，充分发挥其审判经验丰富、业务能力突出的优势。要健全完善分案制度，将随机分案和指定分案相结合，完善重大疑难复杂案件的发现机制，合理分配院庭长收案类型。（2）要科学核定院庭长办案数量。各地法院应当综合自身审级职能、人员规模、案件类型、办案压力、工作负担，科学核定院庭长的办案数量，既要有硬性要求，又要合理考虑当前院庭长行政事务工作量和审判监督管理工作量。对院庭长办案质效也要有相应的评估监督机制。（3）要采取有效措施保证院庭长办案时间。要注重在工作模式、工作流程和工作机制上寻找突破口，通过配备行政事务助手、简化公文审批流程、行政事务集中管理、精简压缩会议文件等配套性举措，尽力保证院庭长的办案时间和精力。

第五，完善配套制度，统筹推进改革。司法改革是一项系统性工程，各项举措之间呈现相互影响、相互制约、相互促进的关系。比如，落实司法责任制需要以完成员额制为前提；司法责任制和人员分类管理制度的建立完善，也亟须司法人员职业保障改革落实到位；职业保障制度的落实，又受到省级以下人财物统管改革的制约。我们必须深刻认识到改革举措之间错综复杂的关系，科学统筹各项改革的顺序和进程，把握好推进的节奏和力度。既要在基础性、引领性改革任务上重点突破、打开局面，也要在保障性、配套性改革举措上及时跟进、同步推开，增强改革举措之间的协同性和配合性，保障各项改革稳妥有序推进。当前有几项重要配套制度需要加快推进。

一是完善未入额人员分流安置政策。法官员额制改革全面推开后，将有相当部分的法官不能入额，总体而言，这部分人员转岗、分流和安置难度较大。从试点情况来看，各地情况千差万别，有的法院未入额法官分流和任用压力不大，有的则面临较大困难。未入额法官的自身利益受到影响，对其如何进行安排和任用必须高度重视，妥善处理。要根据未入额法官的身份来源、年龄层次、自身意愿、能力素质等实际情况，确定不同人员的分流方向，不宜统一就地转化为法官助理或全部转化为司法行政人员。要积极争取地方党委政府支持，拓宽分流渠道，向其他党政机关或国有企事业单位输送干部。要积极学习借鉴广东、海南、湖北等地争取未入额法官分流优惠政策的做法，最大限度保持队伍稳定。对未入额法官，坚持不做减法，保持身份和原有待遇不变，过渡期内可以有条件让其参与审判工作。

二是加快推进审判辅助人员的管理和配备。司法责任制和法官员额制改革的有效推进，有赖于审判辅助人员能否增补到位，配置是否科学。像贵州省贵阳市花溪区人民法院、上海市第二中级人民法院、广东省广州市天河区人民法院这些法院司法责任制搞得好，一个很重要原因就是审判辅助人员配备和管理得好。从目前督察和调研情况看，试点法院普遍存在辅助人员不到位、职能定位不清晰、保障机制不顺畅、管理机制不完善、职业前景不明朗等问题。目前，关于法官助理、书记员的管理制度改革方案即将出台，法官助理、书记员的管理方式、职能定位、保障机制、职业发展空间的框架意见将得到确定。与此同时，各地法院应当细化审判辅助人员工作职责，明确法官助理与书记员分工，优化辅助人员配备模式，积极争取地方支持，探索司法雇员制，主动作为，在审判辅助人员改革方面形成更多可复制可推广的经验，确保司法责任制和法官员额制改革落实到位。

三是加快推进落实司法人员职业保障制度。司法人员职业保障制度改革是推进各项改革的外在保障和有力驱动。去年中央已经出台法官单独职务序列和工资制度的方案，近期中央深改组又通过了《保护司法人员依法履行法定职责的规定》，顶层设计方案不断完善，政策支持力度不断增强。各地法院也立足自身实际，充分发挥积极主动性，探索积累了一些有益的做法和经验。比如，贵州争取省级和地方财政支持，率先实行“以案定补”，试点法院已实际拿到办案补贴；上海法院的首批增资 5 月初已落实到位。目前，最高人民法院正积极配合人力资源和社会保障部抓紧制定实施办法，包括明确员额内法官基本工资标准、基本工资套改办法、基本工资晋升办法等。

这里需要强调的是，我们要统筹考虑职业保障制度和省级以下人财物统管改革。省级统管改革的方案设计、推进步骤和落地政策对司法人员职业保障有着直接的影响，将决定保障的主体、保障的方式和保障的力度。因此两项改革必须统筹考虑，协同推进。目前，中央关于编制和人员统管的政策已经明确，最高人民法院目前正积极配合中央政法委、财政部等部门，研究制定省级财物统管改革的指导性意见。各高级人民法院要强化主体责任，主动积极寻求地方党委政府及各部门支持配合，制订推进计划，建立与各部门的沟通协作机制，确保改革实质推进。要跟地方党委讲清楚，省级统管后地方法院党组仍要接受同级党委政法委领导，仍要向同级党委报告工作，法官仍由同级人大常委会任免，仍离不开地方党委政府的支持。要特别强调，统一管理不等于统一标准，不能简单搞“一刀切”，忽视地方实际和地区差异，当前总的原则仍要坚持“托高补低”，防止改革后有些地区干警收入“明升暗降”。

四是配套建立法官业绩评价、员额退出和法官惩戒机制。法官员额制不是“保险箱”和“铁饭碗”，为确保入额法官履职尽责，勤勉敬业，要尽快建立“有进有出”“能上能下”的员额动态调控机制。对于不能胜任或不愿再从事审判工作的员额法官，要建立相应退出机制。要完善法官业绩考评制度和办法，体现新型审判权力运行机制下法官工作要求，全面、科学评价法官办案数量、质量、效率和效果，将业绩评价作为法官任职、等级晋升和奖金分配的重要依据，实现评价机制与员额退出机制、惩戒机制、激励机制的有效衔接。中央关于法官惩戒制度实施意见出台后，各地还要加快建立法官惩戒委员会，建立完善法官惩戒委员会工作章程和惩戒工作实施细则。各地法院应当将员额退出机制与法官惩戒制度和业绩评价制度有效结合起来，在中央统一指导意见的基础上，根据自身工作实际，制定细化退出员额的条件、标准和程序，并将退出机制与增补遴选机制有效衔接，形成制度化、长效化的法官员额动态调节机制。

第六，加强经验交流，完善沟通机制。前期开展试点的法院要进一步加强评估总结，形成一些具有可复制、可推广的经验做法供学习借鉴。新开展试点的法院要充分吸纳先进经验成果，确保改革少走弯路，同时充分注重既有经验与自身实际相结合，切忌照搬照抄、简单复制。各级法院要进一步完善沟通交流机制，通过访问考察、交流座谈、参与课题等方式，共同交流改革问题，研究解决方案。此次会议上最高人民法院下发的全国司改工作人员联系表，就是为加强各地工作交流所作的一项基础性工作。要注重上下级法院之间的沟通联络，形成高效便捷的工作沟通机制，各省（区、市）

改革实施方案、重要改革文件、试点工作报告、相关问题困难等要及时上报最高人民法院司改办。辖区内扩大试点以及何时决定全省推开试点等情况要及时告知最高人民法院司改办。今年 6 月，最高人民法院司法改革领导小组要听取今年上半年司法改革情况汇报；7 月，中央政法委将召开全国司法改革试点工作推进会，请各高级人民法院及试点法院提前做好准备。

当前试点改革工作已推向纵深阶段，成绩与问题同在，挑战与机遇并存。改革如逆水行舟，不进则退，需要我们不断坚定信心，集思广益，破解难题。各级法院要认真学习领会此次会议的精神，贯彻落实会议部署，把顶层设计、经验借鉴和自身探索三者有机结合，抓好改革的关键环节和关键问题，确保改革举措落实到位，以时不我待的紧迫感和舍我其谁的勇气，努力推动司法体制改革工作迈上新台阶，让人民群众在每一个司法案件中感受到公平正义！

专项调研课题工作是增强司法改革科学性的重要保障*

最高人民法院司改办组织召开司法改革专项调研课题立项暨开题汇报会，非常及时，很有必要。这次立项确定的调研课题经过统筹考虑，既有问题导向，又具前瞻效应，基本覆盖了当前改革面临的热点和难点。做好课题研究，推动成果转化，对我们推进好本轮改革、规划好下一轮改革具有重要意义。我想就如何认识此项工作的意义作用，以及如何开展落实好改革调研工作讲几点意见。

一、全面系统认识课题研究工作对改革的重大意义和作用

理论是实践的先导，思想是行动的指南，加强对司法改革的理论研究，深入开展调研课题工作对改革具有全面的推动和促进作用。

第一，课题工作是夯实改革理论基础、增强改革科学性的重要保障。本轮改革的突出特征是紧扣司法规律和坚持于法有据，改革举措的设计和推进需要强有力的理论支撑和充分的法律依据。这就

* 根据2016年12月16日在司法改革专项调研课题立项汇报会上的讲话稿改编。

需要我们通过课题研究工作，深入探索和发现司法规律，全面理解和适用法律，从司法规律和法律规定中提炼改革方法，总结改革理论，拓展改革空间，通过不断夯实改革的理论基础和法律基础，保障改革的科学合理性。例如，关于法官的绩效评价问题，如何既坚持司法规律，又有利于激励督促法官多办案，办好案？管理学理论中关于绩效激励、目标管理、可视化管理等理论和实践，如何应用于法院工作？如何摆脱行政化的考评管理方式，建立符合司法职业特点的考核评价体系？这些问题都需要我们扎实研究，形成一套符合中国法院体制特点的考核评价理论。

第二，课题工作是实现改革精准施策、破解改革难题的有力手段。目前改革已经进入纵深推进阶段，各地法院在推进改革过程中共性问题和个性问题并存，需要在完善顶层设计的基础上，进一步精准聚焦施策，各个击破改革难题。开展改革专项调研课题工作，就是充分运用和调动各地法院力量，利用其身处改革一线、了解改革情况、直面改革难题的优势，切实总结梳理出改革过程中疑难复杂问题，从实践出发探索破解难题的对策举措，并在司法工作检验改革对策的科学性和有效性，坚持从实践中来、到实践中去的工作方法，使改革问题发现在一线，解决在一线。

第三，课题工作是增强系统集成能力、推广改革经验的有效方式。开展改革专项课题工作是增强系统集成能力、凝聚各方智慧、健全工作机制、推广宣传改革经验的有效方式。这次确定的各家课题承担法院都是在某一改革课题领域工作基础较好、经验做法成熟、科研能力较强的法院，委托开展专项课题研究本身是对你们前期工作的肯定。希望大家利用优势资源，集中优势兵力，以点带面，系统解决类型化的改革难题。因此，在课题研究过程中，各地法院应当有大视野、大格局，不能局限于解决本院、本辖区的问题，而应当积极探索形成此类问题在全国范围内的可复制、可借鉴经验。最高人民法院也将积极通过各种途径和方式，将各项课题中经得起检验的对策和举措推广到全国。

第四，课题工作是推动改革先行探索、实现改革长远发展的重要途径。随着改革的不断推进，一些面向未来的前沿性的改革项目将提上日程，如互联网法院的设立、基层法官养成机制、购买社会服务等内容，需要我们立足当前，放眼长远，展开前瞻性的探索和研究。对于中央尚未统一出台意见的此类前沿性项目，各地法院可以大胆探索尝试，开展理论创新和制度创新，奠定理论基础和积累实践经验，推出一系列典型举措，争做表率，成为引领，积极为顶层设计积蓄力量，建言献策，为改革的全面推进做好充分准备。

二、健全完善工作机制，扎实展开调查研究，确保课题研究工作取得实效

改革课题研究工作意义重大，任务艰巨，各地法院要将此项工作摆在重要位置，将其作为推进司法改革的重要内容，扎实落实，务求实效，在具体实施过程中，要注意以下几个方面：

一是要牢牢把握课题研究的正确方向。坚持以习近平总书记关于司法改革重要论述为指导，确保理论研究工作不脱离党的领导，不脱离中国国情，不脱离改革的根本目标和路径。要防止简单照搬照抄西方司法理论和制度，切忌张冠李戴、削足适履。研究成果既要遵循普遍性司法规律，又要符合中国国情实际，解决现实难题。努力创建体现中国特色的原创性理论，打造司法改革理论研究的中国经验，确保课题研究紧紧围绕建立公正高效权威的社会主义司法制度，始终坚持正确的方向。

二是要形成科学的课题研究方法论。开展课题研究工作，首先

要坚持理论联系实际的工作方法，切忌理论和实践“两张皮”，理论研究和实践探索应当齐头并进，相得益彰。实践中推行有效的经验做法要实现理论升华，形成制度，同时相关制度理论成果也要回到实践中反复检验，不断提升科学有效性。其次要因事制宜，采取科学的研究方法和手段。针对各个课题领域本身特点，选择不同研究方法，注重加强对实证研究、定量分析、规范分析、跨学科交叉研究等主要研究方法的综合运用，保证研究结论逻辑严密、论证充分、可供检验。最后要坚持系统和全面的观点展开课题研究。充分认识改革举措之间，改革和审判、辅助、行政、队伍建设等工作之间的高度牵连性和复杂性，综合考虑多方面影响，注重各项工作的统筹规划和协调推进，通过课题研究最大限度防止和消除推进改革可能产生的负面效应。

三是要健全完善课题研究的科学工作机制。各课题承担法院要切实加强组织领导，主要院领导，课题主持人要强化主体责任，坚持课题工作亲自抓，全程跟进，一抓到底。要形成科学规范的工作机制，课题组要明确任务分工，确定研究进度、阶段性进展要求，建立调研档案。要严格按照财经纪律要求和经费管理相关规定使用课题经费，形成详细支出清单，及时报备。最高人民法院司改办要加强课题的统筹管理，适时组织中期检查，及时进行沟通，掌握调研进度，了解困难问题，实施调研指导帮助，审核验收阶段性成果。

四是要及时充分实现调研成果的转化、应用和宣传。各地法院要按照“边调研、边转化、边验证，边调整”的思路，积极稳妥推动调研成果实时转化为地方法院的具体工作制度和规范性文件。要积极拓展成果转化的渠道和形式，实现理论转化、制度转化、立法转化等全方位的转化效果。要加强调研成果的应用和宣传，将成熟的经验做法及时上报最高人民法院司改办。对经审核后认为科学可行的制度举措，我们将吸纳到最高人民法院相关改革方案、规范性文件当中，并通过各类媒体形式予以宣传介绍，保障课题调研成果最大限度地提供有效经验，促进改革全面推进。

人民法院司法改革“四梁八柱”基本搭建完成*

2016年是全面深化改革的攻坚之年，用习近平总书记在中央全面深化改革领导小组第二十次会议上的讲话说，改革“头3年是夯基垒台、立柱架梁的3年”①，攻坚之年就得“力争把改革的主体框架搭建起来”②，这是一个重要的阶段性目标。为了实现这一阶段性目标，最高人民法院从去年年初就统筹谋划、稳慎论证，不断向中心聚焦、向深处发力，全年共发布43个改革文件，特别是增设巡回法庭、以审判为中心的刑事诉讼制度改革、失信被执行人惩戒、法官逐级遴选、法官履职保障、法官违法惩戒等重要项目，报请中央深改组审议通过，出台改革文件，涉及产权保护、司法救助、减刑假释、案件繁简分流、纠纷多元化解、深化司法公开等，也出台了

---

* 根据2017年2月27日在《中国法院的司法改革（2013—2016）》《中国法院的司法公开（2013—2016）》（白皮书）新闻发布会上的发言稿改编。

① 《习近平：扭住全面深化改革各项目标　落实主体责任拧紧责任螺丝》，载新华网，http：//www. xinhuanet. com//politics/2016－01/11/c_ 1117739592. htm。

② 《习近平：扭住全面深化改革各项目标　落实主体责任拧紧责任螺丝》，载新华网，http：//www. xinhuanet. com//politics/2016－01/11/c_ 1117739592. htm。

一系列改革措施。截至目前，党的十八届三中、四中全会确定由我院牵头抓总的18项改革任务，已完成17项。《人民法院第四个五年改革纲要（2014—2018）》提出的65项改革举措，已全面推开60项，余下5项均在试点基础上有实质性进展。

攻坚期必然进入深水区，越是纵深前行，越需要保持定力、前后接续、梯次推进。一年来，在以习近平同志为核心的党中央坚强领导下，人民法院司法改革呈现出“大潮奔涌逐浪高”的壮阔气势。从广度上看，司法责任制改革正在全国法院铺开，全国已有28个高级人民法院（含兵团分院）、363个中级人民法院、2644个基层人民法院完成员额法官选任工作，约占全国法院总数的86.7%，共产生入额法官105,433名，北京等11个省（区、市）已完成首批员额法官的单独职务序列确认和任命工作。从深度上看，司法公开改革不断向纵深推进，我们在建成审判流程公开、裁判文书公开、执行信息公开三大平台基础上，又搭建了庭审公开平台，减刑、假释、暂予监外执行信息公开平台也已投入运行。通过修订裁判文书上网司法解释，一审裁判文书也全面纳入公开范围，从制度上保证了“上网为原则、不上网为例外”。中国裁判文书网现已公开裁判文书超过2600万篇，网站访问量突破55亿次，用户覆盖200多个国家和地区，成为全球最大的司法文书公开平台。从速度上看，各项改革均呈现出蹄疾而步稳的态势。从中央批准同意最高人民法院在重庆、西安、南京、郑州增设巡回法庭，到四个巡回法庭挂牌办公，前后仅用了不到两个月时间。挂牌当天，巡回法庭即开始受理案件、接待来访。新春伊始，各巡回法庭已陆续敲响“第一槌”，开庭审理案件，巡回审判工作有序有效。从力度上看，我们要求各级法院算大账、算总账，破字当头，有破有立，破一亩三分地的藩篱，动局部利益的奶酪，确立全国一盘棋的大局观。在法官员额比例上，最高人民法院要求各级法院科学核定员额，坚决纠正核定比例就高不就低、案多案少一个样等问题。包括领导干部在内，不少未入额法官转入审判辅助岗位。全国已有205家试点法院结合自身实际，整合内设机构，精简行政职能，推动扁平化管理，取得良好成效。从配套上看，随着立案登记制、司法责任制、法官员额制等改革向纵深推进，对抓好系统集成、统筹协调提出了更高的要求。围绕立案登记制改革，我们积极推进在线立案、在线调解、案件繁简分流、纠纷多元化解等配套改革，依法打击虚假诉讼；围绕司法责任制改革，我们配合制定法官惩戒意见，出台履职保障办法；围绕法官员额制改革，我们着力推动落实单独职务序列和工资配套改革，释放改革红利，合理安置未入额人员，抓紧增补审判辅助力量。总体来看，截至目前，人民法院司法改革主要领域四梁八柱性质的改革主体框架已经基本搭建完成，圆满完成了习近平总书记去年年初提出的阶段性目标！

下面，我重点从以下几个方面，介绍人民法院2016年司法改革工作：

第一，坚持问题导向，以钉钉子精神抓好改革落实。习近平总书记始终强调，“改革要聚焦、聚神、聚力抓好落实”①。在中央深改组已经召开的32次会议新闻稿中，“落实”一词出现近200次，而2016年12次会议就强调了100余次。2016年，最高人民法院将“一手抓方案质量，一手抓改革落实”作为推进改革的基本工作思路，先后召开全国法院司改试点工作推进会、全国法院司法责任制改革督察推进会及各类专项推进会、部署会20余次，有力推动改革

① 全国干部培训教材编审指导委员会组织编写：《坚持和发展中国特色社会主义》，人民出版社、党建读物出版社2015年版，第132页。

落地生效。

针对部分试点地区落实改革举措不彻底、不到位等现象，我们将改革督察工作列入重要议程，配合中央改革办、中央政法委，先后启动了两轮改革督察工作。2016 年 11 月 16 日至 12 月 10 日，最高人民法院组成 4 个督察组，分赴北京、山西、内蒙古等 12 个省（区、市）开展司法责任制改革督察。各督察组按照“听、查、访、评”的要求，共召开 38 场座谈会，听取 75 个地方法院的改革情况汇报，实地督察 46 个法院，查阅了工作台账、制度文件、办案系统，发放 500 余份调查问卷，随机抽选入额法官、未入额法官、法官助理、书记员、司法行政人员进行个别谈话，共查摆问题 18 项，提出整改建议 20 条。

周强院长高度重视改革督察反映的问题，要求将问题全国通报、明确责任、限期整改，最高人民法院随即向全国法院印发督察情况通报，点名指出数十家法院存在的突出问题，明确要求相关高级人民法院认真对照检查、切实加以整改。截至今年 1 月底，各高级人民法院均已报送整改报告，制定整改方案和指导意见，并落实整改措施。实践证明，只有不断加大督察力度，形成常态机制，才能确保改革方案含金量不短斤缺两，确保改革落实的“最后一公里”畅通无阻。

第二，紧扣改革重点，推动司法责任制改革等关键领域重点突破。全面深化改革，必须牢牢抓住主要矛盾，打通关键节点，才能以重点突破带动全局推进。司法责任制改革就是深化司法体制改革的“牛鼻子”。一年来，司法责任制改革已在全国法院全面推开，试点法院普遍实行新的审判权力运行机制，实现了“审判者裁判、裁判者负责”。试点之初存在的部分问题，已逐步得到纠正和解决。通过司法责任制改革，试点法院普遍实现了“四个改变”：一是改变了过去院庭长批案不审案的情况，院庭长办案形成常态机制。各地均明确了院庭长入额后的办案指标，要求院庭长不仅要带头办案，还要主动办重大、疑难、复杂案件，充分发挥他们作为优质审判资源的示范、领头和表率作用。上海全市院庭长去年办案 10.02 万件，同比上升 23.54%；北京为 13.8 万件，同比上升 52%；广东为 70.16 万件，同比上升 24.72%；江苏全省法院院庭长办案占比达到 38.5%。二是改变了过去法官大包大揽的工作模式，优化了司法人力资源配置。试点法院组建新型审判团队，通过科学分工、有效协作，减轻法官非审判事务，法官人均结案数较改革前明显提升。改革前，上海法院法官年人均结案 144 件，改革后达到 228 件；贵州法院法官改革前年人均结案 63 件，改革后达到 157 件。三是改变了过去层层审批的模式，大大提升了审判效率。改革后，吉林法院直接由独任法官、合议庭裁判的案件比例达 98.02%；广东珠三角地区办理简易程序案件的法官年均结案超 300 件，审判周期较改革前缩短 7—15 天。四是改变了过去盯人盯案的传统审判管理机制，逐步向全院全员全过程的信息化审判管理监督机制转变，专业法官会议、审判委员会在统一法律适用方面发挥了重要作用。

第三，补齐机制短板，以改革创新思维破解人案矛盾。随着深化改革进入深水区，经济发展进入新常态，矛盾纠纷风险增多，各类案件仍保持大幅攀升态势。2016 年，全国法院受理案件达 2305.6 万件，同比增长 18.1%。我们深知，面对严峻的人案矛盾，不能光靠加人增编的“添油战术”，必须借助改革创新思维，一方面优化资源配置，不断挖掘内部潜力；另一方面依靠各地党委政府，依托社会各方力量，促进矛盾纠纷多元化解。案件繁简分流机制方面，最高人民法院 2016 年发布《关于进一步推进案件繁简分流优化司法资源配置的若干意见》，指导各地通过诉前、审前、审判程序分流，推动实现“简案快审、繁案精审”。全国法院共设置2338个诉调对接中心。上海法院全年诉前分流23.29万件案件，调解成功8.8万件，四成以上案件在诉前得以有效化解；北京法院诉前分流68,763件，调解成功19,046件。司法资源优化配置方面，我们通过科技手段和科学管理提升效率，积极推动适用电子方式送达和电子督促程序，推广电子卷宗移送，实行审判辅助事务集中管理，探索开展在线调解和网上开庭。全国已有419家法院开通在线调解平台，拥有2390名在线调解员。上周三，最高人民法院还发布了关于庭审活动录音录像的司法解释，将智能语音识别技术引入庭审记录，大大减轻了审判辅助人员的工作负担。多元化纠纷解决机制改革方面，最高人民法院发布了《关于人民法院进一步深化多元化纠纷解决机制改革的意见》和《关于人民法院特邀调解的规定》，积极引入社会力量，形成推进矛盾纠纷多元化解的合力。截至2016年年底，全国法院建立特邀调解组织近2万个，吸纳特邀调解员6万多人，接受法院委派调解和委托调解案件101万件，调解成功53.8万件。通过特邀调解分流的案件，约占一审民商事案件总数的10%以上。

第四，着力突破难点，推动实现及时有力惩治犯罪和保障人权相统一。2016年，全国法院在前三年依法纠正重大冤假错案23件37人基础上，新纠正重大冤假错案11件17人，数量达到历史新高。其中，河北聂某斌案、海南陈某案均在社会引起巨大反响。这些冤错案件的纠正，重塑了司法保护人权、维护公平正义的形象，提振了人民群众对司法公正的信心，人民法院也将在上述工作基础上，抓紧研究制定健全发现和纠正刑事冤假错案机制的指导意见。2013年至2016年，各级法院依法宣告3718名被告人无罪，依法保障无罪者不受追究。最高人民法院会同中央有关部门，制定发布了《关于推进以审判为中心的刑事诉讼制度改革的意见》，上周又印发了专门实施意见。这些改革意见坚决贯彻罪刑法定、疑罪从无、证据裁判等诉讼原则，推动确立审判在刑事诉讼中的中心地位和决定性作用，大力推进庭审实质化，从源头上防范刑讯逼供、非法取证等违法行为，确保裁判经得起法律检验。当然，我们坚持以“审判为中心”，并不排斥对于被告人认罪认罚的轻微刑事案件适度减少司法资源投入，适当简化审判程序。2016 年，根据全国人大常委会授权，北京等 18 个城市正式开展刑事案件认罪认罚从宽试点，有效防止了轻微刑事案件被告人超期羁押和“关多久、判多久”的现象。

第五，立足利民本位，坚持以人民福祉为中心不动摇、不松劲。治国有常，利民为本。使人民群众有更多获得感，始终是人民法院司法改革前行的目标和方向。2016 年，我们继续坚持以人民为中心的改革思想，通过锐意改革创新，多谋民生之利、多解民生之忧。具体措施包括：一是深化立案登记制改革。最高人民法院开展立案登记制改革“回头看”，通过督察、暗访，切实防止“立案难”问题反弹。2016 年，全国法院登记立案 1630.29 万件，当场登记立案率达到 95%。各地普遍简化立案程序，依托信息化手段，完善网上立案平台，探索推行跨域立案，提升立案工作效率和便民程度。福建、浙江法院建立“跨域、连锁、直通式”诉讼服务平台，已在全省范围内实现异地立案，方便人民群众在“家门口打官司”。上海市浦东新区人民法院开发“二维码”自助立案系统，每个案件平均立案时间只有 15 分钟。二是推进司法救助机制改革。最高人民法院发布了《关于加强和规范人民法院国家司法救助工作的意见》，明确了国家司法救助统一处理机制，实现了国家司法救助工作从“维稳”到“维权”的转移，从“因访救助”过渡到“因案救助”，推动救助制度法治化、救助案件司法化，确保司法救助在法治轨道上有序运行。三是推进民事公益诉讼制度改革。2016 年，全国法院依法受理环境公益诉讼案件43件，审结“腾格里沙漠污染案”等重大案件11起，有力维护环境正义，保障绿色发展。四是探索推进家事审判改革。婚姻家庭关系是社会稳定的基础。最高人民法院组织召开全国部分法院家事审判方式和工作机制改革试点工作推进会，指导100家试点法院建立专门的家事审判庭或者组建家事审判团队，引入家事调查员、社工陪护及儿童心理专家等多种方式，妥善化解家事纠纷，为实现人民安居乐业、社会安定祥和提供强有力的司法保障。五是加强产权司法保护。最高人民法院出台关于切实加强产权司法保护的意见，制定依法妥善处理历史形成的产权案件工作实施意见，目前正依法甄别纠正一批历史形成的涉产权冤错案件。六是继续推进人民陪审员制度改革试点。经过一年多的试点，试点工作取得阶段性成效。50家试点法院人民陪审员总数达到13, 322人，为法官员额数的4. 3倍。一大批通民情、知民意、接地气的普通群众被选任为人民陪审员，来源更加广泛、结构更加合理。人民陪审员共参与审结各类案件81, 772件，其中采用大合议庭形式审理涉及群体利益、社会公共利益等社会影响较大的案件1624件，社会效果良好。

第六，找准问题症结，以失信惩戒为抓手大力推进执行体制改革。在十二届全国人大四次会议上，最高人民法院承诺用“用两到三年时间，基本解决执行难问题”。一年来，我们找准了“执行难”问题症结，精准发力，猛药治疴，通过完善网络查控系统、联合信用惩戒系统、执行信息公开系统，有效解决了“财产难查找、失信难惩戒、信息难公开”等难题。一是完善失信惩戒机制。2016年，最高人民法院会同国家发改委等44家单位联合签署了《关于对失信被执行人实施联合惩戒的合作备忘录》。同年，最高人民法院报请中央深改组审议通过了《关于加快推进失信被执行人信用监督、警示和惩戒机制建设的意见》，由中共中央办公厅、国务院办公厅联合发文，规定了11类37项惩戒措施，使“老赖”寸步难行、无处遁形。截至目前，全国累计发布失信被执行人信息673万例，限制615万人次购买机票、222万人次购买动车、高铁票，全国工商、市场监管部门共限制失信被执行人担任各类企业法定代表人、董事、监事和高级管理人员7.1万余人次，基本形成“一处失信、处处受限”的信用惩戒格局。二是探索审执分离改革，在人民法院内部实行审判权和执行权相分离，强化全国四级法院统一管理、统一指挥、统一协调的执行工作管理体制，提高执行实施效率。三是开展网络司法拍卖，完善执行公开。最高人民法院出台《关于人民法院网络司法拍卖若干问题的规定》，通过社会化评审，公布5家网络拍卖平台供当事人选择，破解执行财产处置过程不透明、不规范、变现难的问题。目前，全国已有28个省份1600余家法院入驻网上司法拍卖平台，共计网拍32万余次，拍卖标的物15万余件，成交额1900多亿元，平均成交率达到89%，溢价率达到42%，为当事人节省佣金42亿元。

以上是对2016年人民法院司法改革工作的简要介绍，更多改革举措和成效可以通过两本白皮书了解。2017年，人民法院将严格按照中央确定的时间表路线图，按时完成各项牵头改革任务，完善配套措施，狠抓督察落实，确保改革实效。风起扬帆正当时，改革创新无穷期。人民法院将继续深入贯彻党的十八大和十八届三中、四中、五中、六中全会精神，紧密团结在以习近平同志为核心的党中央周围，不忘改革初心，继续拼搏奋进，以优异的成绩迎接党的十九大胜利召开。

四组数据、五个故事里的司法改革新变化*

各位来宾、观众朋友们：

大家好！我是最高人民法院副院长李少平，很高兴今天来到《法治中国说》节目，与大家分享我参与人民法院司法改革工作的体会。与具体办案工作相比，司法体制改革是一个比较宏观的话题，很难用案例描述，也不容易用一两句话概括。那么，我如何与大家分享这个话题呢？

司法改革的三个“没想到”

前不久，一位律师朋友的发言让我深受启发。他说，这一轮司法体制改革，让他有三个“没想到”。一是没想到改革力度这么大，一举解决了“立案难”“执行难”等“老大难”问题。二是没想到改革成效这么明显，真真切切让当事人和律师感受到司法的公开、便利和高效。三是没想到改革理念这么先进，与时代发展、科技进步融合得如此紧密。

他发言还举了上海法院开放律师服务平台的例子，说自己一开

---

* 根据2017年9月23日在中央电视台《法治中国说》的演讲稿改编。

始以为这个平台只是面向上海本地律师，抱着试试看的心态登录后才发现，国内任何一位注册律师，都可以通过这一平台享受网上立案、网上沟通、网上辅助等5大类26项诉讼服务，建议最高人民法院好好宣传司法改革，扩大改革红利。

当然，那位律师朋友感受到的，只是深化司法体制改革的一个侧面，需要与各位介绍与分享的，也绝不止于律师服务平台这一个层面。现在已是大数据时代，讲好改革故事、弘扬时代精神，我想通过四组数据、五个故事，展现司法改革带来的一些新成效、新变化。

四组数据感受司法改革新成效

第一组是司法公开的数据。党的十八大之前，群众对法院有意见，对司法公正信心不足，主要是对审判工作缺乏了解。比如，法院的裁判文书虽然也有上网，但是数量很少；如今，中国裁判文书网建成，最高人民法院出台专门规定，要求该上网的文书一律上网，已公开文书总量3400万篇，总访问量突破100亿次，用户覆盖全球210多个国家和地区，成为全球最大的裁判文书公开平台，也是中国最大的司法数据采集平台。加上审判流程公开、庭审公开、执行信息公开，四大公开平台，改革之后，法院的工作让群众围观、受群众监督，体现了司法透明，倒逼了司法公正，这个作用太大了。

第二组是法官办案的数据。改革之前，我国有19.88万名法官，但受各种因素影响，不少法官并不在审判一线办案，一些法官担任领导职务之后，很少办案，优质司法资源没有发挥最佳效应；这次改革，我们实行法官员额制，要求进入员额的法官必须办案，领导干部入额不仅要办案，还要主动啃“硬骨头”，带头办理重大疑难复杂案件。截至目前，全国法院遴选产生120,138名员额法官，全部在一线办案，法官队伍“瘦身”，但办案力量平均增加 20% 以上。2017 年上半年，全国法院院庭长办案量占新收案件总量的 29.5%，人均办案量达到普通法官办案量的 48.2%。大家不要小看这个数字，院庭长带头办案，对于加强司法管理、提升司法公信力具有很大作用。

第三组是起诉立案的数据。过去，老百姓对一些法院有案不立、拖延立案意见很大，并将之形象地称为“立案难”；自 2015 年 5 月 1 日开始，人民法院开始实行立案登记制，当事人起诉只要符合法律规定的条件，法院就必须登记立案，有案必立、有诉必理。改革前，2012 年法院受理案件 1324.8 万件；改革后，2016 年受理 2305.3 万件，95% 以上实现当场登记立案。随着预约立案、网上立案、自助立案、跨域立案等配套改革举措实施，上海、浙江等地法院的立案服务已实现了“最多跑一次、最好不用跑”，老百姓有了互联网，动动手指头就可以在线立案，免去了来回奔波之苦，真正叫打通了服务群众的“最后一公里”。

第四组是审判质效的数据。与改革前相比，改革后法官数量减少 1/3，但人均办案数量增长 20% 以上，结案率上升 18% 以上，一审后服判息诉率提升了 10% 以上，涉法信访数量下降 30% 以上，审判质效全面提升。

数据在变化，人民群众的评价也在变化。无论是第三方评估，还是人大代表、政协委员反映，对于司法改革的共同意见是：通过司法改革，法院的作风更加亲民、工作更加高效、法官更加专业，确实做到了“法院更像法院，法官更像法官”。许多学者、律师也评说，这次司法改革的力度之大、范围之广、影响之深远，都可谓前所未有，改革成效得到全方位的深刻体现。

从裁判文书零星上网到建立全球最大的裁判文书网，从立案审查制到“把方便留给群众，将困难留给自己”的立案登记制，从忙闲不均到全员办案，从内外评价不一到社会各界点赞。砥砺奋进五年的背后，是人民法院一场深刻的自我革命，改的是体制机制，动的是利益格局，受益的是广大人民群众。习近平总书记对司法体制改革作出重要指示，党的十八大以来，政法战线坚持正确改革方向，敢于啃硬骨头、涉险滩、闯难关，做成了想了很多年、讲了很多年但没有做成的改革，司法公信力不断提升，对维护社会公平正义发挥了重要作用。[①]

五个故事透视司法改革新变化

为什么这次司法改革会带来这么大的变化？我再通过五个小故事，谈一谈这一轮司法体制改革的重要特点。

第一个小故事，与司法改革的时代性有关。2016 年 12 月 25 日，全国人大常委会任命我兼任最高人民法院第五巡回法庭庭长。消息公布后，一位老朋友打来电话说：“你不是最高人民法院的副院长么？怎么又变成庭长了？”我告诉他，最高人民法院设立巡回法庭，是党中央的重大决定，目的是通过审理跨行政区域重大行政、民商事案件，确保中央政令畅通、法律适用统一，同时要实现最高人民法院工作重心下移，方便群众诉讼，就地解决纠纷。六个巡回法庭的设立，是新时期司法为民、公正司法的重大改革举措。全面依法治国，建设法治国家，就是既要树立必要的司法权威，又要脚踏实地地进行司法服务，满足群众的司法需求。

最高人民法院巡回法庭庭长由副院长等大法官兼任，并由全国

① 《十八大以来治国理政新成就》编写组编：《十八大以来治国理政新成就》，人民出版社 2017 年版，第 998 页。

人大常委会任命，体现了中央对维护司法公正的重视和期待。我所在的第五巡回法庭，巡回区包括重庆、四川、云南、贵州、西藏5省区（市），今年1月至8月已受理1156起案件，接待来访群众14,195人次。六个巡回法庭今年上半年共受理案件5733件，占最高人民法院受理案件数量的44.8%，极大地方便当事人诉讼，被老百姓亲切地称为“家门口的最高法院”。

为实现党的十八大提出的提升司法公信力的目标，遏制地方因素对司法公正的影响，切实防止诉讼“主客场”现象，按照中央统一部署，推动省级以下地方法院的人财物省级统管，并在北京、上海分别设立了北京市第四中级人民法院、上海市第三中级人民法院，作为首批跨区划法院试点，审理跨行政区划重大案件。这些重大改革举措，都是因时而制的创新之举。

正是党中央审时度势，在“四个全面”的战略布局中推进司法改革，所有重大改革方略由中央全会决定，重大改革方案由中央全面深化改革领导小组审议，重大法律调整由全国人大常委会授权，司法体制改革才能不断爬坡过坎、立柱架梁，取得一个又一个阶段性成果。

第二个小故事，与司法改革的人民性有关。前不久，我们一位法官到外地出差，出租车司机听说他在法院工作，就主动聊起司法改革话题。法官很好奇，问司机怎么对司法改革感兴趣。司机说，过去总觉得法院高高在上，现在从广播、电视里，总能听到法院平反冤假错案、审理民生案件、实行立案登记制、完善“民告官”机制的报道，觉得与老百姓的利益密切相关，所以也就格外关注司法改革的消息。

这则小故事让我意识到“人民有所呼，改革有所应”，只有始终坚持人民在改革中的主体地位，司法改革才更有生命力。五年来，全国法院将"让人民群众在每一个司法案件中感受到公平正义"作为改革根本目标，将人民群众获得感作为评价改革成效的标准，坚持完善人权司法保障、践行司法为民、发扬司法民主。

人权司法保障方面。我们积极推进以审判为中心的刑事诉讼制度改革。这项改革推出之后，有效扼制了刑讯逼供、非法取证，规范了诉讼程序。五年来，我们不仅依法纠正了聂某斌案、呼格案、张氏叔侄案、陈某案等30多起重大冤错案件，还出台了非法证据排除规定，坚决防止新的冤假错案。2013年至2017年上半年，依法宣告3889名被告人无罪，实现了惩罚犯罪和保障人权相统一。

司法便民利民方面。除实行立案登记制外，我们还完善了相关配套机制。全国99%的法院建成了规范化的诉讼服务中心，2200个法院开通了诉讼服务网，780多家法院开通诉讼服务手机App，1700多家法院开通12368诉讼服务热线，许多地方已实现"走进一个厅，事情全办清"。在上海市浦东新区人民法院，当事人用手机扫一下二维码，平均15分钟就能立一个案子。为了多措并举化解矛盾纠纷，全国法院还建立了2400多个诉调对接中心，引进4万多名特邀调解员，200多个法院试点进行在线调解，有13.24%一审民事案件通过调解解决。

人民参与司法方面。根据全国人大常委会授权，在全国10个省（区、市）开展人民陪审员制度改革试点。截至今年4月底，试点法院人民陪审员总数达到15,383人，比改革前新增11,734人，其中，基层普通群众11,681人，占比达75%以上，人民陪审员来源更加广泛，结构也更加合理。试点法院由人民陪审员参与审结各类案件81,772件，由人民陪审员参与组成大合议庭审结涉及群体利益和社会影响较大的案件1624件，取得了良好的社会效果。

第三个小故事，与司法改革的规律性相关。几年前，我参加一个座谈会，一位政协委员发言说，他认识的法官都非常辛苦，“白加黑”“五加二”，加班加点结案，有的还牺牲在办案岗位上，所以提议大幅提高法官的福利待遇。我首先代表广大法官对他表示感谢，但也要提出一点不同意见。

在我看来，法官的确很辛苦，有时还面临各种威胁、谩骂、侮辱甚至暴力伤害，但这都不是赋予法官特殊待遇的理由。因为，如果比累比辛苦，许多行业的工作强度要比法院重，警察、消防等职业群体面临的风险，也不见得比法官小。对法官的管理模式之所以特殊，归根结底源自审判权的特殊属性，也就是我们通常所说的司法规律。

审判权不同于行政权，讲究上令下从、令行禁止；审判权是对案件事实和法律的判断权和裁决权，注重对独立性、中立性和程序性的保障。这就意味着，上级法院不能对下级法院如何裁判“指手画脚”，院长、庭长应当履行审判监督管理职责，但是不能对自己未直接参与审理案件的裁判文书审核签发。

这一轮司法体制改革之所以取得重大成效，很大程度上就在于我们严格遵循了上述司法规律，提出“让审理者裁判、由裁判者负责”，并将还权于法官、合议庭和优化院庭长审判监督管理职责的司法责任制改革作为必须牢牢牵住的“牛鼻子”。在遴选产生员额法官的同时，配套建立了不同于普通公务员的单独职务序列和工资制度，并强化法官依法履职保障机制。出台有关改革文件，强调法院内部人员和党政领导干部都不能为案件说情打招呼，否则要追究责任，非因法定事由，非经法定程序，不得将法官调离、免职、辞退，或者作出降级、撤职等处分。只有法官能够安心履职、独立行权，司法公正才更有保障。

第四个小故事，与司法改革的创新性相关。2016 年 5 月，英国最高法院院长廖柏嘉勋爵来华访问，对我国法院信息化程度和司法公开规模赞叹不已。在接受《法制日报》采访时，他坦承："英国法院在信息化建设、线上纠纷处理机制方面，都是落后于中国的。"今年7月，廖柏嘉勋爵又派自己的首席科技顾问到我国了解"智慧法院"建设情况。这位顾问参观了浙江省杭州市西湖区人民法院，又与国内法律科技界人士座谈研讨，回英国后，他专门发表了一篇文章，预言："到2020年，中国很可能成为法律科技和人工智能发展领域的领军者。"并对中国法院信息化的发达程度，给予高度评价。

这一轮司法改革的一大特点，在于与时代发展、科技进步的深度融合。大数据、云计算、人工智能、图像识别、机器学习……这些技术手段，已被广泛运用于人民法院审判执行的各个环节。比如，在改革之前，法院"执行难"矛盾突出，主要是"查人找物"非常困难，执行人员满天飞、不睡觉，也难以扭转局面。现在通过改革，最高人民法院联合公安、工商、银行等10个部门建立执行查控机制，3100个法院开通网络执行查控系统，可以对被执行人主要财产信息"一网打尽"，同时，建立了失信被执行人惩戒机制和网络司法拍卖平台，有财产不执行的"老赖"将会"一处失信、处处受限"，去年有51万人迫于信用压力自觉履行判决。现在网络司法拍卖成交率超过90%，基本都是溢价成交，大大保护了双方当事人合法权利，执行难的困境正在走出。

今年8月18日，经中央批准同意，我们在杭州设立世界第一家互联网法院，这项改革就是司法要适应互联网发展大趋势，主动拥抱现代科技创新成果，让老百姓期待的打官司就像互联网购物一样方便成为现实，同时通过集中审理涉互联网案件，有利于进一步探索互联网案件司法规则和互联网治理规则，维护网络安全。如今到互联网法院参观，会发现庭审时都没有书记员，当事人通过视频参加法庭庭审，庭审语音自动转化为记录文字，整个过程都在互联网上完成，并全程留痕。需要指出的是，尽管我国法院信息化工作已处于世界领先地位，但我们仍将依托“智慧法院”建设，不断完善机制，以改革创新的新成就为世界法治文明和法治发展提供中国方案、贡献中国智慧。

第五个小故事，与司法改革的科学性有关。司法体制改革向纵深推进，我们先后出台了 130 多个文件，这些方案的设计都经过了专家论证，重大改革项目都分批、分步骤开展了试点。在某次试点方案论证会议上，一位地方法院负责同志问，试点的意义是什么，是不是试了就一定要成功？当时我们就回答，从方法论上讲，任何改革都没有“一试就行，万试万灵”的灵丹妙药，试点目的就是既试对也试错，讲科学就要允许试错，这也是试点的价值和意义所在。

同样，对法官员额确定、法官工作量测算，如何以案定额、如何考核绩效、如何明晰法官权力清单与责任清单等一些关键环节、重点问题，方案出台前都进行了实证性研究，充分听取各方意见，在试点中也及时调整员额分配，实行省级统筹，向案多人少的基层法院倾斜，不搞“一刀切”。比如，广东全省员额比例不超过 39%，但珠三角地区超过了，而粤东、粤北的法院则只用了 20% 多的员额比例。通过开展试点，我们发现试点方案在运行中可能存在疏漏和偏差，在后续深化改革中，通过抓系统集成和协调配套，确保问题被精准解决，改革整体质效得以提升。

改革试点推进中，最高人民法院按照中央要求，将改革督察作为推进改革措施落地见效的重要手段。最高人民法院组织了若干个督察组，先后在全国法院开展了 5 轮督察，我自己带队对贵州、四川、重庆等省市的改革落实情况进行了督察。需要指出的是，我们的督察都是奔着问题去的，绝对不搞“听听汇报，收收材料”“你说什么，我记什么”的“来料加工”式督察，督察组深入50多个县市90多家法院实地查访，召开100多场座谈会，听取了1300多名干警的意见，抽查案件卷宗、审判管理系统记录450多人次。督察既是推动又是验证，对督察工作中发现的经验及时推广，存在的问题公开通报、限期整改，不折不扣抓好落实。

各位来宾、主持人、观众朋友们，透过以上四组数据、五个故事，我们一起回顾了砥砺奋进的五年司改之路，相信此刻大家都已找到我们所要探讨问题的答案：正是因为坚持党的领导，坚持问题导向，坚持司法规律，坚持以人民为中心，坚定不移走中国特色社会主义司法体制改革和法治发展道路，我们的司法改革才能攻坚克难，取得一个又一个胜利。随着司法改革的深入推进，改革红利正在进一步释放，虽然建设公正高效权威的社会主义司法制度任重道远，但我们坚信，在以习近平同志为核心的党中央坚强领导下，只要我们不忘初心、砥砺前行，就一定能书写改革新传奇，成就民族新梦想！

系统把握习近平总书记关于司法体制改革的认识论和方法论*

党的十八大以来，习近平总书记作出一系列关于司法改革的新论断新观点新要求，这些重要论述既体现在其关于法治建设的重要论述中，也体现在关于全面深化改革的重要论述中。这些新论断新观点新要求，回答了“为什么改”“改什么”“怎么改”等一系列重大理论和实践问题，形成了关于司法体制改革的科学认识论和方法论，闪耀着马克思主义真理的光辉。系统梳理、认真学习这些重要论述，我认为主要体现在以下几个方面：

一、在战略定位上，将司法体制改革作为政治体制改革的重要组成部分，作为全面深化改革、全面依法治国的重要内容

党的十九大报告将“坚持全面深化改革”“坚持全面依法治国”作为习近平新时代中国特色社会主义思想和基本方略的重要组成部

---

* 根据2018年5月23日在2018年全国高、中级人民法院院长学习贯彻习近平新时代中国特色社会主义思想专题培训班授课提纲改编。

分，习近平总书记在党的十九大报告中指出“全面依法治国是国家治理的一场深刻革命”[①]，并提出“深化司法体制综合配套改革，全面落实司法责任制，努力让人民群众在每一个司法案件中感受到公平正义”[②]。这些重要论述，深刻阐述了司法体制改革在党和国家工作全局中的重要战略地位，指引我们必须深化思想认识，提高政治站位，从全局和战略的高度研究谋划新时代司法体制改革工作。

全面深化司法体制改革，是党中央作出的重大战略部署，在全面深化改革、全面依法治国中居于重要地位，是人民法院贯彻落实新时代中国特色社会主义基本方略的切入点和着力点，是新时代人民法院推进国家治理体系和治理能力现代化的根本要求，是新时代人民法院推进全面依法治国、建设法治中国的力量源泉。全面深化司法体制改革，一方面既是深化中国特色社会主义民主政治和法治建设的客观需要，另一方面也是发挥司法纠纷化解、社会稳定器和政治稳定器的功能，为全面建成小康社会、全面深化改革提供稳定的社会环境和良好的法治环境，为国家长治久安提供制度保障。

二、在政治方向上，明确提出坚持党对司法体制改革工作的绝对领导

习近平总书记在第十八届中共中央政治局第二十一次集体学习时指出，“党的领导是社会主义法治的根本保证，坚持党的领导是我国社会主义司法制度的根本特征和政治优势。深化司法体制改革，完善司法管理体制和司法权力运行机制，必须在党的统一领导下进

① 习近平：《决胜全面建成小康社会　夺取新时代中国特色社会主义伟大胜利》，载《求是》2017 年第 21 期。

② 习近平：《决胜全面建成小康社会　夺取新时代中国特色社会主义伟大胜利》，载《求是》2017 年第 21 期。

行，坚持和完善我国社会主义司法制度。要把党总揽全局、协调各方，同审判机关和检察机关依法履行职能、开展工作统一起来。”①习近平总书记在十九届中央深改组第一次会议上指出，“无论改什么、改到哪一步，坚持党对改革的集中统一领导不能变，完善和发展中国特色社会主义制度、推进国家治理体系和治理能力现代化的总目标不能变，坚持以人民为中心的改革价值取向不能变。”② 这些重要论述，深刻阐述了坚持党的绝对领导的根本政治原则，指引我们司法体制改革的正确政治方向。

郭声琨书记在政法领导干部学习贯彻习近平新时代中国特色社会主义思想专题研讨班上指出，讲了政法机关的四个基本属性，第一位的就是政治属性。强调毫不动摇把党的绝对领导作为新时代政法工作的根本保证。司法制度是上层建筑的重要组成部分，司法改革是中国特色社会主义司法制度的自我完善，其政治性、政策性很强。司法领域一直是西方敌对势力对我国实施西化、分化战略的一个重要突破口，他们抓住司法中存在的一些问题，煽风点火、造谣生事，竭力诋毁我们党对政法工作的领导，抹黑我国司法制度。也有一些人把党的领导和依法治国对立起来，打着“司法改革”的旗号，鼓吹实行所谓西方式“司法独立”，其实质就是要否定和取消党对司法工作的领导。对此，我们必须保持高度的政治警觉。在此，必须旗帜鲜明地指出：我国《宪法》确定的“人民法院依照法律规定独立行使审判权”，与西方“司法独立”有着本质区别：西方司法独立是建立在资产阶级民主政治制度、多党制、“三权鼎立”基础

① 《习近平：以提高司法公信力为根本尺度　坚定不移深化司法体制改革》，载人民网，http：//politics. people. com. cn/n/2015/0325/c70731 – 26750032. html。

② 习近平主持召开十九届中央全面深化改革领导小组第一次会议，载中国政府网，https：//www. gov. cn/xinwen/2017 – 11/20/content_ 5241134. htm。

上的；我国“依照法律规定独立行使审判权”是建立在中国共产党领导和人民代表大会统一行使国家权力基础上的，强调的是对案件的独立审判。司法体制改革是国家政治体制改革的重要组成部分，承载着探索推进政治体制改革路径的职责和使命。推进司法改革，必须与我国政治体制相适应，与经济社会发展进程相适应，坚决抵制西方错误思想和观点的影响和干扰，坚定不移维护习近平总书记核心地位，维护党中央权威和集中统一领导，把党的路线方针政策贯彻到司法改革全过程。无论是推进人财物省级统管，还是司法责任制改革，抑或法官职业化建设，根本上都不能脱离党的领导，不能违背党管干部的原则，不能偏离中国特色社会主义法治道路，否则就会犯颠覆性错误。在这个问题上，要做到头脑十分清醒、立场十分坚定、旗帜十分鲜明。

司法体制改革涉及国家权力结构的重新配置和利益格局的深刻调整，政策性强、牵涉面广、推进难度大，仅靠司法机关自身力量难以有效协调解决，需要发挥党的领导核心作用，突破利益固化的藩篱，调配支持改革的各方力量。党对司法体制改革的统一领导和整体统筹，主要是通过中央及地方各级党委政法委的工作得以实现。各级党委政法委深刻把握党的方针政策导向，发挥党总揽全局、协调各方的关键作用，对推动司法体制改革作出了巨大贡献。实践证明，凡是司法体制改革部署推进快、落实成效好、群众满意度高的地方，都与当地党委高度重视、政法委积极作为有着密切关联。司法体制改革进入综合配套和纵深推进阶段，更加强调各项举措的协调配合，更多涉及其他有关部门的职责范围，更加需要发挥党总揽全局、协调各方作用，牢牢坚持党的领导，紧紧依靠党的领导，推动司法体制综合配套改革深入，增强各方面、各领域、各层次改革的协调联动。

三、在改革目标上，坚持把完善和发展公正高效权威的社会主义司法制度、推进国家治理体系和治理能力现代化作为司法体制改革的总目标

党的十九大报告明确："全面深化改革总目标是完善和发展中国特色社会主义制度、推进国家治理体系和治理能力现代化"。[①] 习近平总书记在第十八届中共中央政治局第二十一次集体学习时指出，"深化司法体制改革，建设公正高效权威的社会主义司法制度，是推进国家治理体系和治理能力现代化的重要举措。"[②] "多推有利于增添经济发展动力的改革，多推有利于促进社会公平正义的改革，多推有利于增强人民群众获得感的改革，多推有利于调动广大干部群众积极性的改革。"[③] 这些重要论述，深刻阐明了中国特色社会主义司法制度的三大基本要求即公正、高效、权威，指引我们始终走中国特色社会主义司法改革道路。全面深化司法体制综合配套改革，关键就是要围绕完善和发展公正高效权威的社会主义司法制度做文章。

一是深化司法体制综合配套改革，促进司法更加公正。习近平总书记指出："公平正义是政法工作的生命线，司法机关是维护社会公平正义的最后一道防线。"[④] 如果做不到这一点，群众对法治就不

① 习近平：《决胜全面建成小康社会　夺取新时代中国特色社会主义伟大胜利》，载《求是》2017 年第 21 期。

② 《习近平：以提高司法公信力为根本尺度　坚定不移深化司法体制改革》，载人民网，http://politics.people.com.cn/n/2015/0325/c70731-26750032.html。

③ 习近平主持召开中央全面深化改革领导小组第三十次会议，载人民网，http://ip.people.com.cn/n1/2016/1206/c179663-28928410.html。

④ 习近平在中央政法工作会议上强调　坚持严格执法公正司法深化改革　促进社会公平正义保障人民安居乐业，载共产党员网，https://news.12371.cn/2014/01/08/ARTI1389185316980832.shtml?from=groupmessage。

会有信心，对政法工作也不会有信心。司法公正就是案件办理符合法律公正和社会公正标准，符合实体公正和程序公正要求，做到法律面前人人平等、同类案件同样处理。当前，人民群众期待更高层次、更实质的公平，期待内涵更加丰富、更加符合时代形势特点的安全，期待实现更加与时俱进、法理情相统一的正义。深化司法体制综合配套改革就是要完善司法权运行体系和机制，促进司法更加公正。（1）要坚定不移全面落实司法责任制，细化责任制的制度机制配套，确保司法责任制落地见效。（2）要扎实推进以审判为中心的刑事诉讼制度改革，完善非法证据排除程序的启动、调查和认定机制，全面推开“三项规程”，加强上海刑事审判智能辅助系统的推广应用，提升刑事司法人权保障水平。（3）要继续完善最高人民法院巡回法庭建设，探索深化跨行政区划法院改革，完善知识产权专门化审判体系，设立上海金融法院，扩大互联网法院试点，设立国际商事法庭，为公正司法提供有力组织保障。

二是深化司法体制综合配套改革，促进司法更加高效。所谓高效司法，就是用尽可能少的司法资源获取尽可能多的司法成果，防止程序反复、降低诉讼成本、提高工作效率。人案矛盾在一些地方确实是非常严峻的现实，但是不能把人案矛盾归咎于司法改革。我们恰恰要运用改革创新思维，综合施策解决人案矛盾，提升司法效率。（1）要构建共建共治共享多元解纷机制，构建完善多层次诉讼体系，推进案件繁简分流，在分流案件、及时解纷上出思路。（2）要科学调配人力资源，构建优势互补的新型审判团队，统筹调配法官员额，加强法官助理、书记员配备，探索审判辅助事务集约化管理和社会化外包，进一步盘活司法资源，激发机制活力。（3）要加快推进人民法院内设机构改革，按照深化党和国家机构改革决定的精神，坚持优化协同高效的原则，在理顺职能、优化分工的基础上，精干设置内设机构，严格控制内设机构规模，规范内设机构设置。（4）要加强智慧法院建设，加强对司法大数据的深度挖掘和有效应用，完善办案业务协同、信息互通共享、类案智能推送、语音识别技术、智能辅助办案等机制，实现审判执行工作与信息网络技术发展深度融合，利用信息科技有效提升司法生产力。

三是深化司法体制综合配套改革促进司法更加权威。司法权威就是司法机关依法独立公正行使职权，司法裁判具有令人信服的力量，司法工作得到人民群众认同信赖。司法公信是司法权威的重要基础，司法权威是司法公信的重要体现。司法公信不高，司法权威就不足；司法失去权威，就不能赢得人民群众对法律的敬畏、对法院的信任和对法官的尊重；法律、法院、法官一旦失信于民，就会动摇人民群众的法治信仰和信心，影响社会主义法治国家建设进程。因此，习近平总书记在第十八届中共中央政治局第二十一次集体学习时指出，深化司法体制改革应“坚持以提高司法公信力为根本尺度”[①]。深化司法体制综合配套改革就是要促进建设高素质司法队伍，维护和提升司法权威。（1）要细化落实党中央关于加强法官队伍正规化、专业化、职业化建设与全面落实司法责任制的各项要求，完善司法人事管理制度机制，全面提升司法队伍政治素质和业务能力，以过硬队伍、司法质量、优良作风取信于民。（2）要深化落实党中央关于加强司法职业保障，禁止违法干预过问司法案件的制度规定，健全法官权益保障机构，坚决惩处哄闹法庭、干扰阻碍司法活动、侮辱诽谤和暴力伤害司法人员及其近亲属的行为，建立诉讼诚信保障机制，依法制裁虚假诉讼、恶意诉讼、滥用诉权行为，以严格司

① 《习近平：以提高司法公信力为根本尺度　坚定不移深化司法体制改革》，载人民网，http：//politics. people. com. cn/n/2015/0325/c70731 – 26750032. html。

法维护司法权威。(3) 要深化信访制度改革，探索刑事申诉制度改革，推进律师代理申诉制度改革，完善不同审级法院的职能定位，强化生效裁判的定分止争功能，维护司法裁判既判力和终局性。(4) 要认真贯彻《人民陪审员法》，改革完善中国特色的人民陪审员制度，完善人民群众有序参与司法、监督司法的途径。(5) 要深化司法公开，加强司法案例宣传，完善司法与媒体的良性互动机制，将社会主义核心价值观融入司法活动，以阳光司法增进全社会的司法信赖，让司法裁判成为“活起来的法律”，真正成为人们的行为准则和生活规范。

四、在根本宗旨上，坚持以人民为中心的发展思想，不断增强人民群众获得感

习近平指出，“司法体制改革必须为了人民、依靠人民、造福人民。司法体制改革成效如何，说一千道一万，要由人民来评判，归根到底要看司法公信力是不是提高了。”① “深化司法体制改革，要广泛听取人民群众意见，深入了解一线司法实际情况、了解人民群众到底在期待什么，把解决了多少问题、人民群众对问题解决的满意度作为评判改革成效的标准。”② 习近平强调，“要努力让人民群众在每一个司法案件中都感受到公平正义，所有司法机关都要紧紧围绕这个目标来改进工作，重点解决影响司法公正和制约司法能力的深层次问题。”③ “处理好改革‘最先一公里’和‘最后一公里’

---

① 《习近平：以提高司法公信力为根本尺度　坚定不移深化司法体制改革》，载人民网，http：//politics. people. com. cn/n/2015/0325/c70731 – 26750032. html。

② 《习近平：以提高司法公信力为根本尺度　坚定不移深化司法体制改革》，载人民网，http：//politics. people. com. cn/n/2015/0325/c70731 – 26750032. html。

③ 《习近平：努力让人民群众在每一个司法案件中都感受到公平正义》，载人民网，http：//politics. people. com. cn/n/2013/0224/c70731 – 20581921. html。

的关系，突破‘中梗阻’，防止不作为，把改革方案的含金量充分展示出来，让人民群众有更多获得感。”[①] 这些重要论述，深刻阐明了深化司法体制改革的根本宗旨和价值取向，体现了我们党坚持人民主体地位、坚持以人民为中心、坚持人民利益至上的理念，也确立了人民法院的工作目标和评判改革成效的根本标准。

当前，中国特色社会主义进入新时代，我国社会主要矛盾已经转化为人民日益增长的美好生活需要和不平衡不充分的发展之间的矛盾。习近平总书记在党的十九大报告中指出，“人民美好生活需要日益广泛，不仅对物质文化生活提出了更高要求，而且在民主、法治、公平、正义、安全、环境等方面的要求日益增长。”[②] 体现在司法领域则是人民群众日益增长的司法需求同人民法院工作发展不平衡不适应、保障人民群众权益不充分之间的矛盾。深化司法体制综合配套改革，就是在中国特色社会主义进入新时代、社会主要矛盾发生变化的历史条件下，站在更高起点深入谋划推进改革的时代要求，是解决好新时代司法领域主要矛盾，更好满足人民群众在民主、法治、公平、正义、安全、环境等方面新需求的必由之路。

一是要巩固立案登记制成果，切实保障人民群众诉权。立案登记制改革是本轮司法体制改革在解决“立案难”这一问题上的重大举措。立案制度的这一巨大变化，一方面给人民群众通过诉讼解决纠纷提供了制度保障，另一方面也给人民法院工作带来新的挑战。在解决人案矛盾问题上，我们不能走回头路，又开始搞立案审查，人为控制收案、不立案。最高人民法院将加强对立案登记制改革的

---

① 习近平主持召开中央全面深化改革领导小组第十次会议强调 科学统筹突出重点对准焦距 让人民对改革有更多获得感，载人民网，http：//military. people. com. cn/n/2015/0228/c172467 – 26609080. html。

② 习近平：《决胜全面建成小康社会 夺取新时代中国特色社会主义伟大胜利》，载《求是》2017 年第 21 期。

督察，坚决防止“立案难”问题反弹回潮，积极探索网上立案、跨域立案、自助立案等新型立案方式，加强诉讼服务中心现代化建设，为人民群众提供更多综合性、便利性、多元化的司法服务。

二是要促进诉讼更加公开透明，切实让正义看得见、摸得着。尽管司法公开我们已经取得了显著成效，但仍然需要进一步深化司法公开，拓展司法公开的广度和深度，切实让司法权力在阳光下运行。今年我们要进一步扩大裁判文书公开覆盖面，升级改造中国裁判文书网，着力提升用户体验。按照在互联网公开审判流程信息的要求，建立全国法院统一的案件信息查询系统，制定审判流程公开业务标准，开展相关试点。今年我们还委托了中国社科院法学所对审判流程信息公开、庭审公开、裁判文书公开开展第三方评估，帮助各地发现问题、补足短板、优化改进，进一步促进司法公开。

三是要打赢基本解决“执行难”攻坚战，切实如期兑现承诺。用两到三年时间基本解决“执行难”已进入决胜关头。各级人民法院要切实按照最高人民法院部署要求，结合各自实际，采取针对性措施，强力推进基本解决“执行难”，确保如期打赢这场硬仗。要进一步深化审判权和执行权内部分离，完善执行机构设置，加强执行力量配备，推进执行管理模式改革，强化“统一管理、统一指挥、统一协调”的系统管理，加快执行指挥中心实体化运行，不断提升执行质效。要完善失信被执行人信用警示、监督和惩戒机制，加强与有关部门沟通协调，切实发挥好制度作用。要完善执行条线司法责任制落实和单独考核机制，对责任落实不到位、敷衍塞责、慵懒懈怠的，要严肃问责。

五、在规律把握上，明确提出司法权是判断权和裁量权、是中央事权，必须坚持符合国情和遵循司法规律相结合

习近平总书记2014年1月7日在中央政法工作会议上的讲话中指出，“司法活动具有特殊的性质和规律，司法权是对案件事实和法律的判断权和裁决权，要求司法人员具有相应的实践经历和社会阅历，具有良好的法律专业素养和司法职业操守。”[①] 这些重要论述，深刻揭示司法权的性质和规律，成为推进司法体制改革的理论基石，指引我们始终按司法规律要求完善制度、推进改革、改进工作。

推进司法体制综合配套改革，我们就要善于把握司法规律，善于研究改革新情况，善于解决改革新问题。比如，审判权运行机制的形成方面，按照权责统一、权力制约的规律，司法责任制改革既要放权，也要监督，必须配套建立健全相应的权力监督制约机制，防止放权之后监督缺位。又如，诉讼制度改革方面，以审判为中心是现代司法职权配置的基本规律和要求，这不涉及公检法司机关地位谁高谁低的问题，因此要在坚持分工负责基础上，政法各家要互相配合、协力完成这项改革。再如，多元化解机制构建方面，按照司法权的性质和功能，司法权在功能上属于法律救济权，司法是解决社会纠纷的最终方式，是维护社会公平正义的最后一道防线，而不是冲在矛盾纠纷化解的前沿，这个理念要向老百姓讲透彻，向社会宣传好，要遵循这一规律深化多元化纠纷解决机制改革，推动更多矛盾纠纷以非诉讼形式高效化解。

① 中共中央文献研究室编：《习近平关于全面依法治国论述摘编》，中央文献出版社2015年版，第102页。

六、在改革方法上，明确提出坚持问题导向、系统推进、顶层设计和试点探索相结合等要求，形成科学的改革方法论

习近平指出，“改革开放是前无古人的崭新事业，必须坚持正确的方法论，在不断实践探索中推进。”[①] 习近平总书记十分重视改革方法论问题，在十八届、十九届中央深改组、中央深改委上多次发表重要讲话，论及改革方法论。这些重要论述，深刻把握改革规律和工作方法，是科学的改革方法论，对人民法院推进司法体制改革具有重大指导意义，在下一步深化司法体制改革配套中要始终坚持。

——坚持问题导向。习近平总书记指出：“要坚持问题导向，哪里矛盾和问题最突出，哪个疙瘩最难解，就重点抓哪项改革。”[②] “要紧紧抓住影响司法公正、制约司法能力的重大问题和关键问题，增强改革的针对性和实效性。”[③] 司法改革进入全面配套和纵深推进的阶段，不可避免地会产生一些问题。有的问题也是当初顶层设计并未统筹考虑到的，有的问题是通过试点实践新产生的。有问题不可怕，改革就是要奔着问题去，迎着困难上，决不能遇到问题绕道走。比如，随着司法责任制改革的深入推进，如何加强对法官行使审判权的有效监督，院庭长不再审批案件如何发挥审判监督职责；随着内设机构改革的加快推进，如何统筹处理好内设机构和办案组织的关系；随着法官助理成为法官办案的重要辅助力量，如何正确定位法官助理的工作职责，打通他们的职业发展空间和路径，完善

① 《深化改革若干问题解读》编写组编：《深化改革若干问题解读》，人民出版社2013年版，第13页。

② 《习近平：全面贯彻党的十八届六中全会精神　抓好改革重点落实改革任务》，载新华网，http：//www. xinhuanet. com/politics/2016－11/01/c_ 1119830651. htm。

③ 《习近平：以提高司法公信力为根本尺度　坚定不移深化司法体制改革》，载人民网，http：//politics. people. com. cn/n/2015/0325/c70731－26750032. html。

未来法官的养成机制；随着互联网法院、金融法院、知识产权法院、知识产权法庭建设的推进，如何科学合理定位和规范专门法院设置；随着监察体制改革全面推开，如何完善刑事审判与监察机关的程序对接，如何完善与监察体制改革相衔接的法官惩戒制度；随着互联网时代的到来，如何建立与互联网时代相适应的电子诉讼规则；等等。我们都需要认真研究，逐个破题。

——坚持系统推进。习近平总书记指出："推进改革要树立系统思想，推动有条件的地方和领域实现改革举措系统集成。要把住顶层设计和路线图，注重改革举措配套组合，使各项改革举措不断向中心目标靠拢。特别是同一领域改革举措要注意前后呼应、相互配合、形成整体。"① 党的十八大以来的司法改革取得了重大阶段性成效，但是影响司法公正、制约司法能力的深层次问题不可能通过一轮改革就全部破解。这轮改革举措点多面广，一些体制机制性问题仅靠某项改革"单兵突进"难以破解。例如，完善司法责任制要求坚持素质与职责相匹配、权力与制约相统一、责任与保障相适应，构建科学完备的司法管理体制，就需要综合施策、配套协同。一些地方还存在落实不到位、配套不完善、推进不系统等突出问题，司法改革已经进入系统性、整体性、重构性变革新阶段。因此，在"四梁八柱"改革主体框架搭建完成后，就要在此基础上进行"精装修"，补齐影响改革整体效果的短板，完善相关制度配套，强化机制衔接配合。随着司法体制改革进入攻坚期和深水区，单兵突进的"碎片化"改革已难以适应改革需要，必须依靠系统性的思维、全局性的视野和协同作战的智慧，才能为新阶段的改革发展革除羁绊、

① 习近平主持召开中央全面深化改革领导小组第二十二次会议，载人民网，http：//politics. people. com. cn/n1/2016/0322/c1024 - 28218674. html。

扫清障碍、指明方向。要注意把握好司法改革的整体性，将司法体制改革同政法口机构改革融合起来，放到全面深化改革、党和国家工作大局中去；要把握好司法改革的关联性，重视系统部署，防止顾此失彼；要把握好改革的协调性，系统推进配套举措，解决改革突出问题；要把握好改革的集成性，系统集成各项举措形成综合效应，推动由点及面，把地方探索的“盆景”变成全国亮丽的“风景”。

——坚持突出重点。习近平总书记指出：“改革要牵住‘牛鼻子’”[①]，“既抓重要领域、重要任务、重要试点，又抓关键主体、关键环节、关键节点”。[②]“要紧紧牵住司法责任制这个牛鼻子。”[③]司法体制改革是一项内容复杂、层次繁多的系统工程，只有把握重点、抓住关键，才能以点带面实现整体突破。深化司法体制综合配套改革点多面广，一把手不能“眉毛胡子一把抓”，要突出重点、抓住关系全局的改革，将更多精力用于协调推动落实难度较大的项目。要抓好司法责任制改革这个“牛鼻子”，作为深化司法管理体制改革的重要着力点；抓好以审判为中心的刑事诉讼制度改革，作为提升司法人权保障水平的重要着力点；抓好法院组织体系和管辖体制改革，作为人民法院服务保障国家重大战略的重要着力点；抓好深化司法公开，作为提升司法公信力的重要着力点；抓好智慧法院建设，作为促进审判能力现代化的重要着力点。

——坚持顶层设计。习近平总书记指出：“改革能不能做到协同

① 习近平主持深改组会：改革要牵住“牛鼻子”，载央广网，https：//news. cnr. cn/native/gd/20161101/t20161101_ 523237197. shtml。

② 习近平主持深改组会：改革要牵住“牛鼻子”，载央广网，https：//news. cnr. cn/native/gd/20161101/t20161101_ 523237197. shtml。

③ 本书编委会编著：《坚定不移反对腐败的思想指南和行动纲领》，人民出版社2018年版，第206页。

推进，方案设计是前提。要加强对改革方案的整体规划，既统筹考虑战略、战役层面的问题，又统筹考虑战斗、战术层面的问题。”① 顶层设计是指方向、管全局、打基础的整体设计。坚持一张蓝图绘到底。改革不是立竿见影、一蹴而就的事，既要与时俱进，又要一以贯之。政策法律最怕朝令夕改，重起炉灶。如果换届就换蓝图，换人就换思路，就会造成人财物的巨大浪费，难以保持改革发展的稳定性和持续性。司法体制改革只有在中央统一领导下做好制度设计，驰而不息，久久为功，才能确保改革落实到位。党的十八大至今年4月底，最高人民法院单独或会同有关部门发布的司法改革文件已经有159件，可以说，司法改革领域主要的顶层制度设计已经基本完成。根据今年最高人民法院司法改革领导小组工作要点，最高人民法院还将继续研究或配合中央有关部门研究加强顶层设计：一是要做好改革的长期规划。研究制定《人民法院第五个五年改革纲要》，今年下半年开始最高人民法院司改办等有关部门将加强调查研究，在《人民法院第四个五年改革纲要（2014—2018）》（以下简称“四五改革纲要”）的基础上，认真研究哪些是“四五改革纲要”落实不到位、有必要纳入“五五改革纲要”继续深化的，哪些是需要落实中央最新要求、进一步加大改革力度、有必要纳入“五五改革纲要”加以推进的。二是要研究制定进一步加强综合配套全面落实司法责任制的意见，重点解决司法责任制运行中的一些政策不够明确或需要进一步完善的问题，对全面落实司法责任制给予更明确的政策指导。三是要单独或配合中央有关部门研究出台一些改革任务的方案，如增设互联网法院方案等。四是要研究制定已经出台改

① 习近平主持召开中央全面深化改革领导小组第三十六次会议，载中国文明网，http：//www. wenming. cn/specials/zxdj/xjp/zyjh/201706/t20170626_ 4312685. shtml。

革总体方案的细化落实意见或配套制度，如法官员额退出和交流指导意见、推进省级以下法院内设机构改革工作的通知、完善专业法官会议机制的指导意见等。五是要研究制定加强和规范改革工作的指导性文件，如司法改革督察工作办法、试点工作管理办法等。

——坚持试点探索。习近平总书记指出，“试点是改革的重要任务，更是改革的重要方法。试点能否迈开步子、趟出路子，直接关系改革成效。”[①] “要鼓励基层创新，继续发扬敢闯敢试、敢为人先的精神，推动形成更加浓厚、更有活力的改革创新氛围。”[②] 坚持胆子要大、步子要稳，通过试点推进改革，是我国40年改革开放实践的一条基本经验。本轮司法体制改革坚持了这一经验，注重发挥试点可衡量、可复制、可验证的科学价值，2014年首先选择上海等7个省市先行试点，在取得成功经验后2016年面向全国推开改革。对在实践中水土不服、各地意见反映集中的改革举措，及时作出修正调整，体现了原则性和灵活性的有机统一。深化司法体制综合配套改革仍然要坚持顶层设计和试点探索相结合，一方面，试点工作要在中央层面顶层设计和政策指导下进行改革。另一方面，要发挥好先进典型的示范引领作用。从四川眉山、安徽马鞍山等地法院探索多元化纠纷解决机制改革，到广东中山、南京鼓楼等地法院探索通过集约化管理和社会化外包模式处理司法辅助事务，到苏州、广州探索智慧法院建设和审判执行工作深度融合，再到上海、贵州等地法院开发应用刑事审判智能辅助系统，敢闯敢试的地方探索在破解人案矛盾、平衡司法公正与司法效率上闯出了新的路子，也为完善

① 学习贯彻习近平在中央深改领导小组第十三次会议重要讲话：用好改革试点重要一招，载中国政府网，https：//www. gov. cn/xinwen/2015 -06/06/content_ 2874106. htm。

② 《习近平：推动全面深化改革在新起点上实现新突破》，载中国网，http：//news. china. com. cn/2018 -01/23/content_ 50283617. htm。

司法体制改革顶层设计提供了丰富鲜活的实践样本。我们要尊重基层首创精神，发现基层创新典型，善于发现和挖掘基层小创造、微创新中蕴含的大价值，努力把一地的做法变成各地共同的财富。

——坚持科技引领。习近平总书记在参加十二届全国人大三次会议上海代表团审议时讲话指出，“创新是引领发展的第一动力。抓创新就是抓发展，谋创新就是谋未来。适应和引领我国经济发展新常态，关键是要依靠科技创新转换发展动力。”[①] 历史经验表明，科技革命和产业变革深刻改变世界发展格局。当前，全球新一轮科技革命和产业革命孕育兴起，特别是信息技术广泛渗透到几乎所有领域，带动了以绿色、智能、泛在为特征的群体性重大技术变革，大数据、云计算、移动互联网、人工智能等新一代信息技术深刻地改变着经济社会，影响着我们思维和行为，也为司法事业发展带来了全新机遇。我们唯有主动拥抱新一轮科技革命，坚持科技引领和体制改革双轮驱动，以信息科技支撑司法改革，以改革需求催化技术融合，主动回应时代大势，才能在新时代国家治理体系和治理能力现代化中赢得战略主动。要主动回应改革和实践需求，全面推动工具重塑、流程重塑、规则重塑，努力形成信息动态感知、知识深度学习、数据精准分析、业务智能辅助、网络安全可控的科技应用新格局，实现司法事业在信息时代的跨越式发展。

——坚持于法有据。习近平总书记强调：“凡属重大改革都要于法有据。在整个改革过程中，都要高度重视运用法治思维和法治方式，发挥法治的引领和推动作用，加强对相关立法工作的协调，确

① 《习近平：创新是引领发展的第一动力》，载国务院新闻办公室网，http：//www. scio. gov. cn/ztk/dtzt/2015/33681/33750/Document/1469830/1469830. htm？ eqid = bca808180001664b00000002646ed834。

保在法治轨道上推进改革。”① 本轮司法体制改革我们高度重视改革的合法性问题，坚持改革于法有据、依法推进。一是重视人大授权，凡是涉及突破现行法律规定的，依法提出议案取得全国人大常委会授权，如刑事速裁改革试点、认罪认罚从宽改革试点、人民陪审员制度改革试点、公益诉讼制度改革试点等，并及时将改革实施进展情况向全国人大常委会报告，主动接受人大监督。二是强调人大审批。经全国人大常委会批准或决定，最高人民法院探索设立巡回法庭、跨行政区划法院、知识产权法院、金融法院，确保了改革的正当性。三是推动立法进程。《中华人民共和国人民法院组织法（修订草案)》已于2017 年8 月提请全国人大常委会审议，《中华人民共和国法官法（修订草案)》于2017 年12 月提请审议，《中华人民共和国人民陪审员法》已经通过。深化司法体制综合配套改革也要坚持这一原则和方法要求，需要法律授权的依法取得授权，经过实践检验行之有效的改革举措及时推动立法修改，实现法治与改革的良性互动。

——坚持狠抓落实。习近平总书记强调：“既当改革促进派、又当改革实干家，以钉钉子精神抓好改革落实，扭住关键、精准发力，敢于啃硬骨头，盯着抓、反复抓，直到抓出成效。”② 本轮司法体制改革，从中央深改委、中央政法委到最高人民法院都高度重视抓落实，用好督察手段，切实纠正改革落实不到位、执行变形走样等突出问题。深化司法体制综合配套改革，在抓制度配套补齐的同时，更要强调抓落实，否则司法改革难以收获实效。

---

① 《习近平：把抓落实作为推进改革重点　重大改革都要于法有据》，载新华网，http：//www. xinhuanet. com/politics/2014－02/28/c_ 119558018. htm。

② 习近平主持召开中央全面深化改革领导小组第二十一次会议，载新华网，http：//www. xinhuanet. com/politics/2016－02/23/c_ 1118135058. htm。

深化司法改革要把握的五组辩证关系、六个前沿问题*

这次，我们依托最高人民法院司法改革与创新研究实践（广州）基地，召开“羊城杯”新时代人民法院深化司法体制综合配套改革研讨会。结合本次会议主题，就如何总结完善司法改革方法论，不断深化司法体制改革前沿问题研究谈几点意见。

一、始终秉持三个“坚定不移”，系统总结人民法院全面深化改革经验，推动司法改革再上新台阶

今年是改革开放40周年，各行业、各领域都要总结改革历程、梳理改革成效、总结改革经验。深入研究总结人民法院改革开放40年的成功经验，必须紧紧围绕坚持和发展中国特色社会主义这一主题展开，必须把深刻学习领会习近平新时代中国特色社会主义思想和深入贯彻党的十九大精神充分结合起来。回首人民法院40年的改革历程，尤其是进入新时代以来取得的一系列丰硕成就，可以总结

---

* 根据2018年7月5日在新时代人民法院深化司法体制综合配套改革研讨会上的讲话稿改编。

得出下述经验：

第一，坚定不移走中国特色社会主义改革道路，确保法院司法改革沿着正确方向砥砺前行。中国特色社会主义最本质的特征是中国共产党的领导，最大优势也是中国共产党的领导。改革开放40周年，充分证明了无论改什么，改到哪一步，都要坚持党的领导，确保党把方向、谋大局、定政策。2014年1月至今，习近平总书记主持召开42次中央全面深化改革领导小组（委员会）会议，审议通过52个司法改革文件，涉及法院改革的文件34个。可以说，如果没有以习近平同志为核心的党中央总揽总局、协调各方、狠抓落实，就不可能做成想了很多年、讲了很多年但没有做成的改革；如果我们不在省级统管、人员分类、司法责任制等重大改革中始终坚持党管政法、党管干部原则，始终确保政治建设与司法改革齐头并进，改革就不可能取得如此丰硕成效。

第二，坚定不移以人民为中心深入推进改革，着力解决人民群众最急最忧最怨的突出问题。改革开放40年的实践证明，人民才是改革的主体，只有坚持一切为了人民、一切依靠人民，以“群众满不满意、高不高兴、答不答应”作为判断改革成效的标准，才能让改革不断焕发新的生机和活力。这些年，除司法改革外，我还分管人大代表联络工作，最直观、最深刻、最真切地感受到各级人大代表、政协委员和各界群众对司法改革的拥护和认可。其中一个重要原因，就在于我们把“人民有所呼，改革有所应”作为新时代司法改革的方向指南。针对人民群众最关切的公平正义问题，我们优化司法职权配置，完善法官员额制，全面落实司法责任制，努力让人民群众在每一个司法案件中感受到公平正义。针对人民群众最关注的立案、执行问题，我们实行立案登记制，着力攻坚“执行难”，切实维护群众根本利益。针对人民群众最忧心的不公开、不透明问题，我们着力加强司法公开四大平台建设，推动实现人民法院可以公开的信息全面、及时公开，让全社会共享审判信息资源。针对人民群众最不满的诉讼不便问题，我们积极推进诉讼服务中心转型升级，依托微信小程序等技术手段，加快“互联网＋诉讼服务”建设，方便群众进一个门、到一个窗口、跑一次就能办成事，在掌心里、指尖上就能办好事。

第三，坚定不移以习近平总书记关于改革方法论的重要论述为指引谋划改革，全面提升司法改革的系统集成效应。改革开放40年的实践证明，只有牢牢把握改革举措的整体关联性、层次结构性、先后时序性，才能提升改革整体效果。党的十八大以来，我们要以系统思维谋划推进全面深化改革，习近平总书记强调，要“增强改革的系统性、整体性、协同性”①。五年来，人民法院司法体制改革之所以能够在政策上相互配合、在实施上相互促进、在成效上相得益彰，就在于始终以习近平总书记关于改革方法论的重要论述为指引，统筹谋划改革、推进落实、督察问效。例如，在全面落实司法责任制的同时，我们同步要求做好全院、全员、全流程的监督管理，确保放权不放任；在实行法官员额制的同时，我们同步健全院庭长办案机制，完善绩效考核机制，建立员额退出机制，确保员额有进有出、动态管理、良性运转；在推进法官履职保障和职业保障的同时，我们同步加强法官惩戒委员会建设，完善违法审判责任追究机制，确保权责利统一、强化保障与严格问责相统一。随着改革向纵深推进，更需要我们全面统筹党的十八大期间和党的十九大以来部署的改革任务，综合运用系统集成方法，统一谋划、整体推进、督

① 《中国共产党第十九届中央委员会第三次全体会议文件汇编》，人民出版社2018年版，第11页。

办落实，不断开辟司法改革新境界。

二、重点把握五组辩证关系，完善综合配套措施，确保司法责任制改革全面落地见效

党的十九大已作出“深化司法体制综合配套改革，全面落实司法责任制”的新部署新要求，政法口机构改革正全面融入司法体制改革，全面深化政法改革将进入系统性、整体性、重构性变革的新阶段。越是进入“深水区”和“新领域”，越需要我们牢固树立辩证思维，正确认识和处理好当前和长远、局部和全局、重点和全面等一系列重要辩证关系，注意把握好以下五组辩证关系：

第一，把握好放权到位与依法监督的关系，遵循规律，积极稳妥有序推动司法责任制落地见效。司法责任制已在全国法院推行，但距离全面落地见效还有一定距离。究其原因，与一些同志对司法责任制改革的认识不全面、不到位有关。放权不代表放任，监督不代表监管，既不能把放权和监督对立起来，更不能借监督之名、行审批之实。无论改革前还是改革后，我们对审判监督的态度向来是旗帜鲜明、毫不含糊的，那就是：监督有规，监督有度，只能加强，不能削弱。“去行政化”不是“去监督管理”，但强化监督管理，并不是要再绕回案件请示审批的老路上去，而是要以变应变、以新应新，适应新型审判权力运行机制的要求，改变“人盯人、人盯案”的传统方式，转向全院、全员、全过程的审判监督，依托信息化办案平台，全面创新监督管理模式。

第二，把握好深化改革与服务大局的关系，立足本位，不断优化法治营商环境，提升司法竞争力。深化司法体制改革是全面深化改革的重要组成部分，是为国家经济社会持续健康发展提供有力法治保障的关键战略举措。人民法院深化司法体制综合配套改革，不

能埋头只看眼前路、只顾自己“一亩三分地”，要树立“一盘棋”意识，立足职能本位，正确认识大局、把握大局、服务大局，通过不断改革创新，服务供给侧结构性改革、防范金融风险、加强产权保护和全面开放新格局等重大决策部署，着力营造良好法治环境。

需要强调的是：大局是党和国家的大局，不是地方或部门的利益；服务是立足司法职能本位的服务，不是让院长带头去打扫卫生、指挥交通。通过深化改革服务大局，要从更高站位、更高层次上找准切入点，找好着力点。近年来，世界银行对各国营商环境的评估报告中，我国法院质效的排名一直居于全球前列，这与我们持之以恒抓改革有重要关系。各级人民法院要严格按照中央关于打造国际一流营商环境的要求，不断改革创新，提升审判质效，提供有竞争力的司法公共产品。

第三，把握好立足当前与谋划长远的关系，统筹兼顾，在狠抓落实的基础上推动改革，砥砺前行。深化司法体制配套改革是党的十八大以来全面深化司法体制改革的进一步延伸。在确定具体改革举措时，应当充分把握立足当前与谋划长远的关系，在逻辑上注重有序衔接，在成效上注重巩固提升，在配套上注重系统集成，防止“基础不牢、地动山摇”，避免因个别措施跟不上影响改革整体进程。总之，综合配套改革既要推动各项措施“紧密相嵌”，也要做到“压茬拓展”，一些实施中摇摆不定的政策应当抓紧统一，一些实践证明行之有效的举措应当抓紧固定，一些需要修订完善法律法规的应当抓紧推动，最大限度凸显改革的制度效应和整体效果。

下半年，最高人民法院将研究制定法官员额退出机制指导意见、员额法官交流机制的政策口径、健全完善专业法官会议机制的指导意见、全面改革审委会制度的指导意见、法官惩戒办法等，进一步细化明确政策内容，形成统一具体指导。各级人民法院要着力“补短板、强弱项、破难题”，强化制度的前后呼应、政策衔接、相互配套。另外，最高人民法院已着手起草《人民法院第五个五年改革纲要（2019—2023）》，各级人民法院对未来五年改革规划有什么好的意见建议，也请及时报送。

第四，把握好顶层设计与基层创新的关系，以点带面，推动地方探索“盆景”变成全国亮丽“风景”。“顶层设计引路，基层创新探路”，是改革开放40年来总结形成的一条重要经验。顶层设计是指方向、管全局、打基础的蓝图规划，基层创新是接地气、重效果、可检验的探索实践，两者相辅相成，不可偏废。在深化司法体制综合配套改革过程中，我们要充分总结前一阶段的改革经验，坚持积极稳妥有序推进改革。

一是要试点先行。试点是推进改革的重要方法。党的十八大以来，“四项改革，三批试点，分步推进，全国推广”的司法改革模式被实践证明是科学、合理的。下一步，最高人民法院将出台规范和加强改革试点工作的意见，保护和尊重基层首创，鼓励各级法院“动脑想，用心试，大胆闯”，因地制宜，积极探索。

二是要以老带新。按照“老试点带新试点”“好典型做好教员”的路子，梳理先做先行者的经验教训，发挥善作善成者的示范效应。2017年以来，最高人民法院已发布三批60个司法改革案例，均取得良好示范引导效果。各地要高度重视这项工作，及时总结、提炼、报送最新案例，推动改革举措持续发展、迭代优化。

三是要及时推广。要善于挖掘基层的小创造、微创新，及时筛查试点、纠正偏差、提炼经验，努力把一地成功做法变成各地共同财富，把点上具体做法变为面上共同行动。

第五，把握好自我革命与配套措施的关系，协同推进，健全完善各项改革综合配套措施。司法改革是人民法院一场深刻的自我革命。无论深化司法公开，还是实行立案登记，我们都努力把困难留给自己，把方便留给群众。至于法官员额制改革、内设机构，更是“动奶酪、触利益”，不少法院干警、领导干部顾大局、舍小利，放弃员额身份、领导职务，配合推动司法资源更加科学配置、内设机构更加合理设置。

改革必然涉及利益调整，但也不能只做减法、不做配套，要统筹关联任务，该破藩篱破藩篱，该做增量做增量。一方面，我们要严格按照中央部署要求，统筹推进法官员额制改革和内设机构改革，优化配置司法资源，着力推动简政放权、提速增效；另一方面，也要全力推进法官单独职务序列配套举措，确保法官即使不担任领导职务、不遴选至上级法院，也能晋升至较高层级，配套对应的政治、薪酬、医疗、交通和住房待遇。同时，要积极探索改革后领导职数合理使用和相关领导干部合理安排的路径和方法，结合公务员职务职级并行制度改革，着力拓宽审判辅助人员、司法行政人员的职业发展空间，充分调动各类人员积极性，确保法院干部队伍稳定。

三、着力研究六大前沿问题，夯实加固深化司法体制综合配套改革理论基础

习近平总书记指出：“调查研究是谋事之基、成事之道。”[①] 重视调查研究，善于调查研究，在调查研究的基础上解决突出矛盾和问题，是我们党一以贯之的优良传统，也是改革开放40年来改革工作不断取得新成就的重要经验。

攻坚越深入，改革越深化，情况就越复杂，需要我们不断发现

① 习近平在党的十九届一中全会上的讲话，载共产党员网，https：//news.12371.cn/2017/12/31/ARTI1514699033042788.shtml。

问题、研究问题、解决问题。这次研讨会为我们深入研究深化司法体制综合配套改革过程中的一些重大问题开了一个好头。下一步，大家可以进一步围绕以下六个改革前沿问题开展研究，将这些问题弄懂摸透、提出实招，推动新时代人民法院司法改革再上新台阶。

第一，着力研究司法责任制后的审判监督管理模式。司法责任制改革后，一些地方特别是一些院庭长对于如何正确处理放权与监督的关系比较困惑，放权后不愿监督、不敢监督、不善管理的问题较为突出。如何适应新型审判权力运行机制，依托信息化手段，健全完善院庭长审判监督管理制度，明确划分责任；如何推动实现法律正确统一适用；如何加强对“四类案件”的事中监督；如何理顺中级以上法院审判庭、合议庭与审判团队的关系等问题，都需要大家结合实际开展研究，拿出可操作、可复制的方案。

第二，着力研究惩戒机制运行模式和衔接机制。目前，全国已经有 27 个省（区、市）成立了法官（检察官）惩戒委员会，最高人民法院法官惩戒委员会也在筹建过程中。最高人民法院监察局也正牵头制定法官惩戒条例和工作程序办法，各地也要积极加强研究，重点研究厘清惩戒委员会职责定位、机构设置、惩戒事由、惩戒程序、惩戒措施等，特别是协调处理好与纪检监察机关的关系，切实履行好主体范围内的监督职责，把法官惩戒制度落到实处，实现严格依法追究违法审判责任与有效保护法官依法独立公正履职相统一。

第三，着力研究诉讼制度与信息化的深度融合。大数据、云计算、人工智能等技术手段，对我们的审判模式、管理方式都已经产生深刻影响。与此同时，适应信息化时代新发展的诉讼规则还未能有效建立，甚至制约了各地的探索创新。当前，我们亟须加强对互联网时代下电子诉讼规则的研究，在身份认证、电子送达、在线审理、电子存证等方面探索形成统一、规范、科学的规则指引，推动将“技术之变”上升为“规则之治”，实现诉讼制度与互联网技术的深度融合，形成既有中国特色又具时代特征的新型诉讼制度。

第四，着力研究四级法院职能定位和审级制度。完善审级制度，合理确定四级法院职能定位，是进一步深化司法体制改革的重要抓手，既涉及法院组织体系的科学布局，也涉及诉讼法律和管辖权限的调整。需要我们思考的问题包括：如何强化最高人民法院、高级人民法院监督指导审判工作、确保法律统一适用的职能；如何完善案件提级管辖或提级审理机制，确保具有普遍法律适用意义、关系社会公共利益的案件能够由较高层级法院二审或者再审；如何推动审级制度与法院组织体系改革协同推进、有序呼应等。

第五，着力研究专门法院设立模式和组织体系。党的十八大以来，根据中央决策部署，经立法机关决定同意，我们先后设立了知识产权法院、金融法院。同时，还以集中管辖形式探索设立了互联网法院。与过去相比，上述法院的设立模式、审理方式、管辖范围、上诉机制、管理体制均有所创新。如何结合新时代新形势新要求，服务国家重大战略，健全完善具有中国特色的专门人民法院组织体系和诉讼程序，需要我们进一步做好相关研究。

第六，着力研究审判领域央地事权与支出责任。紧紧围绕习近平总书记关于司法权是中央事权的重要论断，需要我们进一步研究审判领域中央、地方财政事权和支出责任的划分方式，厘清权力性质，明确支出责任，细化操作标准，为全面落实省级以下地方法院财物统管改革夯实理论基础。

以上是针对深化司法体制综合配套改革相关问题的思考，并提出一些研究建议。当然，面对深刻复杂变化的新形势，面对党中央对司法工作的新要求，需要认真研究的新问题肯定不限于此。

“五五改革纲要”的主体框架和制度体系*

人民法院司法改革是我国政治体制改革的重要组成部分，事关中国特色社会主义司法制度的发展与完善，事关国家治理体系和治理能力现代化，事关人民群众切身利益，事关社会公平正义的实现。习近平总书记指出，“司法体制改革在全面深化改革、全面依法治国中居于重要地位，对推进国家治理体系和治理能力现代化意义重大”①。在改革开放40年一以贯之的接力探索中，人民法院始终把改革创新精神贯穿于司法和管理工作各个环节之中，不断推进司法体制和工作机制改革，努力提高司法工作科学化水平，不断完善中国特色社会主义司法制度。本文重点就如何理解《人民法院第五个五年改革纲要（2019—2023）》（以下简称“五五改革纲要”），深化人民法院司法体制综合配套改革，谈三方面的认识和看法。

---

* 根据《以习近平新时代中国特色社会主义思想为指导　推进实施人民法院第五个五年改革纲要》改编。原文刊载《中国应用法学》2019年第4期。

① 《习近平：司法改革要坚持正确的政治方向》，载新华网，http：//www. xinhuanet. com/politics/2017 -07/14/c_ 129655691. htm。

一、人民法院司法改革进程与历史经验

（一）人民法院司法改革的基本历程

从20世纪80年代初到党的十五大，随着社会主义市场经济体制的逐步建立，以及《民事诉讼法》《刑事诉讼法》等法律的修改和完善，以强化庭审功能、当事人举证责任、公开审判等为中心的审判方式改革，成为人民法院改革重点。从20世纪90年代开始，我国法院开始了以强化庭审功能、扩大审判公开、推进司法职业化建设为重点的改革历程。党的十五大首次将“依法治国”作为基本治国方略，并将司法改革首次上升为党和国家的重大发展战略，开启了司法改革事业的新篇章。为贯彻党中央部署，1999年最高人民法院发布了《人民法院五年改革纲要》，司法改革开始真正进入全面、系统的改革阶段。自1999年到2013年的15年间，最高人民法院先后发布了三个五年改革纲要，司法改革进入快车道，许多重要的司法理念、司法制度、司法机制都在这一时期得以建立和发展，初步形成了中国特色社会主义司法制度体系。

党的十八大从发展社会主义民主政治、加快建设社会主义法治国家的高度，作出了进一步深化司法体制改革的重大战略部署。党的十八届三中全会通过《中共中央关于全面深化改革若干重大问题的决定》，确定了推进法治中国建设、深化司法体制改革的主要任务。党的十八届四中全会通过《中共中央关于全面推进依法治国若干重大问题的决定》，将建设中国特色社会主义法治体系、建设社会主义法治国家确立为全面推进依法治国的总目标，从科学立法、严格执法、公正司法、全民守法等方面提出了一系列重大改革举措。司法改革成为全面深化改革的重要组成部分，纳入国家整体发展战

略。为深化各项法院改革，最高人民法院制定《关于全面深化人民法院改革的意见——人民法院第四个五年改革纲要（2014—2018）》（以下简称“四五改革纲要”），从职能定位、管辖制度、运行机制、司法公开、人权保障、人事改革、职业保障、政务保障等方面，对健全完善中国特色的审判权力运行体系的主要任务进行了系统、全面的部署。党的十九大作出“深化司法体制综合配套改革，全面落实司法责任制，努力让人民群众在每一个司法案件中感受到公平正义”的重大战略部署。为深入贯彻党中央的决策部署，进一步深化新时代各项改革，最高人民法院结合实际制定《关于深化人民法院司法体制综合配套改革的意见》，即“五五改革纲要”，作为未来五年指导人民法院深化司法体制综合配套改革工作的重要纲领。

党的十八大以来的这轮改革，中央重视程度、顶层设计力度前所未有，改革广度、深度前所未有，搭建完成了新时代人民法院司法体制改革主体框架，推动许多重大改革举措取得实质性突破，人民法院依法独立公正行使审判权的体制机制不断完善，审判质效和司法公信力明显提高，人民群众多元司法需求得到更好满足，公正高效权威的社会主义司法制度逐步健全完善，“做成了想了很多年、讲了很多年但没有做成的改革”，新时代全面深化司法体制改革取得历史性成就，并走向全面深化司法体制综合配套改革新阶段。

（二）人民法院司法改革的历史经验

多年来，尤其是党的十八大以来，各级人民法院推进司法改革，努力破除影响人民法院工作科学发展的思想观念和体制机制障碍，积累了许多宝贵经验，对新时代全面深化司法体制综合配套改革，坚持、发展和完善中国特色社会主义司法制度有着极为重要的指导意义，必须倍加珍惜、长期坚持，在改革实践中不断丰富和发展。

一是牢牢把握改革的正确方向。人民司法事业的发展，必须始终坚持党的领导，始终高举中国特色社会主义伟大旗帜。必须把坚持和发展中国特色社会主义司法制度作为根本方向，决不能照搬照抄国外司法制度和改革模式。必须牢牢把握社会主义初级阶段这个最大国情和最大实际，充分考虑我国基本政治制度、经济制度、发展阶段、历史文化传统，充分考虑和把握我国司法实践。必须坚持党的领导、人民当家做主和依法治国有机统一，坚持政治性、人民性和法律性有机统一，这是改革取得成功的根本保证。

二是牢牢把握改革的总体目标。我国司法改革的总体目标是“建设公正高效权威的中国特色社会主义司法制度”。司法公正是司法的灵魂和生命，维护社会公平正义是社会主义司法制度的首要价值追求。司法改革必须着眼于完善保障司法公正的制度机制，充分发挥司法功能和作用，依法公正处理矛盾纠纷，引导公众合法表达利益诉求。司法高效是现代司法制度的重要价值理念之一，追求司法高效也是追求司法公正的题中之义。司法改革应“坚持司法公正与司法效率相统一”，着力解决一些案件审理周期过长、一些法院人案矛盾突出等问题，防止程序反复、降低诉讼成本、提高审判效率、减少案件拖延和积压。司法权威是司法公正高效的保障，丧失权威的司法，不仅影响司法职能的有效发挥，而且会严重损害党和国家的权威。司法改革必须从体制性机制性保障性问题入手，“努力破除影响司法公正、损害司法公信力的体制机制障碍”，不断提高司法公信力。

三是牢牢把握改革成效的检验标准。我国司法改革，归根结底是为了更好地发挥中国特色社会主义司法制度的优越性，更好地满足人民群众日益增长的司法需求。司法改革必须始终坚持以人为本的核心立场，秉承司法为民的根本宗旨，一方面深化司法体制改革要广泛听取人民群众意见，深入了解一线司法实际情况、了解人民群众期待，把人民群众对问题解决的满意度作为评判改革成效的标准；另一方面要通过深化司法体制改革，不断通过公正的个案审判和整体审判质效的提升，切实维护人民群众合法权益，保证人民群众真正获得司法改革红利，共享改革之后司法更加公正、高效、便捷的成果，让人民群众在每一个司法案件中感受到公平正义。

四是牢牢把握推进改革的正确方法。改革实践证明，必须坚持推进改革与尊重司法规律相结合，改不改、如何改都必须经得起实践检验，必须遵循中国法治发展的规律。必须坚持改革力度与社会可承受程度相适应，坚持改革的系统性、整体性、协同性，“统筹谋划深化改革各个方面、各个层次、各个要素，注重推动各项改革相互促进、良性互动、协同配合”，既不能脱离经济社会发展状况盲目超前，也不能故步自封、裹足不前。必须坚持改革创新与继承传统相结合，既要敢闯新路，又要继承和发扬人民司法的优良传统和中华民族的优秀司法文化。必须坚持立足国内与放眼世界相结合，既要立足中国国情，又要积极借鉴、合理吸收人类社会创造的一切司法文明成果。必须坚持顶层设计与基层探索相结合，重大改革必须自上而下统一组织实施，同时又要尊重基层首创精神，鼓励地方法院根据法律规定、立法精神和实践需要，积极探索改革举措，努力创造更多更好的司法实践经验。

二、“五五改革纲要”的时代背景与实践基础

正如前文所述，中国法院司法改革是一个持续性的历史过程，与经济社会的发展变迁，不同时期的国际国内背景有着密切联系。自 1978 年改革开放以后至党的十八大以前这一时期的司法改革，完成了阶段性历史使命，初步建立了符合司法规律、适应我国政治体

制和时代特征要求的司法审判制度。党的十八大以来，司法体制改革被确定为重大国家战略，被纳入“四个全面”加以实施推进，司法体制改革的重要性、必要性和紧迫性被提升到前所未有的高度。

（一）“五五改革纲要”的时代背景

习近平总书记在2019年中央政法工作会议上所作的重要讲话，站在全局和战略高度，深刻总结了党的十八大以来政法工作取得的成就、积累的经验，深刻分析了新时代政法工作所处的历史方位，深刻指明了新时代政法工作的使命任务、总体思路、重点工作。

一是习近平总书记提出了新指示新要求。习近平总书记深刻指明人民法院进一步深化司法体制改革的前进方向、历史方位、总体思路、重点任务。第一，关于改革的正确政治方向。习近平总书记指出，政法姓党是政法机关永远不变的根和魂。[①] 司法体制改革工作政策性强、牵涉面广、触动利益多，关系到社会主义法治建设成效，关系到国家政治安全和经济社会稳定，更需要始终坚持党的绝对领导，始终坚持以政治建设为统领，牢牢把握意识形态工作领导权、话语权，确保党的路线方针政策在法院系统和司法改革中贯彻落实到位。第二，关于改革所处的阶段和方位。习近平总书记提到的更高起点，是人民法院深化司法体制改革工作的新坐标。司法体制改革已从夯基垒台、立柱架梁环节迈入综合配套、系统集成阶段，改革的复杂性、敏感性、艰巨性更加突出，系统性、整体性、协同性要求更加迫切，各项改革举措都有待进一步全面深化、协同配套和落地见效。第三，关于改革的总体思路和重点任务。习近平总书记

① 中国政法大学党规研究中心编：《党规学：党员干部版》，人民出版社2020年版，第279页。

在中央深改委第六次会议上强调，要对标到2020年在重要领域和关键环节改革上取得决定性成果。[①] 在中央深改委第七次会议上，指出要以新中国成立70周年为契机，加快推动法治、营商环境等群众关注的改革举措，通过改革解决群众牵肠挂肚的问题。政法工作会议对完善人民法院组织体系和机构职能体系、全面落实司法责任制、深化诉讼制度改革、提高司法服务水平等重大改革作出新部署。“五五改革纲要”就是深入贯彻落实习近平总书记关于全面深化司法体制改革新指示新要求的重要体现。

二是经济社会大发展带来了新机遇新挑战。当前，我国发展仍处于重要战略机遇期，做好改革工作具有坚实的政治基础、经济基础、社会基础、群众基础，同时世界百年未有之大变局必然带来许多不确定因素，改革工作面临着前所未有的挑战。面对新时代、新矛盾、新需求、新问题，需要进一步坚定信心、深化认识、认清形势，切实增强改革的紧迫感和责任感，坚定不移推进改革。从党和国家工作大局看，我国经济平稳健康发展、社会大局持续稳定，同时处于经济发展转型期、深化改革攻坚期、社会矛盾叠加期，风险挑战更加复杂多样。深入推进“五五改革纲要”，要推动构建人民法院服务和保障大局制度体系，为打好三大攻坚战、推进“一带一路”建设、推动京津冀协同发展、雄安新区建设、长江经济带发展、粤港澳大湾区建设，优化法治营商环境，加强产权司法保护等重大国家战略部署，提供更加有力的司法服务和保障。从人民群众新需求看，中国特色社会主义进入新时代，社会主要矛盾发生新变化，体现在司法改革领域就是人民对民主、法治、公平、正义、安全、环

① 习近平主持召开中央全面深化改革委员会第六次会议，载中国政府网，https：//www.gov.cn/xinwen/2019－01/23/content_ 5360657.htm。

境等方面的要求越来越高，对司法机关在正义维护、权利救济、服务供给方面的能力和水平提出了新要求。深入推进“五五改革纲要”，要始终坚持以人民为中心，坚持问题导向，善于把认识和化解矛盾、抓住矛盾的主要方面作为改革突破口，不断提升司法质量、效率和公信力，更好地满足人民群众对司法的新需求和新期待。从审判执行工作新趋势看，近年来，全国法院受理案件数呈现持续较快增长趋势，各级法院审判压力持续加大。2018 年，地方各级人民法院受理案件 2800 万件，审结、执结 2500 余万件，分别同比增长 8.8% 和 10.6%。同时，经济和社会的深刻转型，疑难复杂、新类型、涉众型纠纷等不断涌现，对审判专业化、精细化程度要求日益提高，法院妥善处理案件、有效化解纠纷的难度进一步加大。深入推进“五五改革纲要”，要在变革中寻找出路，向改革要司法生产力，通过改革提升审判质效，不断适应审判工作变化发展的新形势。从科技革命新发展看，全球新一轮科技革命和产业革命孕育兴起，大数据、云计算、移动互联网、人工智能等新一代信息技术，给司法工作带来了前所未有的机遇和挑战；要主动拥抱新一轮科技革命，坚持科技引领和体制改革双轮驱动，回应时代大势，才能进一步赢得战略主动。深入推进“五五改革纲要”，要大力建设智慧法院，积极推动互联网技术与司法深度融合，要实现从建设层面向应用层面深刻转变，全面推动工具重塑、流程重塑、规则重塑，实现司法事业在信息时代的跨越式发展。

（二）“五五改革纲要”的实践基础

党的十八大以来，最高人民法院先后发布了“四五改革纲要”和“五五改革纲要”，两个纲要都坚持以习近平新时代中国特色社会主义思想为指导思想，都源自党中央在新时代关于司法体制改革的统一决策部署。从逻辑关联上看，“五五改革纲要”谋篇布局，建立在对“四五改革纲要”落实情况的总结分析、科学评估上；“五五改革纲要”主要内容，搭建在对“四五改革纲要”核心内容的配套完善、更新升级上。可以说，“四五改革纲要”获得的新成效，取得的新经验，发现的新问题，就是“五五改革纲要”的实践基础。

一是“四五改革纲要”取得历史性成效与经验。2018 年，人民法院“四五改革纲要”实现圆满收官，纲要实施取得的成效前所未有。纲要确定的 65 项改革举措全面推开，出台相关改革文件 256 件，每项改革举措基本均有文件出台，较好体现了顶层设计。司法责任制、法官员额制、司法人员分类管理改革、司法人员履职保障、最高人民法院巡回法庭、知识产权法院、金融法院等重大改革成果均纳入新修订的《人民法院组织法》；认罪认罚从宽制度改革成果吸收进新修正的《刑事诉讼法》；人民陪审员制度改革试点顺利完成，《人民陪审员法》制定出台；全国人大通过决定，设立最高人民法院知识产权庭等；“四五改革纲要”改革成果被立法吸收转化的情况前所未有。可以说，通过推进“四五改革纲要”，新时代人民法院司法体制改革的主体框架已搭建完成。以司法责任制为核心的审判权运行体系和司法管理体制基本建立，司法责任制改革在全国法院全面推开，“谁审理，谁裁判，谁负责”的办案机制基本确立，司法人员分类管理制度改革基本到位，司法职业保障制度加快落地，队伍革命化正规化专业化职业化水平进一步提高，审判质量、效率和司法公信力有效提升。以最高人民法院巡回法庭、知识产权法庭、知识产权法院、金融法院、互联网法院等为代表的法院组织体系不断优化，省级以下地方法院内设机构改革全面推开，审判体系现代化水平有效提高。以审判为中心的刑事诉讼制度改革有序推进，刑事案件认罪认罚从宽制度改革试点有序开展，民事、行政诉讼制度逐步完善，人民陪审员制度改革成效明显，多层次诉讼制度体系更加健全。以解决“立案难”“执行难”为重点的司法为民机制不断创新，全面实行立案登记制，优化诉讼服务，“基本解决执行难”阶段性目标如期实现，多元化纠纷解决机制和繁简分流机制改革深入推进，全方位深化司法公开，人民群众改革获得感明显增强。以信息化、智能化为引领的法院现代化建设突飞猛进，信息化基础设施建设不断完善，智能辅助办案不断加强，司法大数据分析应用不断加强，科技对司法的支撑作用越发显著。过去五年，人民法院司法改革工作取得的成就是全方位的、历史性的、深层次的，得益于始终坚持以习近平新时代中国特色社会主义思想为指导，不断从中汲取推动改革事业发展的强大动力；得益于始终坚持党对改革工作的绝对领导，始终立足中国国情，确保改革的正确政治方向；得益于始终坚持以人民为中心，坚持目标导向和问题导向，着力解决人民群众最关切的公共安全、权益保障、公平正义问题，不断增强人民群众获得感、安全感、幸福感；得益于始终坚持遵循司法规律，不断提升审判质量、效率和公信力。这些既是改革取得成功的重要原因，也是宝贵经验，是推进“五五改革纲要”必须坚持的基本原则，是确保改革取得成功的重要保障。

二是深化司法体制综合配套改革中面临的新情况新问题。坚持问题导向是改革实践证明的正确方法之一，“五五改革纲要”就要在“四五改革纲要”的基础上解决综合性、配套性新情况新问题。随着改革进一步深入，既存在落实不到位、配套不完善、推进不系统等突出问题，也存在需要进一步攻坚克难的前沿性、瓶颈性问题。例如，改革措施和配套政策落实方面，以司法责任制改革为例，尽管已在全国法院推行，但监督管理机制尚需跟进、类案同判机制还应完善、法官惩戒机制亟待健全、专业化建设需要加强。重大改革任务的顶层设计方面，以完善法院组织体系为例，“四五改革纲要”实施以来，陆续设立了最高人民法院巡回法庭、最高人民法院知识产权法庭、跨行政区划法院、互联网法院、知识产权法院、金融法院等，如何合理定位，理顺各自审级关系等，需要进一步明确改革方向和具体路径。司法资源优化配置方面，目前，不少地方法院人案矛盾进一步凸显，北京、上海、深圳、浙江部分法院法官年人均结案数已突破600件，部分西部地区法院也已达300件以上，法官工作量严重超负荷，需要进一步优化司法资源合理配置的制度机制。法院队伍建设方面，例如，法官逐级遴选制度的配套政策问题，审判辅助人员的招录机制、日常管理、待遇保障问题，司法行政人员队伍稳定发展的长效保障机制问题等。这些问题，有的需要完善配套、夯实见效，有的需要持续优化、精细打磨。针对这些问题，下一步推进“五五改革纲要”，既要持之以恒抓落实、补短板、强弱项，持续做好精装修，又要一心一意谋长远、破难题、克难关，不断取得新突破。

三、“五五改革纲要”的主体内容和制度体系

“五五改革纲要”作为未来五年指导人民法院司法改革工作的纲领性文件，全面吸收和细化了中央部署的各项司法改革举措，是人民法院深化司法体制综合配套改革的重要依据和关键抓手。

纲要包含十个方面65项改革举措，提出构建坚持党的领导制度体系、服务和保障大局制度体系、以人民为中心的诉讼服务制度体系等十大制度体系，涉及全面覆盖审判执行工作各个领域，体系庞大、内容丰富。该纲要始终有一个明确的主题和清晰的主线，那就是坚持“系统集成”，实现“综合配套”。它不是修修补补、拼拼凑凑，而是在落实好已出台改革举措的基础上，统筹推进党的十八大、

十九大部署的司法体制改革任务，是补短板、强弱项、破难题、谋长远的全局性、系统性工程，要在改革推进上狠抓落实，在改革政策上细化完善，在改革发展上构建制度，在改革成效上立法巩固，确保各项改革举措形成整体合力、真正落地见效。“五五改革纲要”规划了五个方面的重大制度体系建设。

（一）全面落实司法责任制，完善中国特色审判权运行体系

习近平总书记指出，“要全面落实司法责任制，让司法人员集中精力尽好责、办好案，提高司法质量、效率、公信力”。[①] 党的十八大以来，司法责任制一直是司法体制改革的“牛鼻子”，是我们完善中国特色审判权运行体系的关键环节和核心举措。“五五改革纲要”将全面落实司法责任制摆在突出位置，提出了健全审判权力运行机制，健全院庭长办案常态化机制、完善审判委员会制度、完善审判监督管理机制、加强审判流程标准化建设、完善统一法律适用机制、强化司法履职保障机制、健全完善法官惩戒制度八个方面改革举措。“五五改革纲要”对全面落实司法责任制的规划部署，概括起来，主要是完善和落实“权、责、利、效”四个方面的制度体系。

第一，“权”就是完善审判权运行和监督制度。司法责任制改革的核心是处理好放权与监督的关系，形成“权责明晰、权责统一、监督有序、制约有效”的审判权运行机制。前期司法责任制改革重点就是围绕放权与监督两个方面展开的，已经取得了重大突破。但同时，实践中也存在部分法院放权不到位、办案责任虚化、审判监督管理缺位等现象。为此，“五五改革纲要”进一步从制度机制层面

① 习近平在中央政法工作会议上强调　全面深入做好新时代政法各项工作　促进社会公平正义保障人民安居乐业，载最高人民法院网，https：//www.court.gov.cn/zhongjiwei/xiangqing/150792.html。

入手，着力解决法官不愿尽责、不敢担责；院庭长不愿管、不会管、不敢管等问题，推动审判权运行体系更加完备、成熟、定型。一是明确各类人员职责权限。根据纲要的要求，全面贯彻“让审理者裁判，由裁判者负责”，强化独任庭、合议庭的法定审判组织地位，依法确定职责权限，确保权责一致。一方面，要细化明确办案组织内部各类人员职责权限，优化分工协作，确保审判权有序运行。另一方面，要明确院庭长审判监督管理权限，确保监督有据、监督有力、监督有序。最高人民法院2018年年底出台的《关于进一步全面落实司法责任制的实施意见》对这个问题已作出明确规定，要求各级法院根据审级、辖区特点、收案特点等结合工作实际将“四类案件”予以细化，明确相关标准，使四类案件监督范围更加具体化、更有操作性。二是构建全院全员全流程监督机制。根据纲要的要求，审判监督管理应当是全方位、全流程、多层次的。在监督对象范围上，既包括对审判工作总体态势、质量效率、资源配置等方面的常态化、宏观性监督管理，也包括对“四类案件”、信访申诉、长期未结等重点案件的个案监督。在监督管理方式上，既要采用案件质量评查、审判委员会讨论等传统方式，也要采用信息化手段，全程监控审判流程、重点监管特殊案件、风险预警和态势分析等。在监督层次上，既要深入开展法院内部的审级监督和审判权监督，也要依法接受人大监督、监察监督、政协民主监督、检察监督、舆论监督、社会监督等，形成全面覆盖、科学规范的监督管理制度体系。三是完善监督管理全程留痕制度。根据纲要的要求，所有审判监督管理行为应当全程留痕，确保行为可记录、可查询、可追溯。通过实现全程留痕，保障法官办案不受不当干预，确保院庭长依法有序监督。

第二，“责”就是完善司法责任追究制度。问责制度是司法责任制的主体内容，推进司法责任制改革就是要实现“有权必有责、用权必担责、失职必问责、滥权必追责”。需要注意的是，完善司法责任制，既要建立健全司法问责机制，又要切实保护法官依法行权、公正办案，在违法审判责任追究程序上，要发挥法官惩戒委员会的作用，通过公平、公正、公开的程序，提高责任追究的公信力，保障涉事法官的合法权益。改革推进以来，我们已经出台了一系列文件明确司法责任的形态、责任认定标准、责任承担方式、责任追究的程序机制等。纲要提出要“健全完善法官惩戒制度”，不仅要加强惩戒的组织机构建设，设立最高人民法院法官惩戒委员会，推动在省一级全面设立法官惩戒委员会，也要细化完善惩戒工作制度建设，研究制定法官惩戒工作具体办法，健全与纪检监察机关的工作衔接机制，形成一套科学完备、符合规律的问责制度体系，推动惩戒制度落实到位，既要使滥用审判权的行为依法受到追究，更要保障依法公正独立行使审判权的行为不受追究。

第三，“利”就是完善司法职业保障制度。司法职业保障，是落实司法责任制不可或缺的重要配套制度。党的十八大以来，中央将司法职业保障制度改革作为“四项基础性重大改革”来推动，做了大量工作，取得了明显成效。最高人民法院也出台了号称史上最强司法人员履职保障办法，得到广大干警的广泛认可。但加强履职保障是一项长期性、持续性的工作，需要不断完善配套制度，健全工作机制，推动各项举措落实落地。“五五改革纲要”聚焦广大司法干警呼吁最强烈、需求最迫切的相关问题，在制度层面提出了一些具有突破性的改革举措，包括健全干警受到侵害救济保障机制、不实举报澄清机制；推动建立完善干警人身意外伤害保险等制度；规范督查检查考核工作，清理取消不合理、不必要的考评指标，切实为基层减负、为干警减压等，切实解决干警的后顾之忧，促使其尽好责、办好案。

第四，“效”就是完善司法质效保障制度。审判质效是司法责任制的评价标准和重要落脚点。司法责任制不管怎么改，最终目标都是要提升审判质量、效率和司法公信力。“五五改革纲要”提出：完善审判委员会制度，健全审判委员会讨论决定重大、疑难、复杂案件法律适用问题机制，确保重大案件的审判质量；进一步完善统一法律适用机制，完善指导性案例制度，建立高级人民法院审判指导文件和参考性案例的备案机制，健全主审法官会议制度，推广类案强制检索报告工作机制等，多措并举，多点发力，统一裁判尺度和标准，防止“类案不同判”。加强审判标准化建设，形成清晰明确的履职指引，确保司法行为合法、有序、高效。

总之，司法责任制是“权、责、利、效”四个方面有机统一的制度体系，“各项举措之间呈现相互影响、相互制约、相互促进的关系”，各个方面必须配套衔接、协同发力、整体推进，单讲任何一个方面都是不完整的。只有四个方面都推进到位，才能全面落实司法责任制，才能真正构建形成中国特色的审判权运行体系。

（二）完善法院机构设置和职能定位，构建科学合理的机构职能体系

习近平总书记指出，要“加快构建优化协同高效的政法机构职能体系”[①]“要推进政法机关内设机构改革，优化职能配置、机构设置、人员编制，让运行更加顺畅高效”[②]，对人民法院组织体系和机

---

① 习近平在中央政法工作会议上强调　全面深入做好新时代政法各项工作　促进社会公平正义保障人民安居乐业，载最高人民法院网，https：//www. court. gov. cn/zhongjiwei/xiangqing/150792. html。

② 习近平在中央政法工作会议上强调　全面深入做好新时代政法各项工作　促进社会公平正义保障人民安居乐业，载最高人民法院网，https：//www. court. gov. cn/zhongjiwei/xiangqing/150792. html。

构职能建设提出了更高的要求。过去五年，人民法院组织体系不断完善，内设机构改革深入推进，取得了明显成效。站在更高的起点上，要实现法院组织机构职能体系的更高水平发展、更深层次变革，关键还是抓制度完善，创新体制机制、制度程序、方法手段，提高为民尽责的能力水平，提升为民服务的效率效能。

“五五改革纲要”立足现实、放眼长远，做出了系统规划，提出了优化四级法院职能定位、深化巡回法庭制度改革、规范专门法院建设、推进内设机构改革等 12 项举措，全面加强法院组织体系建设，着力完善优化法院职能定位各项制度，促进组织机构和职能定位衔接配套、内在统一。根据“五五改革纲要”的规划，主要从两方面入手完善法院组织机构和职能定位制度体系。

一方面，立足当下，完善组织机构配套制度建设。通过前期改革，已经设立最高人民法院巡回法庭、知识产权法院、金融法院、互联网法院等新类型法院。但设置机构只是改革的第一步，更重要的是持续加大探索力度，完善配套制度建设，提升审判质量效率。上述纲要提出，要完善最高人民法院巡回法庭职能定位和工作机制，健全综合配套保障措施，进一步发挥巡回法庭在方便群众诉讼、就地化解纠纷、促进法制统一方面的作用；加强知识产权法院、金融法院、海事法院等专门法院建设，完善专门化审判机制和审判体系，服务保障重大国家战略实施；深化互联网法院改革试点，加大在线诉讼模式探索力度，完善互联网案件裁判规则，促进互联网空间司法治理。

另一方面，着眼长远，探索研究基础性、前沿性重大司法制度。这些基础性制度的改革方向、力度和效果，将深远影响人民法院未来的发展，需要花大力气探索研究。一是完善审级制度，进一步优化四级法院职能定位，实现案件数量类型、司法资源在四级法院科学分配，强化上级人民法院监督指导、统一法律适用的职能，推动将具有普遍法律适用指导意义、关乎社会公共利益的案件交由较高层级法院审理。二是完善诉讼管辖制度。在纵向上，推动完善民事、行政案件级别管辖制度，确保案件管辖与法院层级和职能定位相匹配。在横向上，深化探索与行政区划适当分离的司法管辖制度，完善行政、环境资源、知识产权、互联网等案件的跨行政区划管辖范围和标准，切实打破诉讼“主客场”现象，形成新型诉讼格局。三是完善法院管理体制。加强法院的人财物管理制度建设，人的方面，推动完善省级以下地方法院机构编制由省级机构编制部门管理为主、高级人民法院协同管理，完善中级、基层人民法院领导干部管理体制。财物方面，推动完善人民法院司法经费保障的长效性制度，实现法院经费保障动态调整、工资待遇“水涨船高”。“五五改革纲要”实施期间，要通过建立完善这些基础性、前沿性重大制度，解决一些影响法院多年的深层次问题，啃下制约改革长远发展的“硬骨头”，为完善公正高效权威的中国特色社会主义司法制度打下坚实基础。

（三）全面提升司法效能，完善优化司法资源配置制度体系

近年来，随着我国经济社会快速发展，人民群众司法需求日益强烈，案件数量逐年递增，部分地区和法院人案矛盾较为突出，法官“白加黑”“5 +2”成为工作常态，司法资源与司法需求不平衡、不匹配、不配套的问题较为严峻。面对日益攀升的案件量，单靠搞人海战术、疲劳战术，绝非长久之计，甚至将严重影响队伍稳定和案件质量。“五五改革纲要”积极回应审判实践需求，从制度机制层面入手，释放潜力、盘活资源、多措并举，提出了破解人案矛盾系统性方案。概括起来，主要是解决案的问题、人的问题、人和案相

结合的问题，不断完善这三个方面的制度体系。

第一，从制度层面解决“案多”问题。在很多法院，“案多”是一个客观现实。“五五改革纲要”从法院内部和外部两个层面入手，提出了完善两大制度，着力解决“案多”问题。一是强化外部非诉讼纠纷解决机制。习近平总书记在2019年中央政法工作会议上提出，要坚持把非诉讼纠纷解决机制挺在前面，从源头上减少诉讼增量[①]，从根本上阐明了法院案件不是越多越好，司法不是唯一的纠纷解决方式，而应是维护社会公平正义的最后一道防线。“五五改革纲要”将推进矛盾纠纷多元化解放在突出位置，提出要完善“诉源治理”机制，完善多方参与的调解机制，构建立体化、多元化的矛盾纠纷化解体系，建立统一在线纠纷化解平台，推广线上线下相结合的司法确认模式等一系列举措，从源头上减少诉讼增量，让法院集中精力解决更具规则意义的案件。二是深化内部的案件繁简分流。近年来，我们大力推进繁简分流机制改革，各地法院广泛设立速裁庭、速裁审判团队，加大繁简分流力度，取得了明显效果。但从目前的审判压力看，繁简分流机制还须进一步强化完善，特别是要从制度层面明晰繁简标准，完善分案机制，改革庭审方式，简化法律文书等，实现简案快办、繁案精审，推动繁简分流、轻重分离、快慢分道。例如，认罪认罚从宽制度就是深化刑事案件繁简分流、优化司法资源配置、完善中国特色刑事诉讼体系的重要举措。

第二，从制度层面解决“人少”的问题。人案矛盾是结构性矛盾，案多人少在很大程度上是资源配置不均衡的结果，解决问题的关键是建立人力资源动态调配的常态化、长效性机制。一方面，“五

① 人民法院报评论员：《把非诉讼纠纷解决机制挺在前面》，载《人民法院报》2023年8月18日，第1版。

五改革纲要”提出，要“完善编制动态调整机制”，坚持“以案定编”“以案定额”的原则，在省级层面进行统筹管理、动态调整，切实向人案矛盾突出地区和基层人民法院倾斜，实现编制、案件、人员的合理匹配。另一方面，为从根子上解决分布不均、忙闲不均问题，将“推动调整优化各省（区、市）人民法院现有政法专项编制的布局结构”。

第三，从制度层面优化“人与案”结合机制。人与案的结合就是司法工作模式和机制，科学高效的诉讼制度和司法机制本身也是司法生产力。“五五改革纲要”对优化“人与案”的结合，提出了一系列制度性解决方案。一是构建立体化、多元化、精细化的诉讼程序体系。积极探索扩大小额诉讼程序、独任制适用范围，优化司法确认程序适用，完善电子送达制度等。通过让诉讼程序真正运转起来，促进司法提质增效。二是构建高效协同的内部工作机制。深化法院内设机构改革，进一步理顺职能、优化分工、压缩管理链条，提升司法运转效率。大力推行审判辅助事务集约化管理，优化工作流程，加强标准化指引，推动工作规范高效。探索完善送达新模式，推广集约化、分段化送达机制，搭建全国统一的电子送达平台，切实解决送达难问题。三是构建联动配合的外部辅助机制。把适合由社会力量承担的司法辅助事务和司法行政事务交给市场主体、社会力量去做，探索实施网拍辅助、文书上网、案款发放等审判辅助事务外包，真正实现减负增效。

（四）加强队伍革命化正规化专业化职业化建设，完善法院职业制度体系

“五五改革纲要”全面贯彻习近平总书记对政法队伍建设的指示要求，找准目前司法队伍建设重点难点问题，提出加强队伍政治

建设、完善司法人事管理和司法职业保障三大方面制度体系，确保司法能力、司法责任和职业保障有机统一、衔接配套。

第一，完善队伍政治建设制度体系。纲要把加强政治建设摆在首位。在主体内容部分，开宗明义地提出“完善人民法院坚持党的领导制度体系”，针对法院队伍的政治建设更是提出了明确具体的举措。一是完善政治轮训制度。纲要明确提出要加强对法院干警的理论教育，开展政治轮训，确保在政治立场、政治方向、政治原则、政治道路上同以习近平同志为核心的党中央保持高度一致。二是完善政治把关制度。坚持党管干部原则，把政治标准作为第一标准，在法官遴选任命、考核评价、监督管理、培养锻炼、奖励惩戒等工作中全面加强政治把关，按照政治过硬、业务过硬、责任过硬、纪律过硬、作风过硬的要求，打造忠诚干净担当的高素质法院队伍。三是完善践行社会主义核心价值观制度。纲要提出，要在司法解释、司法政策、司法裁判等各方面，全方位融入和践行社会主义核心价值观，让遵法守纪者扬眉吐气，让违法失德者寸步难行。

第二，完善司法人事管理制度体系。推进司法体制综合配套改革，司法人才是核心要素，司法能力是重要基础，基础基层是永恒话题。纲要把加强干警完善司法人事管理制度摆在突出位置，提出多项配套举措，不断激发队伍活力，推动政策资源向基层、一线流动，让广大干警更好地立足岗位、干事创业。一是健全法官选任制度。将健全初任法官常态化选任机制，积极从符合条件的法官助理中遴选法官，探索建立及时遴选和员额递补机制，防止员额空置。二是健全司法人员分类管理制度。将健全形成“有进有出”的法官员额管理制度，全面落实法官等级按期晋升和择优选升制度。完善审判辅助人员统一招录、培训考核、培养选拔等机制，确保司法人员安心办案、履职尽责和合理流动。全面落实新近出台的《公务员法》和《公务员职务与职级并行规定》，结合法院实际，细化配套措施，调动司法行政人员积极性。大力完善司法警察招录和管理制度，建立符合司法警务工作特点的管理体制。三是健全司法培训制度。为改变传统培训碎片化、随意化的状态，纲要要求完善各类人员教育培训体系，建立覆盖职业生涯的终身学习制度。完善法官定期培训机制，确保每名法官每年至少参加一次脱产政治培训、业务培训和司法职业道德培训，每年参加脱产培训不少于10天，切实避免培训走形式、走过场、脱离实际。

第三，完善司法人员职业保障制度体系。纲要高度重视法院干警的职业保障问题，大力推进责任与保障相配套，让优秀人才留得下来、安得下心、看得到未来。一是完善司法人员职业发展制度。积极拓展各类人员职业发展通道，推动建立从符合条件的法官中选拔产生人民法院领导干部的工作机制，建立完善法院内部岗位交流机制，打通审判岗位与司法行政岗位、综合业务部门和审判一线部门的交流通道。二是完善法官单独职务序列配套制度。重点落实与法官单独职务序列相配套的生活待遇、交流转任等相关政策。各地法院将在基本政策精神下，完善工作机制，细化落实举措，加大推进力度。三是完善司法人员履职保障机制。切实落实好最高人民法院出台的司法人员履职保障办法，加大司法人员依法履职保护力度，对于哄闹法庭、干扰阻碍司法活动、侮辱诽谤和暴力伤害司法人员及其近亲属的，坚决采取有力措施，切实保障司法人员职业尊严、荣誉和安全。

（五）推进制度变革与技术变革相融合，完善现代化智慧法院应用体系

身处科技迅猛发展的信息化时代，司法体制改革逻辑和模式已

经迎来新变化。制度变革与技术变革深度融合、相互促进、互为支撑，已经是当前司法改革的突出特征和基本路径。

综观“五五改革纲要”全文，制度与技术的融合与配套可以说贯穿始终，全面渗透到改革的各个领域和方面。纲要专门提出“要构建中国特色社会主义现代化智慧法院应用体系”，充分体现了司法改革与信息化建设双轮驱动、两翼发力的工作思路。根据纲要规划，未来五年，信息技术将与司法工作实现更加深度的融合，成为完善我国司法制度体系的重要推动力量。

第一，以信息技术推动完善诉讼制度。当前大数据、云计算、人工智能、区块链等现代科技手段，为推动诉讼制度与时俱进提供了前所未有的机遇和技术支撑，需要人民法院“更加深刻地认识到这一轮世界科技革命和产业变革对人类发展、对司法工作的深层次影响，以建设智慧法院为目标，全面推进人民法院信息化工作，不断推进审判体系和审判能力现代化”。在民事诉讼制度方面，将依托互联网法院和移动微法院工作试点，全面探索在线诉讼模式，积极构建适应互联网时代需求的新型管辖规则、诉讼规则，推动民事诉讼制度从工业化时代向信息化时代转变。在刑事诉讼制度方面，将持续完善和推广应用刑事案件智能辅助办案系统，完善刑事案件证据指引，借助大数据和人工智能，推动量刑规范化，确保将以审判为中心的刑事诉讼制度改革落实到位。

第二，以信息技术推动完善诉讼服务体系。根据“五五改革纲要”规划，下一步将继续推动各类信息技术手段全面应用于诉讼服务领域，大力推进跨域立案改革，推动诉讼事项跨区域远程办理、跨层级联动办理，实现诉讼服务“就近能办、同城通办、异地可办”，形成线上“一网通办”、线下“一站服务”的集约化诉讼服务机制。积极研发智能辅助软件，为当事人提供诉讼风险在线评估、诉前调解建议、自助查询咨询、业务网上办理等服务。利用信息技术推动深化司法公开，大力完善四大公开平台，注重用户体验，提升公开效率和质量，实现司法公开水平再上新台阶。

第三，以信息技术推动完善审判工作机制。纲要对信息技术与审判流程、审判管理、审判质效的深入嵌入和紧密结合作出系统部署，下一步将积极把从立案到结案归档的各个节点要求和工作指引嵌入信息化办案平台，实现工作标准化、规范化。依托信息化手段，完善审判监督管理方式，对重点案件自动化识别、标签化处理、节点性控制，实现全员全院全过程监督管理。积极推动语音识别、图文识别、语义识别、智能辅助办案、区块链存证、常见纠纷网上数据一体化处理等科技创新手段的深度运用，全方位提升审判执行工作的智能化、信息化水平。

司法改革总体思路要从立柱架梁向精细加工转变*

这次全国法院司法体制综合配套改革推进会主要任务是：深入贯彻落实党的十九大，十九届二中、三中、四中全会及政法领域全面深化改革推进会精神，进一步深化改革认识，总结交流改革经验，研究改革重点难点问题及对策，部署推进下一阶段人民法院司法体制综合配套改革工作。

今年是新中国成立70周年，党中央印发了《关于政法领域全面深化改革的实施意见》，作出了未来五年政法改革的顶层设计，最高人民法院发布实施《人民法院第五个五年改革纲要（2019—2023）》（以下简称“五五改革纲要”），对人民法院的深化改革作出具体部署，特别是刚刚闭幕不久的党的十九届四中全会作出《中共中央关于坚持和完善中国特色社会主义制度　推进国家治理体系和治理能力现代化若干重大问题的决定》，进一步明确了深化司法体制综合配套改革、全面落实司法责任制的重点任务，各级人民法院都要认真

* 根据2019年12月17日在2019年全国法院司法体制综合配套改革推进会上的讲话稿改编。

学习领会、贯彻落实。

今天上午，我们召开了司法体制综合配套改革研讨会，对第二届“羊城杯”征文活动的获奖作者、优秀组织单位，以及对2018—2019年度优秀司法改革专项调研课题单位进行了表彰。大家围绕完善审判权运行机制、健全矛盾纠纷化解体系、加强队伍建设和推进互联网司法四个板块开展了专题研讨，并发表了很好的意见，让我们很有收获、很受启发。近年来，我们依托最高人民法院司法改革与创新研究实践（广州）基地，围绕司法体制改革中的热点难点问题连续举办“羊城杯”征文活动，推动理论界与实务界沟通交流，激发法院广大干警投入司法改革研究的积极性和创造力，并产生了一批有理论、有实践的理论研究成果。我们还要坚持继续做下去，同时加强理论成果转化的针对性和实效性，力求理论研究与改革实践相互促进、共同发展。今天下午，8家法院分享了各自在完善审判监督管理、健全诉讼服务体系、推进诉源治理、破解人案矛盾、深化人员分类管理等方面的有益做法，有17家法院的改革先进经验作了书面交流。这些经验做法充分体现了各级法院锐意进取、担当作为、开拓创新的精神，举措务实，成效明显，值得大家学习借鉴。下面，我重点讲三个方面意见。

一、深入贯彻落实党的十九届四中全会精神，坚定不移深入推进司法体制综合配套改革

（一）提高政治站位，深入学习贯彻党的十九届四中全会对司法体制改革的重大决策部署

今年10月底，党的十九届四中全会胜利召开，这是党和国家发展进程中的具有开创性、里程碑意义的一次重要会议，明确提出了

坚持和完善中国特色社会主义制度、推进国家治理体系和治理能力现代化的总体要求、总体目标和重点任务。党的十九届四中全会《中共中央关于坚持和完善中国特色社会主义制度 推进国家治理体系和治理能力现代化若干重大问题的决定》提出，“深化司法体制综合配套改革，完善审判制度、检察制度，全面落实司法责任制，完善律师制度，加强对司法活动的监督，确保司法公正高效权威，努力让人民群众在每一个司法案件中感受到公平正义。”指明了下一阶段改革的总体方向、重点任务和目标要求。党的十九届四中全会对司法体制改革进行的战略部署，是对党的十八届三中全会全面深化改革这盘大棋局的进一步深化，体现了党中央对司法体制改革工作的高度重视，表明了司法体制改革对促进国家治理体系和治理能力现代化的重大意义和重要作用。各级人民法院要深入学习贯彻党的十九届四中全会精神，切实把思想和行动统一到党中央决策部署上来，不断深化改革认识，坚定不移深化推进司法体制综合配套改革。

（二）把握历史方位，全面总结党的十九大以来司法体制改革取得的成绩与经验

党的十九大以来，各级人民法院在以习近平同志为核心的党中央坚强领导下，坚持以习近平新时代中国特色社会主义思想为指导，深入贯彻落实党中央改革决策部署，积极推进司法体制综合配套改革。2018 年以来，最高人民法院单独或者会同有关部门出台了 72 个改革性文件，针对全面落实司法责任制、加强审判监督管理、完善法院机构职能体系、推进以审判为中心刑事诉讼制度改革、健全诉讼服务体系、推进互联网司法等方面，强化顶层设计、完善制度体系，解决了许多长期想解决而没有解决的难题。今年，最高人民法院制定印发“五五改革纲要”，提出了完善 10 个方面的制度体系，

规划了 65 项改革任务，分解为 140 项改革举措，谋划了未来五年人民法院改革发展的路线图和时间表，将持续推动司法体制改革工作开创新局面，再上新台阶。一是以司法责任制为核心的新型审判权力运行体系基本形成。基本确立独任法官、合议庭办案主体地位，制定印发人民法院审判权力和责任清单，健全完善审判监督管理机制，推动专业法官会议制度普遍落地。二是人民法院组织体系和管理体制不断完善。围绕国家重大发展战略，新设最高人民法院知识产权法庭、上海金融法院、南京海事法院，增设北京、广州互联网法院，制定配套司法解释。全国基层法院内设机构改革深入推进，法院机构职能更加优化协同高效。三是诉讼制度机制不断优化。坚持把非诉讼纠纷解决机制挺在前面，深入推进"两个一站式"建设和"分调裁审"机制改革，江苏、浙江、四川等地收案数量增幅首次下降。以审判为中心的刑事诉讼制度改革持续深化，"三项规程"试点全面推开。认罪认罚从宽制度和刑事速裁程序不断完善，中国特色轻罪诉讼制度体系初步形成。四是队伍管理体制不断健全，全国法院普遍实行法官员额省级统筹、动态调整机制，有效明确员额法官交流任职和配套生活待遇政策，探索完善员额法官退出机制。五是互联网司法建设深入推进。依托互联网法院积极探索"网上案件网上审理"新型审理模式，在案件审理、平台建设、诉讼规则、技术运用、网络治理等方面形成可复制可推广的经验。总结"浙江移动微法院"试点改革经验，建立"中国移动微法院"，目前全国 3516 个法院已经全部对接中国移动微法院，具备网上立案和跨域立案服务功能。

总体来看，近年来人民法院司法改革的制度体系日趋完备、改革广度深度不断拓展、改革方法模式日渐成熟、改革发展动力更为强劲。实践表明，人民法院深化司法体制综合配套改革的方向是正确的，内容是科学的，成效是明显的，这得益于我们始终坚持以习近平新时代中国特色社会主义思想为指导，不断从新思想中汲取改革发展的强大动力；得益于我们始终坚持党对改革工作的绝对领导，坚定不移走中国特色社会主义法治道路，确保改革的正确政治方向；得益于我们始终坚持以人民为中心，不断增强人民群众获得感、安全感、幸福感；得益于我们始终坚持遵循司法规律，不断完善司法权力配置和运行机制，提升审判质量、效率和公信力。这些既是我们改革取得成效的重要原因，也是在下一步深化改革中必须坚持的宝贵经验，对于进一步健全公正权威高效的中国特色社会主义司法制度具有重要意义，必须始终坚持和不断发展。

（三）坚定改革信心，进一步全面科学深化对司法体制综合配套改革的认识

人民法院司法体制改革取得的历史性成就，离不开全国法院干警的艰苦奋斗和辛勤付出，各级人民法院坚持全国一盘棋，统一思想、锐意进取，积极履行改革主体责任，推动改革工作不断向纵深发展。但是在督察和调研过程中，我们也发现部分干警甚至法院领导改革立场不坚定，思想认识有偏差。主要有以下三种模糊认识。一是改革完结论，认为放权到位、员额制落地，待遇保障到手，改革就已经大功告成、胜利结束。改革热情减退、积极性下降、动力不足，投入改革的人力物力也相应减少。二是改革停滞论，认为当前改革已进入停滞期，部分改革推进缺乏制度基础、受到多方牵制、不具备现实条件，改革很难再取得突破性进展和创新性成就，于是出现了等待观望、按兵不动的态势。三是持改革偏差论，认为部分改革举措方向和路径有偏差，顶层设计过于理想化，不符合司法现实，导致很多老问题未解决又催生出更多新问题，搞选择性落实改

革措施，甚至认为有的改革应当走“回头路”。这些观点和认识虽然在一定程度上反映出对改革的观察与思考，但得出的结论却是片面的、肤浅的甚至是有害的，我们要坚决杜绝、防止和扭转这些错误认识，切实把思想和行动统一党中央的改革决策部署上来。

第一，要站在政治高度认识改革。深化司法体制综合配套改革是党的十九大，十九届三中、四中全会作出的重大决策部署，是统筹推进“五位一体”总体布局和协调推进“四个全面”战略布局的必然要求，是全面深化改革、全面推进依法治国、推进国家治理体系和治理能力现代化的重要组成部分。要自觉站在坚持和完善中国特色社会主义制度、推进国家治理体系和治理能力现代化的高度看待改革、谋划改革、推进改革，推动中国特色社会主义司法制度更加成熟定型。因此，推进司法体制改革不是“要不要”的问题，而是“好不好”的问题，无论遇到什么困难和障碍，都要坚持立场不移、方向不变、道路不偏、力度不减。

第二，要站在全局广度认识改革。深化司法体制综合配套改革是一项系统工程，既有增量改革，也有存量优化，必然要涉及利益调整、人员变动、模式创新。广大干警在享受到更加优厚待遇的同时，必然要承担更重责任，付出更多努力。我们评价和认识改革要以是否有利于增强人民群众获得感、提升司法质量效率和公信力，是否有利于健全完善公正高效权威的中国特色社会主义司法制度，是否有利于服务保障党和国家发展大局作为尺度和标准，而不能算小账、图小利，以个人得失看待改革。

第三，要站在历史维度认识改革。从历史进程看，改革是一个连续不断、持续推进、螺旋式上升的过程。按照党的十九届四中全会确定的“三步走”战略：到 2021 年，各方面制度要更加成熟定型；到 2035 年，各方面制度更加完善，基本实现国家治理体系和治理能力现代化；到新中国成立一百年，全面实现国家治理体系和治理能力现代化。这就意味着，在此期间的改革不能停步、不能歇脚，更不能倒退。这也意味着在改革中遇到各种困难问题、艰难险阻是正常的，是事物发展的客观规律，改革不可能一步到位、一蹴而就、一劳永逸。面对改革中出现困难问题，必须以改革的思维和方式破难题、解新题、谋出路，决不能搞变通、打折扣，更不能打退堂鼓、走回头路。

二、聚焦突出问题，把握重点任务，努力推动司法体制综合配套改革取得新成就

今年5月，中央办公厅印发《关于政法领域全面深化改革的实施意见》，对新时代政法领域改革提出了新要求、作出了新部署。其中，最高人民法院作为第一牵头单位的有29项，作为第二、第三牵头单位的有6项，绝大多数要求在2019年、2020年完成，时间紧、任务重。当前，人民法院司法体制改革已进入“深水区”，改革的复杂性、敏感性、艰巨性更加突出，各地改革随之暴露出发展不平衡、落实不到位、衔接协调不畅、配套跟进不足、改革合力不强等一系列问题。当前，要解决这些问题，推动司法体制综合配套改革取得新成就，要重点处理好四个方面的关系。

（一）处理好放权与监督的关系，确保司法责任制落实到位

从改革推进情况来看，如何处理好放权与监督的关系，已经成为影响改革行稳致远的关键环节，也是改革过程中大家普遍反映的实践难题。近年来，尽管我们一再强调，必须坚持放权与监督相统一，但是督察和调研过程中发现，部分法院仍然未能很好处理二者之间的关系。有的认为，“权力在法官，但压力在法院、责任在院

长”，不敢放权；有的认为，监督就是干预、批示就是违规、法官就要独立，排斥监督管理，排斥民主集中制；少数法院监督机制不科学，管理手段不丰富，“四类案件”识别机制不健全，又走回盯人盯案、逐案审批的老路；等等。这些认识和做法都是错误的，必须坚决予以纠正。放权，要充分尊重独任法官、合议庭等审判组织办案主体地位，不得以口头指示等方式变相审批案件，不得违反规定要求法官汇报案件。监督，要按照司法责任制改革要求，建立健全信息化全流程审判监督管理机制，落实院庭长审判监督管理权责，构建与放权相适应的新型审判监督管理机制，对审判权力运行进行充分而有效监督制约，切实把权力关进制度的笼子。无论是改革前还是改革后，我们对审判监督管理的态度都是鲜明、肯定和一致的，那就是只能加强、不能削弱，必须坚持有序放权和有效监督有机统一。要实现审判监督管理补位而不缺位，到位而不越位，重点要做好从以下三个方面。

一是完善审判人员权责清单。今年 11 月，最高人民法院制定印发了《关于完善人民法院审判权力和责任清单的指导意见》《最高人民法院法官审判权力和责任清单（试行）》，明确了院庭长、法官审判权力和责任的具体情形。院庭长在正面清单范围内按程序履行监督管理职责，属于正常履行职责，不属于违规干预过问案件。同时还要求院庭长履行监督管理职责，应当遵守组织化行权的程序和要求，做到逐级审核、全程留痕，不能用行政命令式的手段规制审判权力，确保审判与监管形成双向制约。各地法院要结合实际，制定和完善本院权责清单，并将落实清单情况作为开展业绩考评、晋职晋级、法官惩戒等工作的重要依据。

二是优化审判监督管理的方法举措。各地法院要积极依托信息技术，完善监管方式，让监督管理自动触发、全程留痕、实时查询、有效追溯，确保院庭长依法有序合理监督。江苏、浙江、上海等地法院，依托人工智能和大数据手段，对重点案件自动化识别、标签化处理、节点化控制，实现提示催办、风险预警、权限冻结等系统功能，这些经验值得在全国法院推广。

三是加强对“四类案件”的个案监督。各地法院要进一步细化“四类案件”具体情形，属于“四类案件”的，院庭长要主动要求独任法官、合议庭报告案件审理情况，并依托专业法官会议（主审法官会议）、审判委员会等进行监督。承办“四类案件”的法官如同“刀尖上的舞者”，如果不接受院庭长及时有效的监督指导，很难独立承担这些案件的政治责任、法律责任和社会责任。从许多地方的改革实践来看，院庭长按照有关规定加强对“四类案件”的审判监督管理，是确保此类案件不出现较大问题的重要保证。

此外，各地法院要进一步深化司法公开，利用司法公开倒逼法官依法公正行使审判权，督促院庭长积极有效开展审判监督管理，构建内外联动的审判权监督制约体系。

（二）处理好司法供给和司法需求的紧张关系，全面提升人民群众获得感

近年来，人民法院案件持续增长并保持高位运行，人民群众的司法需求日趋丰富多元，对法院工作提出更高的要求和期待。当前，司法领域的主要矛盾是，人民群众日益增长的司法需求与司法工作发展不平衡、保障群众权益不充分之间的矛盾，特别表现为司法资源供给和司法需求增长之间的矛盾。北京、长三角和珠三角部分地区法院法官年人均结案数已突破600件，一些西部地区法院也达到300件以上。今年下半年，我就“人案矛盾”问题，专门到北京、四川等地调研，发现部分法院干警“白加黑”“五加二”仍然是工

作常态，大家非常辛苦。如果改革只给法院不断在案件和职能上“做加法”，不在司法资源和诉讼机制“做优化”，必将导致法院不堪重负、难以为继。

通过调研发现，有的法院破解人案矛盾的思路不活、办法不多，有的寄希望于“人海战术”，希望不断增编扩员，加大人力物力财力投入；有的仍然搞“疲劳战术”，强化审判指标要求，推行集中加班、突击结案；还有的甚至人为提高诉讼门槛，设置诉讼障碍，牺牲当事人诉讼利益的方式来为法院减负。这些做法都是不正确、不合理、不可持续的。破解人案矛盾，要从调整诉讼需求、优化资源供给、完善程序机制、强化科技助力等几个方面加大改革力度，形成改革合力。

一是推进多元解纷，加强两个“一站式”建设。推进多元化纠纷解决机制和现代化诉讼服务体系建设，是今年人民法院司法体制改革的重中之重，是我们统筹平衡司法供给和司法需求的关键举措。一方面，要坚持优化诉讼服务，巩固立案登记制成果不动摇，推进诉讼服务中心全面转型升级，建设多功能、集成式、“一站式”诉讼服务中心，全力满足群众多元司法需求。另一方面，要坚持将非诉讼纠纷机制挺在前面，强化诉源治理，在各级党委的领导下，主动融入社会矛盾综合治理的大格局中。以法院诉讼服务中心和在线调解平台为载体，集合各方解纷资源，形成“一站式”多元解纷机制，从源头上减少进入诉讼程序的案件。

二是深化繁简分流，优化资源配置。在人员调配方面，要加大在省级层面编制、员额统筹调配力度，在人均办案量较大的地区增加人员编制和法官员额。各地法院要科学组建审判团队，加强审判辅助力量，根据审判需求动态调整人员配置，实现精细化管理。在案件分流方面，积极借鉴北京等地“多元调解＋速裁”的有效经验，组建专门的速裁庭，实行简单案件集中排期、送达、开庭，广泛运用要素式庭审、令状式文书、示范性诉讼等，缩短办案周期，提高审理效率。在流程优化方面，要深入借鉴上海、江苏苏州、四川成都、广东深圳等地改革经验，推行审判辅助事务、司法行政事务集约化、社会化管理模式，对文书送达、财产保全、执行查控、文书上网等辅助事务实行集约化管理，对卷宗扫描、网拍辅助、案款发放等辅助事务探索社会化购买，实现减负提质增效。

三是完善诉讼制度机制，激活程序效能。当前，有的诉讼程序设置精细化程度与司法需求匹配度不足，导致资源错配、效率不高。今年最高人民法院大力推动民事诉讼程序繁简分流改革试点工作，积极完善司法确认程序、小额诉讼程序和简易程序，扩大独任制适用范围，健全电子诉讼规则等，推动构建分层递进、繁简结合、供需适配的诉讼程序体系。这项工作拟在明年初开展试点，各地法院特别是纳入试点范围的法院，要将试点工作摆在突出位置，认真周密部署，细化实施办法，确保平稳有序推进。

四是强化科技助力，提升审判质效。12 月 5 日，最高人民法院在浙江乌镇举办了“世界互联网法治论坛”，提出了加强互联网司法建设，推动信息技术与司法深度融合的中国方案。各地法院要以此次论坛的精神和成果为指导，积极推动大数据、人工智能、区块链等现代科技全面应用于诉讼服务、案件审理、司法管理和协同治理等各领域。积极借鉴和深化互联网法院和移动微法院的成功实践，全面探索在线诉讼模式，构建适应互联网时代需求的在线诉讼规则，推动实现诉讼理念重塑、模式重构和流程再造。

（三）处理好司法质量与司法效率的关系，确保司法裁判公正高效权威

公正是司法的生命线，我们要大力提升司法效率，着力破解人案矛盾，决不能以牺牲司法质量、损害人民群众合法权益为代价。调研督察过程中发现，部分法院在兼顾司法质量与效率、平衡公正与高效价值上存在一些偏差。有的法院为了保障质量和社会效果，对所有案件平均用力，导致办案拖沓、案件积压，超审限和长期未结案增多；有的法院一味求量求快，“萝卜快了不洗泥”，案件质量有所下滑，二审改发率上升。当前，我们必须在保障司法质量、提升司法公正方面狠下功夫、深化改革，统筹解决司法质量与效率的有机统一问题。

一是持续推进以审判为中心的刑事诉讼制度改革。结合扫黑除恶专项斗争，严格落实“三项规程”，完善庭前会议制度、非法证据排除制度和法庭调查程序，实现庭审实质化，推进刑事案件律师辩护全覆盖，实现依法惩治犯罪和充分保障人权相统一，服务保障平安中国建设。

二是健全完善法律统一适用机制。今年 10 月，最高人民法院印发《关于建立法律适用分歧解决机制的实施办法》，进一步完善法律统一适用机制。各地法院要严格落实上述实施办法，建立具体工作机制，明确责任部门，形成常态化运行，配套建立法律适用分歧监测预警机制。要强化专业法官会议（主审法官会议）和审判委员会统一法律适用的功能作用，健全完善程序衔接机制，推进类案和新类型案件强制检索报告工作制度化、规范化。要加强审判标准化建设。按照最高人民法院确定的标准，细化各专业审判领域业务流程标准和履职指引，确保司法行为依法有序高效。

三是落实法官惩戒制度。目前，全国法院法官惩戒制度运行尚不理想，部分省份尚未成立法官惩戒委员会，一定程度上出现惩戒虚置、责任真空，不利于保障司法质量。最高人民法院目前正在制定《法官惩戒工作程序规定（试行）》，将进一步明确惩戒制度运行的具体程序规则，形成统一指导。各地法院要加强法官惩戒组织机构建设，在省一级全面设立法官惩戒委员会，细化工作程序，健全与纪检监察机关工作衔接机制，形成科学完备、符合规律的问责制度体系，推动惩戒制度落实到位。要严格把握审判瑕疵和违法审判的界限，合理认定依法免责的情形和条件，确保依法依规追究违法审判责任，充分保障司法人员依法履职。

（四）处理好队伍长期稳定和长远发展的关系，完善队伍建设管理制度机制

党的十八大以来，人民法院坚持以党的政治建设为统领，深化司法人员分类管理制度改革，队伍革命化、正规化、专业化、职业化水平明显提升。同时也要看到，目前各地司法人事制度改革还面临一些突出的困难和问题，在保障队伍稳定性、提升队伍专业性、实现队伍长远发展等方面还面临不少挑战。有的对人员分类管理改革认识有偏差，认为法官、助理和书记员应当一律按1∶1∶1配备，一味要求添人增编，但对资源配置和权责划分缺乏合理安排；有的招收大量聘用制人员，但系统培训不足，职业配套保障不到位，导致这部分群体专业性不强、流动性大，影响队伍整体稳定；逐级遴选制度在全国推进情况不理想，受基层院编制、员额数量限制，以及异地入额可能面临的住房落户、家属就业、子女教育等现实困难，逐级遴选落实存在困境；等等。这些问题，有的需要完善顶层设计，明确细化政策，有的则需要各地法院加大落实力度，主动沟通协调，

积极探索创新，不能一味“等、靠、要”。当前，要实现法院队伍的长期稳定和长远发展，要重点做好以下四个方面：

一是把好思想关，坚持把政治建设摆在首位。各地法院要按照党中央统一部署，结合“不忘初心、牢记使命”主题教育，完善政治建设制度机制，教育引导广大干警严守政治纪律和政治规矩，坚决做到维护核心、绝对忠诚、听党指挥、勇于担当，自觉在政治立场、政治方向、政治原则、政治道路上同以习近平同志为核心的党中央保持高度一致。

二是把好选人关，提升队伍整体素质能力。要坚持党管干部原则，把政治标准作为第一标准，在干警招录、法官遴选，干部任免等工作中全面加强政治把关。要健全完善常态化选任机制，原则上实行定期遴选，也可根据需要适时开展遴选。探索建立跨地域遴选和员额递补机制，当员额出现空缺时，经高级法院批准后，可从候补名单中直接确定入额人选。要完善逐级遴选制度，最高人民法院将积极推动该项改革政策调整完善。各地法院要积极争取地方党委政府支持，解决好逐级遴选后的配套待遇保障问题，消除法官后顾之忧。要科学设置审判辅助人员招录标准、合理制订招录计划。在编法官助理要作为员额法官的重要后备力量，系统规划培养，进一步完善法官助理培养与法官遴选程序的相互衔接，让法官助理看到职业发展的前景，也让法官队伍有数量充足、素质过硬的后备军。

三是要把好管理关，健全队伍管理制度机制。要完善员额退出机制，建立“有进有出”法官队伍常态化管理机制。最高人民法院正在研究制定相关指导意见，印发后各级法院要抓好贯彻执行。要严格落实法官按期晋升制度，推动择优选升常态化，规范法官对内对外交流任职程序，确保法官队伍流动有序、管理科学。下一步，最高人民法院将会同中组部研究制定法官等级比例设置和等级晋升具体办法，完善法官单独职务序列管理机制。要高度重视审判辅助人员队伍的管理和发展，建立健全法官助理分层培养机制，认真落实法官助理职级设置管理。加强对聘用制人员的系统培训和日常管理，特别是强化保密纪律要求，同时，要积极争取地方相关部门支持，尽可能提高聘用制人员的待遇水平，确保此类人员政治过硬、专业合格、队伍稳定。要完善审判绩效考核体系，科学设置考核指标，加快清理不合理、不公平的指标考核。积极运用信息化手段，推动考核科学化、精细化，形成鼓励多办案、办好案等正确导向。

四是把好保障关，确保各类人员安心履职尽责。要健全司法人员薪酬待遇制度，落实司法人员工资正常调整机制。最高人民法院将加大沟通协调力度，会同有关部门进一步研究制定法官交流任职、退休后的配套保障政策。今年，最高人民法院通过下发通知形式推广了浙江、山西、重庆等地落实配套待遇的思路和办法，各地法院要积极借鉴、多方协调、争取支持，确保法官单独职务序列改革后的相关配套待遇落实到位。要完善司法人员职业发展制度，打通审判岗位与司法行政岗位、综合业务部门之间的交流通道，拓展各类人员的职业发展空间。加强聘用制人员经费保障，合理确定薪酬标准，建立动态调整机制。要完善司法人员履职保障机制，省级层面要全面成立法官权益保障委员会，加大司法人员依法履职保护力度，更好保障司法人员职业尊严、荣誉和安全。

三、加强组织领导，完善工作机制，推动各项改革举措落地见效

当前，司法体制改革进入新阶段，中央办公厅印发《关于政法领域全面深化改革的实施意见》以及“五五改革纲要”已经对下一阶段改革作出系统部署，现在的关键是抓落实、见实效。过去，我

们比较关注自身推进了哪些改革措施；现在，我们应当更加关注改革举措是否已经落实到位，是否让老百姓和广大干警真切感受到了改革实效。这就需要我们进一步加强组织领导、完善工作机制、狠抓落实见效。具体而言，要认真做好以下四个方面的转变。

（一）总体思路从立柱架梁向精细加工转变

习近平总书记在中央深改委第十次会议上提出了改革阶段论的重要论断，强调“前期重点是夯基垒台、立柱架梁，中期重点在全面推进、积厚成势，现在要把着力点放到加强系统集成、协同高效上来”[①]。通过前期改革，人民法院司法改革的总体框架已经有效搭建，顶层设计基本完成，当前工作的总体思路和主要任务是搞好改革“精装修”，实现精细推进、精准发力。各地法院要结合自身实际，精准对标、科学管理，认真制定年度改革规划和工作方案，细化分解任务、明确任务清单、主责部门、工作进度和成果形式，建立可视化、精细化工作台账，进行项目式管理。特别要注意区分：哪些改革需要中央或最高人民法院出台具体意见，自上而下统一推动；哪些需要各地主动作为，积极探索，自主推进，切实防止“上面不推、下面不动、推一步动一步”。改革的精细施工，精准发力，关键在地方，核心在基层。

（二）工作重点从建章立制向落实落地转变

当前，改革已经从建章立制进入到全面落实落地阶段。今年，中共中央办公厅印发了《关于解决形式主义突出问题为基层减负的

---

① 习近平主持召开中央全面深化改革委员会第十次会议，载中国政府网，https：//www. gov. cn/xinwen/2019 －09/09/content_ 5428640. htm。

通知》，再次强调了抓工作落实、力戒形式主义的问题。目前，有的改革方案虽然已经制定了，文件也下发了，但落实落地还不到位。比如，基层法院内设机构改革，全国31个省（区、市）的改革方案都已经完成审批程序，但还有相当一部分地方法院还没有落实到位。下一步，各高级人民法院要切实承担起主体责任，加大督促落实力度，遇到困难和问题，可以共同研究解决，但不能停滞不前，更不能悬而未决。同时，各高级人民法院要着手研究中级以上法院内设机构改革，认真做好调研，摸清底数情况，研究工作方案。内设机构改革后，各地法院要相应调整完善相关配套工作机制，妥善处理好改革后带来的审判权运行、审判监督管理、审判团队组建，审判专业化建设等方面的新情况新变化，防止出现改革中不兼容、不协调的问题。抓好改革落实，要用好用足"督查"这一工作法宝。督查不仅是中央和最高人民法院的责任，也是各级法院的责任。各地法院要在辖区范围内主动开展改革督查，形成上下贯通、横向联动的常态化督查工作格局，真正发挥督查指挥棒作用。前不久，中央政法委开展一次司法责任制及综合配套改革督查，最高人民法院也派员参与此次督查，其中发现改革中不少困难和问题，也提出了进一步改进的意见建议。抓落地见效，要高度重视改革评估问效工作，积极利用外部智力资源，精准研判改革成效和问题，为改革决策和推进落实提供客观、科学的依据和支撑。

（三）推进方式从单兵突进向协同联动转变

前期改革中，人民法院开展自我革命的任务比重大，单兵突进的举措多，改革进入系统集成阶段，必须加强统筹协调、协同联动、形成合力。最高人民法院将充分履行主体责任，针对审级制度、省级统管、逐级遴选、待遇保障等涉及多部门联动的改革任务，推动中央建立统筹协调机制，打通改革难点堵点。各地法院也必须积极作为、勇于担当，该争取的争取、该协调的协调，该请示汇报就请示汇报，既敢动真碰硬，又讲方式方法，既要有韧劲，又要用巧力。

（四）发展方向从机制探索向制度定型转变

近年来，通过深入开展试点，加强基层探索，创造了一大批成功的改革经验，对推动改革深化起到了重要作用。但试点不是目的，探索不是归宿，改革目标是要将试点探索的经验系统化、规范化，在更大范围复制推广，形成成熟定型的制度体系，进一步提升改革的成色和质量。下一步，要注重做好试点探索和制度定型的有机结合。一方面，要充分保护和尊重基层首创精神，鼓励各地法院“动脑想，用心试，大胆闯”，因地制宜积极探索。同时，加强试点工作管理，处理好顶层设计和分层对接、政策统一性和差异性的关系，加强政策解读和指导把关，避免试点过于集中或过多过滥，防止“一试就灵，一推就乱”，确保试点工作在法律框架下运行。另一方面，要及时总结试点经验，提炼普遍性规则，实现制度机制层面的升华，积极推动通过立法形式巩固改革成果，真正形成制度优势，切实转化为治理效能。

牢牢抓住制度建设这条司法改革主线*

这次会议的主要任务是：认真学习贯彻习近平法治思想，全面贯彻落实党的十九届五中全会精神和中央全面依法治国工作会议精神，推动把习近平法治思想贯彻落实到人民法院司法体制改革工作各方面和全过程，进一步深化改革认识、总结改革方法、交流改革经验，推动司法体制综合配套改革系统集成、协同高效，加快推进审判体系和审判能力现代化。

这次会议既是改革推进会，也是经验交流会。各级人民法院要加强司法改革经验的总结提炼、学习借鉴，切实推进各项改革任务落地见效。各级人民法院要围绕推进司法改革系统集成、协同高效、纵深发展提出意见建议，认真学习借鉴、深入总结推广好经验好做法，不断探索发掘新思路、新举措，群策群力深入推进司法体制综合配套改革。

---

* 根据2020年12月3日在2020年全国法院司法体制综合配套改革推进会上的讲话稿改编。

一、系统总结深化司法体制改革的科学方法论，进一步坚定深化改革的信心和决心

按照党中央部署要求，最高人民法院对党的十八届三中全会以来的人民法院改革情况开展了实效评估。从改革成效来看，的确做成了想了很多年、讲了很多年但没有做成的改革。具体到改革方法上，就是坚持以习近平新时代中国特色社会主义思想为指导，边探索推进，边总结梳理，逐步形成一套行之有效的改革方法论体系。具体而言，主要包括以下几个方面：

（一）把党对法院工作的绝对领导与人民法院依法独立公正行使审判权统一起来，确保改革始终沿着正确政治方向前进

深化司法体制改革，必须坚持党的统一领导，切实发挥党总揽全局、协调各方的重要作用。宪法确定的人民法院依法独立行使审判权，强调的是对案件依法独立审判，与西方国家的“三权鼎立”“司法独立”有本质区别。这轮改革以来，我们紧紧围绕中央决策部署，始终坚持把党管政法、党管干部等重大原则贯穿于司法改革各环节、覆盖司法改革全过程全领域。各级人民法院党组严格按照《中国共产党政法工作条例》要求，不断健全党组在审判执行中发挥领导作用制度、党组成员依照工作程序参与重要业务和重要决策制度，确保党的路线方针政策和宪法法律正确统一实施。

（二）坚持问题导向，切实增强发现问题的敏锐性、正视问题的清醒性、解决问题的自觉性，确保改革实事求是、革故鼎新

改革是由问题倒逼产生，又在不断解决问题中深化的，决不能

遇到问题绕道走、撂下问题给后人。党的十八届三中全会以来，我们紧紧抓住影响司法公正、制约司法能力的重大问题和关键环节，不断增强改革的针对性和实效性。例如，随着司法责任制改革深入推进，我们加强对审判权力的制约监督，配套完善“四类案件”监督管理机制、法律统一适用机制和分歧解决机制；随着内设机构改革不断推进，我们注重统筹处理好内设机构和审判组织、审判团队的关系，防止出现新的叠床架屋或权责不清倾向；随着法官员额制、单独职务序列管理制度写入《法官法》，我们积极协调相关部门推进落实相关配套保障政策；随着法官助理成为重要审判辅助力量，我们不断优化各类人员职责定位，拓展职业发展空间。2015 年以来，围绕全面落实司法责任制改革，最高人民法院先后印发过 16 个指导意见，所有文件都是以问题为导向，根据推进实施中出现的新问题、新困难，不断优化调整之前的文件内容，确保改革更加契合发展所需、基层所盼、民心所向。

（三）坚持突出重点、统筹谋划、精准施策，打好战略战役性改革，确保改革相互促进、相得益彰

司法体制改革是内容复杂、层次繁多的系统工程，只有把握重点、抓住关键，才能以点带面实现整体突破。司法体制综合配套改革点多面广，《人民法院第四个五年改革纲要（2014—2018）》（以下简称“四五改革纲要”）和《人民法院第五个五年改革纲要（2019—2023）》（以下简称“五五改革纲要”）都规定了 65 项改革任务，不可能“眉毛胡子一把抓”，必须牢牢抓住关系全局的改革，以点带面，有序推进。这一轮改革以来，我们抓好司法责任制改革这个“牛鼻子”，作为构建中国特色社会主义审判权力运行制度体系的重要着力点，搭建起改革的“四梁八柱”；我们抓好以审判为中心

的刑事诉讼制度改革，作为提升司法人权保障水平的重要着力点，完善“三项规程”，切实推进庭审实质化，不断提升刑事审判整体水平；我们抓好法院组织体系和管辖机制改革，作为人民法院服务保障国家重大战略的重要着力点，完成巡回法庭整体布局，设立知识产权法院、金融法院、互联网法院等新型法院和专业法庭；我们抓好智慧法院建设，作为促进审判体系和审判能力现代化的重要着力点，互联网司法和在线诉讼赢得国际社会广泛好评，司法公开水平世界领先。

（四）坚持中央层面的顶层设计和政策指导，加强总体规划，加固“四梁八柱”，确保改革行稳致远

改革能不能做到协同推进，方案设计和统筹规划是前提。只有在中央统一领导下做好制度设计，一张蓝图绘到底，才能确保改革落实到位、不走样变形。本轮改革开始，党的十八届四中全会作出整体布局，党中央成立了中央全面深化改革领导小组，后来更名为中央全面深化改革委员会，在政法领域则由中央司法体制改革领导小组统筹协调。最高人民法院成立了以周强院长为组长的司法改革领导小组，每年召开三至四次会议，专门审议司法改革重要方案、报告和文件等。最高人民法院先后印发“四五改革纲要”“五五改革纲要”，在重点领域、关键环节接续发力。截至今年 11 月底，最高人民法院单独或会同有关部门发布的司法改革文件已经有 280 多件，其中设立最高人民法院巡回法庭、知识产权法庭、国际商事法庭，设立跨行政区划法院，设立知识产权法院、金融法院，设立和增设互联网法院，人民陪审员制度改革、司法责任制改革等方案都经中央深改组（中央深改委）审议通过。此外，随着《最高人民法院关于完善人民法院司法责任制的若干意见》《最高人民法院关于深

化司法责任制综合配套改革的实施意见》等基础性文件和涉及人员分类、员额配置、职务序列、履职保障、惩戒问责等配套文件接续出台，司法责任制领域的基本制度框架已经形成。

（五）坚持试点探索，加强效果评估，尊重基层实践，确保改革始终有源头活水、不竭动力

本轮改革的一个重要特点是所有重大改革都经过试点，注重发挥试点可衡量、可复制、可验证的科学价值，同时坚持处理好试点先行和于法有据的关系，在试点成熟后推动修改法律。2014 年，中央首先选择上海等 7 个省市先行试点，在取得成功经验后分批次逐步推开，对实践中各地意见反映集中的改革举措，及时作出修正调整，体现了原则性和灵活性的有机统一。从杭州探索设立电子商务法庭、宁波推广应用“移动微法院”，再到设立杭州、北京、广州互联网法院，乃至智慧法院和在线诉讼在新冠肺炎疫情防控期间“大显身手”；从探索建立“分调裁审”机制、推动“诉源治理”，到在 15 个省份 20 个城市的 305 家法院开展民事诉讼程序繁简分流改革试点，通过司法资源优化合理配置满足人民群众多元司法需求，为完善司法体制改革顶层设计提供了丰富鲜活的实践样本。今年 9 月，最高人民法院印发《关于加强和规范重大司法改革试点工作的意见》，进一步加强试点工作统筹，健全牵头指导和归口管理机制。此外，我们还打造了司法改革案例制度、司法改革学术征文机制、司法改革理论调研课题机制等亮点品牌，目的就是要充分尊重基层首创精神，发现创新典型，研究改革难题，挖掘基层小创造、微创新中蕴含的大价值，努力把一地做法变成各地共同财富，将局部性改革的“盆景”变成全覆盖的“风景”。

（六）高度重视运用法治思维和法治方式，在法治轨道上推进改革，在改革中完善法治，确保改革保障有力、行稳致远

本轮司法体制改革，我们高度重视改革合法性问题，坚持创新突破与依法推进相结合，实现改革与法治的良性互动。一是涉及突破法律规定的试点，依法取得全国人大常委会授权后再开展，如民事诉讼程序繁简分流改革试点、刑事速裁和认罪认罚从宽改革试点、人民陪审员制度改革试点等。并及时将改革进展情况向全国人大常委会报告，主动接受人大监督。二是涉及设立专门法院或专门诉讼机制的改革，由全国人大常委会作出决定后再开展。例如，设立知识产权法院、金融法院、完善专利等知识产权案件诉讼程序等。三是将行之有效的改革成果上升到法律制度层面。法院组织体系、司法责任制、法官员额制等改革成果已写入新修订的《人民法院组织法》《法官法》，人民陪审员制度改革成果写入新制定的《人民陪审员法》，认罪认罚从宽制度改革成果纳入《刑事诉讼法》。

（七）加强督察评估、政策解读、典型宣传，确保改革落到实处、见到实效

既当改革促进派，又当改革实干家，越是难度大、见效慢的越要高度关注、抓出成效。最高人民法院始终将司法改革作为人民法院工作重点，按照中央部署开展司法改革“回头看”，加强改革成效评估总结，督促各项举措落实到位。各高级人民法院发挥党组对推进司法改革领导作用，高度重视抓好落实，突出加强改革梳理总结、宣传引导、政策解读、督察指导等。我们注重改革推进，自 2014 年以来，每年举办一到两次人民法院司法改革推进会，交流先进经验，

通报具体问题，明确改革思路和举措。我们注重改革宣传，重大改革文件都以新闻发布会形式发布，向海内外公开发布中英文双语版的《中国法院的司法公开》《中国法院的司法改革》《中国法院的互联网司法》白皮书，定期修订发布，广泛凝聚改革共识。我们注重政策解读，确保重要改革政策解读到位，每年举办司法改革专题培训班，打造司法改革热点问答机制、繁简分流试点问答口径机制、编写重要改革文件读本，组织撰写司法改革系列解读文章，为广大法院干警答疑释惑。我们注重督察评估，除配合中央深改委、中央政法委开展督察评估外，每年围绕改革重点任务、重点地区、重要节点，分批次组织督察评估、反馈通报、整改落实。

二、牢牢抓住司法制度建设这条主线，推进司法体制综合配套改革系统集成、协同高效

从前一阶段对党的十八届三中全会以来人民法院改革情况的督察评估情况看，法院改革还存在一些差距和不足。对这些问题要高度重视、紧盯不放，想方设法通过深化改革切实加以解决。

（一）加快完善审判权力制约监督体系，深化司法责任制综合配套改革

今年上半年，中共中央办公厅印发了《关于深化司法责任制综合配套改革的意见》，最高人民法院也制定了实施意见，对深化司法责任制综合配套改革作出具体部署。在8月26日中央政法委召开的政法领域全面深化改革推进会上，郭声琨书记系统阐明加快推进执法司法制约监督体系建设的重大意义、总体思路和重点任务，对人民法院深化司法体制综合配套改革、加快完善审判权力制约监督体系具有重要指导意义。中央近期也将印发《关于加强政法领域执法

司法制约监督制度机制建设的意见》，各级人民法院要认真贯彻中央部署要求，以完善制度、改革体制、创新机制、狠抓落实为着力点，加快完善审判权力制约监督体系，在更高层次上实现审判权力与责任的平衡、放权与监督的结合、公正与效率的统一。

一是完善党对司法工作的领导监督机制，确保人民法院工作正确政治方向。加强审判权力制约监督，首要是加强党的领导监督。要牢牢坚持党对司法工作的绝对领导，坚定不移走中国特色社会主义法治道路，确保党中央决策部署和习近平总书记重要指示批示精神在人民法院不折不扣落地见效，把“两个维护”体现到司法为民、公正司法的实际行动上。要自觉接受党委全面领导监督，深入贯彻《中国共产党政法工作条例》，严格执行重大事项请示报告制度。要加强党组对法院工作的领导监督，履行好全面从严治党主体责任，深刻把握全面落实司法责任制和严格执行民主集中制的关系，健全党组成员参与法院重要业务、重要决策制度，增强政治领导和依法履职本领，确保把党组建成坚决贯彻党中央决策部署、团结带领广大干警砥砺奋进的领导集体。

二是健全落实审判监督管理机制，确保审判权依法公正行使。近年来，各地法院通过建立审判权责清单、加强案件评查、完善信息化监督手段、强化院庭长监审判督管理职责、抓好四类案件监管等方面不断探索创新，让法官在监督下依法行权，形成了一批好的经验，但也一定程度存在“依法独立公正行使审判权就是法官独立审判”等错误认识，部分法院存在依规监督和干预过问界线把握不清等问题。要完善审判权责清单制度，推动将各类人员岗位职责清单和履职指引嵌入办案平台，实现自动预警、实时提醒、风险阻断。要健全“四类案件”识别监管机制，按照事中监督、全程留痕、组织化行权原则，压实院庭长审判监督管理职责。要健全院庭长办理案件常态化机制，完善办案情况考核和通报制度。院庭长要通过办理案件，及时发现审判监督管理、软硬设施配套、廉政风险防控中的问题，及时纠正解决。要健全法官惩戒制度机制，坚持严肃追责与依法保护相统一，严格区分审判质量瑕疵责任与违法审判责任，理顺法官惩戒与纪检监察的关系，探索建立惩戒委员会专业审查前置机制。要加快形成“类案检索初步过滤、专业法官会议研究咨询、审判委员会讨论决定”的新型审判权力运行机制，有效解决审判组织内部、不同审判组织以及院庭长与审判组织之间的分歧，促进法律适用标准统一。

三是提升智能化监督管理水平，增强审判权力制约监督效能。要加强以司法大数据管理和服务平台为基础的智慧数据中台建设，强化数据资源集成应用，优化节点监控、风险提示、瑕疵预警等功能，形成审判监督管理闭环。要拓展人工智能、5G、区块链等科技应用形态，优化案件数据自动分析、深度学习、综合应用功能。要完善以办案节点为依托的自动化监管机制，加快审判辅助软件研发应用。

（二）不断推进诉讼制度改革，充分激发确保司法裁判公正高效权威的程序效能

一是深化以审判为中心的刑事诉讼制度改革。要以深入推进庭审实质化为重点，严格贯彻和完善“三项规程”，严格执行非法证据排除规则，促进规范取证行为。要严格落实侦查人员、证人、鉴定人等出庭保障制度，完善技术侦查证据的法庭调查和使用规则，提高证人出庭作证率，让法庭成为定罪量刑和解决纠纷的主要场所。要严格遵循罪刑法定、罪责刑相适应原则，坚持证据裁判、疑罪从无，确保定罪公正、量刑公正、程序公正，坚决守住防止冤错案件

的底线。要完善和落实认罪认罚从宽制度和刑事速裁程序，进一步健全中国特色多层次刑事诉讼制度体系。

二是深化民事诉讼程序繁简分流改革试点。最高人民法院要加强试点管理和指导，认真完成中期报告，积极推动《民事诉讼法》修改。各试点地区法院要继续加大改革探索力度，完善小额诉讼程序适用引导机制，健全与独任普通程序、二审独任审判等相配套的审判监督管理机制等，总结成效经验，为试点评估和法律修改提供实践经验和重要参考。非试点地区法院要参照改革要求，不违反法律规定，积极探索实践，为下一步相关诉讼制度调整做好准备工作。

三是推进互联网司法和在线诉讼制度建设。在线诉讼和互联网司法不仅是互联网法院的工作，各级人民法院也要积极推动大数据、人工智能、区块链等现代科技全面应用于诉讼服务、案件审理、司法管理和协同治理等各领域，更好地适应信息化发展要求。要积极借鉴和深化互联网法院和移动微法院的成功实践，以当前新冠肺炎疫情常态化防控为契机，全面探索在线诉讼模式，抓紧制定适应互联网时代需求的在线诉讼规则。要加强互联网司法建设，进一步完善互联网法院案件管辖制度，打造中国特色和世界领先的互联网审判新格局。

四是深化“一站式”多元解纷和诉讼服务体系建设。“一站式”多元解纷和诉讼服务体系对于缩短群众与人民法院“距离”发挥了重要作用，也获得了国际层面高度关注和肯定，成为中国特色社会主义司法制度的一张亮丽“名片”。要按照全国高级法院院长会议部署和要求，在确保立案登记制改革成效的同时，把非诉讼纠纷解决机制挺在前面，完善“分调裁审”机制，加强诉前矛盾化解质效监督管理，推动各地法院诉讼服务中心建设水平更加均衡，全面提升人民群众满意度。

（三）全面深化司法人事制度改革，努力建设过硬法院队伍

中国特色社会主义司法制度优势要更好转化为治理效能，关键在人。我们应当始终坚持全面从严治党、从严治院、从严管理，努力建设让党放心、让人民满意的过硬法院队伍。

一是强化法官队伍职业素养。各级人民法院要将职业道德建设作为职业素养培育的重要工作，进一步加强干警职业操守专门教育培训，培养一批忠于司法事业、始终把维护公平正义作为职业目标和使命担当的司法队伍。政法队伍教育整顿试点地区法院要按照中央政法委统一部署，抓好学习教育、查纠问题、整改总结，严肃整治顽瘴痼疾，推动教育整顿取得实效。非试点地区法院要对标“五个过硬”要求，强化政治机关意识，正风肃纪，为明年全国性铺开做好准备。

二是继续深化人员分类管理制度改革。要健全法官员额管理制度机制，落实法官员额动态调整和退出机制，落实法官常态化增补和跨地域遴选机制，实现人案匹配、有序流动。要健全审判辅助人员选任、培养、使用、监督机制，优化法官助理、书记员配备模式，探索打通各类人员职业上升通道，规范管理体制、岗位职责、人员招聘、管理监督、职业保障等问题。要完善法院内部各类人员、上下级法院、法院与其他单位之间的交流任职机制，构建科学合理的业绩考评机制，充分调动各类人员积极性。

三是健全落实法官职业保障制度。将健全职业保障制度作为深化司法责任制综合配套改革的重要抓手，完善法官单独职务序列管理规定，落实法官等级按期晋升、择优选升和特别选升制度机制。要加大沟通协调力度，推动落实住房、医疗、退休等配套待遇保障政策措施。要推动完善法院因公伤亡干警特殊补助政策，落实因公

牺牲法官、司法警察抚恤政策。要完善依法履职免责和容错纠错制度，健全受到侵害救济保障和不实举报澄清机制，坚决为依法履职、秉公司法的干警鼓劲撑腰，营造昂扬向上、干事创业的良好氛围。

三、加强组织领导，持续优化司法改革推进机制，实现各项改革整体推进、落地见效

党的十八大以来，司法体制改革从夯基垒台、立柱架梁，到全面推进、积厚成势，再到系统集成、协同高效，一路蹄疾步稳、勇毅笃行，在新起点上实现了新突破，现在的关键是要抓好各项改革的整体推进、落地见效。

（一）坚持分层分类推进基本思路

对于存在政策瓶颈和现实困难的改革任务，例如，完善审级制度、经费保障制度、逐级遴选制度、诉讼收费制度等，最高人民法院要推动建立统筹协调机制，会同中央有关职能部门加强调研评估，积极调整完善相关政策，填补制度短板。对于已取得初步成效的改革任务，各地要积极总结有益经验，结合本地实际，通过制定文件方式固定改革成果，形成常态化、长效性制度安排。对于需要进一步探索完善的改革举措，各地要深入实践，适时开展试点，为下一步全面推开或推动立法修改打下坚实基础。

（二）处理好关联性改革协同关系

牢固树立改革一盘棋思想，梳理各项改革之间的关联关系，抓住重点领域、关键环节，提纲挈领抓改革，全面深化、系统集成。要统筹好主体任务和配套举措，实现一体推进、相互衔接。例如，深化司法责任制综合配套改革，既要充分尊重独任法官、合议庭办

案主体地位，又要同步完善审判监督管理、统一法律适用、法官惩戒问责、依法履职保障等配套举措，注重与严格落实“三个规定”协调衔接。要统筹好前序改革和后序改革，实现目标统一、政策协调、效果集成。例如，推进民事诉讼程序繁简分流改革试点，要与“诉源治理”“分调裁审”机制改革、“一站式”多元解纷和诉讼服务体系建设等做好对接，更好实现繁简分流、轻重分离、快慢分道。

（三）强化各级法院的改革主体责任

最高人民法院要发挥政策指引作用，加强改革整体谋划，强化督察问效，及时通报问题，责令整改落实，提升督察实效。各高级人民法院要发挥改革引领示范作用，成为改革最坚定的先行者、示范者，该争取的争取、该协调的协调，该督察的督察，该请示汇报就请示汇报，既敢动真碰硬，又讲方式方法，既要有韧劲，又要用巧力，确保改革落地见效。对于司改职能部门的力量配备，只能加强，不能削弱。要注重激发基层的改革创新活力，支持开展差别化创新，只要是在法律框架和政策规定范围内的探索，都可以大胆尝试、敢于试错，不断激发基层的积极性和创造力。

新时代人民法院司法体制任务繁重、责任重大、使命光荣。让我们更加紧密地团结在以习近平同志为核心的党中央周围，坚持以习近平新时代中国特色社会主义思想为指导，不忘初心，攻坚克难，扎实推进司法体制综合配套改革，为如期全面建成小康社会、实现第一个百年奋斗目标，为开启全面建设社会主义现代化国家新征程、向第二个百年奋斗目标进军作出新的更大贡献。

二、全面准确落实司法责任制

司法体制改革事业机杼万端，首要的是抓住重点、把握关键。2015 年 3 月 24 日，习近平总书记在主持中共中央政治局第二十一次集体学习时强调："要紧紧牵住司法责任制这个牛鼻子"。[①] 深刻指明了司法责任制是这一轮司法体制改革的核心和关键。因为完善司法责任制，是建立权责统一、权责明晰、权力制约的司法权运行机制的关键，对于促进严格公正司法意义十分重大。

2016 年年底，我去看望一位老同事。他说："习近平总书记讲司法责任制改革是本轮司法体制改革的牛鼻子，这个判断是符合司法规律和中国实际的，我完全赞同。但是司法责任制如何定位、怎么改，一定要实事求是、准确把握，不能陷入'一放就乱、一管就死'的怪圈。"我听了以后，感触很深。人民法院司法改革能不能顺利推进，关键就看能否科学配置好审判权力，主要解决到底是法院负责还是法官负责的问题。我国理论界对此一直有争论，也是每一次司法改革需要面对的现实问题。

从改革过程和经验来看，中国司法改革既不能因循守旧，更不能简单照抄照搬西方的模式，在法院负责和法官负责这个问题上，我们必须尊重司法规律和司法实际，不能走极端、搞绝对化。

一方面，人民法院落实司法责任制，首要是法院责任。从

① 本书编委会编著：《坚定不移反对腐败的思想指南和行动纲领》，人民出版社 2018 年版，第 206 页。

政治上看，人民法院落实党中央重大决策部署，服务保障国家重大发展战略，需要加强党的政治领导、组织领导，院庭长加强审判监督管理，确保党中央决策部署和国家重大战略部署，通过个案裁判、类案处理落到实处。从法律上看，我国《宪法》《人民法院组织法》都明确规定，“人民法院依照法律规定独立行使审判权”，行使审判权的主体是法院，不是法官个人。代表人民法院行使审判权的法定审判组织，包括独任庭、合议庭、审判委员会，裁判最终也是以人民法院的名义作出的。从司法实践看，随着经济社会发展，特别是网络信息技术日新月异，新类型案件、重大复杂疑难案件层出不穷。为了确保这些案件的审判质量，院庭长在审判权运行过程中不能缺位，而应当以合理合法的方式为法官裁判提供知识和经验方面的指导与帮助，对审判权运行进行监督管理，确保国家法律的正确统一适用。因此，依法独立公正行使审判权绝不能理解为法官独立，应当是人民法院承担整体责任。

另一方面，人民法院落实司法责任制，还要落实法官责任。从审判权属性来看，它是一种判断权和裁决权，强调亲历性，注重对权力行使的独立性、中立性和程序性保障。这是因为司法要解决的诉讼纠纷，既有原告，也有被告，对于争议的问题，往往各执一词、各说各理。作为裁判者，只有审查了当事人双方提交的证据，听取了双方的辩论，全面了解了案情，才能就是非对错下结论。这就意味着：首先，要在审判工作中突出审判组织的主体地位，实现“让审理者裁判”；其次，按照权责相一致的原则，有权必有责，真正落实法官、合议庭办案责任制，实现“由裁判者负责”。从审判权对象来看，随着经济社会转型，社会矛盾增多，利益诉求多元，人民群众民主法治意识增强，越来越多的社会矛盾和问题以诉讼形式进入司法渠道，人民法院办案任务日益繁重艰巨，1978 年全国法院受理各类案件 61 万件，到目前收案上升到 3000 多万件。这些案件全部由院庭长审核把关实际上已难以做到，这就要求法院绝大多数案件的裁判都应由法官（合议庭或独任法官）发挥聪明才智，由他们决定，并签发法律文书。

因此，中国特色的司法责任制，是“法院负责”和“法官负责”的有机统一，一般情况下“法院负责”要通过“法官负责”来落实。从法院整体责任出发，理解“让审理者裁判，由裁判者负责”，这里的“责任”，既包括法官的个人责任，也包括合议庭、审判委员会的集体责任；既包括审判组织的裁判责任，也包括院长、庭长的审判监督管理责任。因此，审判权运行机制改革，既要还权于法官、合议庭，又要赋予院庭长审判监督管理权，对于“四类案件”，院庭长应当依法依规履行审判监督管理责任，妥善处理“放权”与“监督”问题，让审理者裁判，由裁判者负责，实现“放权不放任、有权必有责”。但是，院庭长不能直接以行政命令方式改变承办法官、合议庭的裁判结论。院庭长对于法官、合议庭承办的案件有不同意见的，可以提交专业法官会议讨论，为合议庭提供咨询意见，或者提交到审委会讨论，由审委会最终决定，并依法依规承担相应审判责任。这里，一方面体现了对疑难重大案件的集体智慧，另一方面也要求院庭长必须按照程序进行监督、全程留痕，这样就形成了法官办案和院庭长审判监督的双向制约，实现“法院负责”和“法官负责”的有机统一。

落实好司法责任制首先要准确理解好司法责任制*

最高人民法院最近印发了《关于完善人民法院司法责任制的若干意见》（以下简称《司法责任制意见》），根据本次培训班的要求，我就《司法责任制意见》的理解与适用，以及落实司法责任制需要重点注意和把握的问题作一报告。

一、《司法责任制意见》制定背景和过程

完善司法责任制，既是建立权责统一、权责明晰、权力制约的司法权运行机制的关键，也是深化司法体制改革的核心。完善司法责任制，在全面深化司法体制改革中具有基础性、全局性地位，对于促进严格公正司法具有重要意义。根据党的十八大、十八届三中、四中全会精神和中央司法体制改革总体部署，最高人民法院在总结评估 2013 年 10 月以来审判权运行机制改革试点经验的基础上，开始着手起草改革文件。先后召开六次调研座谈会、三次专家论证会，

* 根据 2015 年 9 月 22 日在司法责任制改革专题培训班上的辅导报告改编。

充分听取四级法院法官代表、法学专家、律师代表、人大代表、政协委员的意见建议，最高人民法院党组集中讨论了两次，书面征求了中央改革办、中央政法委、全国人大内司委、全国人大常委会法工委、最高人民检察院、司法部、中国法学会和各高级人民法院的意见，并经过中央政法委全体会议和全国司法体制改革试点工作推进会的审议讨论，完成《司法责任制意见》起草工作。2015 年 8 月 18 日，习近平总书记主持召开的中央全面深化改革领导小组第十五次会议，审议通过了《司法责任制意见》。根据中央深改组会议审议意见，作了个别修改，经报中央政法委审批，印发实施。

二、《司法责任制意见》主要内容

推进人民法院司法责任制改革，总的目标就是“让审理者裁判，由裁判者负责”，确保人民法院依法独立公正行使审判权。完善人民法院司法责任制，核心是建立严格的审判责任制。而严格的审判责任又必须以科学的审判权力运行机制为前提，以明晰的审判组织权限和审判人员职责为基础，以有效的审判管理和监督制度为保障。

按照上述基本思路，《司法责任制意见》共分六部分 48 条，除目标原则和附则外，其他四部分分别为改革审判权力运行机制、明确司法人员职责和权限、审判责任的认定和追究、加强法官的履职保障，较为完整地明确了审判责任的前提、基础、范围、规则、程序、保障等主要问题。

三、完善司法责任制需要重点处理好的关系

（一）正确处理审判权运行机制改革和完善司法责任制的关系

审判权运行机制改革和完善司法责任制原本是两项相对独立的

改革任务。在推进过程中，我们深感这两项改革密切相关、互为依托，应当合并推进。简单地说，审判权运行机制改革，主要解决“让审理者裁判”的问题；完善司法责任制，主要解决“由裁判者负责”的问题。

要实行独任法官、合议庭办案责任制，要在审判权力运行机制上保证独任法官、合议庭能够依法独立公正行权、履行职责。以往存在的案件层层审批、层层请示的做法，不符合裁判亲历性和审判独立性原则，权责不明、责任难定的问题比较突出。在案件审批制度下，裁判出现错误仅追究承办法官责任，也有失公允。因此，完善司法责任制，首先要解决审判权运行中的行政化问题，其次要解决“审者不判、判者不审、权责不明”等突出问题，让独任法官、合议庭真正成为审判权主体，使他们在法定职责和权限范围内切实对办案质量负起责任。

（二）正确处理司法责任制与加强依法履职保障的关系

完善司法责任制，既要建立健全司法问责机制，严格依法追究法官违法审判责任，又要切实保护法官依法行权、公正办案，决不能把司法责任制变成一把高悬在法官头顶上的“达摩克利斯之剑”。正如英国原民事上诉法院院长丹宁勋爵在《法律的正当程序》一书中指出：“当法官依法行事时，每位法官均应受到保护，以免承担损害赔偿之责任。”从理念上来说，要坚持司法职业豁免和法官依法履职免责的理念。

司法豁免是世界上大多数法治国家的一项原则，非因法定事由，非经法定程序，法官依法履职行为不受追究。如《德国法官法》规定：“法官只在不影响其独立性的范围内接受职务监督。”我国台湾地区也规定，法官司法职权范围内的司法行为不受追究，适用法律之见解，不得作为法官个案评鉴和惩戒的事由。因此，完善司法责任制，加强对法官责任追究不能以侵害审判独立为代价，否则审判责任制效果只会适得其反。

完善审判责任制，既要细化对追责事由的规定，又要明确依法不承担责任的情形。《司法责任制意见》主要列举了7类不能归责于法官的事由：（1）对法律、法规、规章、司法解释具体条文的理解和认识不一致，在专业认知范围内能够予以合理说明的；（2）对案件基本事实的判断存在争议或者疑问，根据证据规则能够予以合理说明的；（3）当事人放弃或者部分放弃权利主张的；（4）因当事人过错或者客观原因致使案件事实认定发生变化的；（5）因出现新证据而改变裁判的；（6）法律修订或者政策调整的；（7）裁判所依据的其他法律文书被撤销或者变更的。

除了明确豁免事由，《司法责任制意见》还提出建立防止领导干部插手干预案件机制、依法惩治藐视法庭行为、加强法官人身安全保护、提高法官经济待遇、增强法官职业尊荣感等举措，目的就是在严格司法责任制的同时，配套健全法官依法履职保护机制，真正实现权责利的统一。

（三）正确处理独任法官、合议庭办案责任制和院庭长审判管理监督的关系

处理好独任法官、合议庭办案责任制与院庭长审判管理监督的关系，既是完善司法责任制的一个关键问题，也是难点问题。有观点认为，改革审判权运行机制就是要“去行政化”，要彻底还权于独任法官和合议庭，院庭长最多进行司法人事和审判运行态势的宏观管理和监督。

我们认为，完善独任法官、合议庭办案责任制与院庭长的审判

管理监督并不矛盾。院庭长除履行审判职责外，还应当履行与其职务相适应的审判管理和审判监督职责。如果院庭长在发现案件出现问题苗头或存在错案隐患时，坐视不管、放任错误发生，既不现实，也是失职。院庭长发现案件质量问题，要以适当方式提醒注意，对属于程序性事项的，该“喊停”的及时“喊停”，该纠正的果断纠正；认为生效裁判确有错误的，院长可按法定程序提请审判委员会决定是否提起再审，坚决防止滥用司法权的情况发生。

此次改革，我们一方面强调要把院庭长作为优质审判人力资源，推行院庭长办案常态化，凡是入额的院庭长都应当在审判一线办案，并对院庭长办案数量作出原则规定；另一方面，要以审判权为核心，发挥审判监督权和审判管理权的保障作用，发挥院庭长职能作用，做到放权不放任，促进审判组织自我管理、自我监督、自我约束。

改革的关键，在于防止院庭长以行政化的方式对独任法官、合议庭独立办案进行干预，要通过权力明晰化、组织化、公开化的方式规范其审判管理和监督权。除了对审判资源配置、审判运行态势、整体审判质效等进行宏观把控指导外，根据《司法责任制意见》规定对一些疑难复杂且在社会上有重大影响的案件等进行事中监督，保持对个别性司法行为矫正的能力，促进法律适用统一，保障司法公正，不能把“去行政化”等同于“去管理”，把“审判权独立行使”片面化为“孤立”行使。

（四）正确处理错案责任与违法审判责任的关系

关于错案、错案责任与违法审判责任，一直存在较大争议。党的十八届四中全会《中共中央关于全面推进依法治国若干重大问题的决定》提出，实行办案质量终身负责制和错案责任倒查问责制。在《司法责任制意见》起草过程中，专家学者、法官代表都对错案责任提出很多质疑。反对的观点认为：错案本身不是严格的法律概念，错案概念模糊不清，认定错案标准和范围难以确定；错案责任追究不当，会使法官时常处于被追责风险之中，有形无形会影响审判行为的独立性；法官害怕发生错案，会想方设法将案件决定权转交院庭长、审判委员会和上级法院，实现责任转移，违背“让审理者裁判，由裁判者负责”的基本原则；同时追责不当也会影响法官独立品格的塑造；等等。应当说，这些反对的意见都有一定道理。《司法责任制意见》综合考虑各方观点，最后删去了对错案和错案责任定义的条款。

但是我们也应当看到，当前错案责任追究制度有其存在的现实土壤和价值追求。“呼格案”等错案的发生，更使错案责任追究制度被迅速推入公众视野。错案是客观存在的，法官要对自己的审判行为和案件质量负责，裁判出现错误倒查法官是否有责任也无可厚非。关键是要对错案责任追究进行科学的把握，明确错案中对法官进行责任评价的基础是客观行为和主观过错，是否存在违法审判行为，是否存在故意或者重大过失，必须明确并不是所有的错案都需要或者应当追究法官审判责任。发生错案，但法官没有违法审判行为，也不存在故意或者重大过失，就不应被追究责任。相反，只要法官具备违法审判行为追责事由，即使裁判结果正确，也要追究法官违法审判责任。

四、完善司法责任制若干问题的理解适用

（一）关于探索新型审判组织模式

落实司法责任制，前提是让法定审判组织切实履行主体责任、发挥职能作用。此前，上海市第二中级人民法院、四川省成都市中

级人民法院、广东省佛山市中级人民法院、广东省深圳市中级人民法院、辽宁省葫芦岛市中级人民法院、江苏省江阴市人民法院等12个最高人民法院确定的审判权运行机制改革单项试点法院以及中央司法体制改革四项试点地区的法院、新设立的知识产权法院、跨行政区划法院等纷纷开展审判权力运行机制改革，取得了一定的成效。贵州四个基层试点法院取消庭室架构实行扁平化管理，通过法官员额制改革组建以法官为核心、各类人员分工协作、紧密配合、相对固定的新型审判团队，法官人均结案数较大幅度提升，案件审理周期缩短，审判质效稳步提高。广东省深圳市中级人民法院、广东省佛山市中级人民法院、辽宁省葫芦岛市中级人民法院、江苏省江阴市人民法院等都根据案件类别和数量设置多个审判团队，独任制审理按照"1+1+1"模式（1名法官、1名法官助理、1名书记员）配备；合议庭按照"1+2+N"（1名审判长、2名普通法官和1名以上法官助理）模式配备。最高人民法院第一、第二巡回法庭，不设固定审判庭或者固定合议庭，每名独任法官配备相对固定的法官助理和书记员，合议庭组成人员因案而设、随机组成。

《司法责任制意见》在总结吸收前期审判权力运行机制改革试点的成功经验的基础上，以构建新型审判组织模式为切入口，减少审判权运行中层级过多的弊端，提出探索审判组织扁平化管理，减少审判权运行行政化色彩。改革要求基层、中级人民法院可以组建由一名法官与法官助理、书记员以及其他必要的辅助人员组成的审判团队，依法独任审理适用简易程序的案件和法律规定的其他案件。就合议制而言，改革审判庭下设固定合议庭和固定审判长的做法，基层和中级人民法院可以通过随机产生的方式，建立由法官、人民陪审员组成的合议庭，依法审理适用普通程序的案件和依法由合议庭审理的简易程序的案件。考虑到目前法院管理体制下对于案件数量较多的基层人民法院，完全实行临时意义上的合议庭制度存在一定困难，也可能过度增加院庭长负担，因此，案件数量较多的基层人民法院，可以组建相对固定的审判团队，实行扁平化的管理模式。这里的审判团队是以独任法官为核心，加上审判辅助人员，互相配合、紧密协作的办案单元、管理单元、责任单元。通过这种人力资源和结构调整，进一步实现扁平化管理，提高办案质量和效率。

在整个审判权力运行机制改革方案中，如何实现审判资源的优化组合，充分发挥审判功能，推进法院人员分类管理和综合保障机制是至关重要的。《司法责任制意见》明确规定，人民法院应当结合职能定位和审级情况，为法官合理配置一定数量的法官助理、书记员和其他审判辅助人员，为办案责任制提供前提条件。至于审判团队中，法官、法官助理、书记员的人员配置，既可以采取1∶1∶1，也可以采取1∶2∶1；既可以多配法官助理，也可以多配书记员，具体配置模式和比例可以考虑地域和审级的差异性，《司法责任制意见》只是明确一定数量，不作统一要求。

（二）关于改革裁判文书签署机制

裁判文书的形成与发布是一个重要的诉讼环节。这表面上是一个形式或技术性问题，实际上却关系到合议庭的审判主体属性能否得到完整体现。我国三大诉讼法中未曾出现过裁判文书的“签发”一词，只有合议庭成员“签名”之说。但在司法实践中，却衍生出行政性的“文书签发”做法。当前，许多法院仍由院庭长审核签发裁判文书。院庭长审批的案件经过多人讨论、层层签批，看似人人有责，实际上人人无责，法官因责任不明而导致自我约束不足、责任感不强、能动性不高等问题，最终影响到案件质量。

《司法责任制意见》明确将裁判文书“审签制”改为“签署

制”，作为改革合议庭行政化问题的技术突破口。改革裁判文书签署机制，就是要遵循司法规律，体现法官审理案件的亲历性和在裁判中的主体地位，革除案件层层审批制的弊端，真正还权于合议庭。这对于审判权运行“去行政化”将起到“四两拨千斤”的作用。改革的具体做法：一是规定独任法官审理案件形成的裁判文书，由独任法官直接签署。二是合议庭审理案件形成的裁判文书，由承办法官、合议庭其他成员、审判长依次签署；审判长作为承办法官的，由审判长最后签署。审判组织的法官依次签署完毕后，裁判文书即可印发。三是明确院长、副院长、庭长对其未直接参加审理案件的裁判文书不再进行审核签发。四是审判委员会讨论决定的案件，裁判文书仍然由院长或者分管副院长审核签发。

改革裁判文书签署机制后，院庭长不再对自己未参加审理的案件裁判文书进行审核签发，也有不少同志担心院庭长如何发挥监督作用？如何把关案件质量？我们认为，院庭长的审判管理权应当体现在对重大、疑难和新类型案件的指导监督上，程序事务的审查批准；审判经验的总结与裁判尺度的统一等方面。涉及案件的管理，应当以无碍审判权行使的方式进行，以免管理职能侵蚀审判职能，案件审判活动背离司法规律。因此，本次改革着力去除院庭长不符合司法规律、有碍程序公正的行权方式，不再以行政色彩较强的“签发”方式管理案件，而主要是以参加专业法官会议、审判委员会会议的形式进行指导。

（三）关于专业法官会议

关于是否有必要建立专业法官会议，在《司法责任制意见》起草过程中也存在很大争议。有的专家学者认为专业法官会议在法律上没有明确规定，当前要强调法官、合议庭更加独立负责，从长远发展趋势来看应当取消，建议不作规定。也有一部分同志认为，专业法官会议作为咨询机制是可以保留的，有利于在法官职业化程度不高时促进裁判标准相对统一。

我们认为，专业法官会议是人民法院总结审判权运行机制改革试点成功经验形成的一种统一法律适用机制，具有现实合理性和必要性。首先，在取消院庭长审批案件制度后，建立一种为法官们提供专业咨询服务的机制，有利于弥补现阶段法官整体职业化水平不足的缺陷。尤其是目前在大多数法院，大量办案任务由年轻法官完成，其职业经验和社会阅历尚有不足，对法律精神的把握可能也存在理解和认识上的偏差，因此设立一种法律咨询机制是必要的。其次，专业法官会议有利于确保统一法律适用，保障裁判标准统一。从试点情况来看，有的试点法院二审改判率较改革前明显增加，主要原因就是各独任法官、合议庭裁判标准不统一，原有统一裁判尺度的工作机制难以发挥作用，新的工作机制尚未形成，“类案不同判”现象有所加重。专业法官会议有利于法官把握类案裁判尺度。最后，专业法官会议可以有效与审判委员会制度改革相衔接。下一步，审判委员会要限缩个案讨论数量，因此，专业法官会议可以作为一种前置性的过滤机制，使很多问题在专业法官会议环节就得到解决，减少案件提交审判委员会讨论概率，专业法官会议意见也可以为审判委员会决策提供参考。在保障法官审判独立性的前提下，专业法官会议也有利于促进法官工作信息交流，提升法官司法能力。

根据《司法责任制意见》规定，专业法官会议机制有以下几个特点：

1. 组成人员专业性。人民法院可以分别建立民事专业法官会议、刑事专业法官会议、行政审判专业法官会议等，各个专业法官会议的组成人员主要是该专门审判领域的资深法官，专业法官会议组成人员地位完全平等。

2. 讨论范围限定性。专业法官会议讨论的范围限于合议庭认为因重大、疑难、复杂而存在法律适用标准不统一的案件，并且主要为法律适用问题。

3. 提请主体特定性。《司法责任制意见》规定专业法官会议为合议庭正确理解和适用法律提供咨询意见。根据《司法责任制意见》第 18 条第 1 款第 4 项的审判长职责，审判长依照有关规定和程序将合议庭处理意见分歧较大的案件提交专业法官会议讨论。

4. 讨论结论参考性。专业法官会议的讨论意见供合议庭复议时参考，采纳与否完全由合议庭决定，讨论记录应当入卷备查。这是专业法官会议与审判委员会的最大区别。专业法官会议讨论后，合议庭应组织复议，决定是否采纳专业法官会议意见并作出裁判，可以采纳专业法官会议多数意见或者少数意见，或者不采纳专业法官会议意见。

除了专业法官会议外，为了有效避免取消院庭长案件审批制度后类案裁判标准不统一的问题，改革要求试点法院建立审判业务法律研讨机制，通过类案参考、案例评析等方式统一裁判尺度，加强类案裁判标准统一，提高适用法律和裁判水平。比如，最高人民法院巡回法庭就建立了类案检索机制，独任法官每案必做类案检索工作，检索最高人民法院本部近三年来类案裁判结果，裁判结果尽量与本部已决案件尺度大致一致，如果不一致要说明理由。

（四）关于改革审判委员会制度

审判委员会作为人民法院的最高审判组织，主要任务是总结审判经验，审理重大、复杂、疑难案件，讨论其他有关审判工作的重大问题，监督管理指导审判工作。这是《人民法院组织法》确定的制度架构和职能定位。审判委员会制度自建立以来，在诸多方面发挥了重要作用。但从全国范围看，各级人民法院对于审判委员会制度改革的思想认识还不到位，目标方向不够明确，配套保障还不健全，离人民群众不断增长变化的司法需求尚存较大差距，审判委员会制度在不断发展中还存在一些问题，如审理案件的“亲历性”不够，大部分精力放在集中讨论案件，讨论案件范围呈现扩大化趋势，而总结审判经验、发挥监督指导功能作用不到位，议事的质量和效率不高，表决程序随意化，缺乏审委会委员履职的监督和保障机制；等等。

这次又专门就改革审判委员会制度提出明确要求。主要内容有：

1. 合理定位审判委员会的职能。今后，人民法院审判委员会的职能重心应该从审理讨论个案转变到从宏观上总结审判经验，研究审判工作中的重大问题，切实发挥审判决策、审判指导、审判管理、审判监督的功能作用。

2. 依法合理确定审判委员会讨论案件的范围。很多地方法院反映审委会讨论的案件太多，工作负荷过大。从严格意义上来说，由于审判委员会委员不参加庭审，审理案件“亲历性”是不够的，因此对案件事实和证据问题的把握并不见得比合议庭高明，但是审判委员会委员一般审判经验丰富、对法律适用和裁判尺度把握的能力较强，因此改革要求审判委员会主要讨论重大、疑难、复杂案件的法律适用问题。考虑到目前法院工作实际，涉及国家外交、安全和社会稳定的重大复杂案件，也应当提交审判委员会讨论决定。

3. 完善审判委员会会议准备工作。影响审判委员会讨论案件质量效率的一个重要原因是，合议庭对汇报准备不充分，审判委员会委员提前“不做功课”，特别是不分管该案件业务条线的审判委员会委员由于不熟悉案情、不提前了解相关法律规定，发表意见时人云亦云。针对此问题，《司法责任制意见》规定合议庭认为案件需要提交审判委员会讨论决定的，应当提出并列明需要审判委员会讨论决定的法律适用问题，并归纳不同的意见和理由。案件需要提交审判委员会讨论决定的，审判委员会委员应当事先审阅合议庭提请讨论的材料，了解合议庭对法律适用问题的不同意见和理由，根据需要调阅庭审音频视频或者查阅案卷。

4. 完善审判委员会表决程序。表决程序是否合理会影响案件处理结果。审判委员会既然是审判组织，就应当按照少数服从多数原则，保证委员自由表达意志和观点，充分发挥司法民主决策作用。《司法责任制意见》规定，审判委员会委员讨论案件时应当充分发表意见，按照法官等级由低到高确定表决顺序，主持人最后表决。所有参加讨论和表决的委员应当在审判委员会会议记录上签名。

（五）关于司法人员职责

明确司法人员职责和权限是对其进行追责的必要条件。这轮司法改革一些试点法院建立了司法人员权力清单制度，规定了各类人员应当履行的审判职责和权限，坚持法定职责必须为、法无授权不可为，有利于明晰责任承担。《司法责任制意见》就独任法官、合议庭成员、法官助理、书记员、院庭长应当履行的职责作出规定。这里着重说明几个问题：

1. 合议庭成员审判职责。合议庭成员中有承办法官、合议庭其他成员（法官或人民陪审员）。按照诉讼法上分类有审判长和审判员。不少地方合议案件以承办法官唱“独角戏”为主，合议庭其他成员没有充分参与审判，造成合议庭“合而不议”“形合实独”等现象；不少地方把审判长当成一种政治待遇和隐性职务，变相成为副庭长之下的一个职级，审判长的角色得到了不当强化。此次改革除了规范合议庭承办法官职责外，重点作了如下安排：一是强化了合议庭其他成员职责，必须共同阅卷、庭审，独立发表意见，复核裁判文书后署名，共同对裁判文书质量负责；二是使审判长职责回归到诉讼法的本来意义，审判长的职责定位应当是实体性事项的参与者和程序性事项的主持者。一方面，作为实体性事项的参与者，在对案件的实体审理、评议和裁判上，审判长与其他成员享有平等的参与权和决策权。另一方面，作为程序性事项的主持者，审判长在合议庭中对案件的诉讼进程、审理活动和评议活动等享有指挥和协调的权力；在合议庭对案件进行实体审理和进行评议时，享有亲自掌握审理、评议进程，以及对有关活动进行协调的权力。需要注意的是，根据改革精神，除了院庭长参加合议庭时，法律明确规定自己担任审判长的情况外，案件的承办法官也可以担任审判长，承办法官和审判长此时是同一的，审判长就是一个诉讼法意义上的概念。承办法官除了履行作为承办法官的审判职责外，还应当履行作为审判长的岗位职责。

2. 院庭长的审判管理和监督职责。除了院长具有法律规定的个案审判监督权以外，院庭长作为法院的组织管理者，也应当确保法院的中心工作即审判工作的正常开展，承担与其职务相适应的审判管理和审判监督职责。特别是在改革初期，法官职业化素质还不尽如人意，东部、中部、西部发展极不平衡，院庭长的审判管理和监督权还是必要的，有利于保障裁判质量和司法公正。院庭长的审判职责和权限主要有：

（1）根据诉讼法和相关法律规定行使审判权力。例如，决定审判人员是否回避；批准拘传、罚款、拘留；批准延长审限或审查期限；发现生效判决、裁定、调解书确有错误的，提交审判委员会；签发搜查令；提请人大任命副院长、审判委员会委员、庭长、副庭长、审判员等。考虑到这些职责法律已有明确规定，因此《司法责任制意见》没有专门列举。

（2）宏观的审判管理和监督职责。院长应当从宏观上指导法院各项审判工作，组织研究相关重大问题和制定相关管理制度，综合负责审判管理工作，主持审判委员会讨论审判工作中的重大事项，依法主持法官考评委员会对法官进行评鉴等。庭长应当从宏观上指导本庭审判工作，研究制定各合议庭和审判团队之间、内部成员之间的职责分工，负责随机分案后因特殊情况需要调整分案的事宜，定期对本庭审判质量情况进行监督等。

（3）特定个案的事中监督。根据审判实践和试点经验，对于一些敏感重大、矛盾容易激化、在社会上有重大影响的案件，完全依靠院庭长事后的审判监督是不够的。因此，有必要对一些特定案件进行事中监督，这样有利于把握审判节奏、及时纠正错误，促进法律统一适用和司法公正。《司法责任制意见》规定，对于可能影响社会稳定的群体性纠纷，疑难、复杂且在社会上有重大影响的，与本院或者上级法院的类案判决可能发生冲突的，有关单位或者个人反映法官有违法审判行为的四类案件，院庭长有权要求独任法官或者合议庭报告案件进展和评议结果，对案件审理过程或者评议结果有异议的，不得直接改变合议庭的意见，但可以决定将案件提交专业法官会议、审判委员会进行讨论。

为加强对院庭长行使职权的监督，《司法责任制意见》强调，院庭长的审判管理和监督活动必须严格控制在职责和权限范围内，在工作平台上公开进行，全程留痕；院庭长除参加审判委员会、专业法官会议外不得对其没有参加审理的案件发表涉及案件实体处理问题的倾向性意见。院庭长等因故意或者重大过失，怠于行使或者不当行使审判监督权和审判管理权导致裁判错误的，依照有关规定应当承担监督管理责任。

3. 法官助理工作职责。法官助理并非法院人员分类管理改革中的新生类别。2004 年，最高人民法院曾在部分地方人民法院部署开展法官助理试点工作。2007 年，最高人民法院还在西部地区部分基层人民法院开展法官助理制度试点、缓解法官短缺问题，发布过专门意见。上述改革试点的目的，在于探索实行新的审判人员组合模式，发挥法官助理的助手功能，帮助法官分担部分审判辅助事务，将法官从烦琐的程序性、事务性工作中解脱出来，集中精力和时间专心做好案件审理和裁判。但从试点情况来看，各地效果不一，法官助理的配置模式、员额比例、管理办法、具体职责、主要来源、职业去向和保障方式并不统一。

新一轮司法体制改革启动后，推动建立分类科学、分工明确、结构合理和符合司法职业特点的法院人员分类管理制度，成为司法人事制度改革的重要内容。按照中央确定的法院人员分类管理试点方案，法院人员将分为法官、审判辅助人员和司法行政人员三类，在中央政法专项编制中所占比例分别约为 39%、46%、15%。审判辅助人员包括法官助理、书记员、执行员、司法警察和技术调查官等。其中，法官助理的配置模式和职能定位最为重要，在法官员额制改革和审判权力运行机制改革中起着承上启下的关键作用。从目前来看，一些地方反映法官助理的配置和定位存在一些突出问题亟待解决，比如，法官助理与法官职责如何区分，法官承担的事务哪些可以交给法官助理完成不明确，法官与助理之间存在授权不清、工作推诿情况；法官助理与书记员职责混同，工作上互相推诿、协作上效率不高的现象比较突出；等等。

按照中央关于法院人员分类管理改革的精神，法官是依法行使国家审判权的审判人员。法官助理是协助法官从事审判业务的辅助人员。书记员是审判工作的事务性辅助人员。法官助理、书记员在法官指导下工作。虽然法官助理与书记员都属于审判辅助人员，但法官助理的工作更侧重“业务性”，会介入对案件实质性内容的处理，在诉讼流程中承担部分组织、主持、引导、调研、调查等职能，包括：（1）审查诉讼材料，协助法官组织庭前证据交换；（2）协助法官组织庭前调解，草拟调解文书；（3）受法官委托或者协助法官依法办理财产保全和证据保全措施等；（4）受法官指派，办理委托鉴定、评估等工作；（5）根据法官的要求，准备与案件审理相关的参考资料，研究案件涉及的相关法律问题；（6）在法官的指导下草拟裁判文书；（7）完成法官交办的其他审判辅助性工作。书记员的工作更侧重“事务性”，主要在程序性事务中承担记录、整理、装订、归档、校对等职能。

（六）关于违法审判责任的认定和承担

审判责任的认定和追究是《司法责任制意见》的核心内容。划定一个科学合理的审判责任范围，是完善司法责任制的关键。从我国对法官责任的既有规定来看：一类是与法官审判活动密切相关的，因法官行使审判权才可能产生，也被称为办案责任。另一类是法官因违反职业伦理和道德规范所产生的责任，既可以发生在法官办案过程中，也可以发生在办案过程之外，但与办案本身的结果和过程没有直接关系，有学者称为职业伦理责任。《司法责任制意见》主要规定的是第一种与审判权行使密切相关、因履行审判职责而产生的责任。

对于审判责任模式，法学界主要存在结果责任模式和行为责任模式的争议。结果责任模式主要指因裁判结果错误而追究法官责任。行为责任模式，则主要是法官因故意实施违法审判行为或者因重大过失实施了违法审判行为导致严重后果时而被追究责任，通常也被称为“违法审判责任”。文件起草过程中，“结果责任模式”受到了较多批评，大多数意见认为：结果责任模式存在根本的认识论误区，法官依据证据、法庭审理来认定案件事实，不能断言法官就能发现案件事实真相作出唯一正确的判决；结果责任模式下法官被迫与案件裁判结果发生直接利益牵连，法官因为存在错案结果风险，往往容易导致内部人人自危、转移办案责任风险，与各项去行政化改革措施发生矛盾；等等。

经过反复论证和征求意见，达成了审判责任模式顶层设计的共识：坚持行为模式导向，坚持主观过错和客观行为相结合，不能仅以裁判结果错误启动对法官办案责任的追究。法官在审判工作中，故意违反法律法规的，或者因重大过失导致裁判错误并造成严重后果的，依法应当承担违法审判责任。比如，审理案件时有贪污受贿、徇私舞弊、枉法裁判行为的；违反规定私自办案或者制造虚假案件的；涂改、隐匿、伪造、偷换和故意损毁证据材料的；制作诉讼文书时，故意违背合议庭评议结果、审判委员会决定的；等等。需要注意的是：法官故意实施违法审判行为的，不一定要求造成裁判错误或者其他严重后果，即可追责；法官重大过失实施了违法审判行为，或者玩忽职守严重不负责任的，必须要求导致裁判错误并造成严重后果，才能追责。

（七）关于审判责任承担

审判责任的承担，即审判责任在责任主体之间的分配问题。根据审判权运行机制的不同，按照“谁审理，谁裁判，谁负责”的思路，《司法责任制意见》对独任制、合议制以及经过审判委员会讨论决定的案件责任承担作出了规定。

1. 独任制。对于独任制审理的案件，由独任法官对案件的事实认定和法律适用承担全部责任。在独任制审判中，行使裁判权的主体就是独任法官，院庭长不再审批个案，按照“谁办案，谁负责”的精神，自然应当对案件事实认定和法律适用承担全部责任。

2. 合议制。一些试点地区对合议庭审判责任的承担作出了探索性的规定，但是比较混乱。有的地方规定审判长承担30%的责任，承办法官承担50%的责任，其他合议庭成员承担20%的责任；有的地方规定独任法官承担60%的办案责任，其他法官或人民陪审员共担40%的办案责任。也有的地方规定合议庭意见一致决定的案件，由合议庭成员共同承担责任。合议庭意见不一致，按照少数服从多数原则决定的案件，持少数意见的不承担责任。有的地方规定，持错误意见的成员独自担责。

我们认为，合议制的核心是平权原则，合议庭成员权利平等，共同审理案件，应当共同对案件的事实认定和法律适用承担责任。实践中，不宜对合议庭成员审判责任预先机械设定比例，或者以少数意见和多数意见作为责任承担的依据，因为这么做有悖于合议制平权原则，从事实上架空合议庭“平等决议、共同负责”的基本精神。合议庭审理案件的责任承担，既要避免不当的“个体责任”取代“共同责任”，又要防止“集体负责等于无人负责”的奇怪现象。

合议庭审理的案件，合议庭成员对案件的事实认定和法律适用共同承担责任。进行违法审判责任追究时，根据合议庭成员是否存在违法审判行为、情节、合议庭成员发表意见的情况和过错程度合理确定各自责任。

3. 提交审判委员会讨论决定的案件。这涉及审判委员会委员和合议庭成员之间责任分配的问题。结合审判委员会制度改革，原则上合议庭应当对其汇报的事实负责，审判委员会委员对其本人发表的意见及最终表决负责。案件经审判委员会讨论的，进行违法审判责任追究时，根据审判委员会委员是否故意曲解法律发表意见的情况，合理确定委员责任。审判委员会改变合议庭意见导致裁判错误的，由持多数意见的委员共同承担责任，合议庭不承担责任。审判委员会维持合议庭意见导致裁判错误的，由合议庭和持多数意见的委员共同承担责任。审判委员会讨论案件违反民主集中制，导致审判委员会决定错误的，主持人应当承担主要责任。

（八）关于违法审判责任追究程序

违法审判责任追究从启动到调查、处理、决定必须建立一套严格的符合司法规律和法官职业特点的法官惩戒程序。从现行法律和制度规范来看，我国《宪法》《人民法院组织法》《法官法》《人民法院监察工作条例》《人民法院审判人员违法审判责任追究办法（试行）》都有关于法官追责的规定，但比较分散。人民法院对法官的惩戒权主要由院长、院长办公会议和监察部门等主体共同行使，法院院长有权免去本院助理审判员的法官职务；监察部门作为人民法院行使监察职能的内设机构，有权对违纪违法法官进行调查并提出处分意见，报本院院长或者本院院长办公会议批准后以人民法院名义下达纪律处分决定。实践中，对我国法官违纪违法行为的追责程序一般由纪检监察部门初审，报院党组会决定，然后由纪检监察或者组织人事部门具体实施处理。

我国并未设立专门的、独立的法官惩戒机构，追责程序呈现简单的流程化处置特点，从程序到处分措施与行政机关对普通公务员的行政处分基本没有区别，行政化色彩浓厚，实际运行效果也不理想。而且对目前的追责程序，学界和社会诟病也较多：一是司法机关自身调查、内部处理的规则既不公开也欠公允，惩戒过程和结果都不透明，惩戒制度公信力不高；二是法官在整个追责程序中权益保障不足，没有体现对法官依法履职的保护；三是责任评定部门和人员多为非专业人员，对错案责任或者违法审判责任的认定存在难以胜任或者不够专业的问题。这一轮改革提出在省一级设立法官惩戒委员会，完善法官惩戒程序。完善司法责任制改革，必须与法官惩戒制度改革统筹协调、有机衔接。在违法审判责任追究程序上，发挥法官惩戒委员会的作用，既有利于提高责任追究的公信力，也有利于保障涉事法官的合法权益。

1. 追责程序的启动。是否需要追究法官违法审判责任，除了纪检监察部门受理举报、投诉，核查违纪违法线索以外，《司法责任制意见》还规定，院长、审判管理部门和审判监督部门的内部监督，建立对违法审判责任的发现和启动机制。院长从宏观上指导法院各项审判工作，综合负责审判管理工作，根据诉讼法规定履行必要的审判监督职责；审判管理和审判监督部门通过常规抽查、重点评查、专项评查等方式，对案件质量进行专业评价，发现案件是否存在质量问题和法官是否存在违法审判行为。需要追究违法审判责任的，一般由院长、审判监督部门或者审判管理部门提出初步意见，由院长委托审判监督部门审查或者提请审判委员会进行讨论。经审查初步认定有关人员具有违法审判责任追究情形的，人民法院监察部门应当启动违法审判责任追究程序。

2. 司法责任的调查。有一种意见认为，对违法审判行为的调查认定都应当交给法官惩戒委员会，以保持评判的中立性。但是，如果削弱既有纪检监察部门权力，创设一个新的管理系统，目前难度较大。而且对全省范围内法官追责都要由省一级法官惩戒委员会来组织调查，恐怕操作上不太现实。因此，《司法责任制意见》仍然采取人民法院监察部门进行责任调查、法官惩戒委员会审议的模式。

在调查过程中，应当保障当事法官权利，包括知情权、辩解权、举证权，监察部门应当对当事法官的意见、辩解和举证如实记录，并在调查报告中对是否采纳作出说明。

3. 司法责任的审议。责任的审议与以往不同，引入了法官惩戒委员会制度设计。《司法责任制意见》要求，人民法院监察部门经调查后，认为应当追究法官违法审判责任的，应当报请院长决定，并报送省（区、市）法官惩戒委员会审议。高级人民法院监察部门应当派员向法官惩戒委员会通报当事法官的违法审判事实及拟处理建议、依据，并就其违法审判行为和主观过错进行举证。当事法官有权进行陈述、举证、辩解、申请复议和申诉。法官惩戒委员会根据查明的事实和法律规定作出无责、免责或者给予惩戒处分的建议。这里要强调的是，惩戒委员会作出的是惩戒建议，而不是最终的处分决定。

4. 司法责任的处理。根据惩戒建议，最终由法院党组批准对涉事法官的处分决定，应当给予停职、延期晋升、退出法官员额或者免职、责令辞职、辞退等处理的，由组织人事部门按照干部管理权限和程序依法办理；应当给予纪律处分的，由纪检监察部门依照有关规定和程序依法办理；涉嫌犯罪的，由纪检监察部门将违法线索移送有关司法机关依法处理。免除法官职务，必须按法定程序由人民代表大会罢免或者提请人大常委会作出决定。

司法责任制改革事关重大，任务艰巨，意义深远。改革路上唯勇者胜。我们要始终保持改革定力，发扬改革韧劲，以抓铁有痕、踏石留印的作风抓好改革任务的落实，推动审判工作科学发展，进一步完善中国特色社会主义司法制度，努力让人民群众在每一个司法案件中都感受到公平正义。

多措并举打通落实司法责任制的难点堵点*

司法责任制改革是新一轮司法体制改革的主体内容，也是整个改革的核心和关键。从2014年6月首批试点启动算起，试点工作已逾两年半时间。按照今年7月召开的“长春会议”的要求，司法责任制改革要在全国法院全面推开，并要在今年年底之前将有关政策落实到位。最高人民法院党组决定召开全国法院司法责任制改革督察推进会，主要任务是总结交流司法责任制改革的经验，梳理分析改革推进和督察工作中发现的重点难点问题，坚持问题导向、明确任务目标，进一步统一思想、凝聚共识、破解难题，以钉钉子的精神全面推进司法责任制改革。其根本目的是，把改革取得的具体成效理清楚、把改革遇到的矛盾问题搞清楚、把司法改革的年度账本点清楚、把抓改革落实的方式方法弄清楚，不忘改革初心，继续改革奋进，以优异的成绩迎接党的十九大胜利召开。

为了召开好这次会议，今年上半年最高人民法院派出6个督察组对13个省（区、市），下半年派出4个督察组对12个省（区、市）进行了督察。11月，配合中央政法委的3个督察组到6个省

---

* 根据2016年12月28日在全国法院司法责任制改革督察推进会上的讲话稿改编。

（区、市）开展督察。12 月 22 日，最高人民法院司法改革领导小组召开 2016 年第三次全体会议，听取了督察情况汇报，并对此次会议提出了要求。此次会议的核心有两条，一是坚持目标导向，进一步认清目标、明确任务、统一认识，按照改革的目的和初衷坚定不移推进改革。二是坚持问题导向，精准找出问题，统筹解决问题，确保改革落实到位。这两个导向不是一般的口号，而是我们在当前和今后的改革中始终要遵循的基本原则，是每一个参与改革的主体都要深入思考的问题。

就下一阶段全面深入推进司法责任制改革，谈三个方面意见。

一、坚定信心，真抓实干，敢于担当，坚定不移推进司法责任制改革

在党中央的坚强领导下，司法体制改革攻坚克难、全面推开，取得阶段性成效和实质性进展。习近平总书记在中央经济工作会议上和中央全面深化改革领导小组第三十次会议上，对全面推开司法责任制改革、推进以审判为中心的刑事诉讼制度改革、增设巡回法庭、完善产权保护制度、建立失信联合惩戒机制予以充分肯定，对全国 30 多万名法院干警既是巨大鼓舞，也是鞭策激励。

司法责任制改革试点工作开展两年多来，总体上蹄疾步稳，也取得阶段性成效：一是顶层设计基本完成，制度体系日趋完备。从最初的试点框架意见，到完善司法责任制改革意见，再到法官惩戒、履职保障、单独职务序列、工资制度、辅助人员招录和管理等配套性制度，具备“四梁八柱”功能的主体措施陆续出台，司法责任制改革基本制度框架已经搭建。二是队伍结构调整升级，审判资源优化配置。截至 12 月 15 日，全国已有 25 个高级人民法院，298 个中级人民法院，2241 个基层人民法院完成员额法官选任工作，约占全

国法院总数的73%，产生入额法官90,674名，其他法院的法官入额选任工作有望在近期基本完成。改革后，试点法院基本实现85%以上的审判力量集中在办案一线，非审判业务部门法官转岗分流，院庭长逐步回归司法本位，切实履行办案职责。三是新型机制逐步形成，更加符合司法规律。试点法院逐步取消案件审批，改革裁判文书签署机制，确立法官办案主体地位。根据自身工作实际，灵活组建审判团队，探索新型审判组织模式。院庭长审判监督管理权进一步规范，通过制定权力清单、参与专业法官会议与审委会等公开化、规范化、平台化的方式行使审判监督管理权。审判委员会制度进一步完善，直接讨论决定案件数量大幅减少。四是坚持以改革促审判，办案质效稳步提升。试点法院坚持司法责任制改革与配套改革统筹推进，积极推行案件繁简分流、审判流程标准化、法律统一适用、增补审判辅助力量等举措，有效提升审判质效。试点法院的服判息诉率、改判发回重审率、当庭裁判率等指标均优于同辖区同级其他法院。五是改革红利不断释放，坚定改革氛围进一步形成。各地坚持按照“长春会议”确定的“以案定额、全省统筹、倾斜基层”政策，科学分配法官员额。收案较多的北京市朝阳区人民法院，广东省的深圳、东莞法院员额均超过50%，法官们之前担心的“一刀切”现象并未出现。截至12月20日，北京、河北、上海、湖北、贵州、海南、宁夏7省（区、市）三级法院及内蒙古、辽宁、黑龙江、江苏、江西、河南、广东、重庆、四川、陕西10省（区、市）部分试点法院，员额法官基本工资已经兑现；吉林、浙江、甘肃、青海等省在法官工资制度改革落实到位前，以办案补贴等形式为员额法官、审判辅助人员发放了一定增资额。全国已有865个法院落实工资改革，约占法院总数的25%。法院干警参与改革的积极性、主动性不断提升，支持、拥护、促进改革的良好氛围进一步扩大。

两年多的改革实践证明，中央推进司法责任制改革的方向和道路是正确的，内容和方式是科学的，分批试点是成功的。我们有能力、有条件搞好试点工作，更应当以此为鼓舞和鞭策，以坚定的改革信心、坚强的改革信念、坚韧的改革毅力，夺取司法责任制改革的全面胜利。

同时，我们也要清醒地认识到，改革推进过程中不可避免地存在一些问题和困难。刚才通报了督察工作情况，指出了司法责任制改革推进过程中的一系列问题。这些问题大致可以分为两类：一类是主观认识不到位、理解有偏差、改革落实不力的问题。例如，员额遴选机制不科学，资格上论资排辈，比例搞平均分配；院庭长放权不彻底、不到位，甚至实施变相审批；领导干部入额不办案、办简案、走形式，难以服众；等等。另一类是受到环境、制度、政策的客观影响和制约，需要进一步优化环境、明确政策、统筹推进的问题。例如，未入额法官的办案模式、分流安置；审判辅助人员的经费保障、管理模式；如何确保工资红利及时到位，绩效奖金分配合理；以及省级统管后“两庭”建设、历史债务问题；等等。后一类问题我们正积极争取中央政策支持，不断总结完善各地成功经验，研究出台指导意见。对于前一类问题，则需要我们进一步深化对司法责任制改革的理解和认识，科学把握改革的内涵和要求。

长春会议要求全面推开司法责任制改革，所谓“全面”有两个层面的含义：一是推开广度上的全面，责任制改革不再是局部地区部分法院的试点，而是在全国法院普遍推开。二是推进深度上的全面，推进司法责任制改革不是某一项或某几项举措的单兵突进，而是包含员额制改革、审判权力运行、审判管理监督、司法人员职业保障等核心举措和审判辅助人员配置管理、法官惩戒等配套举措的全面统筹推进。因此，推进司法责任制改革是一个系统工程，是我国司法制度中的一次重大变革，是对审判权运行机制的重塑，可谓是我国司法制度进程中浓墨重彩的一笔。

通过督察，我们发现：凡是法院领导高度重视，履行主体责任到位的地方，特别是主要领导对第一责任人认识到位、履责到位的，进展就顺利，成效就突出；凡是思想不清醒、认识不到位，观望等待，不担当、不作为、慢作为的，进展就滞后，矛盾就聚集。在此次督察中，有的法院以地区党政领导班子换届为由，对改革拖延等待；有的法院政策宣传解读不到位，干警完全不了解司法责任制改革有关政策文件，对“长春会议”精神也一问三不知；有的法院领导班子成员甚至带头对改革说怪话、唱反调。推进改革，关键在人，领导干部作为关键少数，能不能将自觉践行“三严三实”贯穿改革始终，以担当精神和创新意识解决问题、推进改革，关系到改革成败和实际成效。因包袱重而等待、因困难多而不为、因怕风险而躲避、因有阵痛而不前，这些都是不严不实的具体表现。周强院长在上周召开的最高人民法院司法改革领导小组会议上强调，改革不能怕得罪人，对改革的原则问题不能和稀泥，在大是大非问题上不能含糊，贯彻落实中央政策必须不折不扣。对待改革中出现的问题，应当以改革思维和方法加以解决。这一轮司法体制改革，体现了党中央对全面依法治国、促进司法公正的高度重视，是人民法院科学发展前所未有的历史机遇，我们必须站在国家发展、法治进步和历史责任的高度，正确认识和对待改革，以改革创新的精神和敢于担当的勇气，切实推动司法责任制改革健康发展。

二、稳扎稳打，开拓创新，攻坚克难，逐个破解司法责任制改革难题

司法责任制改革全面推开后，率先试点地区要发挥示范引领作用，后续跟进地区要充分借鉴先行试点法院的成熟经验，少走弯路。对于改革中出现的新情况、新问题，需要我们深入调查研究，积极探索创新，完善政策方案，逐个予以破解。

（一）夯实司法责任制改革基础，科学稳步推进法官员额制改革

员额制改革是司法责任制改革的前提和基础，也是触动利益格局最为深刻、矛盾问题较为集中的一项改革。做好员额制改革工作，要特别注意以下几个方面：

第一，坚持以案定额、按岗设员、动态调整，合理确定员额数量。一是要坚持科学测算员额比例。“长春会议”明确，对于案多人少矛盾突出的地区，可以将事业编制人员纳入员额基数，比例可以提高到40%左右，进一步拓展了政策空间，但具体适用过程中仍应当坚持“以案定额”基本原则。各地法院应当在做好编制、人员、案件、工作饱和度测算的基础上，合理确定员额基数和比例，不能一味“就高不就低”或搞平均主义。上海、江苏等地开发了案件权重系数，北京、贵州等地合理测算法官饱和工作量，都是法官员额精细化测算的有效做法。二是要坚持按岗设员。员额比例要集中用于办案一线，进入员额的法官应当在审判一线办案，“案、岗、人”三者必须匹配一致。这里面有三个注意的问题。其一，领导干部入额问题。简单提倡领导干部因履行审判职责需要一律入额和发扬风格一律不入额都是不正确的。领导干部入额要坚持三个基本的标准：

工作职责与行使审判权紧密相关，之前也有审判工作经历；入额必须经过公平公正公开的程序；入额后既要履行与其职务对应的监督管理职责，也必须办理相应数量和类型的案件。政治部主任、纪检组长等领导干部担负管党治党的重要专责，中央要求其不入额的政策是明确的，必须对政治责任、领导能力和专业能力有清晰的定位和区分，愿意回归办案一线的，入额后必须限期辞去领导职务，坚决不能“两头占、不办案”，对中央的要求打折扣、搞变通。其二，非审判岗位保留员额的问题。中央政策已经明确，对于综合审判业务部门，可以从工作实际出发配置一定数量的员额。研究室、审管办等具有司法研究和审判管理属性的业务部门可以保留少量员额，并据此积极探索完善交流轮岗和干部培养机制，使司法研究、审判管理与审判工作互为促进、良性互动。其三，要坚持员额比例动态调控。在省一级统筹调控各地区、各层级法院员额数量，以人案匹配度和各级法院职能定位为依据，坚持员额比例向基层倾斜，向人案矛盾突出的地区倾斜。例如，广东将占全省60%以上案件量、人案矛盾突出的珠三角核心地区法官员额比例确定在52%左右，而“案少人多”和“案少人少”的粤东西北地区11市的核定员额则低于30%，全省法官员额占中央政法专项编制的34.64%，仍控制在中央要求的比例以内。

第二，完善公平公正的入额遴选机制。一是要坚持考核为主、考试为辅。从前期改革情况来看，有的地方遴选办法不公开、遴选标准不统一、遴选方式不合理、考试成绩不公布，影响了员额遴选的公平公正性。入额法官遴选要坚持考核为主、考试为辅，考核要突出办案业绩和办案能力，办案绩效要占相对高的考核权重。对审判部门人员的考核要合理设定案件权重系数，不能简单以结案数、结案率来排名。对非审判部门人员的考核要注重对其工作量和工作质效的量化，防止过多依靠主观评价。考试要兼顾不同审判领域和专业类型，注重考察案件事实分析、争议焦点归纳、正确适用法律、制作裁判文书等实际工作能力。考核、考试全过程应当及时公开、接受监督，防止简单以票取人、以分取人、论资排辈和迁就照顾。二是要坚持领导干部入额也要按标准和程序参加遴选。根据工作性质和履职特点确定考核考试的具体内容和办法。领导干部入额的标准和程序应当在省一级层面统一，高级人民法院不能为了回避矛盾，将这个权力下放到辖区各级人民法院党组，让他们自己给自己“定标准、立规矩、入员额”，这是不恰当的。三是要充分发挥法官遴选委员会的职责作用。要充分发挥遴选委员会的专业把关作用，进一步研究完善遴选委员会审议程序和工作机制，既要避免面试走形式、走过场，也要切实防止仅凭印象分就决定员额人选。

第三，妥善研究解决未入额法官任用和安置问题。督察情况显示，未入额法官的职责权限、岗位设定、待遇保障、分流安置等问题，下一步需要引起高度重视。目前，各地对未入额法官协助办案的模式认识不一。部分地区仍要求未入额法官以独任法官或合议庭成员身份办案，但设定了一定的限制条件，实事求是地讲，这一安排对于完成审判工作任务、缓解人案矛盾有一定合理性。但从长远来看，或者从改革的初衷来看，让未入额法官按照原有模式继续办案，是不合适的：一是入额法官增资到位后，“同工不同酬”易引起不平衡情绪，不利于队伍稳定；二是未入额法官办案仍由院庭长审批，不利于科学划分权责；三是长期让未入额法官办案，其等级晋升、身份转换、薪酬待遇等将难以解决；四是广东等部分地区已出现律师和当事人要求未入额法官回避现象，应当引起高度重视。对于上述问题，各级法院必须综合考虑，结合实际，积极通过增补辅助人员、完善繁简分流、减少审批流程、推进标准化建设等方式缓解人案矛盾，应对办案压力。要在摸清未入额法官的年龄、学历、资历、能力、业绩等底数的基础上，科学制定分流、转岗和安置的具体措施，优先考虑将未入额法官转任为法官助理或者司法行政人员，不能让“未入额法官”成为人员分类管理上的真空地带。对不愿转任为助理或转岗其他岗位的，要充分借鉴广东、海南等地做法，敢于担当，积极协调，努力推动拓宽分流渠道，争取优惠安置政策。要坚持在未入额法官转岗过程中，做“增量改革”，确保其待遇不降低，发展有前景。按照中央的统一政策要求，未入额法官转入审判辅助人员序列后，原来享有的津补贴保留不变。积极推动法官助理职务序列改革，完善符合条件的法官助理经遴选成为入额法官的条件和程序，打通未入额法官的职业上升通道，增强工作动力。

第四，加快建立“有进有出”的员额常态化运行机制。当前需要尽快建立“有进有出”“能上能下”的员额常态化动态调控机制，确保员额法官依法履职，未入额法官有晋升空间。从试点情况看，绝大多数入额的法官是优秀的，但并非所有入额法官都已达到了应有的能力水平，对于不能独立办案、案件质效较差、完不成核定工作量的员额法官，要研究如何通过科学考核、依法追责，使其有序退出员额的办法。最高人民法院关于建立法官惩戒制度和审判人员绩效考核的指导意见已经下发，各地要抓紧制定实施细则，将员额退出与干部管理、违法审判责任追究和绩效考评制度挂钩，树立正确用人导向，激发队伍活力，保障审判质效。

（二）加强机制创新和制度落实，推动司法责任制改革举措收到实效

第一，进一步厘清各类司法人员职责权限。《最高人民法院关于完善人民法院司法责任制的若干意见》（以下简称《司法责任制意

见》）关于各类司法人员职责权限的规定，总体上是清晰明确的，但在贯彻落实过程中存在两类突出问题：一类是法官缺位、助理错位的问题。从试点情况看，存在少数法官仅履行必要的开庭和合议程序，其余工作均由法官助理“包干”的现象，法官对审判流程放任不管、对裁判文书不认真把关。这类问题在法官助理增补到位后，体现可能更为突出，应当引起注意。另一类是法官助理与书记员职责交叉混同。一些试点法院由于辅助人员不足，法官助理和书记员混同使用，助理实际上做的是书记员的事，不利于分工协作、提高效率。各级法院应当在贯彻《司法责任制意见》的基础上，进一步对各类人员职责权限进行适当细化。根据法院审级、案件类别、审判流程、工作内容的不同，制定有针对性的差异化职责清单，确保各类人员各归其位、各尽其责，防止缺位、越位、错位。贵州省贵阳市花溪区人民法院将法官助理的工作细化为 8 项内容，区分实体性助理和程序性助理，并针对不同民事、刑事审判团队对应不同的工作职责，取得的效果是明显的，也是值得我们关注、学习和借鉴的。

第二，坚持院庭长放权与控权有机统一。目前一些试点地区院庭长不敢放权，旁听合议、口头审批、文书送阅等变相审批现象仍然存在，放权以后不愿监督、不敢监督、不会监督的问题也比较突出。司法责任制改革应当坚持放权与控权相统一，两者不可偏废。一方面要做到放权到位，落实新型裁判文书签署机制，取消案件审批或变相审批，确保法官办案主体地位，倒逼法官提升能力素质；另一方面要实现监督不缺位，不能再走过去审批制的老路，研究建立适应新的审判权力运行机制的审判管理监督机制，做到放权不放任。具体而言：一是要建立重大案件报告制度。对《司法责任制意见》明确规定的院庭长可以事中监督的“四类案件”，要建立案件甄别、发现、报告机制，确保监督及时到位。二是要完善组织化、平台化、公开化的监督管理方式。充分运用专业法官会议、审判委员会等组织形式，通过组织化、公开化的方式发表意见，院庭长审判监督管理活动要全程留痕。三是依托信息化创新审判管理方式和机制。依托信息化手段，加强创新审判管理，形成流程化、自动化的审判监督管理机制，变“人盯人”监督为宏观管理监督。比如，四川省成都市中级人民法院构建办案流程自动监管机制，通过网上办案流程信息的全程记录，对案件展开动态跟踪管控，实现了案件节点可查询、进程可预期、全程可追溯。吉林法院强化案件质量评查和监管制度，通过常规评查、重点评查、专项评查等方式保障案件质量。长春两级法院仅在今年上半年就评查了6000多件案件，1200多份裁判文书，发现质量问题148个。四是加强司法工作标准化建设。要积极探索规范化、标准化的宏观管理模式，实现审判监督管理方式的转型。司法工作标准化就要在规范化的基础上，进一步明确各类司法人员工作职责、流程、内容、评价，对审判权力行使与审判管理责任以标准和清单的形式予以固定，实现权责统一。天津法院在标准化建设方面成效显著，制定了涵盖司法流程、司法裁量、案件质量、权责配置、司法公开、司法服务等为主要内容的6大门类30余项工作标准，基本覆盖人民法院立案、审判、执行工作全过程，有效提升审判监督管理效能。

第三，根据审判实际优化审判组织模式。目前，各试点根据自身实际，探索了多种审判团队组成模式，取得了积极成效。贵州各试点法院审判团队法官结案数提高了2—4倍，案件审理时间平均缩短13天左右。广东省深圳市福田区人民法院速裁快调快审快执团队，以全院11.6%的法官及12.4%的辅助人员，办理全院50%左右的新收案件，审判团队作用显著。总之，采取何种审判组织模式，如何配置审判组织内部人员，是否取消审判庭设置，需要各地法院根据自身审级、法院规模、人员配比、案件难易等实际情况确定，绝不能搞“一刀切”，也不宜简单照搬照抄其他法院模式。审判团队的基本原理就是要符合审判工作的实际需要，要符合案件质效提高的需要，要符合我们维护社会公平正义的需要。构建新型审判团队应坚持有利于去除司法行政化，有利于实行扁平化管理，有利于团队内部分工协作、紧密配合、形成办案合力，要注意厘清与原审判庭、审判组织、审判长的各种关系，防止叠床架屋、权责混乱。推进审判团队改革不是简单的各类人员的人数配比，要统筹考虑职责分工、办案模式、内部管理、绩效考核、内设机构等多个方面的制度衔接和完善。

第四，扎实落实院庭长办案制度。目前各地落实院庭长办案制度差异较大，有的法院狠抓落实，办案数量大幅提升，办案类型符合要求。比如，广东省高级人民法院制定下发院庭长办案指导意见，明确入额院庭长必须办理一定数量的案件，并带头审理重大复杂疑难、适用法律具有指导意义的案件等 4 类案件。今年 1—10 月，院长、副院长审理案件同比增长 63. 04%；庭长、副庭长人均办结案件 119. 03 件，超出全省法官人均结案数 28. 26 件。其中，办结重大疑难复杂案件 57, 715 件，同比增长 20. 41%。但同时，有的法院院庭长办案走形式、做样子，不仅办理数量少，而且办理案件基本为危险驾驶、信用卡诈骗、交通事故赔偿、民间借贷纠纷等简单案件。各地在这个问题上要有一个清醒的认识，这次司法改革的重大亮点就是我们优质的司法资源要回归审判一线，院庭长办案是我们这次司法改革合理配置资源的突出成效，所以希望我们各地法院要设立院庭长办案的数量底线，要让院庭长重点办理一定数量的重大、疑难、复杂、新类型案件，特别是对法律统一适用有指导意义的案件。

只有真正让院庭长多办案、办大案、办好案，才对得起高级法官、大法官等称号，才能真正得到各方面的认可。院庭长办案和司法公信力提高有直接联系，如果我们法院领导都是大要案的能手，对于提高司法公信力就有巨大推动作用。法院的领导干部有多重身份，有管党治党、带好队伍等方方面面的责任，但绝不能因此忽略了作为法官的办案职责。院庭长带头办案，对于保持队伍稳定、促进法官成长也有强烈的示范和导向作用。从我们调研的情况看，凡是院庭长带头办理重大疑难复杂案件的，这个法院内部就风清气正，大家比的是能力、是专业、是水平，“传帮带”就能有序推进，这对于我们的法官队伍建设具有重要意义。现在，有的法院领导干部对这个问题的认识还不深入，希望各高级人民法院在这个问题上狠抓落实，推动大家转变观念，明确角色定位，落实办案职责。要通过多种监督管理手段，切实防止办案走形式、走过场，防止委托办案和挂名办案等现象。要适当减轻院庭长行政、党务工作负担，通过配备行政事务助手、简化工作流程、行政事务集中管理、精简会议文件等配套性举措，保证院庭长办案时间和精力。

第五，完善保障法律统一适用的工作机制。从督察情况来看，放权以后，裁判标准不统一，“同案不同判”的现象有所抬头。各地在推进放权时，必须同步配套研究建立确保法律统一适用的工作机制。一是要充分发挥专业法官会议和审判委员会作用。通过专业法官会议和审委会讨论研究案件，发现裁判标准差异，积累典型案例，通过对类型化案件的裁判思路、基本要点、主要步骤等内容的归纳提炼，形成统一裁判方法，促进裁判标准统一。二是要建立和完善类案参考制度。从典型案例中分析提炼事实认定规则、法律适用规则和自由裁量尺度，有效减少“同案不同判”的现象。三是充分利用信息化和大数据手段。依托现有的丰富裁判文书资源，积极建设和对接法院智能办案系统，实现类案检索、同案智推、裁判指引、大数据分析等功能，在更大范围内、更高层次上实现法律的统一适用。如北京、上海、贵州法院开发的智能办案辅助系统，都值得参考借鉴。

第六，合理定位和发挥审委会职能作用。一方面要根据相关改革文件中对审委会的职责作用及运行机制的规定，严格推进制度落实。另一方面也要客观科学认识审委会制度改革。尽管现阶段在理论上有分歧，但是在实践中我们不能说审委会不讨论案件或是案件讨论得越少就越好。当前，审委会制度仍然是集中法官智慧、保障案件质量的重要制度，是《人民法院组织法》确定的法定审判组织。在现阶段不能够简单削弱审委会职权，特别是对一些法律规定的重要案件尤其是死刑立即执行的案件，不经过审委会研究就予以定案，是不严肃的。过去的主要问题是审委会研究讨论案件太多，责任不清，法官为了推诿责任，将不该提交审委会讨论的案件提交给审判委员会，这是需要进行改革的。因此，在审委会制度改革的问题上我们要有一个清醒的认识。

（三）增强改革系统集成，统筹推进司法责任制配套改革

第一，加快落实司法人员职业保障制度。习近平总书记在中央深改组第三十次会议上强调，“多推有利于调动广大干部群众积极性的改革。”[①] 在本轮改革中，推进法官、审判辅助人员职务序列改革、落实工资制度、完善司法人员履行法定职责保护机制是调动广大法院干警改革积极性的真招实策，是推进司法责任制改革的有力保障，

① 习近平主持召开中央全面深化改革领导小组第三十次会议，载新华网，http://www.xinhuanet.com/politics/2016-12/05/c_1120058658.htm。

必须抓好抓实。一是要加快法官单独职务序列改革步伐。此项改革从源头上解决了基层法院办案一线法官职业发展空间有限、职业尊荣感不强的问题。改革后中级、基层人民法院法官职务比例将大幅提升，晋升年限也将相应缩短，法官政治待遇、工资待遇都将大幅提升。目前全国已基本完成法官等级套改工作，下一步要加快推动入额法官单独职务序列落地，着力兑现改革红利。二是要尽快将法院人员工资制度落实到位。根据中央方案，法官增资额一部分通过提高基本工资实现，另一部分通过发放绩效考核奖金实现。审判辅助人员、司法行政人员工资结构不变，增资额通过加发绩效考奖金实现。各级法院要按照最高人民法院绩效奖金分配意见，绩效考核奖金的设置不与法官等级、行政职级挂钩，体现工作量、工作质量和工作效果的差异，体现向一线人员倾斜的力度，防止搞成“大锅饭”。三是要严格落实司法人员履职保障制度。中共中央办公厅、国务院办公厅已经印发《保护司法人员依法履行法定职责的规定》，近期最高人民法院也将出台《人民法院落实〈保护司法人员依法履行法定职责的规定〉的实施办法》。各地要严格按照文件精神，加强法官的人身安全、财产安全、个人隐私等方面的保护，切实维护法官人格尊严，提升法官尊荣感。

第二，完善审判辅助人员招录管理制度。审判辅助人员能否增补到位，配置是否合理，管理是否科学，保障是否有力，直接决定了员额制和司法责任制改革能否顺利推进。从全国范围来看，目前审判辅助人员缺口较大，部分法院未入额法官转任法官助理积极性不高，聘任制书记员队伍不稳定、能力不适应、保障不健全等问题较为突出。对此问题：一是要积极拓宽辅助人员来源渠道。根据目前的改革政策，法官助理以中央政法专项编制人员为主，按照综合管理类公务员进行管理，按占用中央政法专项编制20%左右比例配备，不足部分可采取接收法律院校实习生担任法官助理、适当配备聘用制助理等方式解决。现有编制内书记员符合条件的逐步择优转任为法官助理。新招录的书记员主要采取编制外聘用以及其他购买社会化服务的方式增补。二是要完善法官助理职业发展路径。目前已出台《法官助理、检察官助理和书记员职务序列改革试点方案》，对审判辅助人员的职务序列、职务设置、职级晋升、日常管理等问题作出了规定。在此基础上还需要进一步从实践中探索法官助理的培养机制和升任法官的衔接机制，确保符合条件的法官助理逐步成长为法官人选，未来经过遴选成为员额法官。三是要加强对聘用制人员的管理。由于聘用制人员收入低、流动性大，是管理中的弱点，需要进一步加强管理。最高人民法院正积极会同人社部、财政部制定聘用制书记员管理制度改革方案，上周已经中央政法委全会审议通过，各地高级人民法院可根据自身实际积极探索推进聘用制书记员管理改革的具体办法。

第三，完善多元化解和案件繁简分流等机制，以改革思维破解案多人少的矛盾。我国当前的诉讼结构和审判资源的配置不相匹配的问题还比较突出。案件类型和诉讼结构上存在“二八定律”，即80% 是简单案件，20% 是疑难复杂案件。对于这 80% 的简单案件，我们如果平均用力，不注意合理配置审判资源，就会造成审判资源的巨大浪费，而 20% 的疑难复杂案件则需要投入更多的审判资源。面对一些地区依然案多人少的突出矛盾，要通过优化审判资源配置、完善繁简分流机制、改革庭审方式、完善多元化纠纷解决机制等办法，多措并举补齐短板。最高人民法院今年先后出台推进案件繁简分流和深化多元化纠纷解决机制改革等意见，各地要结合工作实际抓好落实，充分通过诉前分流、审前程序分流、审判程序分流、争议焦点分流等机制，提高办案效率，实现“简案快审、繁案精审”。

如上海法院2016年上半年收案11.1万件，七成以上案件进入诉前程序，1/3以上的案件在诉前得到有效化解。今年全国各刑事速裁程序改革试点法院，速裁程序适用率基本在20%以上，速裁案件10日内审结的占92.45%，当庭宣判率达96.2%，通过繁简分流机制，有效缓解了人案矛盾。繁简分流一方面是为了破解我们案多人少的问题，另一方面从更长远的意义上看，对于我们国家司法资源的合理利用是必要的。面对人民群众日益增长的多元司法需求，我们必须优化诉讼结构，合理分配审判资源，促进审判质量与效率的统一。今年我们出台繁简分流意见之后各地有很多好的经验，明年适当时候要就繁简分流机制改革召开推进会，加大推进落实力度。

第四，完善责任追究和法官惩戒制度。《司法责任制意见》已经明确了违法审判责任追究的原则和程序。从各地情况来看，法官惩戒委员会大多未设立，各地对此问题的注意力和关注度还不够。设立法官惩戒委员会具有双重意义，一方面是使我们法官追责更加符合司法规律，另一方面也能体现对法官的保护和严格要求。法官惩戒委员会和遴选委员会可以说是这轮改革中体现司法规律，提升司法公信力的两项重大制度创新。法官遴选机制是从入门开始，通过吸取各方面的意见，保障法官的素质，提高法官公认程度。法官惩戒机制是通过明确惩戒的主体、事由、范围、程序、豁免等内容和机制，实现依法问责、依法担责和依法保护，这也是司法规律的内在要求。各地要按照《关于建立法官、检察官惩戒制度的意见（试行)》的要求，抓紧筹备法官检察官惩戒委员会，明确惩戒委员会人员组成和工作章程，加大对法官惩戒制度的探索力度，促进法官惩戒制度走向规范化、制度化。涉及具体实施中的一些问题，最高人民法院也将抓紧研究出台实施办法。

第五，完善司法业绩考评制度。司法责任制改革后，司法人员的审判业绩直接与等级晋升、奖金分配、评优评先甚至员额的进入退出挂钩，因此必须同步推进司法人员业绩考评制度改革。坚持保障公正、兼顾效率的正确导向，不搞平均主义和“大锅饭”，体现司法职业特点，符合司法规律，坚持量化考核和主观评价相结合的方式，切实将工作实绩作为考评主要依据和内容。要积极采用案件权重系数、建立司法工作量评价指标体系等方式，利用信息化的技术手段，科学量化各类司法人员工作量，充分考虑地域、审级、部门、案件性质、工作类别等多方面的差异，实施共性化和个性化相结合的考评制度。例如，上海市高级人民法院的案件权重测算系统；北京市第二中级人民法院的司法工作量核定系统都是这方面的宝贵探索和实践。

三、强化领导，加强督察，改进宣传，完善推进司法责任制改革工作机制

第一，要加强组织领导，落实主体责任。司法责任制改革成败的关键，在于各级法院领导重视的程度、组织领导的强度、推进落实的力度。长春会议之后，改革工作的重心和任务主要集中在各级法院如何深入推进、狠抓落实，确保中央改革政策到位，不能再抱有任何等待、观望、犹豫、彷徨的心态。对于各级法院如何切实落实改革主体责任，我着重强调三个方面：一是要强化一把手抓改革的主体责任。各级法院的一把手是改革的第一责任人，按照“既要挂帅、又要出征”的要求，一把手要亲力亲为抓改革，全程跟进，一抓到底，确保层层压实责任、传导压力，形成改革步步有人管、层层有责任的主体责任链条。对于推进法官工资制度、单独职务序列等重要改革任务落实中遇到的困难和问题，一把手要积极向地方党委主要领导主动汇报，着力争取党委政府支持，切实推动改革精

准落地。要以党的十八届六中全会精神为指导，以从严治党、从严治院为抓手，履行好“一岗双责”，把推进改革作为自身重大的政治责任，以改革促审判、以审判实绩校验改革成效。各高级人民法院对全面推进司法责任制改革要有规划、有部署、有统筹、有担当，不断加大组织领导力度，健全完善推进改革的系统集成方法。二是要坚持目标导向和问题导向，努力破解改革难题。改革过程不可避免会遭遇各种问题，既有历史遗留问题，也有很多新情况、新问题。各地要始终坚持改革目标导向和问题导向，把中央的要求和地方探索有机结合，发挥主观能动性，锐意进取、开拓创新、破解难题、补齐短板，确保改革举措真正落地生根，切实防止遇到问题绕着走，看到矛盾就回避。要按照中央和最高人民法院对改革工作的统一部署，把握好各地推进改革的要求、节奏、力度，与中央和上级法院精准对标，及时明确任务要求、时间进度、责任主体，确保改革有序推进、精准施策。三是要加强上下衔接和统筹协调。司法改革必须上下一心、形成合力。上级法院对下级法院改革工作负有监督指导、协调推进的责任，针对方案制定、任务分解、制度落实、督察问效等改革推进的各个环节都要全程把控，步步跟进。

第二，要加强统筹管理，完善工作机制。进一步完善改革管理工作机制，充分依托信息化手段，加强各省改革台账可视化和项目式管理，对改革情况做到底数清、情况明。研究建立司法改革数据系统，完善司法改革数据指标体系，打破人案统计分离的现状，形成改革进展情况和统计数据实时汇总，实现法官员额增减、辅助人员变化、内设机构调整、审判质效对比等改革数据自动生成、及时更新。最高人民法院目前已在内网建立司法改革工作电子台账，对牵头改革项目挂账督办，下一步将研究建立与各高级人民法院联网的台账系统，以及专门的司改工作联络平台，进一步畅通渠道，及时掌握全国改革进展情况。

第三，要做好改革总结，开展科学评估。要系统总结和交流推广成熟的经验，各地遇到困难问题，要及时汇报汇总。要完善改革评估机制，将有利于增添经济发展动力、有利于促进社会公平正义、有利于增强人民群众获得感、有利于调动广大干部群众积极性作为改革成效的评价标准。充分依靠信息化手段、可视化方式、第三方评估，提高改革评价的科学性、客观性和可信度。

第四，要加强改革督察，建立问责机制。今年年初，习近平总书记主持中央深改组第二十一次全体会议时，就专题研究了抓改革落实的问题，并在之后四次深改组会议上多次强调对已出台改革文件督察推进工作的重要性。中央改革办和中央政法委，在今年上半年和下半年，按照文件出台之后半年搞督察的部署，分别就立案登记制、法官员额制、司法责任制、人民陪审员制度、单独职务序列、内设机构改革，以及减刑、假释、暂予监外执行制度等，到最高人民法院和部分地方法院开展了专项督察，体现了中央对改革落实的高度关注，是狠抓改革落实的具体举措。最高人民法院今年也组织了 2 轮督察，覆盖 25 个省（区、市），既总结了很多经验，也发现了不少问题。下一步，要健全督察常态化机制，构建上下贯通、横向联动的督察工作格局，做到改革进展每月调度、重点事项专项督察、突出问题通报整改。2017 年上半年，最高人民法院还将继续配合中央改革办、中央政法委，对司法责任制改革全面推开及其配套政策措施落实进行专项督察。各高级人民法院也要在辖区范围内开展自我督察，摸排问题，精准施策，确保改革工作落实到位。对中政委和最高人民法院此次督察通报的问题，有关高级人民法院要认真研究、加以整改。要建立与督察工作配套的纠错问责机制，形成改革责任清单，对落实改革主体责任不力的，依纪依法严肃问责，形成改革者上、不改革者下的用人导向。我要特别强调的一点是，有的地方认为只要选出员额法官、工资增补到位，改革就大功告成了，这是十分错误的思想。对于司法责任制改革而言，选出员额法官是前提，工资增补到位是保障，改革是一个不断深入的过程，需要我们努力解放思想，打破传统模式，锐意改革创新，逐个破解难题。改革之路，仍然任重道远，各级法院对此必须有清醒的认识。

第五，要加强改革宣传，营造良好氛围。深入贯彻落实习近平总书记关于加强全面依法治国宣传的重要指示精神，将改革的宣传引导工作与党的十九大召开紧密结合，注意把握宣传节奏和力度，推出体现司法改革特色的系列宣传和专题宣传。进一步加强改革政策解读和思想政治工作，及时回应法院干警和社会关切，坚定改革信心，凝聚改革合力，形成全体法院干警支持改革、投身改革、推动改革的良好氛围和局面。

全面落实司法责任制必须澄清四个认识*

随着司法责任制改革深入推进，理论界、实务界的一些同志对这项改革还存在一些困惑和误解，尤其是关于放权与监督的关系如何把握的问题。有的同志认为，放权之后，院庭长除了抓政治建设和日常管理，对审判工作可以放任不管；有的同志认为，放权之后，存在类案不同判、案件质效滑坡、监督管理弱化、廉政风险变大等隐患，仍需要加强管控，但对于具体监管方式缺乏清晰的认识。出现上述现象的原因比较复杂：有的是对《最高人民法院关于完善人民法院司法责任制的若干意见》（以下简称《司法责任制意见》）认识不深入、理解不到位；有的是基于"一岗双责"顾虑，害怕案件出了问题，"板子"最终还是打到院庭长身上；有的是因为"留恋"审批案件的权力；有的是对员额法官能力素质不放心；等等。

理念是行动的先导。全面落实司法责任制，必须先树立司法责任制改革的正确理念。围绕放权与监督的关系问题，重点澄清以下四个问题：

---

* 本文节选自发表于2018年3月28日《人民法院报》第5版的《正确处理放权与监督　坚定不移全面落实司法责任制》一文，收录时有改动。

第一，司法责任制改革后监督明显弱化了吗？现在有一种观点认为，司法责任制改革后的一个突出问题，就是法官的权力变大、所受监督弱化，鉴于法官素质参差不齐，为了防止审判质效下滑，院庭长还是应当以各种形式对案件审核把关。这种观点，其实是将放权和监督对立起来，对审判监督的理解也过于狭隘，将监督等同于院庭长审批。必须强调的是，无论是改革前还是改革后，我们对审判监督的态度向来是旗帜鲜明、毫不含糊的，那就是：监督有规，监督有度，只能加强，不能削弱。其一，我们有完备的诉讼监督。实行两审终审制，一审重在定分止争，二审重点解决事实认定和法律适用争议，纠正一审裁判中可能存在的错误。此外，当事人还有申请再审的权利，对裁判确有错误的，人民法院会启动再审程序依法纠错。一些地方的审判管理数据显示，部分法院二审改判和发回重审率有所上升，这应当引起重视、查明原因、提出对策，但也说明二审、再审的监督功能在切实发挥作用。其二，我们有司法公开的监督。阳光是最好的防腐剂，司法公开是重要的监督。通过建成审判流程、庭审活动、裁判文书、执行信息四大公开平台，将司法权运行置于阳光下，将审判活动置于社会公众的监督之下，构建开放、动态、透明、便民的阳光司法机制，进一步加强对审判权的监督制约，让“暗箱”操作没有空间、司法腐败无处藏身。其三，我们有多层次外部监督。人民法院的审判活动依法接受人大监督、政协民主监督、检察机关监督、舆论监督、社会监督以及来自当事人、辩护人、诉讼代理人的直接监督。人民检察院依法可以提出抗诉、纠正违法通知书或检察建议。当事人、辩护人、诉讼代理人以及广大人民群众对法官违法审判行为的举报、投诉渠道向来也是畅通的。违法审判线索的核实、调查、处理，已经有了一整套完备程序。监察委员会成立后，也将实现对人民法院所有行使公权力的人员监察全覆盖，进一步完善了外部监督体系。其四，我们有严格的法院内部监督。经过长期探索和实践，各级人民法院已建立起一系列审判监督管理机制、廉政风险预防监督机制、审判质效评估机制、案件质量评查机制、司法绩效考核机制等，进一步加强了对审判权的内部监督制约。因此，对审判权的严格监督是一以贯之的，不存在弱化的问题。

第二，司法责任制改革后院庭长的审判监督管理应当怎样转型？改革之后，出现了一些法院院庭长不敢监督、不愿监督、不善监督的问题。需要指出的是，“去行政化”不是“去管理监督”，但强化监督管理，并不是要再绕回案件请示审批的老路上去，而是要以变应变、以新应新，适应新型审判权力运行机制的要求，创新监督管理方式。一是从微观管理向宏观管理转变。改变“人盯人、人盯案”的传统方式，转向全院、全员、全过程的审判监督管理，从审批个案实体性裁决事项转变为对程序性事项的依法审核、对审判工作的综合指导、对裁判标准的督促统一、对审判质效的全程监管、对案外干扰的有效排除。二是从结果干预向程序约束转变。传统的案件审批监管，直接作用于法官裁判权本身。改革之后，院庭长不能直接改变审判组织决定，不能替代和影响独任法官、合议庭依法裁判，只是依程序行使与其职务对应的监督权限。三是从内部运行向公开留痕转变。改革后，院庭长对案件的法律适用问题发表意见，必须依托专业法官会议、审判委员会等平台提出，监督管理活动全程留痕、有据可查，对来自内外部的不当干预过问形成有效威慑。

第三，司法责任制改革后院庭长还要不要监督个案？改革后，院庭长审判监督管理的重心应当从具体个案转向宏观运行，但并不意味着对所有案件一视同仁。从近年导致不良影响或负面舆情的案件情况来看，各级人民法院领导干部必须具备精准发现倾向性、苗头性问题，及时矫正偏差、消除风险的能力。《司法责任制意见》充分考虑我国国情，兼顾特定案件的监督需求，特别规定了“涉及群体性纠纷，可能影响社会稳定的；疑难、复杂且在社会上有重大影响的；与本院或者上级法院的类案判决可能发生冲突的有关单位或者个人反映法官有违法审判行为的”四类案件的事中监督。

在监管范围上，各级法院应当根据自己审级、辖区特点、收案特点等结合工作实际将这四类案件予以细化、明确相关标准。结合一些地方经验，我们认为可以将一方当事人人数在 10 人以上，可能引发连锁诉讼、集团诉讼的案件纳入监督范围；可以从是否涉及政治安全、国家外交、国防安全、民族宗教、社会稳定、国家利益、社会公共利益等因素，是否有有关部门、人大代表、政协委员履行监督职责提出意见，裁判是否会对同类案件处理具有示范意义、对经济社会或者特定领域、特定行业发展具有重大影响，案件是否会引发大规模舆情、人民群众是否广泛关注，是否属于重大职务犯罪案件等方面来界定社会上有重大影响，可以从法律关系是否复杂、是否属于新类型案件、是否可能判处死刑、作出无罪判决、是否拟在法定刑以下判处刑罚、合议庭成员意见是否有重大分歧、难以形成多数意见等方面界定疑难复杂；可以将法律法规、司法解释未作规定，或规定不明确、不具体甚至存在冲突，拟作出裁判与上级法院或本院类案裁判尺度不一致的，作为类案冲突应纳入监督的个案情形；可以将信访、举报、投诉、审务督察、案件评查等渠道发现法官超审限、久调不判、久拖不决，有办理人情案、关系案、金钱案嫌疑，或者渎职、失职嫌疑的案件纳入个案监督范围。使四类案件监督范围更加具体化、更有可操作性。

在监管机制上，各级法院应当明确四类案件的发现主体、监督权限、监管方式。例如，立案庭负责对涉及特殊群体的案件进行识别；承办法官在案件审理过程中发现属于四类案件情形的，应当主动按程序报告；监察部门重点负责信访举报案件；院庭长依托审判管理系统对分管部门四类案件全面监督。下一步，可以探索依托信息化和人工智能，对四类案件自动化识别、标签化处理，实现系统自动推送、节点控制，对于法官应当报告而未报告的，院庭长要求提交专业法官会议讨论而未提交的，系统自动冻结文书签发和结案权限。

在监管责任上，领导干部对这四类案件负有监督管理责任，如果存在故意或重大过失，也应追究其监督管理责任。当然实践中要注意防止简单套用行政追责的方式追究审判责任，解决领导干部依法放权的后顾之忧。许多地方的改革实践也表明，如果院庭长能够切实把握住四类案件的判定标准、监督节点和监督方法，就能牢牢把握"关键少数"，确保审判质效不出大问题。

第四，司法责任制改革后院庭长对案件质量应当承担什么样的责任？相较于改革前责任认定标准不明确、责任划分不公平、责任豁免制度缺失、追责程序行政化等弊端，《司法责任制意见》实质上加强了对法官依法履职的保护。一是明确了法官必须存在故意违法审判的行为，或者因重大过失造成错案并产生严重后果才承担责任；二是明确了法官审判责任豁免的具体情形；三是明确了独任法官、合议庭、审判委员会等不同审判组织形式下，各类人员的责任承担具体规则。随着司法责任制改革政策解读的深入，越来越多的法官认识到司法责任制改革是依法问责和履职保障并重，而非厚此薄彼。

调研中发现，各级法院院庭长目前普遍存在的顾虑是，改革既要求院庭长大胆放权，又强调院庭长"一岗双责"，这是否存在矛盾？我们认为，院庭长作为行政职务，肩负行政事务管理职责，作为审判职务，肩负业务指导、审判管理职责，同时担任党内领导职务的，还应承担政治建设和党风廉政建设责任。如果因工作失职导致本部门本单位发生重大事故、廉政风险、违法犯罪的情况，自然应当承担领导责任。如果分管部门审判瑕疵较多、审判质效下滑、司法作风不正、审判纪律松弛，也应当追究院庭长领导不力、敷衍塞责、管理不善等责任。

但是，司法审判不同于日常行政管理，应当遵循“谁审理、谁裁判，谁决定、谁负责”的原则。涉及具体案件问责，没有参与案件审理和决策的院庭长不是审理者和裁判者，一般不承担错案责任。司法责任制落实后，法官不能借口上级领导没有审核把关推卸责任，院庭长也不因错案为法官“背锅”。

将司法人员履职保障改革文件落到实处*

2016年7月21日，中共中央办公厅、国务院办公厅印发了《保护司法人员依法履行法定职责规定》（以下简称《保护依法履职规定》）。《保护依法履职规定》涵盖了防止干预司法活动、规范责任追究和考核考评、加强履职安全保护等多个层面，体现了党中央对司法工作和司法人员职业保障的高度重视和亲切关怀。最高人民法院结合自身工作实际，据此制定了《人民法院落实〈保护司法人员依法履行法定职责规定〉的实施办法》（以下简称《保护依法履职办法》），报经中央同意后，正式印发实施。《保护依法履职办法》的出台，对于全面贯彻落实《保护依法履职规定》内容，在全社会推动形成尊重司法裁判、维护司法权威的良好氛围，具有重要而深远的意义。

一、深刻认识加强司法人员履职保障的重大意义

第一，加强司法人员履职保障是确保司法公正的现实需求。司

* 根据《健全司法人员依法履职保障机制　推动形成尊重司法裁判、维护司法权威的良好氛围》改编。原文刊载《人民法院报》2017年2月8日，第5版。

法权是判断权和裁量权。法院审理案件、作出裁判，本质上是法官对事实认定和法律适用形成内心确信的过程。要追求裁判过程公平、结果公正，必须确保法官办案时远离案外其他任何因素的不当侵扰。现实中，一些单位、个人甚至个别领导干部违规过问、干预插手案件，或是“打招呼”“批条子”，或是借助人情关系、威逼利诱对法官施加压力，严重影响司法公正。还有一些地方未充分考虑司法机关的职业特点，以行政指令方式安排法官从事招商引资、行政执法、治安巡逻、交通疏导、卫生整治、行风评议等超出法定职责范围的事务，既损害了司法机关客观、中立、公正的形象，也使法官难以专注于行使审判权。事实证明，没有风清气正的履职环境，不能彻底排除不当干扰，司法公正就难免会掺入杂质、蒙受质疑。加强司法人员履职保障，就是要通过设置制度的“防火墙”和“高压线”，为一线司法人员营造优良的司法环境，使他们能够心无旁骛、专注从容地做好审判工作。

第二，加强司法人员履职保障是提升司法权威的必要条件。具备权威的司法体系，才能持续稳定地向社会提供公正高效的司法产品，满足社会公众对公平正义的基本需求。从某种程度上说，司法的权威就是法治的权威，司法人员履职行为的权威就是法治权威最生动鲜活的体现。如果司法人员的履职安全缺乏保障、司法裁判得不到有效执行，司法就无法发挥定分止争作用，法律形同虚设，社会必然失序，受损的是整个社会和每一位公民。实践中，一些单位、个人为泄私愤、谋私利，阻挠、妨碍司法人员依法履职，甚至诽谤、威胁、侵害司法人员。近年发生的湖南永州法官遭枪击、湖北十堰法官遇刺、北京昌平马彩云法官被害、浙江宋城集团舞台剧侮辱某高院院长等事件，都是侵害司法权威的极端表现。此外，司法人员在日常工作中，也时常遭遇各类诬告陷害、恐吓威胁和诽谤侮辱，有的甚至波及其家人，这不仅影响办案人员的职业尊荣，也严重破坏了司法生态。司法裁判承载的不是简单的你输我赢，法官判案也不仅是为解决纠纷，而是要为全社会打造公平正义的制度环境。判断一个国家的法治发展水平，观察一国法律在国家治理中是不是发挥了重要作用，最直观的就是看司法人员是否受到足够尊重，司法裁判是否得到有效遵从，那些藐视法庭、妨碍司法、暴力抗法的行为是否及时受到制裁。

第三，加强司法人员履职保障是完善法治体系的题中之义。全面推进依法治国的总目标是建设中国特色社会主义法治体系，建设社会主义法治国家。只有确保人民法院依法独立公正行使审判权，构建充分、严密、周到的司法人员履职保障机制，司法公正才能真正成为法治体系最重要的保障支撑。长期以来，许多法院对司法人员的关心爱护还停留在口号或政策层面，缺乏长效机制和组织保障，对侵害司法人员权益行为的反应处理较为滞后，严重影响一线司法人员的工作积极性，必须通过加强制度建设、完善配套措施来补齐短板、提振士气，打造一支端稳天平、握牢法槌、铁面无私、秉公司法的法治工作队伍。

二、正确把握司法人员依法履职保障中的三组关系

一是要正确处理“立威”与“立信”的关系。在法治国家，司法机关应当有威信。但威信的形成，不是用威以立信，而是立信以树威，即威是以信为基础的。对人民法院来说，“信”就是司法公信力，“威”就是司法权威。建设权威的司法制度，必须牢牢依靠党的领导、人大的支持、社会的理解，人民法院自身也要通过更加公正、高效、公开、便民的司法来确立司法公信、争取信任支持。实践中，对于打着“裁判不公”旗号，严重破坏法律秩序、诽谤侵扰司法人

员的行为，必须坚决依法惩治，绝不能息事宁人、迁就纵容，如果连法院都信奉“搞定就是稳定，摆平就是水平，妥协就是和谐”，只会自损权威，埋下更深的矛盾和隐患。各级人民法院一方面要站在“立信”的角度，不断苦练司法内功，提升司法公信；另一方面要从“立威”的角度，维护司法秩序尊严，确保法律正确有力实施。

二是要正确处理“行权”与“自制”的关系。在研究起草《刑法修正案（九）》过程中，有意见提出，扰乱法庭秩序犯罪是“法官眼前的犯罪”，应当参照有些国家追究藐视法庭罪的程序，由人民法院直接审理作出判决。立法机关研究后认为，扰乱法庭秩序犯罪虽然发生在“法官眼前”，但如果由人民法院直接审理、径行判决，在程序上制约不充分，不利于提高司法公信力。总体来看，受当前社会环境、公众法治意识、司法总体状况等客观因素影响，社会各界对法官滥用权力的担心还在一定程度上存在，这些都对人民法院行使制裁权的时机、方式和分寸提出了更高要求。面对妨碍司法人员依法履职的行为，我们既不能反应迟钝、姑息纵容，也不宜过于敏感，稍有冒犯便强势回应。人民法院应当通过扎实的审理、良好的作风、公开的程序、透彻的说理，赢得公众的尊重和信任。只有这样，我们在该严格司法时才能做到说话掷地有声、行事底气十足，“该出手时就出手”。

三是要正确处理“追责”与“保障”的关系。有的同志对司法责任制有抵触情绪，认为责任制只强调终身追责，不重视职业保障。事实上，一方面司法责任制文件和依法履职保障文件本身就是辩证统一的整体。所谓追责，是严格按照宪法法律和司法规律追究违法审判责任，并非动辄得咎。按照《保护依法履职办法》和《保护依法履职规定》，“非因法定事由，非经法定程序，不得将法官调离、免职、辞退或者作出降级、撤职等处分”“法官履行法定职责的行为，非经法官惩戒委员会听证和审议，不受错案责任追究”。这些都是对法官依法履职的有力保障。另一方面，强化司法人员履职保障，目的是更好地推动“让审理者裁判，由裁判者负责”，并不是要强调法官群体的特权，更不应成为某些法官违法审判的“护身符”。

三、全面落实司法人员履职保障改革文件

第一，要主动报告，争取支持，推动形成保障司法人员依法履职的制度合力。《保护依法履职办法》印发实施后，各级人民法院要主动向地方党委、人大汇报《保护依法履职规定》和《保护依法履职办法》的主要内容，结合中共中央办公厅、国务院办公厅之前印发的《党政主要负责人履行推进法治建设第一责任人职责规定》，配合推进地方法治建设，树立地方良好法治形象。按照文件要求，各级人民法院不得再以任何名义安排法官从事招商引资、行政执法、治安巡逻、交通疏导、卫生整治、行风评议等超出法定职责范围事务的工作，同时要积极与公安机关、新闻主管、网络监管等部门沟通，推动建立与司法人员依法履职保护相关的预警、应急和联动机制，确保配套机制衔接到位、改革文件落地见效。

第二，要敢于担当，主动作为，不断强化司法人员依法履职组织保障。各级人民法院领导干部要做一线司法人员的“定心石”和“主心骨”，主动承担压力、抵御干扰，支持干警依法履职。对于干警在依法履职过程中遭遇阻挠妨碍、人格侮辱、打击报复、人格侵害等情形的，领导干部要果断撑腰打气，及时安排采取保护措施，坚决打击不法行为。对法官的依法履职保障诉求敷衍推诿、故意拖延不作为的，要严格问责、严肃处理。各级人民法院要按照《保护依法履职规定》和《保护依法履职办法》的要求，尽快成立法官权益保障委员会，健全组织机构，完善工作程序，充分发挥其权益保

障职能。要健全完善法官考评委员会工作机制，根据司法责任制改革精神，研究制定更加符合审判规律和司法职业特点的考核评价办法。要健全完善法官维权救济机制，积极为受到错误处分、处理的法官恢复名誉、消除不良影响，视情况对造成的经济损失给予赔偿或者补偿，并商请有关机关依法追究诬告陷害者或者滥用职权者的责任。

第三，要加大投入，重心下沉，强化一线司法人员履职保障硬件设施建设。要确保法院公共区域与法官办公区域的相对隔离，配备一键报警装置，完善应急预案，及时处置突发事件。要为法官、审判辅助人员提供配备录音录像设施的专门会见、接待场所，及时配备具有录音功能的办公电话和具有录像功能的记录设备，确保法官、审判辅助人员依法履职具备基本物质条件。要注重向基层和一线倾斜，优先为基层法院、派出法庭和窗口单位配足硬件设施，配齐安全保障人员，确保司法人员有安全的履职环境。

三、以阳光司法提升司法公信

人民群众对公平正义的感受来自哪里？不仅来自案件的实体裁判结果，也来自对诉讼权利的制度保障，以及对诉讼过程的深刻体验。阳光是最好的防腐剂。司法公开的目的，就是通过接受社会监督，以公开促进公正。1954年《宪法》正式确立审判公开原则，各地法院逐步开始公审公判。1998年，北京市第一中级人民法院发出全国第一张旁听证，庭审公开在全国法院逐渐成为常态。从人民法院“一五改革纲要”[①]到“三五改革纲要”[②]，司法公开一直被作为重要改革项目，不断深入推进，初步建立司法公开制度体系和基本格局。

我刚到最高人民法院分管司法改革工作不久，就参与了全国法院司法公开工作推进会的筹备工作。2013年11月27日，推进会在深圳召开，它标志着人民法院司法公开工作进入新时期。新一轮司法改革将司法公开作为重要突破口，作为促进司法公正、提升司法能力、增强司法公信、树立司法权威的重要手段，以前所未有的广度、力度、深度推进司法公开制度建设。最高人民法院接续印发一系列文件，依托信息化手段，系统建设各类公开平台，并利用各种新媒体形式拓展公开内容和渠道，打造“指尖上的公开”，当事人和社会公众只需轻点鼠标或手机，即可全方位了解法院立案、审判、庭审、文书、执行、案

① “一五改革纲要”，是指1999年10月20日最高人民法院印发的《人民法院五年改革纲要》。

② “三五改革纲要”，是指2009年3月25日最高人民法院印发的《人民法院第三个五年改革纲要（2009—2013）》。

例、司法政务等司法信息。可以说，司法公开不仅成为人民群众了解司法、参与司法、监督司法的重要渠道，也已成为域外了解中国司法的重要窗口，成为中国法院的“亮丽名片”。

但是，司法公开还有很长的路要走，需要准确把握司法信息公开与维护政治安全、经济安全、数据安全、审判秘密的关系，区分向当事人公开和向社会公开范围标准程序，健全风险评估机制。下一步，还需要完善司法公开相关制度机制，研究制定规范性文件，规范裁判文书公开、庭审活动公开的类型、范围、尺度和时效，重点推动具有规则意义和引领示范作用的裁判文书向全社会公开，有效发挥司法裁判彰显社会公平正义、促进经济社会发展、弘扬社会主义核心价值观的积极作用。

人民法院司法公开工作进入新时期*

全国法院司法公开工作推进会是在全国法院认真学习党的十八届三中全会精神，贯彻落实《中共中央关于全面深化改革若干重大问题的决定》的新形势下召开的一次十分重要的会议，是最高人民法院贯彻三中全会精神的重要举措，也是近年来最高人民法院召开的关于全面推进司法公开工作的第一个全国性会议。这次会议是一个全国的电视电话会议，除了到达深圳主会场开会的代表之外，全国3000多个法院通过视频收看了这次会议的主要议程。这次会议规格之高、规模之大，充分体现了最高人民法院新一届党组对司法公开工作的高度重视，标志着人民法院司法公开工作进入一个新的历史时期。下面，我就会议精神的贯彻落实讲几点意见。

一、统一思想认识

各级人民法院一定要认真贯彻中央全面深化改革的重大部署，不断更新理念，提高认识，着力实现“四个转变”，即“变被动公开为主动公开、变内部公开为外部公开、变选择性公开为全面公开、

* 根据2013年11月28日在全国法院司法公开工作推进会上的总结讲话稿改编。

变形式公开为实质公开”，把握好“四个关系”，紧紧抓住中央全面深化改革的历史机遇，进一步坚定推进三大平台建设的信心和勇气，着力破除影响和制约司法公正的困难和障碍，从坚持公正司法、提升司法公信力的高度，共同努力做好司法公开这项工作。

二、明确工作任务

各级法院党组要把司法公开三大平台建设列入重要议事日程，明确时间表和路线图。首先，健全组织机构。各级人民法院必须建立三大平台建设工作领导小组，由院长亲自担任组长，明确具体的管理机构。各高级人民法院具体统筹辖区内法院的三大平台建设工作，按照《最高人民法院关于推进司法公开三大平台建设的若干意见》的统一要求，结合辖区实际制定落实三大平台建设的工作方案，于12月31日之前上报最高人民法院。其次，明确时间表和路线图。按照中央的统一部署，在未来三到五年时间里，人民法院要依托现代信息技术，建立统一的案件信息查询系统，方便当事人随时了解案件进展情况，并实现四级人民法院庭审全部录音录像、裁判文书全部上网。按照这次会议下发的《最高人民法院关于人民法院在互联网公布裁判文书的规定》的要求，2014年1月1日之后，各级人民法院生效的裁判文书均应当在互联网公布，但涉及国家秘密、个人隐私、未成年人违法犯罪的、以调解方式结案的，以及其他不宜在互联网公布的除外。中西部地区基层人民法院的文书上网时间进度由所在高级人民法院根据实际情况确定，并报最高人民法院备案。各级人民法院要充分运用最高人民法院“被执行人信息查询”“全国法院失信被执行人名单信息公告与查询”“人民法院诉讼资产网”等平台，提高执行效率。最后，兼顾地区差异，分批分期实现。司法公开三大平台建设需要大量的物质基础设施、资金投入以及现代科学技术的保障。由于各地经济条件和发展程度不一，东部、西部法院物质装备和科技力量差异较大，三大平台建设的推进工作不能搞“一刀切”，更不能急躁冒进，必须脚踏实地，立足实际，有计划、有目标、分批分期稳步推进。最高人民法院、各高级人民法院、司法公开示范法院、三大平台试点法院和经济发达地区的法院，应当率先推行。最高人民法院、各高级人民法院也要对中西部一些经济欠发达地区法院的平台建设工作加大支持力度，合理安排工作进度。中西部地区的法院虽然条件有异，程度有别，但仍然要尽快确定工作时间表、路线图，制定工作方案，努力做到并赶上先进法院。

三、切实抓好贯彻落实

这次会议十分重要，恰逢全国上下认真学习贯彻党的十八届三中全会精神和全面深化改革决定的大好时机。要抓紧向当地党委报告这次会议的精神，争取党委对人民法院司法体制改革和司法公开工作的领导、理解和支持。一是贯彻落实好会议精神。各级法院党组要结合本辖区实际情况，就贯彻落实会议精神提出切实可行的工作方案。各高级人民法院要确保将会议精神传达到辖区所有法院。关于裁判文书上网，昨天中国裁判文书网已经和各高级人民法院联通。明年1月1日地方各级人民法院也要和中国裁判文书网联通，并且要严格按照《最高人民法院关于人民法院在互联网公布裁判文书的规定》，在裁判文书生效后7日内将其传送至中国裁判文书网公布。中西部地区基层人民法院的文书上网时间进度由所在高级人民法院根据实际情况确定。各级人民法院要尽快修改原来的受理案件通知书、应诉通知书等相关文书，增加告知当事人有关人民法院在互联网公布裁判文书的内容，并尽快在政务网站、电子触摸屏、诉讼指南等中增加告知人民法院在互联网公布裁判文书的相关规定。

二是加强监督指导。最高人民法院要研究制定三大平台建设具体工作指南，指导全国法院开展三大平台建设工作，加强督促检查。各高级人民法院要认真履行职责，加强对辖区法院三大平台建设的通盘考虑和统一指挥，强化指导责任，及时总结经验、纠正偏差。三是完善配套机制。司法公开三大平台是一项系统性工程，需要法院内部审判执行、审判管理、综合调研、司法政务、信息技术等多个部门的互相配合和沟通协调。最高人民法院要抓紧统一平台建设的软件开发，上级法院要强化具体指导，各级法院要积极完善平台建设的配套工作机制。另外，人民法院的司法公开工作开展得好不好，仅靠法院自己评价是不够的，还要听听人民群众的呼声，让当事人或公众来评价。司法公开是手段，目的是达到司法公正。在公开过程中，不能仅凭自我感受良好就认为我们做得可以，而要多听听人民群众的呼声，多听听社会公众的评价。我们大量的案件处理得很好，为什么还有那么多合理怀疑，这与公开程度、公开方式有很大关系。在开展平台建设工作中，我们也可以借助社会评估机构来客观中立地评估人民法院工作，找出问题和差距，更好地改进这项工作。今年浙江省高级人民法院委托中国社会科学院法学研究所对浙江全省法院的司法公开工作进行评估的做法就很好，值得大家学习借鉴。

要按照中央关于全面深化改革的重大部署，以这次会议的召开为契机，抓住深入推进司法体制改革的大好机遇，以更加坚定的信心、更加务实的工作作风、更加有效的工作举措，深化司法公开，确保司法公正，让人民群众在每一个司法案件中都感受到公平正义，为加快建设公正高效权威的社会主义司法制度、为推进法治中国建设提供强有力的司法保障！

裁判文书公开是司法公开重中之重*

一、充分认识裁判文书公开的重要意义

裁判文书是审判智慧的精华所在，是审判权力运行的外在体现，裁判文书公开是司法公开的重中之重，因此最高人民法院高度重视裁判文书公开工作。2013 年 7 月 1 日，中国裁判文书网正式开通；2013 年 11 月 27 日，全国法院司法公开工作推进会在深圳召开，发布《关于推进司法公开三大平台建设的若干意见》和《关于人民法院在互联网公布裁判文书的规定》两个司法指导性文件，人民法院司法公开工作力度自此不断加大；2015 年 6 月底，裁判文书公开工作实现了全国法院全覆盖、案件类型全覆盖和办案法官全覆盖；2015 年 12 月 15 日，实现少数民族语言文字裁判文书的公开；2016 年 8 月起，中国裁判文书网每日访问量超过 2000 万次，8 月 16 日总访问量突破 20 亿次，用户覆盖全球 190 多个国家和地区，超过 5 亿次访问量来自海外，成为全球最大的裁判文书公开平台。昨天，最高人民法院又召开裁判文书公开工作新闻发布会和座谈会，发布

* 根据 2016 年 8 月 31 日在裁判文书公开专家研讨会上的总结讲话稿改编。

《最高人民法院关于人民法院在互联网公布裁判文书的规定》（修订），公布中国裁判文书网 App 正式上线，进一步推进裁判文书公开工作的制度化、规范化。

二、充分发挥裁判文书公开的重大作用

裁判文书上网公开，让司法权力在阳光下运行，接受人民群众监督，可以推动法官全面提升司法能力和水平，促进司法公正，提升司法公信力，为法学研究提供了宝贵资源，强化了司法裁判的教育、示范、引导、评价功能；对于弘扬社会主义核心价值观、在全社会树立法治信仰具有重大作用，也推动了与其他国家和地区的司法交流互鉴，促进了国际治理法治化。今后在研究、分析、推进裁判文书公开时要着重关注这些问题，更好地发挥裁判文书公开的重大作用。

一是通过裁判文书公开促进司法公正。要让人民群众在每一个司法案件中感受到公平正义，也就是说司法公平正义要以可感知的方式实现。司法活动最大的特点是根据现有证据推定过去已经发生的案件事实，根据案件事实适用法律，分配当事人之间的权利义务。司法活动这种通过主观反映客观的公正性，既要有严格的诉讼程序、证据规则、法律逻辑来保证，也要通过让当事人和社会公众“看得见的方式”来实现。裁判文书作为司法公正的重要载体，通过上网公开后，就向社会公众展示了人民法院审判权运行的公平正义，同时也推动法官提升裁判能力和水平。这是裁判文书公开的首要作用。

二是通过裁判文书公开加强司法监督。司法监督是司法权力公正行使的外在保障。什么样的监督方式最好，从国内外经验来看，公开是实现监督的最好方式。实践证明，裁判文书公开后，就必然会受到社会各方面的关注，只要真正做到生效裁判文书的全面公开，

一切非法的干预就无藏身之地，因为依法裁判作出的文书是无法吸纳和消化任何非法借口和理由的。也正是这样，我们说裁判文书公开是抵御非法干扰的最佳盾牌。人民群众通过对裁判文书的公开监督，就能真正在每一个司法案件中切实感受到公平正义。

三是通过裁判文书公开统一裁判尺度。裁判文书公开不仅能推动法官提高裁判能力和司法水平，还能为法官判案提供更好的指引、借鉴，对于统一法律适用和裁判尺度具有重要作用。通过公开裁判文书，可以为不同地域以及上下级法院之间在类型化案件的处理上提供相对近似的裁判标准，大大提高了最高人民法院以及二审法院生效裁判的示范作用，帮助法官群体形成相对统一的利益衡量标准和裁判尺度，不断缩小不同法院之间裁判结果的差异，统一法律适用标准。

四是通过裁判文书公开开展法治宣传。国家法治建设、国家治理法治化的推进，不能仅仅依靠司法机关，还有赖于整个社会。公民法治意识培养和社会法制宣传不是抽象的，一定是具体的。通过一个个鲜活的案例，把司法产品或者说是司法结果进行公开，是最好的法治宣传。一份好的裁判文书，就是一份素材丰富的法治宣传教材，人们可以通过公开的裁判文书，形成自身的行为预期，规范自身的行为，进而在全社会形成遵法守法的良好氛围。

五是通过裁判文书公开推动法学研究。丰富多样的司法实践，既是法学教育的生动教材，又是法学研究的最佳素材。多年来，可供法学研究和法学教育的案例大多是经过修饰、改变或有意加工后的案例，案例的针对性、目的性都在不同程度上牺牲了真实性，导致法学院里的案例分析与法庭上的裁判结果相差很大。互联网时代的裁判文书公开，以快速、真实、多样、量大为特点，为法学研究和法学教育的发展提供了前所未有的便利条件，必将推动中国法学的繁荣与进步，弥合法学理论与法学实践之间的距离，甚至推动国际司法交流。从中国裁判文书网上点击情况看，国外也有不少人在关注中国的裁判文书，我们在司法交流过程中也时有反馈，这都表明中国裁判文书的受关注度越来越高。所以，裁判文书公开不仅能加强我们自身的学术研究，而且对于国际交流也非常有益。

六是通过裁判文书公开落实司法为民。司法裁判是司法机关根据宪法和法律授权对是非争议的最终判断，涉及价值考量、利益衡量和权益分配，代表了国家法律的基本立场。裁判文书公开并提供便捷高效的检索、查询系统，可以为人民群众提供具体而明确的行为导引，便于社会公众通过一个个鲜活的判例来识别和判断行为后果，帮助他们形成较为科学的行为预期，并选择解决纠纷的具体方式；通过裁判文书公开并加以大数据分析，还可以反映出国家各个领域的治理实情。从这个角度看，裁判文书公开为落实司法为民提供了一个崭新的平台。我们要始终把裁判文书公开工作当作司法为民的重要方面，成为着力推动司法公开、司法公正的基础性工作，努力推动完善中国特色的司法公开制度体系。

新时代裁判文书释法说理的功能定位及实现路径*

党的十八届三中全会审议通过的《中共中央关于全面深化改革若干重大问题的决定》（以下简称三中全会《决定》）提出，“增强法律文书说理性”；党的十八届四中全会审议通过的《中共中央关于全面推进依法治国若干重大问题的决定》（以下简称四中全会《决定》）又提出，“加强法律文书释法说理”。为了落实中央的司法改革部署，最高人民法院发布的《关于全面深化人民法院改革的意见——人民法院第四个五年改革纲要（2014—2018）》专列“推动裁判文书说理改革”条目，即“根据不同审级和案件类型，实现裁判文书的繁简分流，加强对当事人争议较大、法律关系复杂、社会关注度较高的一审案件，以及所有的二审案件、再审案件、审判委员会讨论决定案件裁判文书的说理性。对事实清楚……证据确实充分、被告人认罪的一审轻微刑事案件，使用简化的裁判文书，通过填充要素、简化格式，提高裁判效率。重视律师辩护代理意见，对

* 根据《新时代裁判文书释法说理改革的功能定位及重点聚焦》改编。原文刊载最高人民法院网2018年6月12日，https：//www. court. gov. cn/zixun/xiangqing/101562. html。

于律师依法提出的辩护代理意见未予采纳的，应当在裁判文书中说明理由。完善裁判文书说理的刚性约束机制和激励机制，建立裁判文书说理的评价体系，将裁判文书的说理水平作为法官业绩评价和晋级、选升的重要因素”。

经过多地调研，反复论证，最高人民法院近日制定发布了《关于加强和规范裁判文书释法说理的指导意见》（以下简称《释法说理指导意见》）。本文结合对《释法说理指导意见》精神和内容的学习，就新时代裁判文书释法说理的功能定位及实现路径谈些体会。

一、新时代裁判文书释法说理改革的功能定位

裁判文书释法说理改革较早以来就被最高人民法院所重视。1999 年 10 月 20 日发布的《人民法院五年改革纲要》、2009 年 3 月 17 日发布的《人民法院第三个五年改革纲要（2009—2013）》均对裁判文书改革作了安排，但从实际效果来看，裁判文书说理性不强、说理不充分、论证不到位等问题仍未得到较好的解决，进而使一些案件不时地成为热点敏感案件，严重损害司法公信力。立足于新时代建设中国特色社会主义的新要求，党的十八届三中、四中全会决定从更高的层面对裁判文书的说理性或者释法说理方面的改革提出新部署。《释法说理指导意见》既是落实《人民法院第四个五年改革纲要（2014—2018）》具体任务的实际具体举措，也是作为未来一个时期指导全国法院裁判文书释法说理工作的重要文件，契合党的十九大报告提出的“深化司法体制综合配套改革，全面落实司法责任制，努力让人民群众在每一个司法案件中感受到公平正义”的精神和要求。立足于此，新时代的裁判文书释法说理在以下几个方面具有重要功能：

1. 裁判文书释法说理改革是深化依法治国实践和提升国家治理

能力的基础工程。无论是深化依法治国实践还是提升国家治理能力，均离不开严格司法、离不开公正、高效、权威的社会主义司法制度的强有力支撑。裁判文书说理，事关审判权的严格规范行使，事关司法责任制的全面落实，事关裁判文书定分止争功能的发挥，事关司法公信力的不断提升。裁判文书的说理，在某种程度上是检测全面深化司法改革最终成效的重要指数，是助推人民法院审判能力现代化的重要切口，是促进国家治理能力现代化的重要途径。

2. 裁判文书释法说理改革是展示法院公正形象的载体工程。按照中央的部署，为确保法院依法独立公正行使审判权，此轮司法体制改革中推出的系列举措。例如，建立领导干部干预司法活动、插手具体案件处理的记录、通报和责任追究制度，建立健全司法人员履行法定职责保护机制等，着重从外围建立确保司法公正的“防火墙”。“司法公正不仅要实现，而且要以看得见的方式实现”，裁判文书说理则是人民法院从内部增加的倒逼司法公正的“加压器”，是以“让人感觉得到的方式”来呈现司法公正的重要环节和关键载体。

3. 裁判文书释法说理改革是提高司法产品质量和审判效率的优化工程。当前世界主要法治国家均面临一个共同的现实问题，即民众既要求严格司法，实现正义，又要求快速审判，提高效率，节约成本。随着经济社会的发展和人民群众法治意识、权利意识的增强，全国法院案件数量近年来持续大幅增长，始终保持高位运行。特别是随着立案登记制的实施和《行政诉讼法》等许多法律的修改或制定，“案多人少”矛盾在部分地区和法院越发凸显。《释法说理指导意见》专门提出“繁简适度”的要求，不仅强调法官应当根据案情是否重大复杂、诉讼各方争议程度、审判程序类型、案件社会影响大小、文书种类等不同情况进行繁简适度的说理，而且详细列举了

“应当加强说理”和“可以简化说理”的情形，确保“简案快审、繁案精审”“该繁则繁，当简则简，繁简适度”原则在裁判文书制作和说理环节的落实，从而更好地实现更高层次的司法公正与效率的有机统一。如果把公正的判决比作一份合格的司法产品，那么裁判文书说理在很大程度上决定着这份产品的质量和性价比。人民法院通过建立健全积极引导法官“愿说理”“敢说理”“说好理”的机制，不断地优化裁判文书说理，必将为人民群众提供优质、高效的司法产品。

4. 裁判文书释法说理改革是推进司法公开的升华工程。审判公开作为我国《宪法》规定的一项重要原则，是社会主义司法民主政治的要求，是司法文明的标志，是司法公正的保障。四中全会《决定》强调，“构建开放、动态、透明、便民的阳光司法机制，推进审判公开、检务公开、警务公开、狱务公开，依法及时公开执法司法依据、程序、流程、结果和生效法律文书，杜绝‘暗箱操作’。加强法律文书释法说理，建立生效法律文书统一上网和公开查询制度”。最高人民法院近年来以此为动力，以上率下，统筹谋划，一体部署，强有力地采取了系列深化司法公开制度改革的工作举措，包括推进审判流程公开、庭审活动公开、裁判文书公开、执行信息公开四大平台建设，开通最高人民法院英文网站，法院政务网站、“12368”诉讼服务平台、法院微博、微信、移动新闻客户端的建设与升级等，使我国的司法公开水平迅速地迈入世界先进行列。司法公开是一面镜子，是一块“试金石”，更是“一缕阳光”。《释法说理指导意见》强调的裁判文书说理公开、审判委员会讨论案件适用法律的理由公开、裁判文书说理如实反映庭审过程等，这必将促进司法的实质化公开迈上新台阶。

5. 裁判文书释法说理改革是改善人民群众公平正义获得感的民

生工程。司法个案的案情不同，难易有别，具体到当事人自然会存在不同的需求。对于简单案件，当事人对诉讼程序的需求更偏重及时、便捷、低成本、高效益，不希望因为程序复杂导致诉讼拖延；而对于复杂程序，当事人往往更愿意法院严格适用普通程序进行实质化或者优质化审理，更期待法官进行精准到位的裁判文书说理，切实发挥司法裁判定分止争的功能。当前，一些法院的审判工作存在繁简不分、简案办不快、难案办不精等突出问题，不能充分满足人民群众的不同司法需求。《释法说理指导意见》深入贯彻以人民为中心的发展思想，充分关注有限司法资源与多元司法需求的冲突，根据案件的不同情形合理配置司法资源，即“说理支出”不是广撒“胡椒面”，而是有重点地“聚焦”，真正地把需要说的理说透讲明，不需要说的理绝不“无病呻吟”，不断地提升裁判文书对不同受众的说服效果，切实地“让人民群众在每一个司法案件中感受到公平正义”。

二、新时代裁判文书释法说理改革的基本遵循

无论是《释法说理指导意见》的起草制定，还是推进裁判文书释法说理工作，均应恪守以下基本遵循。

1. 坚持合法性原则。从裁判说理的立法化来看，域外一些国家在宪法中作出明文规定，例如，《土耳其共和国宪法》第 141 条规定“所有法院判决一律以书面形式作出，并附理由说明”，《比利时联邦宪法》第 149 条规定“所有判决均须说明理由、判决公开进行宣读”，等等。更多的是在《民事诉讼法》和《刑事诉讼法》中加以具体规定，如德国、韩国、日本、俄罗斯等。我国 2017 年修正的《民事诉讼法》第 152 条针对民事判决书的记载内容明确规定，“判决书应当写明判决结果和作出该判决的理由”；第 154 条针对民事裁

定书的记载内容明确规定，“裁定书应当写明裁定结果和作出该裁定的理由”。2017 年修正的《行政诉讼法》第 43 条第 2 款规定，“对未采纳的证据应当在裁判文书中说明理由”。2012 年修正的《刑事诉讼法》没有作出明文规定，但自 2013 年 1 月 1 日起施行的《最高人民法院关于适用〈中华人民共和国刑事诉讼法〉的解释》第 246 条规定，“裁判文书应当写明裁判依据，阐释裁判理由，反映控辩双方的意见并说明采纳或者不予采纳的理由”，等等。这些法律和司法解释规定是《释法说理指导意见》的主要制定依据。

2. 坚持问题导向。无论是学术界的学理研究还是实务界的实证分析，均表明我国当下的裁判文书依然存在“不愿说理”“不会说理”“不敢说理”“说不好理”等方面的问题。《释法说理指导意见》以解决这些重点问题为出发点和落脚点，着重从裁判文书的说理要求、繁简指引、技术规制和机制配套等方面提出有针对性的意见和要求。

3. 坚持从实际出发。裁判文书是人民法院依照法律规定独立行使审判权，审理民事、刑事、行政等案件过程中制作的法律文书，是司法公正的最终载体。我国当下司法实践中，裁判文书存在不同的种类，包括判决书、裁定书、决定书、调解书；适用于不同的审判领域，包括刑事审判、民事审判、行政审判、国家赔偿、执行；适用于不同的诉讼阶段，包括立案、一审、二审、再审、执行；适用于不同的诉讼程序，包括普通程序、简易程序、特别程序、督促程序、公示催告程序等；适用于不同的案件，包括简单案件、复杂案件；适用于不同层级法院，包括基层法院、中级法院、高级法院和最高人民法院。案件难易、讼争事实、审判程序、案情影响大小、文书种类等因素，均会直接或者间接地影响裁判文书的说理。《释法说理指导意见》不追求“大而全”，而是重点解决一些宏观层面的共性问题，至于刑事裁判文书说理、民事裁判文书说理、行政裁判文书说理等方面的个性问题，可在总结审判实践经验的基础上再分别作出细则性的规定。同时，针对一些实践中尚存在较大争议的问题，例如，合议庭成员不同意见及其理由是否在全部或者部分裁判文书中公开、裁判文书是否附加法官寄语等，《释法说理指导意见》未予明确，有待司法实践的进一步探索。

三、新时代裁判文书释法说理改革的重点聚焦

《释法说理指导意见》的实施过程中，应着重聚焦以下几点：

1. 把握好裁判文书释法说理的“四项原则”。

（1）合法性原则。此处“合法性”是指“合法律性”，即我国社会主义法制原则四句话中的“有法必依”，亦即三中全会《决定》强调的“推进严格司法。坚持以事实为根据、以法律为准绳，健全事实认定符合客观真相、办案结果符合实体公正、办案过程符合程序公正的法律制度”。裁判文书说理“合法性”的要求贯穿审查判断证据、认定案件事实和适用法律、行使自由裁量权等方面。

（2）正当性原则。此处“正当性”包括以下层面：一是“合理性”，裁判文书说理内容要正当合理，例如，说理的价值取向符合社会主义核心价值观；二是“平等性”，裁判文书说理应平等对待诉讼各方，回应诉讼各方的意见；三是“程序正当性”，裁判文书说理应符合“正当程序原理”和“程序正义”的基本要求和内在精神。

（3）针对性原则。此处的“针对性”就是“有的放矢”，具体包括以下几个方面：一是裁判文书说理应针对诉讼各方的主张来进行；二是裁判文书说理应针对诉讼各方的争论焦点来进行，既包括诉讼各方对证据“三性”（关联性、合法性和真实性）的争论，也

包括事实认定方面的争论，还包括法律适用方面的争论；三是裁判文书说理应针对不同的受众来进行，案件当事人、与案件程序流转相关的法官、法律职业共同体、社会普通大众均会或多或少地直接或者间接地影响法官的裁判文书说理。

（4）必要性原则。此处的“必要性”就是“区别对待”和“适可而止”，具体包括以下几个方面：一是法官应根据案件难易、讼争事实、庭审情况的不同进行繁简适度的说理。简单案件简化说理，繁难案件需要强化说理。二是法官在判决书、裁定书、调解书、决定书中的说理应存有差别。实体类的判决书、裁定书要求说理的程度较高，程序类的裁定书和决定书一般说理要求不高，调解书因双方当事人的合意处分因素自然地会减少说理的必要性。三是从协同性、配套性角度来说，不同的诉讼程序往往需要不同的裁判文书样式，其中就包括对裁判说理作出不同的安排，普通程序需要制作“要式裁判文书”，简易程序需要制作“简式裁判文书”。四是从不同层级法院功能的角度而言，四级法院制作的裁判文书的说理理应有别。四中全会《决定》提出，“完善审级制度，一审重在解决事实认定和法律适用，二审重在解决事实法律争议、实现二审终审，再审重在解决依法纠错、维护裁判权威”。按照此种一审、二审、再审的功能定位，单纯审理一审案件的基层法院的裁判文书说理要求有别于中级、高级、最高人民法院制作的裁判文书，同时中级、高级、最高人民法院各自制作的一审裁判文书的说理要求也有别于二审、再审裁判文书。五是裁判文书说理应注意“度”的把握：一方面，从论点和论据的关系而言，既要求整个裁判文书的论据对于最终的裁判结论而言是充分的，也要求裁判文书中的每个论点均有充分的论据；另一方面，从具体标准而言，裁判文书既不能说理不到位、有欠缺，也不能烦琐说理、啰嗦说理、“表演式”说理，而要谨守“中庸之道”，力争“恰到好处”。

2. 落实好裁判文书释法说理的“双轨分流”。繁简分流机制改革无论是在中央部署的改革方案还是最高人民法院提出的改革纲要中均是一项重要的机制性改革。繁简分流具体可以分为三个层次：第一层次是指诉讼程序的繁简分流，不同案件分别适用不同审理程序，实现简案快审、繁案精审；第二层次是指解纷方式的繁简分流，既包括诉内的不同程序，又包括诉外的多元化解；第三层次是指整个司法系统的繁简分流，不仅包括诉内诉外的繁简分流，还包括司法资源的优化分配。裁判文书的制作属于诉讼过程的终端环节，诉讼程序的繁简分流自然会要求裁判文书简式、要式并存、说理繁简有别。裁判文书说理的“繁简适度”，既要符合司法审判规律，也要符合成本—效率规律。无论是就法理还是实务而言，个案本身要求说理的繁简程度是有别的，而非千篇一律地必须详细说理或者均可简略说理。从司法成本来看，在司法资源总量有限和“案多人少”矛盾未能根本缓解的情况下，简案简化说理，繁案强化说理，显然是优化既定投入的总量司法资源的具体表现。从司法为民来看，无论是人民群众还是具体当事人，往往对每一个司法案件公平正义的感受和司法需求会存在差别，同样对每份裁判文书的说理要求也会不同。《释法说理指导意见》既有原则性要求，“根据案件社会影响、审判程序、诉讼阶段等不同情况进行繁简适度的说理，简案略说，繁案精说，力求恰到好处”，又分别详细列举了“应当加强释法说理”的具体情形，包括：疑难、复杂案件；诉讼各方争议较大的案件；社会关注度较高、影响较大的案件；宣告无罪、判处法定刑以下刑罚、判处死刑的案件；行政诉讼中对被诉行政行为所依据的规范性文件一并进行审查的案件；判决变更行政行为的案件；新类型或者可能成为指导性案例的案件；抗诉案件；二审改判或者发回重审的案件；重审案件；再审案件；其他需要强化说理的案件。列举了“可以简化释法说理”的具体情形，具体包括：适用民事简易程序、小额诉讼程序审理的案件；适用民事特别程序、督促程序及公示催告程序审理的案件；适用刑事速裁程序、简易程序审理的案件；当事人达成和解协议的轻微刑事案件；适用行政简易程序审理的案件；适用普通程序审理但是诉讼各方争议不大的案件。上述规定为法官提出了明确的操作指引。

3. 平衡好裁判文书释法说理的“双重属性”。裁判文书是人民法院依照法律规定独立行使审判权，审理民事、刑事、行政等案件过程中制作的法律文书。作为国家公文的裁判文书，具有法律和写作的双重属性，“法律属性”内在地要求规范性，而“写作属性”少不了灵活性。《释法说理指导意见》提出了“四条规诫”，即从下列方面提出了规范性要求：（1）裁判文书应当遵循最高人民法院制作的系列文书样式的技术规范标准；（2）裁判文书说理引用规范性法律文件应当遵循最高人民法院相关司法解释规定；（3）裁判文书说理应当使用符合国家通用语言文字规范和标准的语言；（4）裁判文书说理的行文应当规范、准确、清楚、朴实、庄重、精练。与此同时，《释法说理指导意见》又作了系列灵活性规定，为裁判文书释法说理的个性化提供了指引，包括：（1）根据案件情况，法官可以合理调整裁判文书事实认定和说理部分的体例结构。（2）法官可以运用最高人民法院发布的指导性案例、最高人民法院发布的非司法解释类审判业务规范性文件，公理、情理、经验法则、交易惯例、民间规约、职业伦理，立法说明等材料，采取历史、体系、比较等法律解释方法，法理及通行学术观点，与法律、司法解释等规范性法律文件不相冲突的其他论据等七大类辅助论据来论证裁判理由，提高裁判结论的正当性和可接受性。（3）为便于说理，法官可以在裁判文书中选择采用附图、附表等表达方式。例如，案情复杂的，采用列明裁判要点的方式；案件事实或数额计算复杂的，采用附表的方式；裁判内容用附图的方式更容易表达清楚的，采用附图的方式；证据过多的，采用附录的方式呈现构成证据链的全案证据或证据目录，等等。（4）法官必要时可以采用适当的修辞方法增强说理效果。

裁判文书释法说理的目的是通过阐明裁判结论的形成过程和正当性理由，提高裁判的可接受性，实现法律效果和社会效果的有机统一。随着此项机制性改革的逐步深化，必将进一步增强裁判行为的公正度、透明度，规范审判权行使，提升司法公信力和司法权威，发挥裁判的定分止争和价值引领作用，弘扬社会主义核心价值观，努力让人民群众在每一个司法案件中感受到公平正义，切实维护诉讼当事人合法权益，促进社会和谐稳定。

四、以审判为中心促制度建设

推进以审判为中心的诉讼制度改革是党的十八届四中全会部署的重大改革任务。习近平总书记深刻指出："充分发挥审判特别是庭审的作用，是确保案件处理质量和司法公正的重要环节。我国刑事诉讼法规定公检法三机关在刑事诉讼活动中各司其职、互相配合、互相制约，这是符合中国国情、具有中国特色的诉讼制度，必须坚持。"[①] 公检法三机关"分工负责、互相配合、互相制约"的宪法原则，是符合中国国情和刑事司法规律，具有中国特色的诉讼制度。特别需要强调的是，"以审判为中心"不是改变这一宪法原则，而是强调在该原则的指导下，刑事诉讼各个阶段均按照审判阶段的事实证据标准开展工作，确保侦查、审查起诉的案件事实经得起法律的检验。另外，"以审判为中心"不涉及政法各机关地位高低、作用大小等问题，它是刑事程序法治的内在要求，出发点和落脚点是使刑事审判工作更加公正、科学。这项改革对于有效破解制约刑事司法公正的突出问题，更好地统一刑事司法标准；对于切实遵循诉讼规律、司法规律、法治规律，更好地落实罪刑法定、疑罪从无、非法证据排除等法律原则和制度；对于依法加强人权司法保障，更好地实现惩罚犯罪、保障人权的诉讼目的，意义重大且影响极为深远。

进入新时代，最高人民法院坚持以审判为中心的刑事诉讼制度发展方向，开展认罪认罚制度试点工作并推动这项制度写

---

① 《中共中央关于全面推进依法治国若干重大问题的决定》，人民出版社 2014 年版，第 58 页。

入《刑事诉讼法》，制定出台新《刑事诉讼法》相关司法解释，推动刑事审判理念、刑事政策、刑事证据制度、刑事诉讼制度改革等取得新发展。

刑事诉讼制度改革必须以问题为导向*

党的十八届四中全会《中共中央关于全面推进依法治国若干重大问题的决定》（以下简称四中全会《决定》）明确提出，推进以审判为中心的诉讼制度改革，确保侦查、审查起诉的案件事实证据经得起法律的检验。以审判为中心的诉讼制度改革涉及刑事、民事、行政三大诉讼，这里主要围绕刑事诉讼展开。以审判为中心，要求在刑事诉讼各个环节中更加凸显审判的中心地位，强调审判对案件的终局裁判功能，是《刑事诉讼法》“未经人民法院依法判决，对任何人都不得确定有罪”原则的基本要求。此项改革对刑事司法工作提出了全新的要求，对于确保案件质量、维护司法公正具有十分重要的意义。

一、以审判为中心的刑事诉讼制度改革的内涵、特征和意义

推进以审判为中心的诉讼制度改革，是一项重大而紧迫的司法改革任务。习近平总书记在关于四中全会《决定》的说明中，将这

---

* 根据2015年10月18日在中国刑事诉讼法学研究会2015年年会的专题报告改编。

项改革作为十个重点说明问题之一进行了专门阐述。公检法三机关“分工负责、互相配合、互相制约”的宪法原则，是经过我国长期刑事司法实践验证，符合中国国情和刑事司法规律，具有中国特色的诉讼制度。一方面，“以审判为中心”不是改变这一宪法原则，而是强调在该原则的指导下，刑事诉讼各个阶段均按照审判阶段的事实证据标准开展工作，确保侦查、审查起诉的案件事实经得起法律的检验。另一方面，“以审判为中心”不涉及政法各机关地位高低、作用大小等问题，它是刑事程序法治的内在要求，出发点和落脚点是使刑事审判工作更加公正、科学，努力让人民群众在每一个司法案件中感受到公平正义。

以审判为中心的刑事诉讼制度改革的内涵。刑事诉讼中，审判程序公开透明，参与诉讼主体多元，也是最终对案件作出裁判的诉讼环节。刑事诉讼制度的以审判为中心，可以从三个层次理解：一是审判程序在刑事诉讼中应居于中心地位，公诉案件的侦查、起诉等阶段都要围绕审判程序进行。二是庭审应成为审判过程的决定性环节，确保诉讼证据质证在法庭、案件事实查明在法庭、诉辩意见发表在法庭、裁判理由形成在法庭，推进庭审实质化。三是一审程序应成为整个刑事审判程序的重心，应充分发挥一审在认定事实证据方面的优势作用。

以审判为中心的刑事诉讼制度改革的基本特征。贯彻落实中央改革部署，推进以审判为中心的诉讼制度改革，需要把握好以审判为中心的四个基本特征：一是在司法理念上，执法司法活动应当适应法治发展新要求，更加注重保障人权，强化程序正义，坚持惩罚犯罪与保障人权相统一、程序公正与实体公正相统一，逐步树立起充分体现公平正义的现代刑事司法理念。二是在司法原则上，要进一步落实罪刑法定、疑罪从无、控辩平等、裁判中立、直接言词、非法证据排除等刑事法律的基本原则和制度。三是在认定标准上，要求刑事诉讼各阶段都要按照法定程序要求和事实证据标准开展工作，做到“事实清楚，证据确实、充分”。四是在工作机制上，健全公检法三机关“分工负责、互相配合、互相制约”机制，既各司其职，也互相制约，充分发挥司法裁判的规范、指导、评价、引领作用。

以审判为中心的刑事诉讼制度改革的重大意义。强调以审判为中心，注重发挥庭审的决定性作用，是公正司法的必然要求，是严格司法的题中之义，符合司法活动客观规律，具有十分重大的意义。一是有利于确保公正司法，提升司法公信力。以审判为中心要求在保障各方诉讼权利的基础上，法官居中裁判，实现审判程序中的控辩平等；充分听取各方意见，在各方有效参与下对定罪和量刑问题作出判断，确保正义不仅能够实现而且能够以当事人看得见、感受得到的方式实现。二是有利于加强人权司法保障，有效防范冤假错案。以审判为中心要求高度重视、切实发挥审判程序的功能作用，促进审前程序始终围绕审判的要求开展，从源头上防止事实不清、证据不足的案件或者违反法律程序的案件进入审判程序，充分保障被告人的质证权、辩护权等诉讼权利，通过法庭审判的程序公正实现案件裁判的实体公正，从而有效防范冤假错案，从制度上确保案件审理结果既经得起法律和事实的检验，也经得起历史的检验。三是有利于落实司法责任制。以审判为中心要求发挥庭审的决定性作用，审判时必须严格落实直接言词原则，只有亲自参与庭审活动的法官才能对案件作出裁判，落实“让审理者裁判，由裁判者负责”，防止案外因素的干扰。四是有利于维护宪法法律权威，促进国家治理体系和治理能力现代化。司法是维护社会公平正义的最后一道防线。深化司法体制改革，特别是推进以审判为中心的诉讼制度改革，旨在建设公正高效权威的社会主义司法制度，通过高质量的庭审最大限度地体现程序公正、实现实质正义，赢得各方对裁判的认可和尊重，确保宪法法律得到正确有效实施，促进社会公平正义，使国家和社会治理始终在法治轨道上运行。

二、以问题为导向推进以审判为中心的刑事诉讼制度改革

近年来，各有关方面高度重视刑事诉讼制度的完善和落实，有力推动了刑事诉讼法的贯彻落实，有效提升了审判质量、队伍素质和司法公信力，各项工作都取得了长足的进步。但也应清醒认识到，刑事司法实践中存在一些妨碍刑事司法公正的突出问题，刑事冤假错案时有发生，要从体制机制上解决这些问题，就必须系统改革完善刑事诉讼制度，推动建立以审判为中心的诉讼制度。

第一，证据裁判规则未能有效落实。在刑事司法实践中发现，存在办案人员对法庭审判重视不够，常常出现一些关键证据没有收集或者没有依法收集，进入庭审的案件没有达到“事实清楚、证据确实充分”的法定要求，使审判无法顺利进行。具体表现：一是一些案件证据的收集、固定、保存等环节工作有待改进，存在“选择性取证”、不依法移送有利于被告人的证据等问题，使审判机关既难以依法定罪，也难以依法宣告无罪。二是有罪推定、口供至上的传统观念有待进一步纠正，刑讯逼供、非法取证等问题仍然存在，对侦查取证的监督力度有待加大。有的案件没有依法全面收集和移送证据材料，导致进入庭审的案件没有达到法定证明标准。少量案件性质、后果严重，可能判处重刑甚至死刑的重大案件，对此类案件，法院强行下判，不仅不符合法律规定，还可能造成冤假错案；依法放人，又难以承受来自社会各方的巨大压力。这是长期以来“疑罪从无”原则难以落实，冤假错案时有发生的深层次原因。

第二，非法证据排除规则尚不健全。一是法律规定过于原则，非法证据的范围和排除程序不明确。2012年《刑事诉讼法》确立非法证据排除规则，对遏制刑讯逼供、非法取证发挥了积极作用，但法律规定较为原则，各有关方面对相关规定的认识有较大分歧，导致司法实践中存在非法证据认定难、排除难等问题，既影响法律实施效果，又埋下冤假错案隐患。二是司法实践中存在不严格执行已有的非法证据排除规定情形，对采用非法手段收集的证据或者不符合法定要求的证据没有严格排除。

第三，庭前准备工作有待完善。一是庭前会议制度是2012年《刑事诉讼法》修改的亮点之一，有利于控辩双方平等了解案情，有利于法官明确争议焦点，但因适用范围、会议内容、参加主体和会议效力等不够明确，影响了具体适用。二是全案卷宗移送制度有助于法官在庭前更加清晰地把握案件争点，但实践中部分审判人员庭审中心意识不强，存在先入为主的现象，影响了庭审效果。

第四，庭审程序存在形式化问题。庭审是整个审判程序的核心，但是目前审判活动主要围绕案卷进行，法官在庭前查阅案卷，在庭审中核实案卷，最后又依据案卷形成裁判结果，庭审虚化的问题比较突出。主要表现：一是直接言词原则未能全面贯彻，2012年《刑事诉讼法》修改，建立强制证人出庭等制度，但未限制庭前书面证言的使用，证人出庭率低的问题依然存在，对案卷笔录的证据能力实质性审查不足。二是控辩平等原则落实不到位，一些案件辩护人面临“会见难”“阅卷难”“调查取证难”等问题，控辩双方难以形成实质性对抗。三是法官庭审驾驭能力待提高，法庭调查流于形式，不敢当庭认证，当庭宣判率偏低。四是人民陪审员参加审判活动不够主动，存在“陪而不审、审而不议”的现象。五是疑罪从无原则有待进一步落实，审判对侦查、起诉的制约引导有限，“层层传导”

不畅。

第五，刑事辩护代理制度有待改进。辩护制度是刑事诉讼结构的重要支撑，但在实践中刑事辩护尚存在较大缺口。一是不少案件没有辩护律师，辩护能力和质量均有待提高，法律援助工作有待进一步加强。二是在有辩护律师参与的案件中，律师有效辩护的保障和救济机制尚不健全、不到位。

三、以审判为中心的刑事诉讼制度改革的初步思路与举措

推进以审判为中心的刑事诉讼制度改革，涉及侦查、审查起诉、审判等刑事诉讼的多个环节，是一项系统工程，需要各方共同努力。2012 年《刑事诉讼法》的修正，推动我国刑事诉讼朝“以审判为中心”的方向迈出了坚实的一步。我们认为，推进以审判为中心的诉讼制度改革，需要社会各界、各位专家学者的共同努力，刑事司法实践中尤其要注意以下几个方面：

第一，全面贯彻证据裁判规则。四中全会《决定》明确要求“全面贯彻证据裁判规则”。证据裁判规则是现代刑事诉讼普遍遵循的基本规则之一，要求在刑事诉讼中认定被告人有罪和处以刑罚，必须以证据为根据，没有证据或证据不足不能作出有罪裁判。

2012 年修正的《刑事诉讼法》及其司法解释，已经确立了一套相当完备的证据裁判规则体系。但是，在实践中一些证据规则没有发挥应有的作用和价值，在健全和落实上仍需下功夫。一是坚持科学的刑事司法理念。要正确理解和贯彻罪刑法定、疑罪从无、证据裁判等原则，坚持程序公正和实体公正相统一，以程序公正保障实体公正，充分发挥公安机关、检察机关、审判机关、司法行政机关在侦查、批捕、提起公诉、诉讼监督、审判、刑罚执行等方面的重要职能，为查清案件事实、依法采信证据、正确适用法律、作出公

正裁判、严格执行刑罚打下坚实基础。要着力转变“重打击轻保护”等传统观念，坚持惩罚犯罪和保障人权相统一的司法理念，切实规范刑事司法权的行使。要坚决摒弃有罪推定、疑罪从轻等错误观念，进一步贯彻落实疑罪从无原则，对于定罪证据不足的案件，应当依法宣告被告人无罪，不能降格作出“留有余地”的判决，切实保障无罪的人不受刑事追究，共同维护刑事司法公正。二是牢固树立证据意识。所有办案机关和诉讼参与人均应牢固树立重证据、重调查研究、不轻信口供的意识，坚持严格依法收集、固定、保存、审查和运用证据，坚持用证据说话，用证据证明案件事实，用严密的证据链条锁定犯罪事实。三是坚持全面收集、提供证据。本着实事求是的原则，既收集、提供证明犯罪嫌疑人、被告人有罪或者罪重的证据，也收集、提供证明其无罪或者罪轻的证据。四是坚持口供补强规则。只有被告人供述，没有其他证据补强的案件，不能认定被告人有罪并处以刑罚。

第二，严格执行非法证据排除规则。根据证据裁判规则，只有具有证据能力的材料，才能在刑事诉讼中作为证据使用。对法律规定不具有证据能力的材料，即使客观真实、非常重要，也不能被采纳为诉讼证据，更谈不上作为定案的根据。《刑事诉讼法》和“两个证据规定”[①] 规定了各类证据的采纳标准，但在司法实践中，经常出现非法取证或者取证不规范等问题，导致一些证据材料丧失证据能力。

为严格贯彻证据裁判规则，避免不具有证据能力的材料进入法庭，应该严格执行法定的证据采纳标准，依法排除不具有证据能力

① “两个证据规定”：《关于办理死刑案件审查判断证据若干问题的规定》和《关于办理刑事案件排除非法证据若干问题的规定》。

的材料，引导和督促办案人员依法规范地收集证据。根据中央改革要求，为严格实行非法证据排除规则，最高人民法院正在会同有关部门起草规范性文件，进一步明确非法证据的范围和认定标准，细化非法证据的排除程序。一是严格排除采用非法方法收集的证据。法官应当严格执行法律和有关规定，认真审查处理被告方提出的排除非法证据申请，坚持先行当庭调查原则，在法庭作出是否排除有关证据的决定前，不得对有关证据宣读、质证；积极引导控辩双方围绕取证合法性充分辩论；对于不能排除以非法方法收集证据的情形，应当依法排除非法证据；采用刑讯逼供等非法方法收集的犯罪嫌疑人、被告人供述，采用暴力、威胁等非法方法收集的证人证言、被害人陈述，应当予以排除；研究加强对刑讯逼供和非法取证的源头预防，健全落实非法证据排除的法律制度。二是严格排除不符合法律要求的证据。《刑事诉讼法》规定了法定证据种类，并对取证主体、程序和方式作出明确要求，司法实践中应予严格执行。例如，办理案件时，经常出现有关部门出具的说明材料，对于这类材料，法律未予规范，能否作为证据使用存在不同认识，实践中操作不一。对破案经过等说明材料涉及的定罪量刑事实，应当提供相应的证据，否则不能认定相关事实。对说明材料涉及的取证瑕疵，必要时应当由办案人员出庭作证，对证据来源及收集过程的疑问不能作出合理解释的、存在瑕疵的材料不得作为证据使用。对涉及专门问题的认定材料，应当作出符合法律要求的鉴定意见，必要时由专业人员出庭作证；相关认定材料缺乏专业依据、专业人员不出庭作证的，该认定材料不得作为定案的根据。三是严格执行法律明确规定的证据采纳规则。“徒法不足以自行”“法律的生命力在于实施”，贯彻落实证据裁判规则，首要的要求就是严格执行法律明确规定的证据采纳规则，法院应该严格遵守法律规定，自觉维护审判权威。例如，目前正在研究完善证人出庭制度，基本思路是确立直接言词原则，控辩双方对证人证言有异议、证人又不出庭作证的，庭前证言不得作为证据使用。待规定出台后，法院就要严格予以执行。

第三，强化庭前准备程序功能。充分的庭前准备，是优质高效庭审的基础和保证。以庭前会议制度为代表，刑事诉讼法从多个方面对庭前准备程序进行了完善，对确保庭审的实质化、保障被告人的辩护权、确保法官居中裁判等具有重要意义。

进一步强化庭前准备程序，需要重点推进以下举措：一是完善指定管辖制度。一些重大案件特别是跨区域犯罪案件，经常产生管辖权争议，而目前法律有关指定管辖的规定较为笼统，因此需要进一步研究明确指定管辖的原则和依据，探索研究建立以法院为主体的指定管辖决定程序。二是完善庭前会议制度。充分发挥庭前会议的功能作用，探索程序性争议解决在庭前的工作机制，确保庭审的连续性和持续性，使诉讼参与人特别是辩护人在庭审前全面掌握案件情况，提升法庭调查和辩论的效率和效果。三是推进案件繁简分流。强调“以审判为中心”，并不是要求所有案件均以规范复杂的普通程序解决，而是区别案件情况采取不同的审理程序。在进一步扩大简易程序适用范围的基础上，要深入推进刑事案件速裁程序试点，通过繁简分流，实现该繁则繁、当简则简，使复杂案件进入普通程序审理，使简单轻微案件分流处理，为落实以审判为中心的诉讼制度节约司法资源。

第四，推动实现庭审实质化。庭审改革是以审判为中心的诉讼制度改革的关键环节，通过庭审实质化实现“以庭审为中心”，集中体现了司法规律的要求，也是优化我国刑事诉讼运行机制的重要举措。第六次全国刑事审判工作会议召开后，为贯彻落实会议精神，充分发挥庭审功能，最高人民法院在全国法院开展了刑事庭审调查评比活动，通过评比发现问题、总结经验、细化规则、创新举措，进一步促进了庭审功能的发挥。

在落实繁简分流原则的基础上，发挥庭审在查明事实、认定证据、保护诉权、公正裁判中的决定性作用，关键在于推进庭审实质化，克服庭审形式化。一是围绕庭审开展诉讼活动。实现诉讼资源向庭审集中，办案时间向庭审倾斜，办案标准向庭审看齐。确保举证、质证、认证在法庭，关键证人、鉴定人作证在法庭，案件事实调查、认定在法庭，控辩和代理意见发表、辩论在法庭，当事人及其辩护人、代理律师的诉讼权利行使在法庭，公正裁判决定在法庭，裁判说理阐述在法庭。二是充分发挥庭审的事实认定功能。健全审判权力运行机制，完善主审法官、合议庭办案责任制，健全院庭长审判管理和监督机制，改革审判委员会工作机制，落实“让审理者裁判，由裁判者负责”原则。着力提高法官的庭审驾驭能力，规范引导庭审秩序，进一步落实证据当庭出示、辨认、质证、认证制度。完善人民陪审员参与审理事实认定机制，明确人民陪审员参与审理事实认定的案件范围和表决机制。三是完善审级制度。发挥庭审的决定性作用主要体现在一审程序中，还应注重完善二审庭审。进一步完善审级制度，确保不同审级有不同的侧重点，一审重在解决事实认定和法律适用，二审重在解决事实法律争议、实现两审终审，再审重在解决依法纠错、维护裁判权威。

第五，改革完善庭审规则。推动庭审实质化，要改革完善庭审规程，通过规范化、实质化的庭审，严格落实直接言词原则，保证庭审成为确认和解决罪责刑问题的决定性环节，促使侦查、起诉活动围绕庭审的规程标准进行。

改革完善庭审规则，应从以下几个方面努力：一是严格规范举证质证程序。控辩双方向法庭举证，应当符合出示证据的要求。证言对定罪量刑有重大影响又存在争议的，原则上证人应当出庭；对物证、书证、视听资料等实物证据，以及技术侦查证据，原则上应当当庭出示，否则不得作为定案的根据。在充分举证的基础上，要坚持未经质证不得认证原则。法庭应当认真听取被告方质证意见，必要时可引导控辩双方进行辩论，当庭解决证据争议。对证据的证明力，应当结合案件具体情况，从证据与待证事实的关联程度、证据之间的联系等方面进行审查判断。二是严格规范法庭辩论程序。法庭辩论作为法庭审理的独立阶段，是发现案件疑点、解决争议、查明事实的重要环节。司法实践中，证据质证阶段的分散辩论，与法庭辩论阶段的集中辩论，都会涉及证据问题，需要妥善处理分散辩论与集中辩论的关系，既不能在证据质证阶段排斥分散辩论，也不能在集中辩论阶段排斥对有关证据发表补充质证意见。在集中辩论阶段，要充分听取控辩双方意见，贯彻口头辩论原则。辩论不限于一问一答的单次辩论，可以进行补充辩论、多轮辩论。三是严格规范法庭认证程序。认证是诉讼证明最后也是至关重要的环节。对证据证明力的审查判断，属于心证范畴。法官要想摆脱对案卷的依赖，必须重视对证据证明力的实质性审查，才能凸显法官的裁判主体地位。各类证据都有独特的证明价值，也有内在的错误风险。法官应当了解心理学、物证技术学和现代法庭科学等方面的基础知识，掌握各类证据的审查判断方法，通过庭审质证发现和解决证据问题。例如，对指纹、笔迹和 DNA 等鉴定意见，许多法官都只是进行形式审查，无法判断鉴定意见的科学性和准确性。懂得司法鉴定的同一认定理论，熟悉指纹纹线特征、笔迹书写习惯和 DNA 遗传规律，有助于对专业鉴定意见进行实质性审查。对于复杂的专业鉴定意见，必要时可以通知鉴定人或者专家辅助人出庭，通过控辩双方充分质证、辩论，准确判断证据的证明价值。对证据证明力的判断，通常要结合案情和其他证据进行，当庭可能难以直接作出认证结论，但认证结论应当来自庭审。裁判文书要公开心证过程，充分说明认证理由。

第六，保障辩护职能的有效发挥。刑事辩护是宪法和刑事诉讼法赋予犯罪嫌疑人、被告人及其辩护人在刑事诉讼中享有的一项基本权利，是维护和实现司法公正不可或缺的一项诉讼职能。刑事诉讼中，犯罪嫌疑人、被告人可以自行辩护，也可依法委托律师或其他符合条件的公民为其辩护，若属于可能判处无期徒刑、死刑等情形未委托辩护人的，则应通知法律援助机构指派律师辩护。根据刑事诉讼法规定，辩护人的职责是根据事实和法律提出犯罪嫌疑人、被告人无罪、罪轻或者减轻、免除其刑事责任的材料和意见，维护犯罪嫌疑人、被告人的诉讼权利和其他合法权益。

推进以审判为中心的诉讼制度改革，应当进一步完善辩护制度，切实发挥辩护的职能作用。一是切实保障犯罪嫌疑人、被告人的辩护权。既要保障其自行充分行使辩护权，又要有效保障其委托辩护人进行辩护的权利。完善法律援助制度，扩大援助范围，最大限度保障犯罪嫌疑人、被告人获得有效辩护。二是充分发挥辩护律师的作用。切实保障律师会见当事人、阅卷、举证、质证、辩护等权利，认真听取律师的辩护和代理意见，充分发挥律师在依法认定事实、正确适用法律、准确定罪量刑等方面的重要作用。三是建立健全刑事案件强制辩护代理制度。为加强人权司法保障、提升案件质量，应在现有法律规定基础上，进一步扩大应当指定辩护律师的案件范围。可以探索完善对刑事案件被害人的法律援助机制，为其指派代理律师，畅通被害人诉求表达渠道，在强化被告人人权保障的同时充分保障被害人诉讼权利。

推进以审判为中心的诉讼制度改革，需要优化司法资源配置，科学设置各司法机关的职权，充分发挥侦查、起诉和审判的职能作用，这有赖于社会各界、各有关方面和各位专家学者的共同推进、形成合力。我们应该抓住司法改革的历史机遇，进一步加强理论研究，更新司法理念，优化职权配置，重构诉讼程序，逐步形成以审判为中心的诉讼格局，建立更加符合司法规律的刑事诉讼制度，为全面推进依法治国作出积极贡献。

必须从制度上防范冤假错案*

财新网：结束了五年人大代表任期，李少平“转换跑道”，成为新一届全国政协委员。作为最高人民法院分管司法改革的副院长，李少平在2018年全国“两会”期间接受财新记者专访，详细解答了法院司法改革的相关问题，并对平反冤假错案、产权保护、证人出庭、法官员额制等热点问题进行一一回应。

李少平早年当过知青，1978年考入西南政法学院（现西南政法大学）法律系，1982年本科毕业后留校任教、读研。1987年7月，获得硕士学位的李少平进入四川省高级人民法院工作，开启法官职业生涯。他先后在四川省高级人民法院、天津市高级人民法院担任一把手，2013年10月进京担任最高人民法院党组成员、副院长，2016年12月兼任位于重庆市的第五巡回法庭庭长。

李少平认为，推进以审判为中心的刑事诉讼制度改革，才能从根本上防范冤假错案。培养公民义务作证意识，就要完善证人保护制度，让他们敢于出庭作证。谈及司法责任制改革，他强调对法官

---

* 2018年3月12日财新网两会专访内容，收录时有改动。

的放权和监督不是对立关系，不应拿法官素质参差不齐为借口又搞案件审批制，改革只能向前走，不能走回头路。

从制度上防范冤案发生

财新记者： 今年全国“两会”是对过去五年的总结。最高人民法院院长周强在工作报告中说，五年来纠正了呼格吉勒图案、聂树斌案等重大错案39件78人。纠正了这么多冤案，如何总结经验教训？

李少平： 在纠正冤假错案上，最高人民法院的态度是非常明确的，只要发现一起，就要坚决纠正一起。特别是党的十八大以来，我们加大了纠错力度，五年来再审改判案件6747件，包括社会反响很大的呼格吉勒图案、聂树斌案，并依法予以国家赔偿，让正义最终得以实现，以纠正错案推动法治进步。

要总结的经验教训有很多。总的来说，要从制度上加以完善，尽最大努力防范冤假错案的发生。我们目前正在大力推进以审判为中心的刑事诉讼制度改革，目的就是从根本上、制度上去防范冤假错案。

财新记者： 最高人民法院非常重视产权保护，2017年年底，最高人民法院直接提审了顾维军案、张文中案，进展如何？

李少平： 习近平总书记在中央经济工作会议上指出，要支持民营企业发展，落实保护产权政策，依法甄别纠正社会反映强烈的产权纠纷案件。[①] 我认为，公开公正地处理每一件涉产权保护案件，给社会带来的影响是很大的。

去年我们公布了第一批三件涉及产权保护的再审案件，包括你

① 中央经济工作会议举行　习近平李克强作重要讲话，载新华网，http：//www.xinhuanet.com//politics/leaders/2017－12/20/c_1122142392.htm？eqid＝c0086ab600005107000000002645dd459。

问到的顾雏军案、张文中案。这三个案件正在处理过程中，我们肯定会依法公正审理。典型案件的纠正，能很好地引导人们聚焦到改革发展上来。有恒产才会有恒心，一个社会要持久繁荣，产权保护是重要条件。

我们也要注意到，产权是一个历史发展过程中的变化的概念。今年是改革开放40年，在改革开放之初，个人产权概念并不清晰，40年来我国发生了天翻地覆的变化，产权的观念非常明晰，产权越来越得到重视，是保护公民合法权益的重要组成部分。

培养公民作证意识

财新记者：推进以审判为中心的刑事诉讼制度改革，很重要的一点是维护刑辩律师的辩护权利，从法院的角度来看，如何让刑事辩护充分发挥实质作用？

李少平：要让刑事辩护发挥实质性作用，就要推动庭审实质化改革，保证庭审在查明事实、认定证据、保护诉权、公正裁判中发挥决定性作用，真正实现事实证据调查在法庭、定罪量刑在法庭、裁判结果形成在法庭。要更加注重依法保障律师在庭审中的发问、质证、辩论等诉讼权利，对控辩双方当庭提出的申请或异议，法庭应当作出处理。要充分听取辩护律师的辩护意见，注重在裁判文书中加强说理，回应辩护律师的辩护意见等，切实发挥刑事辩护实质作用。

财新记者：据专家统计，目前我国法庭庭审证人出庭比例不足5%。如何解决这个问题？

李少平：我们知道，开庭目的是查明案件事实，法官都希望查明案件事实，关键证人出庭是查明事实的重要方式。但是不可否认，法庭上证人出庭比例不高，很关键的一个问题是证人不愿意出庭作证。

主要原因之一是我国证人制度存在欠缺，需要进一步完善。比如说证人保护制度，有的人怕作证后遭到打击报复。还有公民作证义务感的培养，有些人的态度是“事不关己，凭什么要去?”我们需要进一步加强证人出庭作证制度建设，培养涉及这方面的法律观念。

财新记者：有学者和律师在讨论，法官的自由裁量权过大，应该有所限制。

李少平：法官自由裁量权，由诉讼法等法律规定。从实践来看，我国法律对法官权力与义务的规定，总体上是符合中国实际的。法官都是严格依照法律办事，并不是说法官想怎么判就怎么判，在一个具体案件中法官受到社会各界的监督。一个案件中，双方当事人都盯着，如果法官有所偏袒，另一方一定会反映的。

而且，法律程序都是严格设定的，一审程序完了以后，不服的话还有二审。再不服，还可以再审、申诉。另外，检察机关作为专门的法律监督机关，可以对法院的裁决进行抗诉。现在还有社会监督，裁判文书都是公布到网上的，全社会都盯着。我认为笼统地说法官自由裁量权过大，是不符合实际的。但在具体案件上，可以探讨法官在处理方式上有什么欠缺，应该怎么改进。

放权和监督不能对立

财新记者：你分管司法改革工作。党的十八大以来的司法改革，一个关键举措是推行司法责任制，放权给法官，“让审理者裁判，由裁判者负责”。我听到一些地方法院领导说，放权以后对案件不好管了；也有公众担心，对法官的监督可能会弱化。你怎么看?

李少平：我也听到过这样的声音，认为实行司法责任制后的一个突出问题就是法官权力大了，对法官的监督弱化了，甚至有人以目前法官素质参差不齐为理由，又提出案子要让院庭长审批把关。

我认为这是将放权和监督对立起来。其实，司法责任制改革从来没有放权后弱化监督，相反对法官的监督只能加强，不能削弱。我们不能以监督为由又搞不符合司法规律的审批制。改革只能向前，不能走回头路。

对一个案件的监督，首先由诉讼制度来保障，比如，我们有二审制度、再审制度，有来自当事人、律师及诉讼代理人最直接有效的监督，有来自人大、政协、监察机关、检察机关、新闻舆论乃至社会各界的监督，同时法院内部还有严格的监督管理制度，院庭长负有监督管理案件公正高效审理的法律职责，我们还要大力推进司法公开和信息化建设，实现司法活动公开透明、全程留痕。因此，不能认为司法责任制改革以后，对法官、对案件的监督就必然弱化了。关键是要着力改变过去人盯人、人盯案的传统监督模式，实行信息化全流程的审判监督管理机制，做到放权不放任，监督不缺位。

财新记者：近几年全国法院在解决“执行难”问题上下了很大功夫。社会上也一直在讨论执行体制改革的问题。执行局系统会不会从法院拿出去，整合到其他部门？

李少平：执行有刑事执行、民事执行、行政执行。执行体制改革涉及部门很多，比如说刑事执行，实际上刑事执行主体主要是司法部，司法部主管监狱，但是刑事执行也有一部分是在法院，比如，死刑执行、罚金刑执行。

刑事执行问题不是很大。“执行难”，主要难在民事执行。我们说审执分离改革，其实在法院内部本身就是分离的，但要不要从法院划分出去，从目前情况看，从理论和实践中讲，暂时还不具备条件。因为执行裁决和执行实施是密切相关的。一个执行案件在执行过程中，会有各种各样的情况，如果执行裁决和实施由完全不同的部门操作，很难办理。

最高人民法院非常重视执行问题。我们提出，要用两到三年时间基本解决执行难。一是完善制度，二是加大力度，多措并举。我们有信心把“执行难”问题基本解决好。

财新记者：这一轮司法改革还通过实行员额制，对法官队伍动大手术。员额制改革进展如何？

李少平：员额制对进入法官队伍的门槛、条件和程序都作了新规定，其实质就是改变过去只要进入法院就可以当法官的状况，目的是提高法官队伍素质。目前法官员额制已经进入常态化运作。截至2017年年底，全国法院经过严格考试考核、遴选委员会专业把关、人大任命等程序，从原来的21万多名法官中遴选出12万多名员额法官，占中央政法专项编制的33%左右。员额制改革后，一些法官因工作交流、岗位调动、辞职退休等原因退出法官员额。一些地方在预留员额比例范围内开始启动第二批员额法官遴选，补充后备力量。

财新记者：员额法官有裁判权，其收入、地位跟法官助理、司法行政人员是不一样的。包括你在内，最高人民法院领导层都讲过，进入员额不等于进了“保险箱”，员额要动态调整，特别是要有退出机制。法官退出员额，有什么具体标准？

李少平：进入员额并不是进了“保险箱”，我们现在正在完善员额退出机制，不符合要求的就要退出。退出机制最重要的一条，就是法官能否正常履职，业务能力、素质等各方面不能胜任的员额法官，当然要退出。目前，最高人民法院已经着手制定有关文件，其中一项重要内容就是明确退出员额的情形和程序，对于司法能力不适应、办案绩效考核不达标的员额法官，要及时退出，从而构建员额“有进有出”的常态化运行机制。

财新记者：据我了解，这一轮改革过程中，法官流失的现象不同程度地存在。法院如何才能留得住人?

李少平: 人员的流动在现代社会是常态，不单是法院，任何一个单位都会存在这种情况。但在一段时期内，人员变动可能在法院系统表现得相对突出一些，这是可能的。

为什么会出现这种情况？一方面，社会对法律人才的需求越来越旺盛，很多单位对于从事过法院工作特别是优秀的法官，评价很高，不仅企业，还包括一些政府机关，到法院来找优秀的法律人才。另一方面，一些法官基于家庭原因、个人原因，作出其他职业选择，我们应该尊重他们的职业选择权利。

从法院的角度来说，我们应该进一步改进，更多地关心法官、爱护法官。我们现在正在做大量的工作，不仅要从感情上留人，也要从事业上留人。我从事一辈子法官职业，我为这个职业感到自豪，我认为法官是非常神圣的职业，虽然充满艰辛，每天面对的案件充满挑战，但是案子解决以后，个人获得感和荣誉感也是很强的。

当前的毒品犯罪形势和人民法院的禁毒工作*

近年来，人民法院认真贯彻落实党中央关于禁毒工作的各项重要决策部署，切实履行审判职责，以审判案件为工作中心，坚持依法从严惩处毒品犯罪，大力加强毒品犯罪审判规范化建设，不断完善禁毒司法工作机制，积极参与禁毒综合治理，各项工作均取得显著成效，为全面、深入推进禁毒工作提供了有力司法保障。同时，与当前的禁毒形势相比，人民法院的禁毒工作还存在一些薄弱环节。要继续坚持从严惩处的指导思想，充分发挥刑罚遏制、预防毒品犯罪的作用。要紧密结合工作实际，继续加强禁毒法制规范化建设。要夯实基础，进一步完善毒品犯罪审判工作机制。多措并举，切实增强参与综合治理的实效。

毒品是人类社会的公害，不仅严重侵害人的肌体和意志、破坏家庭幸福，也严重消耗社会财富、毒化社会风气。当前，滥用毒品和毒品犯罪是较为突出的社会问题。刑事审判是惩治毒品犯罪的重

---

* 根据《当前的毒品犯罪形势和人民法院的禁毒工作》改编。原文刊载《人民法院报》2018年6月26日，第2版。

要环节，从审判工作角度分析研判毒品犯罪的形势、特点，并提出相应的对策和措施，对进一步加强人民法院禁毒工作具有现实意义。

一、当前的毒品犯罪形势

受境外毒品渗透和国内多种因素影响，当前我国仍处于毒品问题蔓延期、毒品犯罪高发期和毒品治理攻坚期，禁毒斗争形势严峻复杂，禁毒工作任务仍然十分艰巨。从审判工作情况看，当前的毒品犯罪形势具体包括以下几个方面：

一是毒品犯罪案件数量仍处于高位。近年来全国法院一审审结毒品犯罪案件数总体呈上升趋势，2015 年达到历史最高点（13.9 万件），2016 年和 2017 年连续回落，但仍在 11 万件以上。毒品犯罪案件在全部刑事案件中所占比例仍然很高，案件数量在各类刑事案件中居于前列。

二是走私入境、制造毒品等源头性犯罪呈加剧之势。“金三角”“金新月”及南美等境外毒源地对我国的渗透加剧，云南、广东等边境、沿海地区的毒品走私入境犯罪仍保持高位。同时，国内制造甲基苯丙胺、氯胺酮等合成毒品犯罪较为突出，由以往高发于广东、四川等省份开始向其他省份蔓延，目前全国绝大多数省份发现了制毒活动。受制造毒品犯罪增长影响，麻黄碱、羟亚胺、邻氯苯基环戊酮等制毒物品流入非法渠道的形势严峻，全国法院一审审结制毒物品犯罪案件数从 2012 年的 145 件增至 2017 年的 290 件，增长 1 倍，制毒物品缴获量也大幅增长，且新的制毒原料、制毒方法不断出现。在犯罪方式上，贩毒活动科技化、智能化手段增多，利用 QQ、微信等信息网络进行交易，利用物流寄递渠道进行运输的毒品犯罪案件时有发生。

三是涉案毒品种类多样化，涉新精神活性物质犯罪案件有所增多。在涉案毒品种类方面，甲基苯丙胺（包括冰毒和片剂）、海洛因仍居主导地位，其中传统毒品海洛因所占比例逐年下降，合成毒品甲基苯丙胺所占比例不断增长，在大部分地区已超过海洛因成为最主要的涉案毒品。同时，新类型毒品犯罪总体呈上升趋势，其中涉氯胺酮犯罪所占比例最大，涉甲卡西酮、曲马多、芬太尼、恰特草等新类型毒品犯罪时有发生。特别值得关注的是，国内部分娱乐场所已经出现滥用新精神活性物质现象，部分地方出现了制造、走私、贩卖新精神活性物质犯罪案件，毒品“三代并存”的格局已初步显现。

四是毒品犯罪高发省份相对集中。从地域分布看，我国毒品犯罪已突破以往主要分布于边境、沿海地区的地域性特征，遍及全国所有省份，但案件高发地主要集中在华南、西南、华东和华中地区。广东的毒品犯罪案件数量近年来一直居全国首位，云南是缅北毒品向我国渗透的主要通道，近年来案件数量增速减缓，但大宗毒品犯罪案件多发，海洛因和甲基苯丙胺片剂的缴获量居于高位。广西中越边境地区已成为“金三角”毒品走私入境的第二大通道。江苏、浙江、湖南、湖北等地受其他省份毒品渗透影响和本地毒品消费刺激，毒品犯罪数量居高不下。四川、重庆、福建、辽宁、海南、甘肃等省市的毒品犯罪也呈多发态势，各自的地域性特征较为明显。

此外，毒品问题常与“黄、赌、盗、抢”等问题相互交织，诱发大量违法犯罪活动。不少吸毒人员沾染毒品后，很快走上制毒贩毒道路，或者实施盗抢犯罪获取吸毒资金。吸食合成毒品极易诱发自杀自残、暴力行凶等极端事件，近年来各地已发生多起吸毒后杀人、驾车冲撞行人等恶性案件，严重危害人民群众的生命财产安全和社会和谐稳定。毒品问题还容易与暴力恐怖犯罪、黑恶势力犯罪发生关联，严重影响国家安全和社会公共安全。

二、进一步加强人民法院的禁毒工作措施

党的十八大以来，以习近平同志为核心的党中央高度重视禁毒工作，中央政治局常委会专门听取禁毒工作汇报、研究禁毒工作，党中央、国务院专门制定出台关于加强禁毒工作的意见，从全局和战略高度进行整体部署。禁毒工作事关国家安危、民族兴衰、人民福祉，毒品一日不除，禁毒斗争就一日不能松懈。这充分体现了党中央厉行禁毒的坚定决心。习近平总书记多次发表重要讲话、作出重要指示，提出了新形势下做好禁毒工作的一系列新理念新思想新战略，是习近平新时代中国特色社会主义思想在禁毒工作中的具体体现，为我们做好新时代禁毒工作提供了根本遵循、指明了前进方向。

近年来，人民法院认真贯彻落实党中央关于禁毒工作的各项重要决策部署，切实履行审判职责，以审判案件为工作中心，坚持依法从严惩处毒品犯罪，大力加强毒品犯罪审判规范化建设，不断完善禁毒司法工作机制，积极参与禁毒综合治理，各项工作均取得显著成效，为全面、深入推进禁毒工作提供了有力司法保障。同时，与当前的禁毒形势相比，人民法院的禁毒工作还存在一些薄弱环节。例如，有的毒情较为严重地区的法院对毒品犯罪审判工作重视不够，没有把这项工作置于国家禁毒事业大局下谋划和推进；有的法院就案办案，不注重总结分析本地毒品犯罪的特点，对新出现的法律适用问题研究不够；有的法院对落实禁毒综合治理措施不够积极，工作方式偏于单一，禁毒宣传教育工作力度不大。对上述问题需要从多个方面采取切实措施，有针对性地加以解决，确保人民法院禁毒工作取得新成效。

一是要继续坚持从严惩处的指导思想，充分发挥刑罚遏制、预

防毒品犯罪的作用。2012 年至 2017 年，毒品犯罪案件中判处五年有期徒刑以上刑罚的重刑率为 21.9%，各年度的重刑率均高于同期全部刑事案件重刑率十几个百分点。其中，对罪行极其严重、主观恶性极大、罪证确实充分的毒品犯罪分子，坚决依法判处死刑。当前，人民法院要毫不动摇地继续坚持厉行禁毒的指导思想，积极配合、参与国家禁毒委员会部署的“两打两控”专项行动，依法严厉打击制造毒品，贩卖毒品，走私、非法生产、买卖、运输制毒物品犯罪，吸毒人员肇事肇祸犯罪，以及其他严重毒品犯罪；要紧密结合扫黑除恶专项斗争，严惩操纵、经营涉毒活动的黑恶势力、毒黑交织的制贩毒团伙，深挖涉毒黑恶势力及其“保护伞”，推动禁毒领域扫黑除恶斗争取得积极成效。在经济制裁方面，要充分关注毒品犯罪属于贪利性犯罪的特点，加大对毒品犯罪的经济制裁力度，依法追缴违法所得，充分适用罚金、没收财产刑并加大执行力度，确保从经济基础上有效惩处犯罪并剥夺再犯的条件。当然，在审判过程中也要坚持辩证思维和区别对待，对罪行较轻，或者具有从犯、自首、立功、坦白、初犯等法定、酌定从宽处罚情节的被告人，依法给予从宽处罚，以分化瓦解毒品犯罪分子，预防和减少毒品犯罪。实践中，一些依法体现从宽的毒品犯罪案件取得了良好的裁判效果。

二是要紧密结合工作实际，继续加强禁毒法制规范化建设。近年来人民法院通过开展专项调研、制定规范性文件、发布典型案例等多种形式，不断规范毒品犯罪的法律适用，成效显著。最高人民法院 2015 年印发了相关规定，2016 年制定了相关规定，还会同相关部门就惩治制毒物品犯罪、涉麻黄碱类复方制剂犯罪、规范毒品名称表述等问题制定了多部规范性文件，较好地解决了毒品犯罪适用法律方面的一系列难题。

当前，在推进禁毒法制建设方面较为紧迫的工作是尽快出台毒品犯罪案件证据规则。这是中央在关于加强禁毒工作的文件中提出的重要措施。2016 年 7 月，最高人民法院会同最高人民检察院、公安部、国家安全部、司法部印发了相关规定，其中也提出要建立健全符合裁判要求、适应各类案件特点的证据收集指引。根据工作安排，最高人民法院刑事审判第五庭会同最高人民检察院和公安部的相关部门，已于 2016 年启动了毒品犯罪案件证据规则的制定工作，经深入调研、论证，广泛征求意见，目前证据规则稿已趋于成熟。下一步，要加快工作进度，按照以审判为中心刑事诉讼制度改革的要求，继续完善证据规则机制，争取尽快施行，为规范毒品犯罪案件的证据收集提取和审查判断工作，提高案件办理质量提供有力指引。

此外，要积极推进毒品犯罪追缴违法所得的法制规范化工作。如前所述，毒品犯罪属于贪利性犯罪，依法追缴违法所得，很多情况下其效果不亚于判处徒刑。近年来，最高人民法院十分重视对毒品犯罪违法所得的追缴工作。2015 年印发的相关规定提出，要更加注重从经济上制裁毒品犯罪，依法追缴犯罪分子违法所得，充分适用罚金刑、没收财产刑并加大执行力度。为更加有效从经济上惩罚毒品犯罪，侦查阶段应当大力做好涉案财产的调查和查封、扣押、冻结工作，防止犯罪嫌疑人转移、隐匿财产，此举也将有利于审判阶段的财产刑执行。同时，需要进一步完善立法，研究在刑法中增加规定，对职业毒贩或者获利数额巨大，又没有其他正当收入来源的，可以推定其名下巨额财产系违法所得。

三是要夯实基础，进一步完善毒品犯罪审判工作机制。提高审判工作的质效，关键在于完善工作机制、提升队伍素质。具体包括以下几个方面：其一，要压实禁毒工作责任。各级人民法院要切实贯彻相关规定的要求，按照同级党委和禁毒委员会确定的禁毒责任，将禁毒工作列入本院整体工作规划，制订工作方案，抓好工作落实，并督促指导下级法院切实做好禁毒工作。其二，要大力加强专业审判机构和队伍建设。毒品犯罪审判工作的专业性很强，毒品犯罪多发地区的高、中级人民法院，可以根据实际需要，探索确立专门承担毒品犯罪审判和调研指导工作的合议庭甚至审判庭。要通过召开工作座谈会、举办业务培训班等多种形式，着力提升审判人员的司法能力，不断提高毒品犯罪审判专业化水平。其三，要健全外部工作协调机制。毒品犯罪多发地区的人民法院可以与公安机关、检察机关探索建立办理毒品犯罪案件工作联系制度，定期就禁毒工作中遇到的一般性法律适用问题进行沟通协商，研究解决思路和办法；可以探索建立毒品犯罪大要案通报机制，由侦办机关及时将案件相关情况通报同级法院，还可以建立健全毒情通报机制和禁毒执法情报共享机制，以更好地提升禁毒合力，扩大禁毒执法效果。

四是多措并举，切实增强参与综合治理的实效。毒品对社会的危害，与毒品犯罪（供应）和吸毒行为（需求）均直接相关。当前我国吸毒人数庞大，隐性吸毒人员众多，如果不能有效减少吸毒人数进而减少毒品需求，刑罚遏制毒品犯罪的效果必然受到影响。因此，要将遏制毒品犯罪与治理吸毒问题结合起来，坚持减少需求与减少供应并重，采取经济、社会、文化、法律、行政等多元化手段对毒品问题进行系统治理、综合治理，以从源头上、根本上减少毒品犯罪。近年来，人民法院在做好毒品犯罪审判工作的同时，充分利用审判资源优势积极参与禁毒综合治理，取得了一些成效。下一步，要继续充分利用审判资源优势，更加积极广泛地参与禁毒综合治理工作，重点是大力做好禁毒宣传教育工作。一方面，要坚持集中宣传与日常宣传相结合。要围绕“6・3”虎门销烟纪念日、“6・26”国际禁毒日等重要时间节点，通过召开新闻发布会、发布典型案例等形式，集中进行宣传，形成全国法院严厉打击毒品犯罪的强大声势。同时，要紧密结合审判活动，通过庭审直播，举办禁毒法制讲座，建立禁毒对象帮教制度，与社区、学校、企业、团体建立禁毒协作机制等多种有效形式，开展好经常性的禁毒宣传教育活动。另一方面，宣传要突出重点。要坚持关口前移，预防为先，紧紧围绕青少年等群体和合成毒品滥用这两个重点，有针对性地组织开展宣传教育活动，重点宣传毒品特别是合成毒品的严重危害性以及人民法院对毒品犯罪坚决严惩的政策立场，警醒社会公众尤其是青少年自觉远离并抵制毒品。

此外，提出司法建议是人民法院延伸审判职能，促进完善社会治理体系的重要方式。各级人民法院要高度重视用好这一工作方式，在总结、借鉴以往工作经验的基础上，加强对本地毒品犯罪形势、特点的调查研究，并适时有针对性地向有关部门提出加强源头预防、日常管控的建议，促进毒品问题治理体系的进一步完善。

全面把握、准确适用认罪认罚从宽制度（节选）*

召开全国法院推进刑事案件认罪认罚从宽制度工作部署会，主要目的是贯彻落实全国人大常委会《关于修改〈中华人民共和国刑事诉讼法〉的决定》（以下简称《修改刑诉法的决定》），总结交流认罪认罚从宽制度试点改革经验，部署全面开展认罪认罚从宽审判工作，统一思想认识，明确目标要求，规范操作程序，确保法律准确有效实施。

完善刑事诉讼中认罪认罚从宽制度，是党的十八届四中全会作出的重大改革部署。2014 年 6 月，全国人大常委会通过决定，授权最高人民法院、最高人民检察院在北京等 18 个地区开展刑事案件速裁程序试点工作。2016 年 9 月，全国人大常委会授权最高人民法院、最高人民检察院在前述 18 个地区开展认罪认罚从宽制度试点工作，速裁程序试点纳入其中继续试行。四年来，在最高人民法院和相关高级人民法院指导下，各试点地区中级、基层人民法院凝心聚力，

* 根据 2019 年 2 月 20 日在推进刑事案件认罪认罚从宽制度工作部署会上的讲话稿改编。

攻坚克难，开拓创新，积极作为，试点工作深入有序开展。试点案件“从无到有”“从少到多”，数量不断增多、范围不断扩大，刑事审判质效明显提升，在落实宽严相济、加强人权保障、推进繁简分流、促进公平正义方面取得了显著成效，为完善刑事诉讼程序创造了可复制、可推广的经验。

习近平总书记指出，“改革开放只有进行时，没有完成时”。[①]“政法系统要在更高起点上，推动改革取得新的突破性进展”。[②]此次《刑事诉讼法》有关内容的修改完善，是贯彻习近平新时代中国特色社会主义思想和党的十九大精神，落实党中央关于深化司法体制改革的决策部署，推进国家治理体系和治理能力现代化的重要成果。其中，正式确立的认罪认罚从宽制度，是构建中国特色多层次刑事诉讼体系的重大探索，是推动新时代中国特色刑事诉讼制度新发展的重要抓手。各级人民法院要以习近平总书记关于刑事审判的一系列重要论述为指导，切实贯彻习近平总书记在中央政法工作会议上的重要讲话精神，以司法改革永远在路上的理念，从新起点上再出发，从更高层次、更高站位上找准切入点、着力点，推进司法改革在新时代取得新进展。要全面把握、准确适用认罪认罚从宽制度，切实抓好贯彻落实，巩固深化改革成果，推动新时代刑事审判工作创新发展。

一、统一思想，深刻认识认罪认罚从宽制度化的重大意义

周强院长指出，要准确把握社会主要矛盾变化对人民法院工作

① 本书编写组编：《将改革进行到底》，人民出版社、学习出版社2017年版，第6页。

② 《人民日报评论员：在更高起点推进政法领域改革——三论学习贯彻习近平总书记中央政法工作会议重要讲话》，载中国政府网，https：//www. gov. cn/xinwen/2019－01/18/content_5359143. htm。

提出的新要求，密切关注人民日益增长的美好生活需要呈现出的多样化多层次多方面的特点，切实满足人民群众多元司法需求，健全公正司法的制度机制。认罪认罚从宽制度，正是刑事案件处理模式多样化、多层次探索的重要方面。四年的试点实践充分证明，以认罪认罚从宽制度为抓手，完善刑事案件分流处理机制，构建中国特色多层次刑事诉讼程序，是新时代解决我国刑事诉讼面临的新问题，推进刑事立法、刑事司法精细化精准化的有效途径，是更好满足人民群众新期待和社会多元司法需求、在更高层次上实现公正与效率相统一的制度安排，具有重大的时代意义和实践价值。

认罪认罚从宽制度化，是适应与犯罪作斗争的客观规律、及时有效惩罚犯罪的必然要求。及时、准确查明犯罪事实，正确适用法律，惩罚犯罪分子，保障无罪的人不受刑事追究、有罪的人受到公正惩罚，是刑事诉讼的基本任务。随着国家法治的进步和人权保障的完善，刑事诉讼中证明、认定犯罪的证据标准更高、要求更严，打击犯罪的成本和投入也不断增加。一方面，我们面对的许多犯罪，手段不断翻新，证据稍纵即逝，调查取证难度增大。另一方面，我们又要强调，每个案件都必须做到事实清楚，证据确实、充分。被告人认罪认罚，对收集、固定客观证据，及时侦破、移送案件，保障诉讼顺利进行，具有重要的效率价值。同时，对减少诉讼过程中的控辩冲突，化解被告方和被害方的矛盾恩怨，修复社会关系，促进社会稳定，具有重大的和谐价值，且有利于防范非法取证和刑讯逼供等违法办案行为，防范冤假错案发生，确保无罪的人不受刑事追究。

认罪认罚从宽制度化，是落实宽严相济、发挥刑事政策法律威力的有效方式。宽严相济是党和国家长期坚持的基本刑事政策，也是世界各国各地区基本认同的刑法价值取向。从自首从宽处罚、坦白从宽处罚到认罪认罚从宽制度，是宽严相济刑事政策在刑法、刑事诉讼法中的系统整合和一体实现。我国《刑法》自颁布之日起即规定了自首从宽制度，明确犯罪以后自首的，可以从轻或者减轻处罚，犯罪较轻的，可以免除处罚。《刑法修正案（八）》进而规定坦白从宽制度，明确犯罪嫌疑人如实供述自己罪行的，可以从轻处罚，避免特别严重后果发生的，可以减轻处罚。《刑法修正案（九）》对贪污贿赂犯罪的坦白从宽作了进一步细化和延伸，明确对自愿认罪、真诚悔罪、积极退赃，避免、减少损害结果发生的，可以依法从轻、减轻或者免除处罚。2017 年 3 月最高人民法院出台的《关于常见犯罪的量刑指导意见》，对自首、坦白、退赃退赔等情节，都规定了相应的处理原则和从宽幅度。刑事诉讼法针对认罪案件规定了简易程序与刑事和解程序，此次修改增设的速裁程序，也是针对认罪认罚轻罪案件设计的诉讼程序。将这些规定系统整合为认罪认罚从宽制度并确立为刑事诉讼法的重要原则，使认罪认罚案件获得专门的诉讼程序和可靠的制度保障，有利于鼓励被告人自愿如实认罪，真诚悔罪改过，内心服判认罚，从而更好落实坦白从宽，全面贯彻宽严相济，释放刑事政策和刑事法律效能。

认罪认罚从宽制度化，是创新社会治理、实现打击犯罪与保障人权有机统一的重要途径。随着全面依法治国深入推进，社会治理现代化不断创新，刑事立法越来越注重参与社会治理，将人民群众反映强烈的一些违法行为、重大危险行为等纳入刑事处罚范畴，特别是扒窃、危险驾驶等多发违法行为犯罪化以后，轻微刑事案件大幅增加，所占比例越来越高。全国法院判处 3 年有期徒刑以下刑罚的案件比例，近几年都在 80% 以上。最典型的是危险驾驶行为，2011 年《刑法修正案（八）》入罪以来，案件数量呈爆发式增长，2017 年全国法院审结近 19 万件，占一审刑事案件总量的近 1/7。刑法参与社会治理，一方面有利于加快推进社会治理现代化，另一方面也会更多介入社会生活，出现入罪门槛降低、“犯罪圈”扩大等新现象。如果不因应立法变迁，对犯罪分子仍不加区分地一律羁押、监禁、走普通程序，不仅实现不了立法意图，而且可能造成“交叉感染”，这既会增加司法成本，也可能增加社会安全隐患。因此，我们要把认罪认罚从宽制度化，放在提升社会治理效能、加快推进社会治理现代化的大格局中去把握和落实。在确保案件质量的前提下，遵循刑事诉讼法基本原则，简化认罪认罚案件处理程序，缩减审前羁押时间，可以有效减少讼累，切实在诉讼程序中保障人权，避免以羁押时间决定量刑结果和“关多久判多久”等现象发生。

认罪认罚从宽制度化，是优化司法资源配置、完善中国特色刑事诉讼体系的重要举措。习近平总书记在中央政法工作会议上指出，要深化诉讼制度改革，推进案件繁简分流、轻重分离、快慢分道[①]。认罪认罚从宽制度化，是完善刑事案件分流处理机制的有益探索。近年来，严重危害社会治安的犯罪案件呈下降趋势，但刑事案件总量不断攀升，“案多人少”矛盾仍然存在。2017 年，全国法院审结一审刑事案件近 130 万件，比 2010 年增加 66.7％。如果不论认罪与否，不管案件难易，一律平均分配力量，既没必要，也不现实，势必影响司法效率，影响疑难复杂案件的司法资源投入，司法机关也将不堪重负。要解决“案多人少”矛盾，根本出路是改革诉讼制度和优化资源配置，完善制度机制，提升审判效率。通过对认罪认罚案件分流处理，推进繁简分流层次化、精细化、体系化，构建普通程序、简易程序、速裁程序有序衔接的多层次诉讼体系，简案快办，

① 习近平出席中央政法工作会议并发表重要讲话，载中国政府网，https：//www.gov. cn/xinwen/2019－01/16/content_ 5358414. htm。

繁案精办，实现诉讼程序与案件难易、刑罚轻重相适应，符合我国司法实践需要和刑事诉讼制度发展规律，有利于优化司法资源配置，促进庭审实质化，推进以审判为中心的诉讼制度改革，进一步完善中国特色刑事诉讼制度体系。

认罪认罚从宽制度化，既是有益借鉴的他山之石，又是立足中国国情的自主创新。认罪认罚从宽制度，是党和国家长期坚持的宽严相济、坦白从宽刑事政策的制度化和深化发展，是我国刑事法律制度自然演进的结果。当然，也适当借鉴了国外辩诉交易、认罪协商等诉讼制度中的一些合理因素，如强化认罪认罚的法律效果，完善相关法律程序，尊重被告人的诉讼主体地位和程序选择权，但绝不是辩诉交易的翻版。从制度定位上看，认罪认罚从宽的根本目的是确保公安机关、人民检察院、人民法院依法、及时、公正履行追诉、惩罚犯罪的职责，犯罪嫌疑人、被告人只是通过认罪认罚来争取从宽，而不是就定罪量刑进行讨价还价。而国外的辩诉交易，是当事人主义诉讼模式的产物，犯罪嫌疑人、被告人与检察官可以就诉讼结果进行协商处分、交易还价，以避免诉讼风险。从适用标准上看，认罪认罚从宽制度，坚持以事实为根据、以法律为准绳，贯彻证据裁判要求，是否从宽及从宽的具体幅度，都要依照法律规定和政策要求来把握。而国外的辩诉交易，只要被告人作出认罪答辩，一般即可定罪判刑，有的案件从宽幅度具有极大的不确定性。从职权配置上看，认罪认罚案件的定罪量刑，由检察机关提出建议，人民法院要在严格审查的基础上依法作出裁判。而国外的辩诉交易，法官对交易结果一般只进行形式审查，程序合法即予确认，按交易结果判决。一定要明确这两者之间存在的本质区别，正确理解适用认罪认罚从宽制度。

二、明确方向，准确把握认罪认罚从宽适用原则

在试点授权的前期调研和审议讨论时，曾有一些同志对认罪认罚从宽制度存在顾虑，担心会出现量刑把握不准，不加区分一律从宽，甚至发生重罪轻判、量刑失衡等问题；也有人担心证据把握不严，过分依赖口供，不加审查即予定罪，降低证明标准，乃至造成错案等问题。前期试点中，最高人民法院、最高人民检察院、公安部等在《关于在部分地区开展刑事案件认罪认罚从宽制度试点工作的办法》中强调了坚持宽严相济、坚持罪责刑相适应和坚持证据裁判三项原则，确保了试点依法稳妥有序开展。全国推开施行后，我们要牢牢把握法律原则和工作要求，避免宽严失衡、繁简失当。

要一体贯彻宽严相济刑事政策。认罪认罚从宽制度是坦白从宽刑事政策的具体化和制度化，是宽严相济刑事政策的重要组成内容。适用认罪认罚从宽制度，要与贯彻宽严相济刑事政策相统一，找准宽严相济的平衡点，避免片面从严、一味从宽两种错误倾向。对于三年以下的轻罪案件，特别是社会危害不大的初犯、偶犯、过失犯、未成年犯，要用足用好认罪认罚从宽制度，在不违背罪责刑相适应原则的前提下，可适度轻判的，轻判；可判处缓刑的，缓刑；可免刑的，免刑。强化制度激励，充分体现政策，打击孤立极少数、团结教育挽救大多数。要把占全部刑事案件80%以上的三年以下刑罚案件以及因民间矛盾激化引发、双方达成谅解和解，被告人自愿如实认罪、真诚悔罪认罚的案件，作为适用认罪认罚从宽制度的重点。只要具备从宽条件、不违背人民群众公平正义观念，要大胆依法予以从宽，用足用好这一制度，尽量减少社会对立面，促进社会长治久安。同时，也要注意防止“一刀切”、一律从宽。对于重大犯罪、严重暴力犯罪、严重破坏社会治安犯罪，对于社会普遍关注、群众

反映强烈的重大敏感案件，以及被告人前科累累、屡教不改、主观恶性深的案件，即使被告人认罪认罚，该重判的也要依法重判，切实贯彻宽严相济政策。对于涉及社会敏感因素、复杂背景、隐藏风险的案件，适用认罪认罚从宽制度要把握好，避免复杂问题简单化处理。对于当事人达成和解的案件，人民法院要认真审查，如有前述严重情节，即便达成和解，也要严格依法处理，避免给社会造成“花钱买刑”的不良导向。

要遵循罪责刑相适应原则。对认罪认罚的被告人量刑，既要体现认罪认罚从宽，又要考虑其所犯罪行的轻重、人身危险性的大小和应负刑事责任的大小，做到罪责刑相适应。一方面要看认罪认罚的主动性、及时性、稳定性、全面性，是否确有悔罪表现，以及对司法机关及时侦破案件的作用，来决定从宽的具体幅度。例如，主动投案与被动归案，到案即供述与多次讯问后才供述，始终稳定供述与时供时翻，全部供述犯罪事实与隐瞒次要犯罪事实，在确凿罪证面前才认罪与带领公安人员找到重要物证、人证，对于这些情形，在确定从宽幅度时应当有适当区别。另一方面要看罪行的严重程度。罪行较轻、人身危险性较小的，特别是初犯、偶犯，从宽幅度可以大一些；罪行较重、人身危险性较大的，以及累犯、再犯，则要依法从严掌握。对于检察机关提出的量刑建议明显偏离罪责刑相适应原则的，即便被告人、辩护人和被害人无异议，人民法院也应当认真审查、依法裁判，确保量刑公正，维护法律权威。

要坚持证据裁判原则。根据《刑事诉讼法》的规定，办理任何刑事案件，都必须以事实为根据，以法律为准绳。认罪认罚案件也不例外，必须贯彻证据裁判原则。犯罪嫌疑人、被告人认罪后，办案机关也要依法全面收集、固定、审查、运用证据。人民法院要按照法定程序认定和采信证据，坚守“事实清楚，证据确实、充分”

的法定证明标准。必须强调的是，所有刑事案件，无论被告人认罪与否、刑罚轻重，都应当适用统一证明标准。要准确把握认罪认罚案件与疑罪案件、证据瑕疵案件的界限，防止把本应“疑罪从无”的案件变成“疑罪从轻”，不能因为被告人认罪，就降低证明标准，对疑罪降格认定处理。同时，也要防止对本可定罪的案件，因办案人员工作不到位、责任心不强、业务水平不高，而轻易作为疑案处理或者在量刑上留有余地，放纵犯罪分子。要注意把握被告人认罪对取证、举证、认证的影响：一方面，认罪口供是定案的直接证据，真实、自愿、合法的口供，可以大大增强内心确信；另一方面，也不能单靠口供，该补查的补查，该把关的把关，防止出现过分倚重口供定案的现象。

三、提高认识，准确理解认罪认罚从宽制度设计

认罪认罚从宽制度，是对自愿如实认罪、真诚悔罪认罚的犯罪嫌疑人、被告人依法从宽处理的刑事法律制度，是实体规范和程序保障一体构建的综合性法律制度，是认罪认罚实体法律和诉讼程序的有机统合。其基本精神是对认罪认罚案件分流处理，实体从宽、程序从简，促进坦白从宽具体化、繁简分流精细化。

要准确把握“认罪”。这里的“认罪”，是指犯罪嫌疑人、被告人自愿如实供述自己的罪行，承认指控的犯罪事实。对此，可以按照《刑法》关于自首、坦白中“如实供述自己的罪行”来把握。承认指控的主要犯罪事实，仅对个别细节提出异议的，或者对犯罪事实没有异议，仅对行为性质提出辩解的，不影响“认罪”的认定。最高人民法院印发《关于处理自首和立功具体应用法律若干问题的解释》《关于被告人对行为性质的辩解是否影响自首成立问题的批复》《关于办理职务犯罪案件认定自首、立功等量刑情节若干问题的

意见》《关于处理自首和立功若干具体问题的意见》，对如何认定“如实供述”，已有比较明确的规定，可以照此把握。实践中，“认罪”可以表现为自首、坦白，也可以是当庭自愿认罪等形式，要综合全案事实、情节，结合认罪的形式、阶段、程度、价值以及悔罪表现等情况，决定是否从宽、如何从宽。

要准确把握“认罚”。这里的“认罚”，是指犯罪嫌疑人、被告人真诚悔罪、明确表示愿意接受司法机关给予的处罚，特别是接受检察机关提出的量刑建议，对检察机关建议判处的刑罚种类、幅度及刑罚执行方式没有异议。这里的“刑罚”，原则上包括主刑和附加刑。根据案件具体情况，检察机关对主刑提出的量刑建议，可以有一定的幅度，也可以是确定的刑期，还可以附条件，如区分达成和解与未达成和解、预缴罚金与未缴罚金等情形。刑罚执行方式是量刑的重要内容，提前解决适用争议，方便案件后续处理，也可避免检察机关事先不提意见、待法院宣告缓刑后又抗诉，或者被告人自以为是缓刑、在被判处实刑后提起上诉的情况。检察机关对财产刑提出量刑建议的，一般应当提出确定的数额，以便法院审查及后续执行。需要注意的是，“认罚”考察的重点，是犯罪嫌疑人、被告人的悔罪态度和悔罪表现。实践中，犯罪嫌疑人、被告人主动退赃退赔、积极赔偿损失、取得谅解和解、同意适用程序，等等，也是其悔罪认罚的表现。犯罪嫌疑人、被告人真诚悔罪，接受检察机关量刑建议，尽力退赃退赔的，应当认定为“认罚”；犯罪嫌疑人、被告人表面上接受量刑建议、承诺缴纳罚金，背后却“暗度陈仓”，隐匿、转移财产致使财产刑无法执行的，明显无悔罪诚意，不宜认定为“认罚”。

要准确把握“从宽”。规范保障认罪认罚的法律效果，是认罪认罚从宽制度的重要内容，要从实体和程序两方面把握“从宽”。实体上从宽，必须明确两点。一是一般要从宽，但绝非一律从宽。认罪认罚从宽，是“可以”从宽，要依据事实和法律综合考量，确定是否从宽及具体幅度。当然，“可以”从宽，也不是可有可无，应当理解为，没有特殊理由的，都应当体现法律规定和政策精神，从宽处罚。但是，绝不能把认罪认罚从宽简单地理解为一律从宽，对于严重危害国家安全、故意危害公共安全犯罪、严重暴力犯罪、涉众型犯罪等严重犯罪，对于黑恶势力犯罪的领导者、组织者、骨干分子，即使被告人认罪认罚，能否从宽也要严格把握。二是区分情形，适度从宽。对认罪认罚的被告人量刑，要根据犯罪的事实、性质、情节和对社会的危害程度，综合考虑认罪认罚的具体情况，依法确定是否从宽及从宽幅度。需要强调的是，以往的法律制度和司法实践对“认罪”关注较多，对“认罚”关注相对较少。修改后的《刑事诉讼法》已将认罪认罚从宽作为刑事诉讼法的原则予以规定，对于被告人真诚悔罪认罚、接受检察机关量刑建议的，在量刑时一般要予以考虑从宽。

程序上从宽处理，可以从三方面进行把握。一是简化审判程序，保障被告人获得迅速审判的权利。对于基层人民法院管辖的认罪认罚案件，可以适用简易程序或者速裁程序进行审判；对于其他认罪认罚案件，适用普通程序简化审理。二是对认罪认罚的犯罪嫌疑人、被告人，优先考虑适用非羁押强制措施。三是附条件提前终止诉讼，主要是特殊案件的审前分流处理，由公安机关撤销案件，或者由检察机关作不起诉处理，不涉及审判环节。

要严格规范诉讼程序。认罪认罚从宽制度的一个重要方面，是对认罪认罚案件简化程序，从快办理，但不能一味从“简”求“快”，必须遵循刑事诉讼法的基本原则，确保程序公正。一是严格把握速裁程序适用条件。被告人对指控罪名提出异议，辩护人作无罪辩护，被告人与被害人未就附带民事赔偿事项达成和解、调解协议，案件有重大社会影响等法定排除情形的，都不得适用速裁程序。二是完善速裁程序运行机制。各地先前探索的“轻刑快审”机制，和试点探索的刑拘直诉模式、全流程简化模式、“一步到庭”模式，都是有益尝试，各地法院可以互相借鉴学习，继续整合、探索完善，推动诉讼全程简化提速。需要注意的是，速裁程序省略法庭调查、法庭辩论这一核心环节后，一些地方的庭审程式化倾向突出。刑事诉讼法规定，速裁案件不进行法庭调查、法庭辩论，这是授权性规定，并不是说，速裁程序就不能进行法庭调查、法庭辩论。对定罪量刑的关键事实该问的还是要问，庭审的功能还是要体现。对被告人认罪认罚的自愿性、真实性，对拟判处非监禁刑被告人的人身危险性，对被告人的法庭教育，应当在庭审中查清说明，必要时要多问几句、多说几句，以发挥庭审应有功能。三是规范简易程序适用。要依照《刑事诉讼法》和相关司法解释，严格把握适用条件，发现案件有法定排除情形的，如被告人是盲聋哑人或者限制刑事责任能力的精神病人，共同犯罪中部分被告人不认罪，案件有重大社会影响的，等等，应当转为普通程序审理。此外，对涉及国家秘密的案件，在审理方式、举证质证、律师查阅复制卷宗时，要严格遵守法律和司法解释等有关规定。

要切实保障当事人权利。一方面，要充分保障被告人的各项诉讼权利和实体权利，尊重其诉讼主体地位和程序选择权，确保认罪认罚自愿性；另一方面，也要强调被害人的有效参与，充分听取其意见，依法保护被害人权益，做到“从简不减损权利”。一是确保被告人获得及时、充分、有效的法律帮助。有辩护人或者值班律师参与，是认罪认罚案件的必备条件。被告人没有辩护人的，应当及时通知值班律师提供法律帮助。对符合应当指定辩护条件的，要依法通知法律援助机构指派律师为被告人提供辩护。各级法院要与司法行政机关加强协调，为派驻法律援助值班律师提供适当的办公场所，支持值班律师依法履职。二是确保被告人知悉认罪认罚的法律后果，促使其自愿认罪认罚，自愿选择诉讼程序。要告知被告人依法享有的诉讼权利，告知其认罪认罚的法律后果，听取被告人及其辩护人或值班律师的意见，对认罪认罚的自愿性和认罪认罚具结书内容的真实性、合法性认真审查核实。适用速裁程序、简易程序，必须征得被告人同意。三是切实保护被害人的合法权益，依法听取被害人及其代理人意见，并将双方是否达成和解、谅解协议，作为量刑的重要考虑因素。被告人认罪认罚，但没有赔礼道歉、退赃退赔、赔偿损失，未能与被害人达成调解或者和解协议的，在从宽时要区别对待。

要坚持以审判为中心的刑事诉讼制度发展方向。严格审查检察机关对认罪认罚案件提出的量刑建议，是强化认罪认罚法律效果的重要保障。对于认罪认罚案件，人民法院依法作出判决时，一般应当采纳人民检察院指控的罪名和量刑建议，但有可能影响公正审判的除外。需要明确的是，办理认罪认罚案件，公检法三机关之间分工负责、相互配合、相互制约的关系没有变化，裁判权只能由人民法院依法行使。定罪量刑作为审判权的核心内容，具有专属性，检察机关的量刑建议仍然属于程序职权，是否适当、是否采纳应由人民法院依法裁判。要依法充分发挥审判特别是庭审对侦查、起诉活动的把关、制约作用，对于起诉指控的事实清楚、罪名准确、量刑建议适当的案件，应采纳起诉的罪名和量刑建议依法作出有罪判决；对于被告人不构成犯罪、不应当追究其刑事责任，或者被告人否认指控犯罪事实，以及认罪认罚违背被告人意愿或者具有其他可能影响公正审判情形的，人民法院应当依法作出判决；对于量刑建议明显不当的，或者被告人、辩护人对量刑建议提出异议且有道理的，人民法院可以建议检察机关调整，也可以在听取控辩双方意见的基础上依法径行作出判决。

四、狠抓落实，确保认罪认罚从宽制度统一有效实施

要强化组织督导。各级人民法院要切实增强责任感、使命感和紧迫感，从深化司法体制改革的高度，抓好认罪认罚从宽制度的有效贯彻实施。要在党委政法委领导下，结合本地实际情况，会同有关部门，有针对性地做好宣传贯彻解读工作，强化协调配合，增强各方共识，凝聚各方合力，积极统筹推进。此前纳入试点的人民法院，要继续探索、优化工作机制；没有纳入试点的人民法院，要循序渐进、稳步推开实施，步子可以慢一点，但要踩得准、迈得稳。最高人民法院和各高级人民法院要加强对下监督指导，密切关注认罪认罚从宽制度贯彻落实情况，监督法律规范有序实施。既要防止徇私枉法、滥用职权等违法情况发生，也要注意避免因政策把握偏差、司法能力不足导致制度实施偏离正确方向。

要强化学习培训。认罪认罚从宽制度化，既有实体法律的完善，又有诉讼程序的创新；既涉及侦查、起诉、审判各个诉讼环节，又涉及刑罚观念、执法理念、资源配置等多个方面，其涉及面广，影响性大。全国普遍实施后，必然会遇到各种复杂情况。各级人民法院要结合学习全国人大常委会《修改刑诉法的决定》，及时传达本次会议精神，采取各种形式，组织研讨培训，学习新规定，研究新做法，领会新精神，在真学真懂真用上狠下功夫，让每一位刑事审判人员掌握认罪认罚从宽制度的立法原意、制度内涵和实施原则、要求，确保法律统一有效实施。

要强化配套保障。利用信息化大数据，把握认罪认罚案件特点，

健全审判监督管理机制，完善智能辅助办案系统相关软件，构筑特色审判流程，促进科学办案，提升审判质效。及时修订相关文书样式，健全绩效考评指标体系，科学合理评估办案绩效。要结合量刑规范化改革，研究完善认罪认罚案件量刑规则，细化刑罚特别是非监禁刑适用标准，提高量刑建议的准确性和刑罚裁量的科学性。

要加强调查研究。认罪认罚从宽制度实施是一个系统性、整体性很强的“大工程”，可谓“牵一发而动全身”，其中速裁程序、值班律师制度又是新生事物，在全国推行实施后，新情况、新问题甚至一些新困难将会出现。要加强调查研究，及时梳理、及时研究，必要时及时上报，不断总结、不断改进、不断完善，确保此项制度正确实施。

各级人民法院要坚持以习近平新时代中国特色社会主义思想为指导，高举新时代改革开放伟大旗帜，坚持改革再出发，以贯彻全国人大常委会《修改刑诉法的决定》为契机，将贯彻落实认罪认罚从宽制度放在新时代推进刑事审判体系和审判能力现代化大局中去谋划、部署和落实，立足本职、真抓实干、攻坚克难，努力开创人民法院刑事审判工作新局面。

新刑事诉讼法司法解释修改的主要内容*

刑事诉讼法学研究会年会是刑事诉讼理论研究与司法实务沟通交流的重要会议，是刑事诉讼法学专家关注司法实务动态、研究司法实务问题、加强对司法实务指导的重要平台。本次年会以“刑事诉讼制度与理论的新发展”为总议题，对于系统总结近年来我国刑事诉讼领域的改革经验和成果，深化刑事诉讼理论研究，进一步健全完善刑事诉讼制度机制，具有重大意义。

2018 年 10 月 26 日，第十三届全国人民代表大会常务委员会第六次会议通过了《关于修改〈中华人民共和国刑事诉讼法〉的决定》，这是继 1996 年和 2012 年《刑事诉讼法》修正后，对中国特色刑事诉讼制度的又一次重要改革与完善。为确保法律统一、准确、有效实施，最高人民法院同步开展了修改 2012 年《最高人民法院关于适用〈中华人民共和国刑事诉讼法〉的解释》（以下简称《2012 年解释》）的工作。本次司法解释修改，聚集了全国法院的刑事审判经验，反映了社会各界的法治智慧；特别是在专家论证阶段，十余位刑事诉讼法专家参与论证，贡献了宝贵的意见建议。2020 年 7 月

* 根据 2020 年 10 月 17 日在中国刑事诉讼法学研究会 2020 年年会上的讲话稿改编。

21 日至 29 日，最高人民法院审判委员会刑事专业委员会第 375 次至第 381 次会议审议并原则通过了解释稿，要求就若干重大问题进一步提请审委会全会审议。《最高人民法院关于适用〈中华人民共和国刑事诉讼法〉的解释》（以下简称《新刑诉法解释》）将于近期正式对外发布，预计共 27 章、将近 650 条，比《2012 年解释》增加三章（第十二章“认罪认罚案件的审理”、第十四章“速裁程序”、第二十四章“缺席审判程序”），增加约 100 条，作实质修改的条文共 200 余条。

一、强化诉讼权利保障，切实维护当事人程序权利

强化诉讼权利保障，是人权保障原则在刑事诉讼领域的具体体现，是《新刑诉法解释》起草贯穿始终的一条主线。《新刑诉法解释》在辩护制度、审判程序等方面，对加强诉讼权利保障作了更加明确、更为严格的规定。具体而言：

一是强化了辩护权保障。辩护权是诉讼权利的核心。《新刑诉法解释》针对指定辩护和委托辩护并存的情形，明确规定应当赋予被告人选择权，尊重被告人的选择。针对律师助理参加庭审问题，《新刑诉法解释》明确规定经人民法院准许，律师可以带一名助理参加庭审，从事相关辅助工作。为了切实有效行使辩护权，《新刑诉法解释》规定，对作为证据材料向人民法院移送的讯问录音录像，辩护律师申请查阅的，人民法院应当准许。

二是强化了质证权保障。《新刑诉法解释》重申了同案同审的诉讼原则，要求分案审理应当以有利于保障庭审质量和效率为原则，强调分案审理不得影响当事人质证权等诉讼权利的行使。特别是，审理过程中必要时可以传唤分案审理的共同犯罪或者关联犯罪案件的被告人等到庭对质。对于分案起诉的共同犯罪或者关联犯罪案件，人民法院经审查认为，合并审理更有利于查明案件事实、保障诉讼

权利、准确定罪量刑的，可以并案审理。

三是强化了被告单位的诉权保障。被告单位诉讼代表人的确定，是单位犯罪审理程序的关键。针对司法实践中诉讼代表人确定难的现实问题，《新刑诉法解释》适度扩大了诉讼代表人的确定范围：以内部人员作为第一选择，包括被告单位的法定代表人、实际控制人或者主要负责人，以及被告单位的其他负责人或者职工；以外部人员作为第二选择，在难以确定诉讼代表人的情况下，可以由被告单位委托律师等单位以外的人员作为诉讼代表人。

四是强化了申诉权保障。按照《人民法院第五个五年改革纲要（2019—2023）》提出的“规范刑事申诉案件立案审查标准”的要求，《新刑诉法解释》进一步完善审判监督程序的相关规定，以裁判生效二年为界，明确规定：对在判决、裁定发生法律效力后二年内提出的申诉，应当立案审查；对在判决、裁定发生法律效力二年后提出的申诉，经初步审查，认为判决、裁定可能存在错误且有改判必要的，也应当立案审查。

五是强化了特别程序的诉权保障。合适成年人制度是国家刑事司法制度对未成年人诉权的一种特殊保护。为落实这一制度要求，《新刑诉法解释》规定讯问未成年人，其法定代理人或者合适成年人不在场的，对其供述应当依法予以排除。为最大限度保障强制医疗案件被申请人或者被告人的诉讼权利，《新刑诉法解释》在法律规定通知法定代理人到场的基础上进一步要求，法定代理人经通知未到场的，可以通知其他近亲属到场。

二、坚持证据裁判规则，确保实现程序正义

证据是刑事诉讼的基石，对于保证案件质量、正确定罪量刑、实现司法公正具有关键作用。《新刑诉法解释》进一步完善了证据审

查与认定的相关规定，严格落实证据裁判规则的要求。具体而言：

一是强化了证据的全案移送规则。全案移送证据材料是刑事诉讼的基本规则，近些年纠正的冤错案件进一步诠释了这一规则的重要性。安徽“于某生案”，侦查机关没有随案移送现场发现的第三人的血指纹。后经继续侦查，发现该第三人的血指纹即为真凶的血指纹。《新刑诉法解释》规定，人民法院应当审查证明被告人有罪、无罪、罪重、罪轻的证据材料是否全部随案移送；未随案移送的，应当通知在指定时间内移送；未予移送的，人民法院应当根据在案证据对案件事实作出认定。

二是强化了讯问录音录像的移送规则。为有效落实调取讯问录音录像的规定，《新刑诉法解释》明确，对依法应当对讯问进行录音录像的案件，相关录音录像未随案移送的，人民法院可以视情通知在指定时间内移送；未予移送，导致不能排除以非法方法收集证据的情形的，对有关证据应当依法排除；导致有关证据的真实性无法确认的，不得作为定案的根据。

三是明确了监察调查证据的审查规则。根据《监察法》第 33 条的规定，《新刑诉法解释》明确监察机关依法收集的证据材料，在刑事诉讼中可以作为证据使用；对于监察机关收集的证据的审查判断，适用刑事审判关于证据的要求和标准。

四是完善了境外证据的审查判断规则。为进一步规范涉外刑事案件的审理，《新刑诉法解释》规定，对来自境外的证据材料，人民检察院应当随案移送有关材料来源、提供人、提取人、提取时间等情况的说明；对于当事人及其辩护人、诉讼代理人提供来自境外的证据材料的，一般应当经过公证、认证程序。

五是细化了电子数据的审查判断规则。当前，利用互联网、人工智能等高科技手段实施的信息网络犯罪层出不穷，电子数据的审查判断是刑事审判面临的新任务。《新刑诉法解释》进一步细化了电子数据的审查判断规则，要求围绕电子数据的真实性、完整性、合法性、关联性进行审查判断，对无法保证真实的电子数据依法予以排除。

六是完善了技术调查、侦查证据的审查判断规则。《新刑诉法解释》设专节，对技术调查、侦查证据的审查与认定作出专门规定，强化证据的随案移送规则：规定作为证据使用的技术调查、侦查材料，应当随案移送；对于技术调查、侦查证据材料，除根据相关证据材料所属的证据种类进行审查外，还应当着重审查使用技术调查、侦查措施是否符合法律规定；对于经人民法院通知仍未移送相关技术调查、侦查证据材料的，人民法院应当根据在案证据对案件事实作出认定。此外，在《新刑诉法解释》起草过程中，关于技术调查、侦查证据材料当庭调查与庭外核实的关系问题，即庭外核实究竟是对当庭调查的补充还是替代，尚存在不同认识，亟须刑事诉讼法理论界加强研究和指导。

三、规范涉案财物处理，进一步推动庭审实质化

过去，在刑事审判中，一定程度上存在重定罪量刑、轻涉案财物处理的现象。在推进以审判为中心刑事诉讼制度改革和加强产权保护的时代背景之下，《新刑诉法解释》要求审判程序对定罪量刑和涉案财物处置并重，切实发挥庭审在查明事实、认定证据、保护诉权、公正裁判中的决定性作用。具体而言：

一是强化了对涉案财物的庭前审查。在立案审查阶段，不仅要审查与定罪量刑有关的证据材料，而且要审查涉案财物是否随案移送并列明权属情况，以及是否就处理提供相关证据材料。在庭前会议中，不仅可以就与审判相关的程序性事项听取控辩双方的意见，

而且可以就涉案财物的权属情况和处理建议听取意见。

二是强化了对涉案财物的调查审理。在法庭调查时，不仅要就与定罪量刑有关的事实进行调查，而且要对涉案财物的权属情况和处理进行调查，由公诉人说明情况、出示证据、提出处理建议，并听取被告人、辩护人等诉讼参与人的意见；不仅要听取控辩双方的意见，而且应当听取提出异议的案外人的意见，必要时通知案外人出庭。在法庭辩论时，不仅要就定罪、量刑的事实、证据、适用法律等问题进行法庭辩论，而且要就涉案财物处理的相关问题进行辩论。

三是强化了对涉案财物的裁判处理。在作出裁判时，不仅要处理定罪量刑问题，而且要对涉案财物作出处理。特别是，针对个别案件中存在的漏判涉案财物处理的问题，《新刑诉法解释》规定，可以在二审期间发回原审人民法院重新审判，由原审人民法院依法作出处理；判决生效后发现的，由原审人民法院对涉案财物及其孳息依法另行作出处理。

此外，在《新刑诉法解释》起草过程中，涉案财物处理方面还存在着一些重大争议问题，如对涉众型犯罪案件和其他涉案财物情况复杂的案件可否设立相对独立的对物之诉，在对被告人定罪判刑后另行对涉案财物作出处理；善意取得制度能否适用于刑事涉案财物。由于争议较大，《新刑诉法解释》暂时回避了这些问题，留待理论界深化研究和司法实务继续探索。

四、完善缺席审判程序，落实《刑事诉讼法》修正精神

适应新时代反腐败和国际追逃追赃工作的需要，建立刑事缺席审判制度，是 2018 年《刑事诉讼法》修正的重要内容之一。《新刑诉法解释》根据修正后《刑事诉讼法》的规定，增设专章对缺席审

判程序的有关问题作了规定。具体而言：

一是细化了审查处理规则。《刑事诉讼法》明确要求人民法院对提起公诉的缺席审判程序案件，审查是否符合适用缺席审判程序适用条件。基于此，《新刑诉法解释》明确了重点审查的内容，并规定符合缺席审判程序适用条件，属于本院管辖，且材料齐全的，应当受理；不符合缺席审判程序适用条件或者材料不全且不能补送的，应当退回。

二是强化了对被告人的权利保障。《新刑诉法解释》明确规定，人民法院立案后，应当将传票和起诉书副本送达被告人，传票应当载明被告人到案期限以及不按要求到案的法律后果等事项；强化了被告人的辩护权保障，规定被告人可以自行委托辩护人，也可以由近亲属代为委托辩护人，没有委托辩护人的，人民法院应当通知法律援助机构指派律师为被告人提供辩护。

三是强化了对被告人近亲属的权利保障。基于最大限度维护缺席审判程序中被告人权益的考虑，《新刑诉法解释》强化了对被告人近亲属的诉讼权利保障，明确要求将起诉书副本送达被告人近亲属，允许被告人近亲属申请参加诉讼，其参加诉讼的，可以发表意见。

四是规范了缺席审判程序案件的审理。《新刑诉法解释》明确规定，对缺席审判程序案件的审理，参照适用公诉案件第一审普通程序的有关规定；作出有罪判决的，应当达到证据确实、充分的证明标准；审理缺席审判案件，可以对违法所得及其他涉案财产一并作出处理。

五是规范了中止审理和被告人死亡案件的缺席审判程序。2018年《刑事诉讼法》针对较长时间中止审理的案件和被告人死亡案件设立了缺席审判程序。根据司法适用中反映的问题，《新刑诉法解释》进一步明确了具体规则，将中止审理案件的缺席审判严格限制为被告人缺乏受审能力的情形，防止作其他泛化解释，更不允许将被告人因身体残疾不便到庭参加诉讼就理解为“患有严重疾病”无法出庭；明确被告人死亡案件的缺席审判，既适用于确认被告人无罪的情形，也适用于证据不足、不能认定被告人有罪的情形；明确再审程序中的缺席审判，既适用于确认被告人无罪或者证据不足、不能认定被告人有罪的情形，也适用于被告人虽然构成犯罪但是原判量刑畸重的情形。

新时代刑事审判工作新发展*

刑事审判事关生杀予夺，承担着惩罚犯罪、保护人民、维护社会稳定等重要职能。刑事司法文明反映社会法治文明进步水平，是国家治理体系和治理能力现代化的重要标志。做好刑事审判工作，事关国家安全和社会稳定，事关人民群众切身利益，事关平安中国、法治中国建设，在统筹推进“五位一体”总体布局和协调推进“四个全面”战略布局中发挥着重要作用。

党的十八大以来，以习近平同志为核心的党中央全面推进依法治国，习近平总书记提出一系列全面依法治国新理念新思想新战略，创新发展了中国特色社会主义法治理论，对推进平安中国、法治中国建设作出一系列重要指示，为做好新时代刑事审判工作指明了方向，为人民法院发挥审判职能依法打击犯罪、保护人民提供了根本遵循。最高人民法院深入学习贯彻习近平总书记重要指示精神，坚决贯彻党中央决策部署及中央政法委工作要求，始终把刑事审判工作摆在突出重要位置谋划布局。党的十八大以来，最高人民法院先后召开了“六刑会”、死刑核准制度改革十周年总结表彰大会和

---

* 根据2020年10月29日在第一期新疆地区法院领导干部培训班上的授课提纲改编。

"七刑会"等重要会议，不断总结刑事审判工作成效和经验，分析刑事审判工作面临的形势与任务，明确刑事审判工作的指导思想和主要任务，对做好新时代刑事审判工作作出全面部署。去年 10 月，最高人民法院还向全国人大常委会作了关于刑事审判工作情况的专项报告。可以说，在以习近平同志为核心的党中央坚强领导下，人民法院依法严惩刑事犯罪，纠正刑事错案，为维护政治安全、社会安定、人民安宁、经济社会发展作出了重大贡献，对"两大奇迹"（经济快速发展和社会长期稳定）的造就功不可没。

一、刑事审判理念的新发展

思想是行动的先导，"思路决定出路，理念决定高度"。审判理念问题至关重要，不仅直接影响重大刑事案件的审判效果，也影响司法解释和规范性文件的制定方向，甚至关涉刑事审判工作的成败。近年来，刑事审判工作中所提倡的罪刑法定、罪刑相适应、疑罪从无、证据裁判、程序公正等刑事司法理念和法律原则在司法实践中得到进一步强化。特别是党的十九大之后，我国社会步入新时代，社会主要矛盾转化为人民日益增长的美好生活需要和不平衡不充分的发展之间的矛盾，人民群众要求实体公正与程序公正相统一，公正与效率相协调。刑事审判工作积极顺应这一变化，不断更新、强化与新时代相适应的司法理念，更加准确理解、把握刑事审判的职能定位，在提供更加精准的刑事司法服务上下功夫，更加注重满足人民群众在公平正义、安居乐业、实现发展等方面的新需要。

与定罪量刑直接相关的刑事审判理念（实体性理念）新发展：

一是更加注重贯彻罪刑法定原则和刑法谦抑精神。罪刑法定是刑法中最重要的基本原则，"法无明文规定不为罪，法无明文规定不处罚"，一个行为是否构成犯罪，关键就是看是否符合刑法的规定。

司法实践中多数刑事案件并不复杂，事实清楚，适用法律规则明确，是否构成犯罪一目了然。但也有一部分案件疑难复杂，涉及对《刑法》规定的准确理解，特别是在没有司法解释或者司法解释规定不明确的情况下，适用法律方面争议较大。在这种情况下就要深入研究、准确理解《刑法》的规定，确保裁判结果准确，符合公平正义原则和人民群众的正义观念。尤其是对于客观上没有社会危害性或者只有很小危害性、一旦定罪难以合理解释、难以为大众所接受的特殊案件，处理上就要十分慎重，要充分考虑刑法的谦抑性和处理效果，坚决防止把没有社会危害性的行为作为犯罪加以刑事处罚。

前几年引起较大关注的内蒙古农民收购玉米案，就是一起涉及非法经营罪认定（罪与非罪）的典型案件。如果仅从形式上理解法律规定，王某军无证无照收购玉米，似乎已经构成非法经营罪，但是，王某军的行为在农民和粮库之间起到了桥梁作用，客观上促进了粮食的流通，其行为虽有一定的行政违法性，但没有社会危害性，是否具备刑事处罚的必要性就很值得研究。这个案件经媒体报道后，引起社会的广泛关注和巨大争议。此后相关法院启动再审程序，认为王某军的行为尚未达到严重扰乱市场秩序的危害程度，不构成非法经营罪，原判属适用法律错误，依法改判无罪。这个案件的再审改判取得了良好效果，是刑事审判工作中贯彻罪刑法定原则的一个典型案件。

二是更加注重贯彻罪刑相适应原则，大力推进量刑规范化、精准化。罪刑相适应是刑法对量刑问题规定的基本原则，即重罪重罚、轻罪轻判、罚当其罪。这是刑事审判工作实现公平正义的必然要求，也是全面发挥刑罚的惩罚改造功能的重要条件。为贯彻好这一原则，不仅要求审判工作中准确认定犯罪的危害程度，也要准确认定被告人所具有的自首、坦白、立功、累犯、再犯、主犯、从犯等各种法定和酌定量刑情节，还要符合人民群众朴素的公平正义观念。经过多年发展，刑事审判体系总体已经比较成熟，罪刑相适应的理念和原则整体上也得到较好地树立和执行。特别是，为从制度上规范量刑，确保量刑准确、公正，实现类案同判，最高人民法院近年来大力推进量刑规范化改革，经历了从部分法院试点到全国法院扩大试点，到全国法院全面试行，再到全国法院正式实施的阶段，从最初的5种常见罪名扩大至23种，从规范有期徒刑和拘役案件扩大到罚金、缓刑案件。目前，基层法院近90%的刑事案件（23个罪名）得到具体规范，有效促进了类案同判、量刑精准，改革成效显著。

三是更加注重"法、理、情"有机结合，更加注重实现"三个效果"相统一。刑事审判工作的一个突出特点，是审判程序严格、规范，定罪量刑法律规定较为明确，但这不等于刑事审判就是"对号入座"或者"完形填空"。由于法律的部分规定较为原则，实践中案件的情况差别很大，近年来出现了一批处理上需要把握好"法、理、情"相统一的疑难案件，对法官的办案能力、审判理念都提出很高的要求。比如，2017年发生的山东于欢故意伤害案，一审判处于欢无期徒刑后引发轩然大波，社会公众关注程度之高超出想象。最高人民法院及时介入指导，二审法院经深入研究和广泛征求意见，认为于欢的行为虽然构成故意伤害罪，但属于防卫过当，加上被害方有过错，于欢有如实供述情节，对于欢改判5年有期徒刑。本案二审的审理效果非常好，被誉为"全民共享的法治公开课"，也有效激活了正当防卫制度。同时，还有不少其他案件的处理都涉及"法、理、情"相统一问题，如天津大妈摆地摊涉枪案、河南大学生掏鸟窝案、深圳贩卖鹦鹉案等。实践中诸如此类的案件，如果审判效果好，就是因为处理好了"法、理、情"相统一的问题；如果审判效果不好，也恰恰是因为没有处理好"法、理、情"相统一的问题。

习近平总书记指出，要坚持依法治国和以德治国相结合。[①] 这一重要指示精神同样适用于指导刑事审判工作。办理疑难刑事案件尤其需要综合考虑法理、事理、情理（或者天理、国法、人情）相统一，如果不考虑法律条文之外的事理、情理，简单就案办案，看似严格依法办案，其实是机械办案、粗放办案，背离了立法本意，也难以被人民群众所接受，裁判效果自然不好。可以说，不断提升刑事审判理念，深化落实罪刑法定、罪责刑相适应等原则，对案件的裁判做到定罪准确，量刑精准，实现“法理情”深度融合，是新时代对刑事审判工作和刑事法官提出的更高要求，也是必然要求。随着我国法治建设的深入推进和人民群众法治意识的增强，这种要求只会越来越高。新时代条件下，刑事法官不仅要精通法律、坚持原则，也要充分了解社情民意，善于同时用法律视角和社会视角看待、解决问题，防止孤立办案、机械执法、一判了之。要更加注重将法理的专业判断与民众的朴素认知融合起来，以严谨的法理彰显司法的理性，以公认的情理展示司法的良知，兼顾国法、天理与人情，实现个案公正与类案公正、法律公正与社会公正的统一，切实让人民群众在每一个刑事司法案件中感受到公平正义。

二、刑事政策的新发展

刑事政策是刑事法律的灵魂，是刑事司法的根本指南。每一项刑事法律制度的贯彻执行，背后起支撑作用的都是刑事政策，但政策和法律的具体适用又需要通过制定司法解释或者规范性文件来落实。可以说，每一部刑事司法解释和规范性文件，既是对法律规定

---

① 参见李洪雷：《在法治轨道上推进国家治理体系和治理能力现代化》，载中国共产党新闻网，http：//theory. people. com. cn/n1/2020/1218/c40531 – 31970729. html。

的具体适用，也是相关领域刑事政策的具体执行。2013 年至 2018 年，最高人民法院单独或会同最高人民检察院等部门出台刑事司法解释和其他规范性文件 89 件，2019 年以来又制定出台了有关惩治涉黑涉恶犯罪、涉疫情犯罪、金融犯罪、高空抛物犯罪、适用正当防卫制度等方面的多部司法解释和规范性文件。这些司法文件都是刑事政策在相关刑事领域的新发展。在此对几个重要的政策发展领域和死刑政策执行问题作一简要介绍。

（一）及时发布惩治涉疫情犯罪指导文件，为疫情防控提供有力刑事司法保障

今年年初新冠肺炎疫情暴发后，最高人民法院认真贯彻落实习近平总书记重要指示精神和中央决策部署，及时响应、迅速行动，努力为疫情防控提供有力司法保障。在刑事审判方面，今年 3 月，最高人民法院召开全国法院依法惩处妨害疫情防控犯罪工作视频会议，要求立足疫情防控总体态势，落实分区分级差异化防控策略，对妨害疫情防控各类犯罪坚持依法审判、突出重点、精准打击，确保案件审判“三个效果”良好。在制发文件方面，最高人民法院会同最高人民检察院、公安部、司法部等部门分别制定了《关于依法惩治妨害新型冠状病毒感染肺炎疫情防控违法犯罪的意见》《关于进一步加强国境卫生检疫工作依法惩治妨害国境卫生检疫违法犯罪的意见》，对疫情期间抗拒疫情防控措施、暴力伤医、制假售假、哄抬物价、诈骗、聚众哄抢、造谣传谣、妨害国境卫生检疫、疫情防控失职渎职、贪污挪用等各类相关犯罪的定罪量刑标准作出明确规定。最高人民法院还会同国家卫健委等部门印发了《关于做好新型冠状病毒肺炎疫情防控期间保障医务人员安全维护良好医疗秩序的通知》。这些文件为依法及时、从严惩治妨害疫情防控的各类违法犯

罪，保障医务人员人身安全和合法权益，坚决打赢疫情防控阻击战提供了有力法治保障。

（二）积极参与扫黑除恶专项斗争，制定发布一系列司法指导文件

扫黑除恶是刑事司法领域的一项重要工作，前些年已经制定了一些重要司法文件。为贯彻落实党中央决策部署，深入开展扫黑除恶专项斗争，2018 年以来，最高人民法院会同最高人民检察院、公安部、司法部又相继制定了《关于办理黑恶势力犯罪案件若干问题的指导意见》《关于办理恶势力刑事案件若干问题的意见》《关于办理黑恶势力刑事案件中财产处置若干问题的意见》《关于办理实施“软暴力”的刑事案件若干问题的意见》《关于办理“套路贷”刑事案件若干问题的意见》《关于办理利用信息网络实施黑恶势力犯罪刑事案件若干问题的意见》《关于依法严惩利用未成年人实施黑恶势力犯罪的意见》等一系列规范性文件。这些文件进一步有力地统一了涉黑恶势力犯罪案件侦查、起诉、审判各环节的标准，确保扫黑除恶专项斗争始终在法治轨道上推进，为依法惩处涉黑恶势力犯罪分子、取得扫黑除恶专项斗争全面胜利提供了坚实的法治保障。

同时，人民法院不断建立健全审判专项工作机制，加强重点案件督办，建立扫黑除恶专业审判团队，探索实行涉黑涉恶案件相对集中管辖，提高专项斗争法治化、规范化、专业化水平。还积极延伸审判职能，针对涉黑涉恶案件审判中发现的社会治理薄弱环节和行业管理漏洞，提出大量司法建议，推动完善社会治安防控体系，促进源头治理、综合治理、系统治理。

（三）发布重要指导文件和典型案例，促进准确适用正当防卫制度

近年来发生的山东于欢案、江苏昆山于海明反杀案等涉正当防卫案件引发广泛关注，新闻媒体、专家学者和广大人民群众参与其中，各抒己见，讨论激烈。其中，不乏批评司法机关对正当防卫制度适用保守，个别明显属于正当防卫的案件未能正确认定的声音，并指出刑法对特殊防卫的规定沦为“僵尸条款”。这些声音和意见一方面反映出人民群众对法治、公平、正义、安全等有了新的认识和更高期待，另一方面暴露出对正当防卫制度的适用，在理念、规则、操作等方面都有诸多问题值得进一步探讨和规范。

为回应社会关切，准确适用正当防卫制度，鼓励见义勇为，捍卫“法不能向不法让步”的法治精神，2020 年 9 月 3 日，最高人民法院召开新闻发布会，发布《最高人民法院、最高人民检察院、公安部关于依法适用正当防卫制度的指导意见》（以下简称《适用正当防卫指导意见》），并配套发布了七个涉正当防卫典型案例。上述指导意见要求立足防卫的具体情境，综合考虑案发整体经过，结合一般人在类似情境下的可能反应，依法准确把握防卫的时间、限度等条件，充分考虑防卫人面临不法侵害时的紧迫状态和紧张心理，防止事后以正常情况下冷静理性、客观精确的标准去评判防卫人。《适用正当防卫指导意见》对于激活正当防卫制度，保护防卫人的正当权益，弘扬社会正气，具有非常积极的意义。

（四）死刑案件审判、复核工作平稳有序，死刑政策执行坚定有力

死刑案件不仅是刑事审判工作的重心，也是刑事审判工作发展

的重要抓手，在一定意义上是具有引领作用的“龙头”。这些年刑事审判领域的很多重大改革和制度建设都与死刑案件审判工作直接相关。死刑政策的发展，至少有以下几个方面：

一是对死刑政策的理解和贯彻进一步规范、统一。“保留死刑，严格控制和慎重适用死刑”是我国现阶段的死刑政策，这一政策符合现阶段的国情，是实现刑事司法公平正义、维护社会和谐稳定的需要，是顺民意、得民心的。尽管理论上有一些呼吁废除死刑的声音，但审判实践中基本没有这种声音，人民法院和刑事审判人员始终毫不动摇地认真贯彻执行党和国家的死刑政策，有力发挥了死刑严惩严重犯罪的作用，维护了国家安全、社会稳定和人民安宁。在今后相当长时期内，死刑仍然是维护国家安全和社会稳定、保护人民群众根本利益、保障经济社会发展的重要手段。对危害国家安全犯罪、暴力恐怖犯罪、宗教极端危害公众安全犯罪、涉黑涉恶犯罪，以及故意杀人、抢劫、绑架、爆炸、强奸等严重危害社会治安、严重影响人民群众安全感的犯罪，认定属于罪行极其严重、依法该判处死刑的，就应当坚决判处死刑。“保留死刑”，主要就是针对这些犯罪。

同时，大家在审判工作中也普遍认识到，死刑毕竟是剥夺生命的刑罚，人的生命极为宝贵，死刑绝不是适用得越多越好，而是适用得越准越好。严格控制和慎重适用死刑是刑事法治发展的基本要求，也是司法文明和社会进步的必然趋势。要继续坚持严格控制和慎重适用死刑，确保死刑只适用于罪行极其严重、罪证确实充分的极少数罪大恶极的犯罪分子，通过严格控制、慎重适用来减少社会对立面，促进社会和谐，维护国家长治久安。自 2007 年统一行使死刑案件核准权以来，最高人民法院针对几类常见死刑罪名都制定了死刑适用标准，有效规范、统一了死刑适用标准，保证了死刑适用的公正、慎重。随着形势的发展，对这些具体政策标准也需要总结经验，不断修订、完善，以更好指导审判人员精准适用死刑。

二是对民间矛盾激化引发案件的政策把握得到深化。长期以来，审判工作中都强调要将婚姻、家庭、邻里纠纷等民间矛盾激化引发的杀人案件与发生在社会上严重危害社会治安的暴力犯罪加以区别对待，采取不同的死刑政策标准，并鼓励做好附带民事调解工作。主要考虑到，这类犯罪往往事出有因、多是针对特定对象实施的突发性、激情性犯罪，对社会治安的危害和群众的安全感影响相对较小，且被告人的主观恶性、人身危险性也与严重危害社会治安的犯罪分子有明显不同。这种区别对待的做法，对党和国家死刑政策的深入贯彻执行，化解社会矛盾、促进社会和谐稳定发挥了重要作用。目前，这一基本政策精神没有变化，要继续执行好这一政策精神。

同时，近年来也出现了个别对政策把握不当的案件，产生了不好的效果，要进一步准确认识“民间矛盾”的性质，严格把握此类案件的范围和开展附带民事调解的力度。第一，对于确属民间矛盾引发或者被告人有法定、酌定从宽处罚情节，依法可以不判处死刑的案件，要想方设法、下大力气做好当事人的调解和安抚工作，努力化解矛盾，落实好党和国家的宽严相济刑事政策。第二，对于涉黑涉恶、爆炸、抢劫、绑架、强奸等严重危害社会治安、严重影响人民群众安全感的案件，或者群众反映强烈、涉及敏感因素的案件，法院不能主动开展附带民事调解工作，即便双方当事人私下自行达成赔偿谅解协议，也要从犯罪性质、情节、后果，被告人的主观恶性及人身危险性，被害人亲属的家庭实际情况、社会反映等多方面综合慎重把握，充分考虑人民群众的理解和接受程度，充分考虑维护社会公平正义的需要。第三，对于犯罪情节特别恶劣、犯罪后果特别严重的案件，必须依法判处死刑立即执行，从宽处罚会影响社会公平正义和司法公信力，不论被告人亲属是否代为赔偿、被害方是否谅解，都应当坚决依法判处死刑立即执行。

三、刑事证据制度的新发展

证据是刑事诉讼的基石，对于保证案件质量、实现司法公正具有关键作用。刑事证据制度的发展，在刑事审判工作的发展中占有十分重要的地位。近年来，特别是最高人民法院统一行使死刑案件核准权以来，刑事证据制度得到极大发展完善，证据裁判原则也得到深入贯彻。主要有以下几个方面：

（一）刑事证据规则体系得到极大完善

1996 年《刑事诉讼法》对证据制度的规定仅有 8 个条文，非常原则，当时公检法三家各自就《刑事诉讼法》制定的实施细则也未能就证据制度作出细致规定，实践中产生了很多问题，近年来出现的冤错案件都与刑事证据制度的不完备有关。

2007 年最高人民法院统一行使死刑案件核准权后，为保证死刑案件证据质量，当年就会同相关部门制定了《关于进一步严格依法办案确保办理死刑案件质量的意见》。在最高人民法院大力推动下，2010 年最高人民法院等五部门制定出台了《关于办理死刑案件审查判断证据若干问题的规定》和《关于办理刑事案件排除非法证据若干问题的规定》（并称证据问题“两个规定”，以下简称“两个规定”）。“两个规定”是我国刑事司法制度改革的重要成果，在刑事证据制度发展史上具有里程碑意义。2012 年修正《刑事诉讼法》对证据制度的完善，以及最高人民法院制定配套司法解释，都对“两个规定”中的重要内容作了充分吸收。此后，随着以审判为中心的刑事诉讼制度改革的推进，最高人民法院2017年制定出台“三项规程”等多部重要文件，刑事证据制度得到进一步发展，相关诉讼程序规定得以进一步细化。值得注意的是，目前很多地方正在利用大数据平台和智能办案系统推进建立刑事案件证据基本指引，以更好统一类案的证据标准、减少公检法之间对证据规格的认识分歧，这是时代进步给刑事证据制度发展带来的契机，也是今后刑事司法领域的一项重要工作。

目前，最高人民法院正在抓紧制定新的《最高人民法院关于适用〈中华人民共和国刑事诉讼法〉的解释》（以下简称《新刑诉法解释》），预计年内出台，新司法解释进一步完善了证据审查与认定的相关规定，严格落实证据裁判规则的要求。主要包括：一是强化了证据的全案移送规则。《新刑诉法解释》规定人民法院应当审查证明被告人有罪、无罪、罪重、罪轻的证据材料是否全部随案移送；未随案移送的，应当通知在指定时间内移送，未予移送的，人民法院应当根据在案证据对案件事实作出认定。二是强化了讯问录音录像的移送规则。《新刑诉法解释》明确，对于依法应当对讯问进行录音录像的案件，相关录音录像未随案移送的，人民法院可以视情通知在指定时间内移送；未予移送，导致不能排除以非法方法收集证据的情形的，对有关证据应当依法排除；导致有关证据的真实性无法确认的，不得作为定案的根据。三是明确了监察调查证据的审查规则。《新刑诉法解释》明确：监察机关依法收集的证据材料，在刑事诉讼中可以作为证据使用；对于监察机关收集的证据的审查判断，适用刑事审判关于证据的要求和标准。四是完善了境外证据的审查判断规则。《新刑诉法解释》规定，对来自境外的证据材料，人民检察院应当随案移送有关材料来源、提供人、提取人、提取时间等情况的说明；对于当事人及其辩护人、诉讼代理人提供来自境外的证据材料的，一般应当经过公证、认证程序。五是细化了电子数据的审查判断规则。《新刑诉法解释》要求围绕电子数据的真实性、完整性、合法性、关联性进行审查判断，对无法保证真实的电子数据依法予以排除。六是完善了技术调查、侦查证据的审查判断规则。《新刑诉法解释》强化证据的随案移送规则：规定作为证据使用的技术调查、侦查材料，应当随案移送；对于经人民法院通知仍未移送相关技术调查、侦查证据材料的，人民法院应当根据在案证据对案件事实作出认定。

（二）证据裁判、疑罪从无等理念进一步强化

证据规则体系的完善过程也是证据裁判、疑罪从无、排除非法证据等证据理念不断强化的过程。在最高人民法院、高级人民法院和中级人民法院的共同努力下，近年来重大刑事案件特别是死刑案件的审判水平不断提高，证据质量总体上得到了较好保证。特别令人欣慰的是，在死刑案件审判方面，十多年来经最高人民法院核准的死刑案件，目前尚未发现冤错案件，这一点十分不易。同时，近年来各地还出现了多起法院和办案法官顶住压力，对证据不足的命案依法宣告无罪，不久后真凶出现的案件。例如，贵州陶某案、云南卢某新案等。在陶某案中，一审合议庭认真审查证据，发现了很多疑点，并发现有指向第三人作案的证据，审委会经两次讨论后认为证据不足，由此顶住压力作出无罪判决。大约一年后发现“真凶”，证明当初作出无罪判决是完全正确的。对卢某新案，二审法院审查认真细致，发现了不少证据问题，尤其是 DNA 证据的检材来源存疑，并在二审期间通过补做 DNA 鉴定发现“真凶”，最终由二审法院作出无罪判决。这两个案件都是人民法院和刑事法官坚持严格司法、公正司法，有效避免冤错案件发生的典范，充分体现了刑事

法官对证据裁判原则的深入贯彻，表明刑事法官的证据理念和整体素质在不断提高。作出无罪判决，不仅需要丰富的司法实践经验，更需要坚持真理的勇气和勇于下判的担当。人民法院的司法公信力就是通过这样一个个具体案件逐步建立和强化起来的。

（三）公检法三机关的沟通机制更加顺畅，审判工作对侦查、审查起诉的引导效果得到增强

刑事案件的办理工作始于侦查机关，成型于检察机关的审查起诉、提起公诉，确定于人民法院的依法审判。这些年刑事案件特别是死刑案件审理水平的提高，在法院系统内部毫无疑问“一审是基础、二审是关键”，但在整个刑事诉讼程序中，侦查工作是“基础的基础”，是真正的基础，检察机关对案件证据的审核把关也十分重要。并且审判阶段的补查补正也需要侦查机关、检察机关的积极配合。可以说，这些年刑事案件证据质量的整体提高，与侦查、审查起诉工作的改进提高直接相关，与人民法院对证据质量的严格把关所发挥的引导作用密不可分，也说明公检法三机关之间总体上保持了良好的分工制约机制，共同促进了刑事案件办理质量的提高。同时，近年来能够制定出台刑事证据制度方面的一系列文件（尤其是排除非法证据方面的文件），不断完善刑事证据规则体系，也离不开检察机关、公安机关等相关部门的大力支持与配合。这一点，也可以说是人民法院刑事审判工作取得新发展的一条重要经验。

在看到上述成绩的同时，也必须清醒看到，在刑事司法工作中执行证据制度、贯彻证据裁判原则仍存在不少问题，刑事审判工作仍面临巨大挑战。例如，一些案件中取证不全面、不及时，取证不规范、不合法，部分案件仍有非法讯问或者非法取证情况；有的审判人员证据意识不强，过于看重口供或者 DNA 等单项证据的作用，

忽视其他证据瑕疵或者疑点，不善于进行整体证据分析；有的审判人员过于依赖“内心确信”和办案经验，该补查的也不补查，有意无意地降低了证明标准；有的地方法院迫于被害方闹访压力，对明显达不到死刑标准的案件，采取试探性报核死刑；等等。这些问题既有侦查、审查起诉环节的，也有审判环节的，既有法律制度和工作机制不完善问题，也有办案人员能力不足、观念陈旧问题。死刑核准制度改革十多年来虽然没有发现错杀冤杀案件，但当前死刑案件的办案质量仍存在不少问题，审判阶段乃至死刑复核阶段补查补正的案件仍然有相当高的比例，因事实证据问题发回重审或者不核准的情况仍时有发生。试想，如果经最高人民法院核准死刑的案件出现错判错杀，这个影响会有多么恶劣，对司法公信力的影响会有多大！因此，各级人民法院一定要强化底线意识、责任意识、关口意识，以慎之又慎、责无旁贷的态度将证据裁判原则一以贯之地贯彻好、执行好，切实发挥好各自的“基础”“关键”作用，在证据把关上必须坚持原则、决不迁就，确保重大刑事案件尤其是死刑案件的证据质量万无一失，经得起法律和历史的检验。

四、刑事诉讼改革的新发展

重点介绍以审判为中心的刑事诉讼制度改革、认罪认罚从宽制度和《新刑诉法解释》关于诉讼程序的规定。

（一）大力推进以审判为中心的刑事诉讼制度改革

推进以审判为中心的诉讼制度改革，是党的十八届四中全会作出的重大改革部署，对司法体制改革具有重要基础支撑作用。2016年6月27日，中央全面深化改革领导小组第25次会议审议通过《关于推进以审判为中心的刑事诉讼制度改革的意见》。同年，最高人民法院、最高人民检察院、公安部、国家安全部、司法部联合印发改革文件，标志着以审判为中心的诉讼制度改革全面启动。2017年2月，最高人民法院印发《关于全面推进以审判为中心的刑事诉讼制度改革的实施意见》，全面推进改革工作。

以审判为中心的刑事诉讼制度改革，其核心是推进庭审实质化。公正规范的法庭审判，是实现案件裁判实体公正的关键环节，是实现公平正义的“殿堂”。2017年12月最高人民法院印发了推进庭审实质化的“三项规程”，即《人民法院办理刑事案件庭前会议规程（试行）》《人民法院办理刑事案件排除非法证据规程（试行）》《人民法院办理刑事案件第一审普通程序法庭调查规程（试行）》，并于2018年起在全国法院试行。“三项规程”以提高证人出庭作证率、律师辩护率和当庭宣判率为重点，着力推进庭审制度改革，充分发挥庭审在查明事实、认定证据、保护诉权、公正裁判中的决定性作用。人民法院审理刑事案件，将证据调查作为庭审的核心环节，证明被告人有罪或者无罪、罪轻或者罪重的证据，都应当在法庭上出示，依法保障控辩双方的质证权利。证据出示在法庭、案件事实查明在法庭、控辩意见发表在法庭、裁判结果形成在法庭，已逐渐成为刑事审判常态。

为提高证人出庭作证率，全国法院积极创新改革，试行远程视频作证、遮蔽容貌等作证方式，探索“人身保护令”、“出庭强制令”、证人宣誓等制度，健全证人保护工作机制和作证补助专项经费划拨机制，不断提高证人出庭作证率，确保准确认定案件事实。为强化庭审控辩平等对抗，改善刑事辩护率低、辩护质量不高的状况，最高人民法院采取先试点、后全国推广的方式，推进刑事案件律师辩护全覆盖改革，即对于适用普通程序审理的一审、二审案件和按照审判监督程序审理的案件，被告人没有委托辩护人的，人民法院应当通知法律援助机构指派律师为其提供辩护。今后的发展趋势是，所有刑事案件都将有律师进行辩护或者提供法律帮助。同时，人民法院进一步加强保障辩护人会见、阅卷、收集证据和发问、质证、辩论辩护等权利。在法庭审理中严格执行法定程序，合理分配各方发问、质证和辩论、辩护时间，充分听取控辩双方的质证意见，对于被告人及其辩护人提出的辩解理由、辩护意见和提交的证据材料，当庭或者在裁判文书中说明采纳与否及理由。

随着以审判为中心的刑事诉讼制度改革不断推进，各地法院总结出不少好的经验，刑事审判质效也得到明显提升，对保证重大刑事案件质量尤其具有重要现实意义。同时，一些与改革目标和要求不符的情况仍然存在，改革的系统集成、协同推进不够，制度体系不够成熟定型，还没有充分发生“化学反应”。一些地方仍然存在思想不统一、工作不平衡、协调不顺畅等问题，证据收集、固定、审查标准不一致，以审判为中心的诉讼格局尚未完全形成；证人、鉴定人、侦查人员出庭作证，非法证据排除，证据补查，无罪判决等方面制度落实不到位，执行“三项规程”的力度还不够，庭审实质化还有待继续加强。这项改革的推进将是人民法院刑事审判工作中一项长期而艰巨的任务。

（二）完善认罪认罚从宽制度

完善刑事诉讼中认罪认罚从宽制度，是党的十八届四中全会作出的重大改革部署，是中国特色社会主义刑事司法制度的重大创新。自 2016 年 9 月起在北京等 18 个地区开展认罪认罚从宽制度试点工作，2018 年 10 月，《刑事诉讼法》对认罪认罚从宽制度作出明确规定，使认罪认罚案件获得专门的诉讼程序和可靠的制度保障。2019 年 2 月，最高人民法院召开全国法院推进刑事案件认罪认罚从宽制度工作部署会，总结交流该项制度的试点改革经验，部署全面开展认罪认罚从宽审判工作。

认罪认罚从宽制度可以看作是以审判为中心的刑事诉讼制度改革的配套措施。强调诉讼以审判为中心，并非要求所有刑事案件一律适用标准化的普通程序审理，而是要做到“繁案精审、简案快审”，将更多司法资源用于重大疑难复杂案件的审理上，为推进以审判为中心的刑事诉讼制度改革创造有利条件。“三项规程”所体现的庭审实质化针对的是复杂案件，特别是被告人不认罪和认罪后又翻供的案件，目的是要实现“繁案精审”。实践中的多数案件是简单案件，对这些简单案件要适用简化程序，包括认罪认罚从宽制度、简易程序、速裁程序等，从而构建起有中国特色的轻罪诉讼制度体系。

认罪认罚从宽制度，是对自愿如实认罪、真诚悔罪认罚的犯罪嫌疑人、被告人依法从宽处理的刑事法律制度，是实体规范和程序保障一体构建的综合性法律制度，是认罪认罚实体法律和诉讼程序的有机统合。其基本精神是对认罪认罚案件分流处理，实体从宽、程序从简，促进坦白从宽具体化、繁简分流精细化。需要强调的是，对认罪认罚的被告人是“可以”从宽，而非一律从宽，是否从宽及具体幅度要依据事实和法律综合考量。在一般情况下，没有特殊理由的，应体现法律规定和政策精神。

认罪认罚从宽制度实施是一个系统性、整体性很强的“大工程”，可谓“牵一发而动全身”，其中速裁程序、值班律师制度又是新生事物，在实施过程中，出现新情况、新问题甚至一些新困难属于正常现象。各地法院在实施过程中，要加强调查研究，及时梳理、及时研究，必要时及时上报，不断总结、不断改进、不断完善，确保此项制度正确实施。

（三）刑事诉讼程序的新发展

2018 年 10 月 26 日，第十三届全国人大常委会第六次会议通过了《关于修改〈中华人民共和国刑事诉讼法〉的决定》，为确保法律统一、准确、有效实施，最高人民法院同步开展了修改 2012 年公布的《最高人民法院关于适用〈中华人民共和国刑事诉讼法〉的解释》（以下简称《2012 年解释》）的工作。《新刑诉法解释》计划于年内正式对外发布，预计共 27 章、将近 650 条，比《2012 年解释》增加三章（第十二章“认罪认罚案件的审理”、第十四章“速裁程序”、第二十四章“缺席审判程序”），增加约 100 条，做实质修改的条文共 200 余条。主要有以下三方面：

第一，关于强化诉讼权利保障。强化诉讼权利保障，是《新刑诉法解释》起草贯穿始终的一条主线。《新刑诉法解释》在辩护制度、审判程序等方面，对加强诉讼权利保障作了更加明确、更为严格的规定。一是强化了辩护权保障。明确规定应当赋予被告人选择指定辩护和委托辩护的权利；经人民法院准许，律师可以带一名助理参加庭审；辩护律师申请查阅移送到法院的讯问录音录像，应当准许。二是强化了质证权保障。重申同案同审的诉讼原则，要求分案审理应当以有利于保障庭审质量和效率为原则，强调分案审理不得影响当事人质证权等诉讼权利的行使。三是强化了被告单位的诉权保障。针对司法实践中诉讼代表人确定难的现实问题，适度扩大了诉讼代表人的确定范围：以内部人员作为第一选择，在难以确定诉讼代表人的情况下，可以由被告单位委托律师等单位以外的人员作为诉讼代表人。四是强化了申诉权保障。进一步完善审判监督程序的相关规定，明确规定，对在判决、裁定发生法律效力后二年内提出的申诉，应当立案审查；二年后提出的申诉，经初步审查，认为判决、裁定可能存在错误且有改判必要的，也应当立案审查。五是强化了特别程序的诉权保障。落实对未成年人、强制医疗案件被申请人或者被告人的权利保护，明确规定，讯问未成年人时其法定代理人或者合适成年人不在场的，对其供述应当依法予以排除；强制医疗案件被申请人或者被告人的法定代理人经通知未到场的，可以通知其他近亲属到场。

第二，关于涉案财物处理与定罪量刑并重。长期以来，刑事审判一定程度存在重定罪量刑、轻涉案财物处理的现象。在加强产权保护的时代背景之下，《新刑诉法解释》要求审判程序对定罪量刑和涉案财物处置并重，切实发挥庭审在查明事实、认定证据、保护诉权、公正裁判中的决定性作用。具体而言：一是强化了对涉案财物的庭前审查。在立案审查阶段，要审查移送涉案财物是否随案并列明权属情况，以及是否就处理提供相关证据材料。在庭前会议中，可以就对涉案财物的权属情况和处理建议听取意见。二是强化了对涉案财物的调查审理。在法庭调查时，要对涉案财物的权属情况和处理进行调查；不仅要听取控辩双方的意见，而且应当听取提出异议的案外人的意见。在法庭辩论时，要就涉案财物处理的相关问题进行辩论。三是强化了对涉案财物的裁判处理。在作出裁判时要对涉案财物作出处理。特别是，针对个别案件中存在的漏判涉案财物处理的问题，可以在二审期间发回原审人民法院重新审判，由原审人民法院依法作出处理；判决生效后发现的，由原审人民法院依法对涉案财物及其孳息依法另行作出处理。此外，在《新刑诉法解释》起草过程中，涉案财物处理方面还存在一些重大争议问题，如对涉众型犯罪案件和其他涉案财物情况复杂的案件可否设立相对独立的对物之诉，在对被告人定罪判刑后另行对涉案财物作出处理；善意取得制度能否适用于刑事涉案财物。由于争议较大，《新刑诉法解释》暂时回避了这些问题，留待理论界深化研究和司法实务继续探索。

第三，关于缺席审判程序的制度设计。适应新时代反腐败和国际追逃追赃工作的需要，2018 年《刑事诉讼法》新增了刑事缺席审判制度。《新刑诉法解释》对缺席审判程序的有关问题作了规定。一是细化了审查处理规则。规定符合缺席审判程序适用条件，属于本院管辖，且材料齐全的，应当受理；不符合缺席审判程序适用条件或者材料不全且不能补送的，应当退回。二是强化了对被告人的权利保障。明确人民法院立案后，应当将传票和起诉书副本送达被告人，传票应当载明被告人到案期限以及不按要求到案的法律后果等事项；被告人没有委托辩护人的，人民法院应当通知法律援助机构指派律师为被告人提供辩护。三是强化了对被告人近亲属的权利保障。明确要求将起诉书副本送达被告人近亲属，允许被告人近亲属申请参加诉讼，并可以发表意见。四是规范了缺席审判程序案件的审理。明确对缺席审判程序案件参照适用公诉案件第一审普通程序的有关规定审理。五是规范了中止审理和被告人死亡案件的缺席审判程序。中止审理案件的缺席审理严格限制为被告人缺乏受审能力的情形；被告人死亡案件的缺席审理，既适用于确认被告人无罪的情形，也适用于证据不足、不能认定被告人有罪的情形；再审程序中的缺席审判，既适用于确认被告人无罪或者证据不足、不能认定被告人有罪的情形，也适用于被告人虽然构成犯罪但是原判量刑畸重的情形。

五、以繁简分流完善诉讼体系

在我参加的一次改革研讨会上，有人提出一个观点："人民法院推行司法便民、降低诉讼门槛，工作方向固然是正确的，但也随之带来案件数量激增，审判压力加大的问题。法院如果长时间超负荷运转，司法公正、效率和人民群众的诉讼权益都会受到侵蚀。"这位学者观点确实反映了部分客观情况，提出的担忧也不无道理，有的法院，法官"白加黑""五加二"是工作常态，非常辛苦，也确实因为案件数量多、工作压力大，"萝卜快了不洗泥"，出现少数瑕疵案件。如果改革只给法院不断在案件和职能上"做加法"，不在司法资源和诉讼机制上"做优化"，必将导致法院不堪重负，难以为继。

过去，一些诉讼程序设置的精细化程度不够，导致资源错配，效率降低，已经难以满足人民群众对司法公正高效便捷解纷的司法需求，一些制度瓶颈问题日益凸显，相关改革举措需要进一步强化制度支撑，部分民事诉讼程序安排需要根据经济社会变化和信息技术发展作出相应调整。2019 年年底，按照重大改革先行先试的原则，最高人民法院将推进"民事诉讼程序繁简分流改革"作为一项重要司法改革工作任务，经全国人大常委会授权，重点围绕优化司法确认程序、完善小额诉讼程序、完善简易程序规则、扩大独任制适用范围、健全电子诉讼规则五个方面展开试点工作。通过试点方式探索积累了有益经验，提炼了有效制度规则，推动了民事诉讼法修改完善，促进了民事诉讼制度发展完善。

民事诉讼法是司法程序法，更是诉讼权利保障法。民事诉讼程序繁简分流改革要坚决避免“法院本位主义”，决不能简单追求办案便利、效率提升和资源节约，而是更加注重体现多元司法价值，平衡好司法效率与质量、司法资源与司法需求、法院程序决定权和当事人程序选择权及利益处分权等方面的关系，促进审判质效提升，保障诉讼程序权利，满足人民群众的多元司法需求。

推进案件繁简分流要树立“大繁简、大分流”理念*

当前，人民法院“案多人少”的矛盾在司法改革推进过程中呈现出系列新特点，一定程度上影响着法院整体工作的健康发展，乃至关系到司法改革目标的如期实现。最高人民法院历来高度重视繁简分流工作，此次专门出台《最高人民法院关于进一步推进案件繁简分流优化司法资源配置的若干意见》（以下简称《优化司法资源配置意见》），力求最大限度地解决“案多人少”矛盾，消除司法改革的“中梗阻”。

一、深刻认识繁简分流的重要意义

在全面深化司法体制改革大背景下，繁简分流是顺应改革趋势、遵循司法规律的必然选择，对各级人民法院来讲，已不是“要不要”的问题，而是“怎么办”的问题。

---

* 根据《大力推进繁简分流　全面深化司法改革》改编，原文刊载《人民法院报》2016 年 9 月 14 日，第 5 版。

（一）繁简分流是缓解严峻审判压力的主要方式

改革开放以来，随着经济社会生活的发展和人民群众法治意识的提升，人民法院受理案件数量增长了 30 多倍，但法官人数仅增长了 3 倍，两者的增长幅度明显不成比例。随着立案登记制的实施、法官员额制的推进和《侵权责任法》《行政诉讼法》等一系列法律的制定与修改，“案多人少”矛盾有进一步加剧的倾向。2016 年上半年，全国新收案件 1002. 9 万件，与 2015 年同期新收 843. 2 万件相比增加 159. 7 万件，上升 18. 94%。且在今后的一段时间内，全国法院新收案件将继续呈增长态势，执法办案压力将不断增大。与此同时，全国法院受理的案件有 80% 以上在基层法院，而基层法院审理的案件大多适用简易程序。2013 年至 2015 年，民事案件简易程序适用率分别为 71. 45%、67. 98%、66. 13%，刑事案件简易程序适用率分别为 53. 92%、52. 12%、51. 24%。可以说，推进繁简分流，根据案件的难易程度等因素，实现简案快审、繁案精审，既有必要性，又有可行性。

（二）繁简分流是推进全面司法改革的有效切口

与美国、日本等国法官年人均办案量数百件甚至上千件相比，我国法官的年人均办案量似乎并不算多；同时，从每 10 万人拥有法官的数量来看，德国 24. 46 个、美国 10. 59 个、日本 2. 73 个，我国 14. 4 个，似乎也并不算少。据此，有人开始质疑我国的“案多人少”是个伪命题。对此，我们必须全面辩证地看，不能只看表面的数据统计，各国受理的案件类型、诉讼程序、司法成本、案件统计口径等均存在明显差别。例如，美国法院立案审理的案件有一半是交通违章案件，而在我国其属于公安机关处理的轻微治安案件。当然，我们也要看到，我国司法体制机制不健全，致使非审判事务耗费法官大量时间精力、忙闲不均现象普遍存在，进而影响着司法效率的提高。为此，要立足整体性、协同性、关联性的改革方法论，运用系统的方法，以繁简分流改革作为重要切口，全面推进法官员额制、司法责任制等各项改革的具体落实，最大限度地释放改革红利。

（三）繁简分流是提升国家治理水平的重要体现

当前，人民法院工作的主要矛盾仍是人民群众日益增长的多元司法需求与司法能力不足的矛盾。案件数量持续增长，是当今世界许多国家和地区所共同面临的问题；通过司法改革来提高司法效率是主要的解决之道。孟建柱书记强调，“解决案多人少问题，不能简单寄希望于通过增加编制、人员来解决，而是要通过改革，从制度机制上研究采取措施”。在司法实践中，一些法院为了应对完成结案任务，简单依靠层层加码、下指标、定任务，导致一线法官长期加班加点，不堪重负，严重影响法官身心健康和队伍稳定。这就更需要大力推进繁简分流改革。但是，推进繁简分流并非一味求“快”，不能为了提高司法效率而让司法公正打折扣，而要充分注意到公正与效率在司法领域的价值关系有别于经济领域，始终要把“好”放在“快”之前，即在保证司法公正的前提下追求司法效率，在更高层次上实现司法公正与司法效率的平衡。换言之，推进繁简分流，要用改革的思维和方式研究破解执法办案工作面临的难题，完善诉讼程序机制，优化司法资源配置，促进审判体系与审判能力的现代化。

（四）繁简分流是满足人民司法需求的关键途径

“努力让人民群众在每一个司法案件中感受到公平正义”是人民

法院工作的目标。习近平总书记多次指出，“把是否促进经济社会发展、是否给人民群众带来实实在在的获得感，作为改革成效的评价标准。”[①] 事实上，民众对不同案件的司法需求是不一样的。对于简单案件，往往希望快速审判，提高效率；对于复杂案件，则更希望严格司法，保证公正。当前，一些法院在审判工作中存在繁简不分、简案办不快、繁案办不精等突出问题，不能完全满足人民群众的不同司法需求。推进繁简分流，既要避免过分突出“繁”，因程序烦琐而导致资源浪费；又要防止片面理解“简”，因单纯追求简化而牺牲当事人合法权益。总之，要做到繁简互为支撑，同步进行，该繁则繁，当简则简，繁简得当。

二、准确理解繁简分流的合理层次

推进繁简分流要树立“大繁简、大分流”的理念，构建一个立体的、动态的、分层的分流“漏斗”，按照纠纷发生与案件审理的流程进行多层次分流。

（一）促进纠纷诉前分流

孟建柱书记要求，“坚持依法处理和多元化解相结合，强化诉前调解、诉调对接，让更多纠纷在诉讼渠道外得到解决，节约司法资源”。人民法院建立立案前的过滤、甄别、分流和引导机制，具体对当事人同意诉前调解的，引导当事人先行调解，对不同意诉前调解的，立即登记立案，可以使大量矛盾纠纷在进入立案登记前就得到有效化解。上海法院自 2009 年建立诉调对接中心以来，受理纠纷呈

① 习近平主持召开中央全面深化改革领导小组第二十一次会议强调：深入扎实抓好改革落实工作盯着抓反复抓直到抓出成效，载中国政府网，https：//www. gov. cn/xinwen/2016 – 02/23/content_ 5045353. htm。

现逐年递增的态势。2015 年收案达到 27.1 万件，调解成功 8 万件；2016 年上半年收案 11.1 万件，调解成功 4.2 万余件；七成以上的案件进入诉前程序，1/3 以上的案件在诉前得以有效分流和化解。

（二）利用审前程序分流

当前，针对实践中不少案件审理过程中存在庭审虚化、多次开庭、反复开庭等问题，中央提出了推进以审判为中心的诉讼制度改革。此改革更加突出庭审中心地位，自然地要求进一步充分发挥审前程序的庭审准备和分流功能，即通过庭前会议固定无争议事实和证据，归纳整理有争议的事实和证据，从而有效提高庭审质量，促进庭审实质化和庭审优质化。同时，近年来，一些地方法院除了适用庭前会议解决组织交换证据目录、启动非法证据排除等程序性事项外，还纷纷将核对当事人身份、告知当事人诉讼权利义务等移至庭前进行，开庭时适当简化或者省略相关事项，从而有效减轻庭审负担。

（三）选择审判程序分流

人民法院在受理案件后，根据案件事实、法律适用、社会影响等因素，选择适用适当的审理程序，更能使不同的案件得到高质量的处理。在民事诉讼中，快速审判程序的优势尚未得到有效发挥，这与当事人对其的理解度和认同感有一定关系。法院有必要加强对当事人的积极引导，即除了依法适用实现担保物权案件特别程序以外，引导当事人双方约定适用简易程序审理民事案件，以及引导当事人将债权人请求债务人给付金钱、有价证券的案件转入督促程序。小额诉讼程序是 2012 年民事诉讼法修改时新增的一种简易程序，依法可以由当事人双方约定适用；同时，实践也证明，提高小额诉讼的标的额效果良好。上海法院 2016 年上半年适用小额诉讼程序审结案件 4.15 万件，占基层法院民商事案件总数的 19.19%。

在刑事诉讼中，近年来有不断完善快速审理程序的趋势。2012 年《刑事诉讼法》修改，将简易程序的适用范围扩展到基层法院所有的刑事案件。2014 年 6 月，刑事案件速裁程序试点开始，效果明显。今年 7 月中央全面深化改革领导小组审议通过《关于认罪认罚从宽制度改革试点方案》，9 月全国人大常委会又审议通过《关于授权最高人民法院、最高人民检察院在部分地区开展刑事案件认罪认罚从宽制度试点工作的决定》，必将促进此项试点工作的有序进行。

在行政诉讼中，立案登记制实施以后行政案件的增长幅度最大，仅 2015 年同比增长就达到 61.5%。2015 年行政诉讼法修改已经增设了简易程序，但适用率很低。随后，最高人民法院行政诉讼法司法解释对裁定驳回起诉类案件审理程序进行了规定。为了更好地应对不断增加的行政案件数量，各地法院可以借鉴民事简易程序的规定，探索建立行政速裁工作机制。

（四）围绕争议焦点分流

庭审和裁判文书说理，围绕争点进行，可以促进庭审和裁判文书制作的质效。在庭前会议阶段固定了有争议的事实和证据后，庭审就可以依次围绕有争议的证据、事实和法律适用等焦点问题进行，从而提高当庭认证水平和当庭宣判率。裁判文书说理围绕争议焦点展开，既增强说理的逻辑性和针对性，又提高裁判的正当性和可接受性。疑难复杂案件，强化说理；当庭宣判的案件，适当简化说理；当庭即时履行的民事案件，经征得各方当事人同意，也可以在法庭笔录中记录相关情况后不再出具裁判文书。从四级法院职能的不同定位出发，二审和再审围绕争议焦点进行审理和说理，避免与原审在庭审和裁判文书方面的不必要重复。

近年来，一些地方法院围绕争议焦点推进民事庭审方式和裁判文书改革，积累了宝贵经验。深圳法院为配合简单民事案件的“门诊式”或者“要素式”庭审，设计了令状式、要素式、表格式裁判文书。湖南长沙县法院推行“繁简分流、事实分流、争点分流”的“三分式”改革，庭前准备程序让争议焦点脱颖而出，庭审重点解决争议焦点，裁判文书对无争议事实直接确认、对有争议的事实认定或者法律适用问题详细说理。

三、切实完善繁简分流的保障机制

繁简分流是一个系统工程，不仅需要通过构建多层次的诉讼制度体系来优化诉讼机制，而且需要深化其他司法改革举措来完善配套保障机制，实现人、案、程序的有机衔接，最大限度地提高司法生产力。

（一）推进法官员额制改革

“人少”并不完全是法官的总体数量少，而是在审判一线实际办案的法官数量少，尤其是在案件数量多的法院或部门实际办案的法官数量少。推进法官员额制改革就是要克服上述弊端。

一是“盘活存量”。让优秀人才充实到审判一线，凡有审判职务的人员原则上均应参与办案，入额法官必须到审判一线办案。院庭长要带头办案，尤其是庭领导应当成为办案的中坚力量，带头承办重大敏感、疑难复杂和新类型案件，充分发挥示范引领和模范带头作用。改革试点法院的实践证明，员额制改革充实增强了一线办案的力量。

二是“以案定员”。做好员额基数的测算工作，员额分配向基层法院倾斜，向办案任务重的部门倾斜。员额比例和数量可以根据案件数量情况在不同审级和地域法院之间合理调控。各地高级法院对辖区内法官员额进行动态管理，必要时进行统一调配。

（二）有效减轻法官负担

构建“法官—法官助理—书记员”的审判团队，把法官从烦琐的程序性、事务性工作中解脱出来，专心于案件的审理和裁判，可以有效地减轻法官负担。

一是“理清关系”。法官、法官助理、书记员协同办案，只有分工清晰，彼此配合，才能真正形成合力。江苏法院将同一案件工作量细分为审判核心、重要和事务工作，分别对应法官、法官助理和书记员的工作量，以此为基础测算法官与法官助理、书记员配比，同时增加审判辅助人员的配置，有效减少员额法官40%的工作量。

二是“集中管理”。在诉讼服务中心、司法辅助中心、审判业务部门等安排专门的审判辅助人员集中负责送达、保全等审判辅助事务，从而加强审判辅助事务的集约化和专业化。

（三）强化办案激励措施

目前，法官办案缺乏足够的激励措施，办好案、多办案的动力不足。要完善法院工作人员的业绩评价制度，全面、科学评价办案数量、质量、效率和效果，宜将审判效率、庭审和裁判文书质量等裁判相关事务作为法官业绩评价的重要内容，将参与审判辅助事务的案件数量作为审判辅助人员业绩评价的重要内容，从而形成“争办案、多办案、快办案、办好案”的激励机制。

一是“精神鼓励”。以办案任务完成情况作为表彰先进法院的基础性指标，作为评价法院领导、办案部门、办案团队和法官个人的关键性指标，并与晋职晋级、表彰奖励、培训交流等紧密挂钩。

二是“物质奖励”。建立与工作职责、实绩和贡献紧密联系的工资分配机制，加大对一线办案人员的工资政策倾斜力度，鼓励优秀人员向一线办案岗位流动。贵州遵义汇川法院坚持办案补贴向办案人员倾斜，并将办案补贴的20%设定为浮动区间，办理案件质量高、效率好的人员可以多享受办案补贴。

四、科学把握繁简分流的发展方向

习近平总书记指出，“改革开放只有进行时，没有完成时”。[①] 繁简分流也将是一项长期工作，必须在司法改革过程中科学把握其发展方向。

（一）借鉴域外经验做法

为了应对不断增长的案件数量，世界各国根据各自情况，在完善诉讼程序和优化资源配置方面都形成了许多值得借鉴的经验做法。

一是诉讼程序的完善。具体包括：大量适用非诉程序，例如，德国适用督促程序化解大量纠纷；充分运用审前程序，例如，美国有70%以上的案件在证据开示之后通过和解或者审前处置得以解决；建立多层次诉讼制度体系，例如，英国民事诉讼程序按照不同标的额分设小额程序、快速程序和多轨程序，且各自的具体审理规则和周期不相同，等等。

二是司法资源配置的优化。具体包括：（1）设置流动法官制度。例如，意大利的一些上诉法院建立了法官特遣组，若地方法院出现人员缺乏，如休产假等特殊情况，上诉法院院长就可派遣这些法官

---

① 本书编写组编：《将改革进行到底》，人民出版社、学习出版社2017年版，第6页。

下去帮助办案。(2) 扩大独任制范围。例如，意大利增加独任审判的数量，部分代替三人合议庭。(3) 推行专业化审判。例如，普通法院除设刑庭、民庭以外，还设家事、少年、劳动、社会保险等法庭，鼓励非专业化法院中的法官实现自身的专业化，等等。

(二) 鼓励地方探索创新

繁简分流是一个开放性课题，最高人民法院在加强顶层设计的同时，允许和鼓励地方各级人民法院积极发扬首创精神，紧密结合本地实际，不断探索符合司法规律的新举措。

一是细化繁简分流标准。三大诉讼法及其司法解释对简单案件的属性都有相关规定，但在具体审判过程中，案件的繁与简需要结合当地法治水平、法官办案能力、案件类型、送达难易程度、相似案件裁判规则完备程度等诸多因素，根据具体情况进行具体判断。

二是完善繁简分流规则。正如看病"小病门诊、大病住院"，简单案件宜由简案审判组织快速审结，复杂案件宜由难案审判组织精研细判。但是，"谁来分""怎么分"却不宜"一刀切"。简案与繁案的分流究竟是由立案庭来决定，或者由审判业务庭来决定，或者由合议庭来决定；简案审判组织究竟是人民法庭，或者速裁团队，或者专门合议庭；分流不当的案件是由原来审判组织继续审理，或者由其他审判组织转办，或者区分情形决定是否转办，均应当因地制宜，由地方法院科学制定具体规定。

三是创新繁简分流举措。不少地方法院都推行集中时间审理简单案件的做法。例如，浙江杭州萧山法院采取了"多案连审""多案同审""一庭多审"等审理机制，对相同类型的简单民事案件或者刑事案件进行合并审理，简化庭审环节，加快庭审节奏，提高诉讼效率。

（三）加快智慧法院建设

以信息化助推司法改革已是当今世界大势所趋。当下，大力推进人民法院的信息化建设3.0版本，是助推繁简分流的加速剂。

一是推进科技法庭建设。健全远程审判系统，实现法院、检察院、看守所、狱内法庭等不同系统之间的互联互通，推广远程视频方式开庭。使用视听传输技术或者同步视频作证室，为证人出庭作证创造条件。积极开发利用庭审智能语音识别技术，探索使用庭审录音录像简化或者替代书记员进行法庭记录，减轻审判辅助人员的工作负担。

二是实现智能化办案。引导当事人、律师等提交电子诉讼材料，实现案件办理全程网上流转，推动实现诉讼档案电子化。鼓励建立电子法院、网上法庭，扩大适用电子督促程序。利用传真号、电子信箱、微信号等进行电子送达，通过中国审判流程信息公开网建立全国法院统一的电子送达平台。有效利用“法信”等审判辅助系统，实现典型案例、裁判文书、法律观点等审判信息的智能检索、推送，为法官提供智能化服务。

三是加强审判管理信息化建设。深度挖掘和充分运用司法大数据，利用丰富的案件信息资源，不断深化对辖区法院不同审判业务类型的法官人数、人均结案数、结案方式及平均审理时间等数据变化的动态分析，准确把握审判工作运行态势，合理分配审判资源，全面评价工作业绩。

（四）提出立法修改建议

从根本上说，繁简分流有赖于法律的修改和完善。推进繁简分流，既需要立法巩固繁简分流的改革成果，又需要对制约繁简分流的法律缺陷进行修法弥补。

一是通过立法巩固繁简分流改革成果。刑事案件速裁程序试点工作效果良好，可以在未来刑事诉讼法修改时作出正式规定；家事审判方式改革试点工作稳妥推进，未来民事诉讼法修改时可以设立专门的家事审判程序；庭审方式改革、裁判文书改革等方面的成熟做法可以体现到三大诉讼中；法官员额制、司法责任制等其他相关改革举措应当在法官法、人民法院组织法修改时予以吸收，等等。

二是通过修改法律克服不利于繁简分流的障碍。诉讼费用对繁简分流具有杠杆作用，有必要尽快修改《诉讼费用交纳办法》；民事诉讼法中增设非讼程序、修改行政诉讼法规定的简易程序审理期限，改变独任制与简易程序的简单对应关系，扩大独任制审理的适用范围，等等，更能从根本上促进案件繁简分流。

正如习近平总书记所强调的，“要准确把握改革内在联系，提高改革系统集成能力。”[①]《优化司法资源配置意见》的出台，为全面深入推进符合司法规律的繁简分流改革提供了政策依据，各地法院要认真贯彻，积极探索，系统推进，为人民群众的合法权益提供强有力的司法保障。

① 习近平主持召开中央全面深化改革领导小组第二十五次会议，载中国政府网，https：//www. gov. cn/xinwen/2016 -06/27/content_ 5086105. htm。

在更高层次上实现司法公正与效率的统一*

很荣幸在美丽的狮城参加此次中新社会治理高层论坛，就“司法公正与效率的统一”这个话题作专题发言。司法公正与效率，虽然是一个老话题，但也常讲常新。公正高效司法，是人们对法院工作的期待，也是司法的基本价值追求。公正是司法的灵魂和生命，包括实体公正和程序公正两个方面。司法必须始终以维护社会公平正义为核心目标。效率亦是现代社会的一大价值追求，及时化解各类矛盾纠纷，合理配置司法资源，节约司法成本，更加高效地保障公民合法权益。党的十八届四中全会通过决定，将建设公正、高效、权威的社会主义司法制度，作为中国推进法治国家和法治社会建设的重要目标。

如何在确保司法公正的前提下提高司法效率，实现司法公正与司法效率的统一，是各国法院共同面临的现实问题。对中国来说，伴随着经济发展、社会进步和公民权利意识的增强，越来越多的矛盾纠纷涌入人民法院，人民法院办案任务日益繁重。中国各级法院受理的案件，1978 年时是 60 万件左右，在 2008 年突破了 1000 万

---

* 根据 2016 年 5 月 17 日在中新社会治理高层论坛上的发言稿改编。

件，到2015年已经达到1950万件。这种案件激增局面，用“诉讼爆炸”来形容也毫不夸张。一方面案件持续较大幅度增长，中国法官面临着“案多人少”的突出矛盾，经常超负荷工作；另一方面公民对司法公正高效的期待越来越高，对审判质量效率的要求也从未因案件量增长而有丝毫降低。如何在更高层次上实现司法公正与效率的统一，是摆在中国各级法院面前亟待破解的难题。

破解难题，改革是唯一出路。党的十八届三中、四中全会确定了中国司法改革的路线图和时间表，中国最高人民法院正在实施《人民法院第四个五年改革纲要（2014—2018）》，着力破解影响司法公正的问题，探索提升司法效率的举措。

实现司法公正与司法效率相统一，要以审判权规范高效运行为关键。“让审理者裁判，由裁判者负责”是司法规律的客观要求，这就需要科学界定审判组织权限和审判人员职责，改革审判权力运行机制，实现“谁办案，谁裁判，谁负责”。通过改革，一些法院组建由法官、法官助理、书记员构成的审判团队，推行扁平化管理，形成权责清晰、运转高效、协作紧密的办案单元和管理单元，审判效率明显提升。比如，江苏省江阴市人民法院通过构建审判团队，实现了审结案件较改革前增长53.1%。院庭长不再审核签发自己未参加审理案件的裁判文书，独任法官、合议庭对所办案件质量负责，法官办案责任心和积极性明显增强。以上海市徐汇区人民法院、闵行区人民法院两家试点法院为例，2015年两院法官人均结案分别达328件和286件，较改革前分别增加了121件和70件。2015年，贵州省贵阳市花溪区人民法院案件审理平均时间同比减少23天，法定审限内结案率为98.3%，当庭裁判率为69%，同比提升12个百分点，反映审判质量的改判发回重审率、服判息诉率等主要指标良好。

实现司法公正与司法效率相统一，要以诉讼制度结构改革为突破口。科学合理的诉讼制度和多元高效的纠纷解决机制，是保障司法公正、提升司法效率的前提。特别是在案件数量大幅增长、案多人少矛盾突出的情况下，更需要通过诉讼制度和纠纷解决机制的改革，促进案件繁简分流，提升司法效率。目前，中国就符合小额诉讼条件的案件设计了小额诉讼一审终审程序，在部分基层法院开展轻微刑事案件速裁程序改革试点，积极探索完善刑事诉讼中认罪认罚从宽制度，致力于形成小额程序、速裁程序、简易程序、普通程序等多层次诉讼格局。诉讼制度改革有效提高了司法效率。以刑事速裁程序改革为例，截至 2015 年 12 月 31 日，全国 212 个试点基层人民法院适用速裁程序审结刑事案件共 31, 086 件 32, 188 人，占试点法院同期判处一年以下有期徒刑案件的 33. 13%，法院 10 日内审结的占 92. 77%，当庭宣判率达 96%，大大缩短了审前羁押时间，保障了司法公正高效。中国各地法院正在积极探索庭审方式改革，完善诉讼繁简分流机制，改革裁判文书格式，提高当庭裁判率，实现简案快审、繁案精审。同时，我们大力推进多元化纠纷解决机制建设，加强诉讼与调解、仲裁对接，鼓励公民选择人民调解、行业调解、行政裁决、仲裁等方式解决纠纷，以司法引领和司法确认手段赋予调解、仲裁结果法律效力，让矛盾纠纷在初始状态能够有效化解，减少司法成本投入。比如，四川省眉山市中级人民法院，大力推进纠纷多元化解决，在 2014 年实现 81. 12% 的矛盾纠纷通过非诉方式化解，真正进入审判程序通过裁判处理的案件仅占 5. 19%。

实现司法公正与司法效率相统一，要以司法资源优化配置为基础。保障司法公正高效，关键在人。这轮司法改革我们提出建立法官员额制，将优秀的审判人力资源集中到办案一线，推动法官群体的专业化和职业化建设。一是中国的试点法院根据人口数量、案件数量、法官饱和工作量等合理确定法官员额比例，将法官员额全部配置在具有司法属性的部门和岗位，增强了审判一线办案力量。比如，贵州省法院系统经过员额制改革，实现了85%以上的审判力量集中到审判一线，优化了审判资源配置。二是为员额法官配备法官助理和书记员，切实减轻法官审判事务性工作负担，让法官更加专注审判。比如，江苏省高级人民法院，改革后法官与法官助理、书记员等审判辅助人员配比达到了1∶1.1，有效减轻了法官办案压力。三是充分发挥院庭长作用，要求进入法官员额的院庭长必须办理案件，特别是要办理那些重大、疑难、复杂的案件，发挥院庭长审判经验丰富的优势。比如，广东省东莞市第二人民法院，2015年院庭长办理案件量占全院结案数的32%，有效增加了办案力量，提升了司法效率。

实现司法公正与司法效率相统一，要以信息化建设为支撑。信息科技深刻地改变了我们的思维模式和工作方式。在信息科技日新月异飞速发展的时代，信息化是带动人民法院工作发展的重要引擎，也是我们促进司法公正、提升司法效率的重要手段。中国法院正在大力推进信息化建设，构建司法公开三大平台，推动信息技术与审判业务深度融合、跨界应用。一是建设以诉讼服务中心、12368诉讼服务热线、诉讼服务网等为载体的诉讼服务平台，完善网上立案、在线咨询、网络调解等诉讼服务。建设电子法院和“智慧法院”，加强案件审理中对互联网和信息化手段的运用。目前中国已建成1.8万个科技法庭，2160余套远程讯问系统，有效打破了诉讼时空限制，增进了诉讼效率和便利。浙江杭州西湖区、滨江区、余杭区人民法院探索电子商务网上法庭，对涉互联网的案件实现了全程网络化审理。二是完善案件信息管理系统，从立案到审判、执行各环节实现全程留痕，建设四级法院数据集中管理平台，实现3512家法院网络全连通、数据全覆盖、业务全开通。目前已经汇集全国近4年

6300 余万件案件数据和 3400 万份裁判文书，为审判管理监督和司法决策服务。三是完善法官办案辅助系统，为法官适用法律、检索案例、撰写文书等提供更多更优质的智能化服务，有效提升法官工作效率。2016 年 3 月 31 日，中国最高人民法院开发了“法信——中国法律应用数字网络服务平台”，对海量法律条文、案例要旨、法律观点、裁判文书进行深度加工剖析，进行同案智能推送，促进类案同判和量刑规范化，实现司法标准的统一。我们还将积极探索运用大数据技术，在推动案件繁简分流、提高司法效率上做更多的文章。

司法公正与效率是现代司法追求的两大基本价值，如何在更高层次上实现司法公正与效率相统一，是我们需要共同研究和面对的课题。中国法院将在全面依法治国进程中，紧紧抓住司法改革重要历史机遇，尊重司法规律，回应公众需求，直面问题，勠力革新，建设公正、高效、权威的社会主义司法制度，从而推进国家治理体系和治理能力现代化，实现建设社会主义法治国家的目标。

积极推进民事诉讼程序繁简分流改革试点工作*

一、改革试点的工作背景

近年来，随着经济社会形势的发展变化和信息化时代的全面到来，人民群众司法需求日益多元，矛盾纠纷数量持续高速增长。面对新的审判工作形势，人民法院持续深化司法体制综合配套改革，不断健全审判权运行机制，推进矛盾纠纷多元化解，深化案件繁简分流，加强互联网司法建设，全面提升人民法院审判质量、效率和公信力，取得了显著成效。同时，司法实践也反映出，仅依靠法院内部的体制机制性改革，已经难以满足人民群众对司法公正高效便捷解纷的司法需求，一些制度瓶颈问题日益凸显，相关改革举措需要进一步强化制度支撑，部分民事诉讼程序安排需要根据经济社会变化和信息技术发展作出相应调整。

习近平总书记在2019年年初的中央政法工作会议上指出："要

* 根据2020年1月15日在民事诉讼程序繁简分流改革试点工作动员部署会上的情况通报改编。

深化诉讼制度改革，推进案件繁简分流、轻重分离、快慢分道”①，对深化民事诉讼制度改革提出总体要求。2019 年 5 月，中共中央办公厅印发的《关于政法领域全面深化改革的实施意见》将“推进民事诉讼制度改革”确定为重大改革任务，明确提出了优化司法确认程序，扩大小额诉讼程序范围，完善小额诉讼程序与简易程序、普通程序的转换适用机制，探索扩大独任制适用范围，探索构建适用互联网时代需求的民事诉讼规则等改革任务，并确定由最高人民法院会同全国人大常委会法工委、司法部等部门共同推进。为确保上述改革任务紧密衔接、相互促进、形成合力，充分发挥改革系统集成效应，按照重大改革先行先试的原则，最高人民法院经报中央政法委批准，将各项改革任务统一纳入“民事诉讼程序繁简分流改革试点”，以试点方式集中推进。

二、改革试点前期工作情况

过去一年，最高人民法院将推进“民事诉讼程序繁简分流改革”作为司法改革工作的重点任务，成立专门工作小组，组织力量大力推进。自 2019 年 4 月以来，工作小组先后赴北京、浙江、广东、四川、陕西等地开展调研，广泛听取地方法院、专家学者、律师群体和部分全国人大代表、政协委员意见建议，系统梳理国内理论研究成果和域外相关制度运行情况，起草了试点工作方案和实施办法。2019 年 7 月 19 日，试点方案提交“政法领域全面深化改革推进会”讨论，并作进一步修改完善。2019 年 8 月至 10 月，试点方案和实施办法先后征求中央政法委、中央网信办、全国人大监察和司法委员

① 习近平出席中央政法工作会议并发表重要讲话，载中国政府网，https：//www. gov. cn/xinwen/2019 -01/16/content_ 5358414. htm。

会、全国人大常委会法工委、最高人民检察院、司法部，最高人民法院相关职能部门，以及拟开展试点地区法院的意见建议，各方就试点内容形成广泛共识，达成一致意见。

2019 年 11 月 28 日，中央司改领导小组会议审议通过试点方案。12 月 28 日，第十三届全国人大常委会第十五次会议作出《关于授权最高人民法院在部分地区开展民事诉讼程序繁简分流改革试点工作的决定》，正式授权开展试点，并允许试点法院暂停调整适用《民事诉讼法》第 39 条第 1 款、第 2 款，第 40 条第 1 款，第 87 条第 1 款，第 162 条，第 169 条第 1 款，第 194 条的规定。

三、改革试点的主要内容

根据中央审议通过的试点方案和全国人大常委会的授权决定，此次改革试点以优化司法资源配置、提升诉讼程序效能为主要目标，重点围绕优化司法确认程序、完善小额诉讼程序、完善简易程序规则、扩大独任制适用范围、健全电子诉讼规则五个方面展开。

（一）关于扩大司法确认程序适用范围

现行《民事诉讼法》规定，司法确认案件仅限于基层人民法院受理，适用范围仅限于人民调解委员会组织达成的调解协议。司法确认程序适用范围过窄，制约了商事调解、行业调解等多元解纷的发展，不利于中级人民法院和专门人民法院开展诉调对接工作。改革试点从两个方面予以完善：一是扩大了司法确认程序适用范围，将特邀调解组织、特邀调解员主持达成的调解协议纳入司法确认范围，支持多元解纷力量健康发展；二是允许中级人民法院和专门人民法院受理符合级别管辖及专门管辖标准的司法确认案件，满足中级人民法院及专门人民法院开展诉前调解的制度需求。

（二）关于完善小额诉讼程序

当前小额诉讼程序适用面临法律规则较为简略、适用条件相对严格、适用标的额标准偏低、各地实践发展不均衡、制度功能发挥不充分等问题。改革试点主要从三个方面进行调整：一是适当提高标的额基准，合理扩大适用范围，赋予当事人一定程度的合意选择权，加大小额诉讼程序适用力度。二是在充分保障当事人诉讼权利基础上，进一步简化小额诉讼程序审理方式和裁判文书，合理确定小额诉讼案件审理期限，推动小额诉讼案件优先办理，提高文书制作效率，充分体现小额诉讼程序效率优势。三是规范小额诉讼程序与简易程序、普通程序的转换适用机制，明确转换情形、转化方式和转换后法律效果，确保程序转换规范有序。

（三）完善简易程序规则

简易程序适用在司法实践中面临两个突出问题：一是大量需要进行公告送达的简单案件不能适用简易程序，增加了司法资源耗费，加重了当事人诉讼费用负担；二是程序简化不规范，简化规则不清晰，导致简易程序制度功能发挥不到位。改革试点从三个方面予以完善：一是合理扩大简易程序适用范围，允许需要进行公告送达的简单案件适用简易程序审理；二是明确简易程序的庭审和裁判文书简化规则，优化庭审程序和审理方式，推行要素式裁判文书，对事实清楚、争议不大的案件简化说理；三是完善审限规定，将简易程序案件延长审限的时间缩短为 1 个月，同时取消了延长审限需要“双方当事人同意继续适用简易程序”的限制。

（四）关于扩大独任制的适用

现行《民事诉讼法》将独任制与简易程序严格绑定，二审程序一律不能适用独任制，导致审判组织形式和审理资源难以实现精准匹配，不利于优化司法资源配置，实现案件繁简分流。改革试点从两个方面作了调整：一是解除简易程序与独任制的绑定关系，明确基层法院可以由独任法官适用普通程序审理部分民事案件，适用范围主要是法律适用明确，但事实查明过程较烦琐，需经过评估、鉴定、审计或调查取证等程序的案件。二是明确在第二审程序中，可以采取独任制审理部分简单案件，主要是一审以简易程序结案的上诉案件和对裁定提起上诉的案件。二审独任制的审理方式以“开庭为原则、不开庭为例外”，但在一定情形下，独任法官可以采取不开庭方式审理，兼顾审判质量和效率。

（五）关于健全电子诉讼规则

当前，在线诉讼已成为人民群众普遍司法需求，但现行立法对在线诉讼行为效力、电子化材料提交、在线庭审、电子送达等方面还欠缺具体规定，制约了在线诉讼模式的深化和普及。改革试点从四个方面予以完善：一是明确在线诉讼活动与线下诉讼活动具有同等法律效力，解决在线审理机制效力问题。二是明确电子化材料提交的效力和规则，允许当事人通过电子化方式提交材料，经人民法院审核通过后可以不再提交纸质原件。三是确立完善在线庭审规则，将适用普通程序审理的案件纳入在线庭审范围，细化明确排除适用在线庭审的情形以及线上线下相互转换的机制。四是完善电子送达机制，明确电子送达的适用条件、适用范围和生效标准，经当事人同意，可以采用电子方式送达判决书、裁定书、调解书等。

全面做好推动《民事诉讼法》修改各项工作*

民事诉讼程序繁简分流改革试点调研座谈会的主要任务是：深入学习贯彻习近平法治思想，全面落实全国人大常委会对《最高人民法院关于民事诉讼程序繁简分流改革试点情况的中期报告》审议意见，进一步深化改革认识、分析试点工作形势，研究部署下一阶段试点工作任务，有序推进《民事诉讼法》修改工作，推动试点工作系统集成、纵深发展、巩固提升。

一、深化改革认识、把握形势任务，在更高起点上开创试点工作新局面

第一，提高政治站位，深刻认识试点工作的重大历史意义。开展试点工作，是以习近平同志为核心的党中央立足司法事业长远发展作出的重大改革部署，是人民法院贯彻落实习近平法治思想的重大举措，是深化民事诉讼制度改革的重要组成部分。试点工作的根本目标是满足新时代人民群众的多元司法需求，通过诉讼规则创新、释放程序效能，解决一些地方纠纷化解渠道不足、司法效率不高、

---

* 根据2021年4月7日在民事诉讼程序繁简分流改革试点调研座谈会上的讲话稿改编。

诉讼方式不便捷、权利保障不充分等问题，让人民群众更加公正、高效、便捷、低成本地解决纠纷。试点工作的基本定位是促进民事诉讼制度的发展完善。试点本身不是目的，而是通过试点方式探索积累有益经验，提炼有效制度规则，推动《民事诉讼法》修改完善，为构建具有中国特色、适应时代发展、符合司法规律的民事诉讼制度奠定坚实基础。试点工作的重要功能是探索破解“人案矛盾”的制度机制，通过优化资源配置、完善审判流程、创新司法模式，破解制约审判质效提升的深层次难题，适应不断变化的审判工作形势需要。

周强院长所作的试点中期报告和全国人大常委会的审议意见，明确指出了当前试点工作存在的各方面问题，其中认识问题是主要和核心问题，是影响试点能否取得圆满成功的决定性因素。各试点地区法院要深入对照检查、举一反三，进一步统一思想、深化认识，切实把思想和行动统一到党中央的部署要求上来，统一到试点改革的根本目的上来，正确理解试点工作的重大意义和内在要求，确保试点工作沿着正确方向纵深推进。

第二，总结经验成效，全面贯彻落实全国人大常委会审议意见。今年 2 月，第十三届全国人大常委会第二十六次会议审议了《最高人民法院关于民事诉讼程序繁简分流改革试点情况的中期报告》，参加审议的副委员长、委员和代表们对试点工作一致给予了高度评价，普遍认为试点工作阶段性成效显著，试点地区司法资源配置更加优化，案件办理更加优质高效，司法效能得到进一步释放，人民群众对司法工作满意度明显提高。全国人大常委会高度认可和肯定前期试点工作成效，这既是鼓励，也是鞭策，更是对我们工作的更高要求与期待。

试点前一阶段取得的成绩来之不易，这得益于我们始终坚持以习近平新时代中国特色社会主义思想为指导，不断从新思想中汲取改革发展的强大动力；得益于我们始终坚持以人民为中心，通过试点工作满足新时代人民群众司法需求，增强人民群众获得感；得益于我们始终坚持遵循司法规律，不断优化司法资源配置，完善诉讼制度机制，提升审判质量效率；得益于各试点地区法院工作人员的辛勤付出和不懈努力，以改革创新精神不断破冰前行。这些既是我们改革取得成效的重要原因，也是在下一步推进改革中必须坚持的宝贵经验，对于我们进一步深化试点工作具有重要意义，必须始终坚持和不断强化。

全国人大常委会的审议意见，明确了下一步推进试点工作的主要方向和重点内容，是深化试点工作的重要行动指南。最高人民法院对此高度重视，周强院长主持召开党组会议，专题传达学习会议精神，研究贯彻落实措施和任务分工。各地法院要将贯彻落实全国人大常委会审议意见作为当前的一项重要工作来抓，深入总结有益经验，深刻分析存在问题，特别是针对审议指出的不足和建议，要逐条研究论证，拿出解决方案和落实举措，进一步补短板、强弱项，推动试点工作取得新发展、实现新突破。

第三，认清形势任务，准确把握下一阶段试点工作方向和重点。截至目前，试点工作已经推进近 15 个月，试点期限只剩下 9 个多月时间，试点工作的紧迫性、艰巨性更加凸显。当前，试点工作背景形势面临着一系列深刻变化，需要我们清醒认识和准确把握。

从中央改革部署看。今年是深入推进《关于政法领域全面深化改革的实施意见》和攻坚之年，试点工作作为中央部署的重大改革任务，事关改革全局的总体进程，必须取得重大突破和圆满成功。今年 2 月，中央深改委第 18 次会议审议通过了《关于加强诉源治理推动矛盾纠纷源头化解的意见》，系统全面部署诉源治理工作，对完善诉前调解制度，健全诉调对接机制，优化司法确认程序提出了更新更高的要求，需要我们通过深化试点工作予以落实，进一步将试点工作纳入促进国家治理体系和治理能力现代化的大局中谋划推进。

从人民群众需求看。去年突如其来的新冠肺炎疫情，使人民群众的诉讼模式发生重大变化，逐渐习惯和接受在线诉讼的新型诉讼方式，对司法的公正、高效、便捷等多元价值有着更强烈的需求和期待，也更加关注新型诉讼模式下诉讼权益的保障问题。这都在客观上要求必须持续深化试点工作，形成更加科学完备、成熟定型的程序机制，满足人民群众所需所盼，适应疫情防控常态化的形势发展需要。

从审判工作形势看。去年，全国法院民事诉讼案件数量实现了连续增长 15 年来的首次下降，这体现了近年来人民法院深化司法体制改革，大力推进“一站式”多元解纷和诉讼服务建设，推进案件繁简分流的显著成效，但这也对我们今年的工作提出了更高的要求。我们必须清醒认识到，去年民事诉讼案件下降存在受疫情影响等客观因素，民事案件收案数的拐点并未真正到来，案多人少的矛盾仍然突出，今年的工作任务更加艰巨繁重，试点法院对加强诉源治理、促进繁简分流、提升审判质效的要求和力度需要提升到前所未有的高度。

从试点推进的阶段看。总体上试点工作可以分为三个阶段：第一个阶段，自去年 1 月改革正式启动至去年 6 月，是试点改革的夯基垒台、立柱架梁、建章立制阶段；第二个阶段，自去年下半年至今年 3 月，是试点工作全面推进、积厚成势、落地见效的阶段；第三个阶段，自当前至试点结束，是试点工作系统集成、巩固提升和规则提炼阶段。

综合以上分析，当前试点工作的重点任务是：坚持目标导向和问题导向，细化完善各项试点举措，强化改革系统集成、总结提炼成熟定型诉讼规则，推动修改《民事诉讼法》，促进民事诉讼制度发展完善。

二、深化试点举措，补短板强弱项，推动试点成效进一步巩固提升

从前期试点情况看，试点工作的五大方面的任务总体推进有序，逐步落地见效，但各地发展不平衡、各项任务进展不均衡、程序机制运行不健全等问题仍然存在，亟待在下一阶段中花大力气解决。

第一，加强和规范诉前调解，用足用好司法确认程序。要全面落实中央深改委审议通过的《关于加强诉源治理推动矛盾纠纷源头化解的意见》，将试点工作和诉源治理、“一站式”多元解纷等改革举措有机结合，加强矛盾纠纷源头预防、前端化解、关口把控，从源头上减少诉讼增量。要坚持诉前调解“拓展”与“规范”并重，健全完善特邀调解制度，科学把握特邀调解组织、特邀调解员入册标准，加强业务指导和规范管理，不搞“大水漫灌”，确保诉前调解程序合法、质量过硬。要在积极适用司法确认程序的同时，依法严格审查，防止程序空转，把好调解协议“质量关”，大力防范和惩治虚假调解，确保司法程序的严肃性和合法性。

第二，打通小额诉讼程序运行堵点，发挥高效便捷的制度优势。要正确认识小额诉讼程序的制度价值，避免“规避适用”和“盲目扩大适用”两种不良倾向，切实防止“该用不用”“任意转换”等情况。要加大小额诉讼程序的宣传解读力度，讲清讲透其高效、便捷、低成本的程序优势，积极引导当事人合意选择适用。要加大小额诉讼案件简式文书适用力度，切实提升审理效率，减轻法官办案负担，提升法官适用小额诉讼程序的主动性、积极性。要全面加强

小额诉讼案件当事人权益保障，强化法官释明告知义务，确保当事人充分行使举证质证、陈述辩论等诉讼权利，不得任意省略诉讼核心流程环节。

第三，科学适用简易程序规则，促进繁简分流机制成熟定型。要准确把握简易程序的功能定位，在适用案件范围、审理方式、流程运行、文书制作等方面，与小额诉讼程序作出合理区分和有效衔接，避免程序混同、适用失序。要严格把握和依法规范小额诉讼程序、简易程序和普通程序转换机制，切实防止单纯为获取更长审限启动程序转换，避免程序适用偏离繁简分流的基本要求。要坚持“简案快审、繁案精审、当简则简、当繁则繁”，不能只讲“前半句”，不讲“后半句”，一味从简求快，忽视健全完善繁案的精细化、专业化审理机制。针对疑难复杂、新类型、社会关注度高、示范效应强等案件，要组建“精审”团队，依法适用普通程序审理，积极推行类案检索，强化专业法官会议作用，落实法律适用分歧解决机制，确保繁案案件质量，真正形成繁简结合、分层递进、供需适配的程序运行机制。

第四，有序扩大和规范独任制适用，保障独任制案件质效。要准确理解扩大独任制适用的政策精神，严格遵守适用标准的条件，避免独任制适用的“泛化”和“滥用”，有效落实人民陪审员制度，避免出现架空合议制现象。要深入评估检视独任制普通程序案件适用情况，总结归纳适用案件类型、特点，细化完善适用情形和标准，进一步激发新型程序的制度活力。要积极稳妥推进二审独任制适用，既要解决法官不愿用、不敢用、不善用的问题，又要解决适用不规范、不到位、不严谨的问题。进一步细化完善二审独任制适用的“负面清单”，明确审理方式、审判组织转换、文书制作等方面的具体要求，避免削弱二审审级监督和纠错功能，保障二审独任制案件质量效率同步提升。

第五，加大在线诉讼推进力度，提升应用规模和质量。目前，最高人民法院正在研究制定在线诉讼司法解释，今年6月前将正式印发，各试点地区法院要根据司法解释要求，调整完善在线诉讼程序规范，细化具体操作规程，坚持在依法有序、合法自愿的前提下，积极推进在线诉讼，提升审判效率、增强司法便利，构建完善适应互联网时代要求的新型司法模式。要强化在线诉讼模式下当事人诉讼权益保障，充分尊重当事人对审理模式的选择权，不得强制适用网上立案、在线庭审、电子送达等在线审理方式，全面兼顾不同群体的诉讼能力和司法需求。要不断加强基础设施建设，完善平台系统，强化技术保障，提升当事人在线诉讼的满意度和获得感。

三、抓住工作重点，深入论证研究，全面做好推动《民事诉讼法》修改各项工作

当前，全面推进《民事诉讼法》修改工作是试点工作的重中之重。《民事诉讼法》修改事关人民法院办理民事案件基本程序规则，事关广大人民群众切身利益，事关国家基本法律制度发展完善，意义重大、影响深远。我们必须高度重视、深入研究、全力以赴，确保提出科学妥当的修改建议。做好《民事诉讼法》修改工作，需要着重做好以下三个方面的结合：

第一，坚持规则创新与审慎稳妥相结合。此次试点探索创新了一系列新的民事诉讼程序规则，充分体现了改革创新精神，反映了司法实践发展变化，回应了人民群众诉讼需求。但这些程序规则的科学性、有效性、可操作性，人民群众的接受度和满意度，都需要通过试点实践进行检验。推动《民事诉讼法》修改，不是照抄照搬试点规则，更不是在现有试点规则基础上作进一步的突破，而是在

全面、客观、准确评估程序运行情况的基础上，总结提炼出经实践证明行之有效的规则创新，审慎稳妥地上升为法律制度。比如，小额诉讼程序适用标的额应当如何确定？适用案件范围应当作何种限制？独任制普通程序是否有实践价值？二审独任制应当适用哪些类型案件？适用在线诉讼应遵循哪些条件？等等。这些问题和规则都需要在推动修法过程中，按照实事求是的原则，进行再研究、再论证、再设计，既体现规则的创新性，又确保规则的妥当性。

第二，坚持法律稳定性和适应性相结合。此次推动《民事诉讼法》修改，是民事诉讼制度与时俱进的必然要求，是推进法治中国建设的现实需要，体现了法律本身适应经济社会发展变化的客观规律。但需要强调的是，保持法律稳定性是法律制度的基本原则，是法律权威性的内在要求，因此，此次修法工作必须坚持合理适度原则。总体上看，此次《民事诉讼法》修改不是“大修”，重点是围绕全国人大常委会授权决定所调整适用的 6 个条文展开，能不改的尽量不改，能通过解释现有条文解决的尽量通过司法解释解决，能通过修改一个条文解决的就不要修改两条。我们要紧紧抓住此次来之不易的修法机会，把“好钢用在刀刃上”，真正解决重大的、迫切的、前瞻性的制度障碍问题，避免因提出修改条文过多、领域过宽、内容过细，延误了此次修法进程，影响了修法效果。

第三，坚持立足审判和保障权利相结合。人民法院提出的修法建议，必然要体现法院工作的现实需求，适应审判工作形势的发展变化。但同时，我们需要以更加宏观的视野和全局高度认识此次修法工作，正确理解《民事诉讼法》既是司法程序准据法，又具有诉讼权利保障法的本质特征。人民法院所提的修法建议稿，要避免“法院本位主义”，不能简单追求办案便利、效率提升和资源节约，在规则设计上必须体现多元司法价值，平衡好司法效率与质量、司法资源与司法需求、法院程序决定权和当事人程序选择权及利益处分权等方面的关系，将修法工作的出发点和落脚点统一到促进审判质效提升、满足人民群众多元司法需求的宗旨和目标上来。

四、完善工作机制，加强统筹督导，不断健全完善试点工作推进实施体系

试点推进以来，各试点地区主动作为、系统谋划、狠抓落实，形成了良好的工作局面。但“行百里者半九十”，在当前试点进入“深水区”和“攻坚期”的关键阶段，组织实施工作更不能泄气松劲，需要持续加大推进力度，推动试点工作再上新台阶。

第一，加强统筹管理，强化主体责任。当前要针对试点发展新阶段新要求，加强组织领导，强化统筹协调，持续健全完善推进试点的6项工作机制，切实解决部分试点地区思想不统一、落实不到位、发展不均衡和改革系统性、整体性、协同性不强等问题。

第二，加强督察指导，解决突出问题。要始终坚持问题导向，加强跟踪问效，强化对试点地区的督察指导。最高人民法院将会同全国人大监察和司法委员会、全国人大常委会法工委等单位开展试点专项调研督察：对推进缓慢、成效不大的地方找出症结，重点督促；对出现理解偏差、执行走样的地方把准脉搏，及时纠正。各试点地区高级人民法院要在辖区内开展督察工作，针对短板弱项，提出切实改进举措，对落实不力、整改不到位的要进行通报批评、严肃问责。

第三，加强经验总结，做好试点评估。试点进入当前阶段，要将规则检视、经验总结、效果评估工作摆在突出位置，全面、客观、准确收集梳理试点数据，做好试点终期评估的各项准备工作。各试点地区高级人民法院要及时启动开展辖区内试点自行评估，制定评

估方案，明确工作步骤，完善评估指标体系。要进一步健全完善评估机制，广泛征求人大代表、政协委员、专家学者、律师等不同群体意见建议，积极引入第三方参与评估工作，切实增强评估结果的客观性、权威性和公信力。

第四，加强正面宣传，营造修法良好氛围。要加强试点宣传引导和政策解读，提炼经验、挖掘典型，讲好试点故事，回应社会关切。试点宣传的主基调，应当是试点如何提升人民群众的诉讼体验和改革获得感，不能片面强调为法院减负、为法官减压。要坚持开门搞试点，积极向人大代表、政协委员、专家学者和律师宣传试点成效，动员多方力量参与支持试点，正确引导社会预期，凝聚改革共识，为推动《民事诉讼法》修改营造良好氛围。

下一阶段试点工作任务艰巨、责任重大，我们要坚定信心、再接再厉、攻坚克难，确保试点工作取得圆满成功，为推动民事诉讼制度发展完善、促进法治中国建设作出应有的积极贡献。

六、打造更高水平的数字正义

我在最高人民法院分管司法改革工作期间的一个重要内容，就是参与设立互联网法院，并主持研究制定了人民法院首个在线诉讼规则。人类社会进入互联网时代，信息技术在深刻改变人们生产生活的同时，也给司法带来前所未有的机遇和挑战，人民法院司法模式向网络化、信息化延伸和转型是时代大势所趋和民心所向。新时代十年，面对时代发展、技术进步、法治需求和群众期待，人民法院紧扣时代脉搏，立足国情实际，大力探索互联网时代司法新模式，推动信息技术与司法工作全方位深度融合，打造更高水平的数字正义，促进审判体系和审判能力现代化。

在西方国家，受司法管理体制制约，许多西方法院都是“数据孤岛”，法院与法院之间泾渭分明，更谈不上与侦查、检察部门联通。而中国法院工作与信息化发展程度融合之深，已经超出想象，不仅打破不同层级、地域法院之间的“数据壁垒”，还能够在以审判为中心的制度框架下实现与其他机关平台联通、数据共享。如果说与以往相比，新一轮的司法体制有什么全新的特点，那就是将制度变革与技术变革深度融合，将推进信息化建设作为司法体制改革的重要内容和重要支撑。

改革庭审录音录像制度*

庭审是全部审判活动的核心环节，法庭记录是庭审活动的依法记载。近年来，随着信息化技术的飞速发展和“互联网+司法”的深入推进，庭审公开方式不断创新、实际效果更加明显。在此背景下，最高人民法院对2010年《关于庭审活动录音录像的若干规定》进行修改，专门出台《关于人民法院庭审录音录像的若干规定》(法释〔2017〕5号，以下简称《录音录像规定》)。这是顺应时代发展趋势对庭审记录方式作出的改革，是方便群众诉讼、提高审判质效的关键手段，是展现庭审公开、促进庭审公正的重要举措。

一、深刻认识庭审录音录像的重要意义

(一) 庭审录音录像是现代科技在法庭的充分运用

最高人民法院周强院长反复强调，司法改革和信息化建设是人民法院工作发展的车之两轮、鸟之两翼。庭审录音录像正是坚持以信息化为司法改革提供科技支撑，以司法改革需求引领信息化发展

* 根据《最高人民法院庭审录音录像司法解释理解与适用》“序言”改编。

的具体体现。庭审记录方式一系列革命性变化的背后，都是技术进步推动司法改革的结果。手工书写、键盘录入、录音录像是庭审记录方式演变进程中的三个历史阶段。其中，作为庭审记录方式的录音录像，不仅包括传统意义上的庭审录音录像，而且包括最新意义上的智能语音识别技术。前者是通过数字法庭录音录像实时保存庭审资料，后者是将庭审录音直接转换成文字并生成文本文档。相对于法庭笔录而言，技术记录无疑具有明显的优势。实践中，书记员记录的准确率一般在60%左右，而庭审录音录像能够实现完全录制、事后播放，运用智能语音识别转换文本的准确率能够在90%以上，因而记录更加真实、客观、完整、全面。当前，人民法院正在推进信息化建设转型升级，打造以大数据分析为核心的人民法院信息化3.0版，其中庭审录音录像是人民法院信息化建设的关键环节。《录音录像规定》立足于人民法院信息化建设所取得的阶段性成果，注重引入现代技术手段应用于审判工作中，从庭审录音录像的硬件配置、录制、存储、管理、使用等方面吸纳运用技术手段有效服务审判工作，进而将科技创新的成果法律化，完全契合人民法院司法改革和信息化建设的发展步伐。今后，如果不断完善智能语音识别技术，在多数案件中，通过书记员简单地庭审前处理操作，适用语音转化庭审文字记录，可以有效增强司法产出能力。实际上，《录音录像规定》不仅对现在的庭审记录方式进行了优化升级，而且为未来庭审记录方式改革预留了足够空间。

（二）庭审录音录像是对群众期待的有效回应

“正义不仅要实现，还要以看得见的方式实现。”随着人民群众对快捷、便利的诉讼需求越来越迫切，对深化司法公开的要求越来越强烈，庭审录音录像日益成为保障公民诉讼权利的重要手段。人民法院历来高度重视庭审公开，先后多次出台文件要求落实庭审录音录像。2010 年《最高人民法院关于确定司法公开示范法院的决定》提出“按照有关规定对庭审活动进行全程同步录音或者录像”。2013 年《最高人民法院关于推进司法公开三大平台建设的若干意见》要求“人民法院应当加强科技法庭建设，对庭审活动全程进行同步录音录像，做到‘每庭必录’，并以数据形式集中存储、定期备份、长期保存。当事人申请查阅庭审音像记录的，人民法院可以提供查阅场所”。2013 年，中国法院庭审直播网正式开通，为公众在线庭审视频直播和录播。2015 年《最高人民法院关于全面深化人民法院改革的意见——人民法院第四个五年改革纲要（2014—2018）》强调“建立庭审全程录音录像机制。加强科技法庭建设，推动庭审全程同步录音录像。建立庭审录音录像的管理、使用、储存制度。规范以图文、视频等方式直播庭审的范围和程序”。2016 年《人民法院法庭规则》重申“人民法院应当对庭审活动进行全程录像或录音”。2016 年，中国庭审公开网正式开通，实现了全国各级人民法院庭审视频的统一汇集和权威发布。自 2016 年 7 月 1 日起，最高人民法院所有公开开庭案件都上网直播，各级法院直播庭审 62. 5 万次，观看量达到 20. 7 亿人次。在此基础上，《录音录像规定》不仅强调在庭审录音录像替代法庭笔录的情况下，同步保存在服务器或者刻录成光盘，由当事人和其他诉讼参与人对其完整性校验值护照采取其他方法进行确认；而且突出在庭审录音录像没有替代法庭笔录的情况下，庭审录音录像对法庭笔录具有补正作用，诉讼参与人对法庭笔录有异议的，书记员可以播放庭审录音录像进行核对、补正，不予补正的，应当将申请记录在案。这就能够有效解决实践中经常出现的当事人、其他诉讼参与人等对法庭笔录内容所产生的争执，使法庭笔录能够最大程度地体现直接言词和客观真实原则。此外，人民法院从平台和硬件建设入手，为当事人、辩护律师、诉讼代理人等依法查阅庭审录音录像提供便利，为依照规定复制录音或誊录庭审录音录像配备相应设施，体现了人民法院不断深化司法公开的改革精神。

（三）庭审录音录像是对案件繁简分流改革的强力助推

“案多人少”是当前人民法院总体上面临的突出矛盾。立案登记制改革以来，案件数量增幅明显。2016 年，最高人民法院受理案件 22,742 件，审结 20,151 件，比 2015 年分别上升 42.3% 和 42.6%；地方各级法院受理案件 2303 万件，审结、执行 1977.2 万件，同比分别上升 18%、18.3% 和 23.1%。从整体上说，从法院层级上看，80% 以上的案件受理在基层法院，“案多人少”矛盾主要在基层法院；从案件类型上看，大部分案件是民事案件，2016 年人民法院审结、执行的民事案件占到了全部案件的 60.02%，因此“案多人少”矛盾集中于民事案件。与此同时，基层法院审理的案件大多适用简易程序，2013 年至 2015 年，民事案件简易程序适用率分别为 71.45%、67.98%、66.13%。大力推进繁简分流，根据案件的难易程度等因素，实现简案快审、繁案精审，在更高层次上实现公正和效率的平衡，是破解各级人民法院供给侧结构性矛盾的必然选择。程序简化、资源优化是繁简分流的重要内容。为此，2016 年最高人民法院出台的《关于进一步推进案件繁简分流优化司法资源配置的若干意见》提出，“推行庭审记录方式改革。积极开发利用智能语音识别技术，实现庭审语音同步转化为文字并生成法庭笔录。落实庭审活动全程录音录像的要求，探索使用庭审录音录像简化或者替代书记员法庭记录”。《录音录像规定》不仅要求所有开庭审判的案件都应当全程录音录像，而且进一步明确了庭审录音录像替代法庭笔录的范围，即适用简易程序审理的民事案件。这也就意味着，整个人民法院审理案件的1/3以上可以使用庭审录音录像替代法庭笔录。当然，在复杂案件的审理过程中合理使用庭审录音录像，同样可以使庭审过程可定格、可复制、可再现，更好地贯彻直接言词原则，落实庭审的中心作用，推进以审判为中心的诉讼制度改革。总之，以庭审录音录像为切入口推进繁简分流，势必将大大缓解基层法院的“案多人少”矛盾。

二、准确把握庭审录音录像的规范适用

（一）明确“替代”范围

推动庭审全程同步录音录像，建设透明法庭是贯彻党的十八届三中、四中全会构建阳光司法机制要求的题中之义，《录音录像规定》要求人民法院开庭审判案件，应当对庭审活动进行全程同步录音录像。同时，要求人民法院从事其他审判活动或者进行执行、听证、接访等活动参照执行。审判实践中，田间地头进行的巡回审判、刑事诉讼中的减刑假释开庭、民事诉讼中的询问或听证、国家赔偿案件质证、庭前会议、庭外调解、远程视频开庭等，并非严格的法庭庭审活动；执行、听证、接访不是严格的审判活动，但都可以根据需要来决定是否录音录像。

更为重要的是，《录音录像规定》提出适用简易程序审理民事案件，经当事人同意的，庭审录音录像可以替代法庭笔录。这就突破了法庭笔录的传统定义，明确界定了庭审录音录像对纸质法庭笔录的替代性，而这与诉讼法规定的精神并没有冲突。根据《民事诉讼

法》（2017 年）第 150 条第 1 款规定[①]："书记员应当将法庭审理的全部活动记入笔录，由审判人员和书记员签名。"从该法条在《民事诉讼法》中的位置来看，其被置于"第二编　审判程序——第十二章　第一审普通程序——第三节　开庭审理"，而紧接"第十二章　第一审普通程序"的是"第十三章　简易程序"。根据体系解释的精神，传统纸质法庭笔录的适用范围是第一审普通程序，并不包括第一审简易程序。因此，人民法院可以根据审判实际工作需要，在尊重和确保当事人诉讼权利的条件下，使用庭审录音录像替代法庭笔录。在《录音录像规定》的起草过程中，这种观点得到了全国人大常委会相关部门的承认和专家学者的认同。

此外，《录音录像规定》认为，通过使用智能语音识别系统同步转换生成的庭审文字记录可以作为法庭笔录。也就是说，使用智能语音识别系统同步转换生成的庭审文字记录并没有适用范围方面的限制，与庭审录音录像可以共存。在庭审录音录像替代法庭笔录的情况下，如果当事人上诉导致必须誊录法庭笔录的，那么智能语音识别技术可以帮助书记员通过智能语音转换系统将法庭笔录快速整理出来，而无须再边听录音边记录。在庭审录音录像没有替代法庭笔录的情况下，智能语音识别技术可以直接生成庭审文字记录，作为法庭笔录管理和使用，实际上与法庭笔录具有同等的法律效力。

（二）合理使用书记员

庭审记录方式改革最明显的效果就是解放书记员，减轻书记员的工作负担。从事法庭记录是书记员的主要职责，根据《人民法院组织法》（2006 年）第 39 条规定："各级人民法院设书记员，担任

① 2023 年第五次修正的《民事诉讼法》第 150 条第 1 款规定无修改。

审判庭的记录工作，并办理有关审判的其他事项。”[①] 在传统的庭审记录方式中，书记员不但需要当庭全程记录，做到“有言必录”，而且在庭审后还要整理核对笔录，协调当事人、律师等诉讼参与人核对修改笔录，工作负担非常繁重，需要通过技术手段解放人力提高效率。

庭审记录方式改革后，书记员在庭审中的作用根据案件的繁简程度发生了变化。简单案件的庭审中，既可以不安排书记员到庭，通过播放录音方式宣布法庭纪律；也可以由书记员完成开庭准备工作后退庭，包括检查并开启数字法庭系统、查明出庭人员身份、签署《庭审告知确认书》、宣布法庭纪律等。复杂案件的庭审，可以安排书记员到庭并作书面记录，重点记录举证质证、询问回答、辩论意见等，以及各主要庭审阶段的时间节点。也就是说，书记员在庭审中的使用包括三种方式：一是全程不出庭，二是仅出庭做开庭准备工作，三是全程出庭。方式一和方式二是庭审无书记员模式，方式三是庭审有书记员模式。在庭审录音录像替代法庭笔录的情况下，即便书记员全程出庭，其所作的记录已不是法律意义上的法庭笔录，而宜被称为“庭审笔记”，该记录供法官庭后撰写文书、领导审核或上级法院了解庭审情况使用，无须当事人签字确认。不过，考虑到全国各地司法水平和硬件建设等因素，《录音录像规定》没有马上全面推开庭审无书记员模式，暂未将庭审录音录像替代法庭笔录适用于所有案件的庭审中。

在当前的司法改革过程中，随着法官员额制的逐步完成，审判辅助人员来源不足、素质不高是当前各地法院面临的普遍问题。尤

① 2018 年修订的《人民法院组织法》第 49 条规定，人民法院的书记员负责法庭审理记录等审判辅助事务。

其是在基层法院，书记员工作累、待遇低、流动性大的问题较为突出。“机器换人”可以将书记员从法庭记录的主业中解放出来，让其把更多的时间投入审判辅助工作中。各地法院可以安排书记员参与报结、归档、诉讼服务等辅助性工作中，确保法官能够全身心地投入案件审判中；同时，需要进一步明确法官、法官助理、书记员的职能定位和相互关系，最大限度地提高审判团队的协作水平，以应对书记员摆脱单纯记录员身份后的新变化。

（三）把握公开主动权

对于媒体与司法的关系，域外各国主要存在三种模式，即美国的不限制媒体的“司法自我约束模式”、英国的“司法限制媒体模式”、大陆法系部分国家的“司法向媒体开放模式”。但是，无论哪种模式，域外庭审录音录像具有下列特点：一是庭审录音录像摄影被不少国家原则上禁止，即使允许也都附有严格的条件。二是庭审录音录像摄影不得干扰庭审程序的正常进行，具体包括：媒体记者应该在指定位置录音录像摄影，不得在法庭内随意走动；不得制造分散注意力的光线和声音；等等。三是庭审录音录像摄影不得侵犯到庭人员的隐私，除非到庭人员事前同意，具体包括：不得对未审结案件中的被告人过度暴露其肖像等个人信息；不得暴露出庭作证的证人、鉴定人、有专门知识的人的姓名、身份等隐私信息；不得未经同意对当事人家属进行录像摄影；等等。四是庭审录音录像摄影的使用应该限定在新闻传播、教育等正当目的，不得用于非法目的。

近年来，随着我国司法公开的不断深化，庭审活动成为继审判流程、裁判文书、执行信息的第四大公开平台。在司法实践中，我国实际上采取了“司法向媒体开放模式”，对经许可的媒体记者的庭审录音录像摄影活动大体“完全开放”，电视等媒体对庭审活动宣传报道多数情况下由法院配合、媒体自行录制播放。媒体的庭审录音录像可能存在干扰庭审秩序、侵犯到庭人员隐私、不当使用等问题，需要予以规范。这就要求我们在依法审理案件的庭审录音录像方面把握司法公开的主动权。

《录音录像规定》提出，让庭审录音录像成为各类平台直播、录播庭审活动丰富的数据资源，立体、全面、多维度展现庭审公开。一是由法院提供的庭审全程录音录像资料，客观、全面、真实，可以避免个别媒体为了过分追求宣传效果而有选择地录制庭审过程，防止造成宣传误导。二是目前法院庭审录音录像技术基本可以满足媒体播放功能的需要，这样可以减少摄像机、记者大量进入法庭后可能给庭审造成的一些困扰。比如，来回走动、摄像机对准法官或当事人面部、聚光灯刺眼造成的不适应等干扰庭审正常进行的行为。三是法院可以通过公开平台、服务平台等，为当事人、律师、诉讼代理人等依法查阅提供便利，并设置必要的安全防范措施。

三、切实抓好庭审录音录像的贯彻落实

（一）加强技术统筹

技术统筹是庭审录音录像的坚实支撑。《录音录像规定》已经对庭审录音录像录制、存储、管理等问题进行了统一规范，较好地解决了司法实践中存在的庭审录音录像的录制管理、开发使用标准不统一，录而不存、存而不管、管而不用等情况。下一步，应该着重做好下列工作：一是抓住信息化建设机遇。2016 年 2 月最高人民法院制定下发的《人民法院信息化建设五年发展规划（2016—2020）》从硬件建设、管理服务、机制运行等方面为提升人民法院信息化水

平，进行了全面统筹规划，为实现庭审录音录像提供了制度保证。截至2016年12月，全国已经建成2.3万个科技法庭。各级人民法院在落实《录音录像规定》时，应该紧紧抓住在2017年年底总体建成人民法院信息化3.0版、2020年年底实现人民法院信息化3.0版在全国深化完善的机遇，不断加大投入，加快建设科技法庭，加紧进行技术改造，积极运用新兴技术。二是尽快解决具体技术问题。及时发现、快速排除庭审录音录像过程中的故障，或者采取替代性补救；加快研发快速检索，语音文字间高精准转换技术，为法官庭后制作判决书时快速回放音视频资料、准确定位所需信息提供便利；加快解决庭审直播过程中对当事人、证人的保护性技术以及向公众开放的录音录像资料的安全保密技术研发等。三是进一步加强技术指导。坚持“统一规划、统一设计、统一标准、统一管理”的原则，实现庭审录音录像资料在各级网络间上传、存储、调阅、查询的无缝对接，方便快捷，互联互通；吸收借鉴最高人民法院三大公开平台建设的成功经验，进一步深化、应用庭审录音录像资源的开发利用和管理；必要时建立全国统一的存储中心和庭审录音录像查阅平台，为实现司法公开深度延伸做好铺垫。

（二）注重延伸效果

庭审录音录像的持续推行必将带来积极的延伸效果。《录音录像规定》将带来审判方式的一系列变化，应当形成庭审录音录像改革与其他相关改革措施的系统集成。一是调整法官办案习惯。有的认为，庭审记录方式改革在减轻书记员工作负担的同时，加重了法官工作负担。必须指出的是，庭审记录方式改革不是给法官压了一副“担子”，而是多了一件“武器”。只要审判人员有意识地调整一下办案习惯，如庭前做案情预习、当庭做简要笔记、庭后及时结案，就完全能发挥这件新式“武器”的威力。各级人民法院要真正让法官成为改革的参与者、推动者，避免简单靠行政命令“一刀切”式地强推改革。二是解决誊本转化问题。在庭审录音录像替代法庭笔录的情况下，有的当事人、辩护律师、代理人等要求誊录庭审录音录像，或者二审、再审法院法官审理案件、撰写裁判文书时需要原审法院提供录音录像转换文本或誊本，这可以通过外包服务的形式解决，或者安装使用智能语音文字转换系统当庭同步解决，避免因庭审录音录像技术造成工作量的新转移。三是推进民事庭审方式改革。对于适用小额诉讼程序审理的民事案件，可以直接围绕诉讼请求进行庭审，不受法庭调查、法庭辩论等庭审程序限制，进行“门诊式”庭审。对于案件要素与审理要点相对集中的民事案件，可以根据相关要素并结合诉讼请求确定庭审顺序，围绕有争议的要素同步进行法庭调查和法庭辩论，进行“要素式”庭审。四是注重与裁判文书改革的衔接。对于基层法院审理的简单案件，法官应当尽量当庭制作裁判文书、当庭宣判、当庭送达，并使用令状式、要素式、表格式等简式裁判文书，简化说理；当庭即时履行的民事案件，经征得各方当事人同意，可以在法庭笔录中记录相关情况后不再出具裁判文书。

（三）鼓励地方探索

地方探索是庭审录音录像的活力源泉。目前的庭审记录方式首先从浙江法院开始，浙江法院借鉴域外做法，尤其是香港特别行政区的“数码录音来记录法庭审讯”方式，全面采用数码录音记录法庭审讯，数码录音作为正式的法庭记录。从浙江法院的前期探索情况来看，庭审节奏加快，庭审效率提高，审判资源得到有效整合，当事人的满意度较高。据统计，在庭审录音录像替代法庭笔录的情况下，庭审过程能节约将近一半的时间。《录音录像规定》将上述探索成果吸收转化为司法解释的内容，但是，这并不意味着各地法院对庭审录音录像的探索仅仅局限于《录音录像规定》的内容。一是模式上的因地制宜。由于全国各地法院司法水平和硬件建设差异较大，各地法院应当结合各自实际情况循序渐进，不搞“一刀切”。相对于东部发达地区的法院而言，甘肃、宁夏、青海等西部偏远地区的法院，虽然也具备庭审录音录像的硬件条件，但在整体上技术仍然落后。因此，在是否安装使用智能语音识别同步转换文字系统等问题上，《录音录像规定》没有作出一致性要求。二是技术上的针对性开发。目前的智能语音识别技术主要适用于普通话。例如，浙江省高级人民法院智能语音识别系统依托阿里云计算技术，可以轻松做到万小时级别的语音数据在天级别内训练完成。不过，后续随着对方言语料的模型学习，智能语音识别系统将努力实现对方言的语音识别。三是范围上的逐步扩大。对于庭审录音录像替代书记员法庭笔录的范围，在《录音录像规定》起草过程中，存在不同意见。有的认为应该以简单案件为主，因为简单案件的裁判文书制作对笔录依赖不多，庭审录音录像有助于缩短庭审时间；有的认为应该以相对复杂案件为主，因为在复杂案件中才能体现庭审录音录像对贯彻直接言词原则、避免书面记录错记漏记的效果；有的法院还将行政诉讼案件纳入试点。《录音录像规定》实施以后，上述探索在取得授权的前提下，仍然可以继续进行。

庭审录音录像虽然是一项小切口的技术变革，但将撬动大变化的司法改革。信息化建设与司法改革的有机融合必将产生更多的惠民成果，更有效地提升司法公信力和保障人民群众的多元司法需求。

设立互联网法院在互联网司法史上具有里程碑意义*

习近平总书记指出，“没有信息化就没有现代化”①，“要善于运用互联网技术和信息化手段开展工作。”② 近年来，大数据、云计算、人工智能、区块链、5G 等信息技术飞速发展，既为人类认识世界、改造世界提供了新工具、新思维和新方法，也催生了许多具有新特点、体现新趋势的纠纷类型。人民法院坚持以新应新、以变应变，积极拓展深度、便民、高效的应用场景，不断加强智慧法院建设，推动实现全业务网上办理、全流程依法公开、全方位智能服务。传统审判流程从线下转移到线上，数据信息从纸面转移到“云”上或“链”上，立案、送达、调解、庭审、举证、质证等诉讼环节发生深刻变化，由此建立的与互联网时代相适应的审判模式、在线诉讼程

---

* 根据《互联网法院三周年，最高法透露未来五大发展趋势》改编。原文刊载《瞭望》2020 年第 33 期。

① 习近平主持召开中央网络安全和信息化领导小组第一次会议强调 总体布局统筹各方创新发展 努力把我国建设成为网络强国，载共产党员网，https：//news. 12371. cn/2014/02/27/VIDE1393502403671131. shtml。

② 张世良：《怎样炼成新时代好干部》，人民出版社 2018 年版，第 281 页。

序和实体裁判规则等，有机构成了互联网司法。

2017年8月18日，我国设立全球首家互联网法院——杭州互联网法院；2018年9月，又先后增设北京、广州互联网法院。设立互联网法院是互联网司法发展历程中具有里程碑意义的事件，开辟了互联网时代司法发展的全新路径，标志着我国互联网司法探索实践正式制度化、系统化。三家互联网法院利用自身组织优势、政策优势、技术优势和人才优势，充分发挥互联网司法“试验田”和“样板间”的作用，在案件审理、平台建设、诉讼规则、技术运用、网络治理等方面，形成了可复制可推广的经验，取得显著成果。未来，应当持续巩固互联网法院实践成果，加大创新力度，推动互联网与司法在更高层面、更深层次、更宽领域深度融合。

——优化在线诉讼程序，推动构建现代化诉讼制度。2018年9月，最高人民法院发布《关于互联网法院审理案件若干问题的规定》，确定了互联网法院案件管辖范围和上诉机制，明确了身份认证、立案、应诉、举证、庭审、送达、签名、归档等在线诉讼规则，有力推动电子诉讼制度机制发展完善。北京、杭州、广州互联网法院立足审判工作实际，细化在线诉讼操作规范，针对网上立案、在线庭审、法庭纪律、电子送达等方面，制定出台审理规程、诉讼指引、审判指南等文件，确保在线诉讼开放有序、交互充分、庄严规范，有效保障当事人合法诉讼权利。针对在线诉讼中电子证据取证难、存证难、认证难等问题，互联网法院积极探索“区块链+司法”模式，以大数据、云存储和区块链技术为基础，利用区块链技术防伪造、防篡改优势，大幅提高电子证据可信度和真实性。现阶段，电子诉讼法律地位、电子送达有效性、电子证据认定等系列问题急需诉讼立法明确。从立法条件来看，电子诉讼立法理论基础已经较为成熟，《电子签名法》《电子商务法》等配套法律已经相继出台，最高人民法院先后就规范在线诉讼程序印发系列文件并将制定在线诉讼司法解释。应当在民事诉讼程序繁简分流改革试点基础上，适时总结评估，修改完善相关电子诉讼规则，条件成熟时出台电子诉讼法，完善互联网司法程序规则体系，推动互联网技术与审判方式、诉讼制度深度融合。

——引领实体裁判规则，推动网络空间治理法治化。互联网法院利用管辖集中化、案件类型化、审理专业化的优势，审理了一批具有社会影响力的互联网案件，不断明确网络空间交易规则、行为规范和权利边界，完善互联网司法裁判规则体系，推进网络空间治理法治化。例如，北京互联网法院通过审理“暗刷流量”服务合同案，揭开“暗刷流量”产业内幕，旗帜鲜明反对“暗刷流量”交易行为并给予妥当制裁和惩戒，传递出捍卫诚实守信、维护网络秩序的价值导向。杭州互联网法院通过审理首例大数据权属案和首例公共数据不正当竞争案，划定数据资源利用和个人信息保护边界，推动公共数据在安全可控、保障隐私前提下最大限度开放共享。广州互联网法院通过审理聚贤科技诉广州市市场监管局行政处罚、广州市市政府行政复议案，支持行政监管部门依法查处以新型网络营销为名发展上下线、进行网络传销的行为，有效净化互联网市场环境。应当进一步强化司法裁判引领，秉持以裁判树规则促治理理念，推动网络空间治理法治化，打造清朗有序的网络空间。要弘扬社会主义核心价值观，通过互联网法治力量引导人民群众向上向善；要维护公民个人信息权益和网络人格权利，有效保障互联网时代公民权利；要鼓励技术向善，秉持技术中立，反对技术向恶，优化互联网创新创业环境，服务保障数字经济健康发展；要坚持价值衡平，强化网络空间著作权保护，加大网络知识产权保护力度；要科学界分平台主体责任，遏制互联网乱象、规范具体行政行为，推动平台经济健康发展。

——深化信息技术应用，推动司法模式转型升级。互联网法院紧紧抓住人工智能蓬勃发展的时代机遇，依托智慧法院建设，全面推进智能技术在司法工作中的深度应用，为案件审理、审判监督、司法管理、社会治理提供全方位智能辅助和决策参考，推动司法运行从网络化向智能化迭代升级，促进审判体系和审判能力现代化。北京互联网法院坚持问题导向和需求导向，主导建立区块链联盟“天平链”，完成跨链接入节点20个，完成版权、著作权、互联网金融等9类25个应用节点数据对接，探索出“技术可信、身份可信、证据可信、审判可信、治理可信”的区块链可信司法模式和落地应用标准，充分发挥创新示范引领作用。杭州互联网法院推进司法大数据深度应用，发布全国首份《互联网司法发展指数报告》，从司法数据的秩序、安全、风险、法治意识和共享共治等维度，综合反映互联网发展状况，提出存在的问题、风险与对策。广州互联网法院优化在线诉讼服务，全国首试5G网上庭审，不断完善全流程在线审理模式，首创“点即达”智能短信送达系统，累计电子送达超30万次，案件覆盖率99.97%，建成“网通法链”智慧信用生态系统，存证逾8000万条，推动电子数据真实、快速固定并合理采信。电子数据是互联网司法最重要的生产要素，电子证据存证平台和司法区块链平台已为数据流通共享提供了技术保障，应当进一步坚持数据驱动原则，加快制度建设，明确数据流通共享原则方式、权利义务，加强统筹协调，推动制定法院系统平台技术和数据安全标准，从更高层面实现数据跨单位、跨平台、跨系统全面对接共享，推动现有技术应用更加符合司法需求，确保互联网法院平台管用、好用。

——打造专业审判体系，推动确立互联网法院专门法院地位。互联网法院作为集中管辖互联网案件的基层人民法院，主要实行

"网上案件网上审理"的新型审理机制，集中管辖所在市辖区内的网络金融借款合同纠纷、网络购物合同纠纷、网络服务合同纠纷、网络侵权纠纷、网络著作权纠纷等11类互联网案件。从实践来看，互联网纠纷的新颖性、复合性和跨地域性导致了案件管辖的复杂性，许多新类型案件难以纳入上述民事案由，有的具有规则确立意义的案件（如互联网不正当竞争、垄断纠纷等）未纳入审理范围。互联网时代涉网纠纷具有普遍性、常态化，批量简单案件均由互联网法院审理，既不合理，也不可行。应当加大立法支持力度，优化互联网法院和普通地方法院管辖划分，明确互联网法院专门法院地位，探索跨行政区划管辖案件，推动互联网法院集中审理类型新颖、疑难复杂、具有规则确立意义的互联网案件，由"大而全"向"专而精"转变，注重形成更加清晰、明确的法律适用标准，统一新兴领域裁判规则；对于普通互联网案件，则由地方法院管辖，完善互联网审判组织体系，形成科学合理、分层递进、便民利民、有序衔接的互联网审判格局。

——完善域外管辖制度，推动全球互联网治理体系变革。近年来，我国互联网产业迅猛发展，主要互联网海外业务不断拓展；同时，各类跨境互联网纠纷日益频发，部分国家利用法律手段打压制裁我国互联网企业情况屡见不鲜，我国企业加强海外利益司法保护需求日益强烈，对互联网法院加强涉外案件管辖与审理提出了新的更高要求。三家互联网法院设立以来，立足职能定位，大力加强互联网涉外案件审判工作，审理了一批具有广泛社会影响和规则示范意义的涉外案件，积极发挥互联网法院在推动全球互联网治理体系变革中的功能作用。北京互联网法院探索完善涉外案件协议管辖审查标准，防止境外企业通过管辖协议排除和限制我国消费者合法权利；杭州互联网法院成功审理"小猪佩奇著作权跨国纠纷案"，彰显了我国尊重知识产权、实行平等保护的鲜明立场，并设立全国首家跨境贸易法庭；广州互联网法院在国际域名权属纠纷案中，合理扩张解释“实际联系原则”，依法将相关案件纳入管辖，有效保护我国域名持有人合法权益，提升了我国在国际域名争议解决中的话语权。但是目前仍然存在域外司法管辖范围受法律限制、重大涉外案件因级别管辖不能受理、管辖审查标准不统一、涉外在线诉讼规则和技术不完善等问题。应当在立法上进一步完善网络空间域外司法管辖规则，明确互联网法院专门法院地位，完善重大涉外案件受理机制。在司法上进一步完善互联网法院域外司法管辖统一法律适用机制，统一管辖审查标准，总结提炼域外管辖裁判规则，增强域外管辖规则的权威性、稳定性和可预期性。另外，要进一步完善在线诉讼域外适用规则，破除技术障碍，解决在线诉讼域外适用中面临的身份认证、文书送达和举证认证等难题；要加强涉互联网案件理念规则的提炼和阐释，旗帜鲜明地展现互联网治理的中国思想、传播互联网治理的中国主张，不断提升互联网治理领域的国际话语权。

互联网法院是时代发展和司法实践的结晶，必将伴随着社会发展、科技创新和法治建设与时俱进，日臻完善。在互联网时代，通过信息技术革新和司法体制改革的共同推动，有效实现了诉讼流程重构、诉讼规则完善和司法模式变革，人民法院的司法能力、质量、效率和公信力得到全面提升。人民法院将以信息化智能化培育司法体制改革和司法体系建设新动能，服务人民群众多元司法需求，服务数字经济社会繁荣发展，推进互联网治理体系变革和治理规则不断完善，为实现互联互通、共享共治的网络空间命运共同体贡献中国智慧。

建立“中国特色、世界领先”的在线诉讼制度*

2021年5月18日，最高人民法院审判委员会第1838次会议审议通过了《人民法院在线诉讼规则》（以下简称《在线诉讼规则》）。今天，最高人民法院正式对外发布。这部司法解释的出台，是人民法院深入贯彻习近平法治思想，践行网络强国战略的具体实践，也是构建“中国特色、世界领先”的互联网司法新模式的重大阶段性成果。

一、人民法院互联网司法建设的基本情况

近年来，我国数字经济迅猛发展，取得了令世人瞩目的成就。根据年初公布的第47次中国互联网络发展状况统计报告，截至2020年12月，我国网民规模已达9.89亿人，网络购物用户规模达7.82亿人，网络零售额连续八年全球第一，网络支付使用率近九成，数字经济规模已近40万亿元。

---

* 根据2021年6月17日在《人民法院在线诉讼规则》新闻发布会上的发言稿改编。

数字科技、数字经济的飞速发展，客观上要求数字法治必须同步跟进，为互联网经济发展和网络空间治理提供司法保障。伴随着互联网的广泛运用，为了回应发展需求，便利群众诉讼，人民法院很早就将数字技术运用到审判执行工作之中。从早期的在线缴费、视频听证、庭审网络公开，到现在的全流程在线诉讼、智能化应用、协同化办案，大力推进互联网司法、智慧法院建设，逐步构建起“中国特色、世界领先”的互联网司法新模式，为人民法院审判体系和审判能力现代化发挥了重要作用。

党的十八大以来，经过近十年的经验积累和实践检验，中国法院的互联网司法已成为融合在线诉讼程序规则、依法治网实体裁判、互联网技术深度应用的司法模式、规则集合和制度体系。在新冠肺炎疫情期间，以在线诉讼为主要方式的互联网司法大显身手，实现了“审判执行不停摆、公平正义不止步”，在国内外产生广泛反响，充分体现了中国特色社会主义司法制度的优越性。今天，我们还同步印发《人民法院司法改革案例选编（十一）》，就是以“互联网司法建设”为主题，通过12个典型案例展现人民法院推进互联网司法的生动实践和有益经验。

总的来看，中国法院在互联网司法领域的建设成就，主要体现在以下三个方面：

一是数字技术与审判执行深度融合。大数据、云计算、人工智能、区块链、5G等现代科技全方位应用于诉讼服务、诉前调解、案件审理、审判管理等各领域。全国法院普遍推行网上跨域立案、在线举证质证、庭审语音识别、电子卷宗应用、文书电子送达等，文书智能生成、类案识别推送、裁判偏差提示、区块链电子存证、智能合约执行等技术日益成熟，有效实现司法便民利民、审判提速增效。截至目前，全国已有3500多家法院接通“中国移动微法院”在线诉讼平台，累计访问量超过12.65亿次，为社会公众提供多样化、全链条、“一站式”的在线诉讼服务。

自2020年1月1日至2021年5月31日，全国法院在线立案1219.7万件，在线立案占全部立案数的28.3%；在线调解总次数651.3万次、诉前成功调解案件614.29万件；在线开庭128.8万次，在线庭审平均用时42.34分钟；电子送达3383.3万次，占总送达次数的37.97%。经过全国法院的不懈努力，在线诉讼适用规模和质量不断提升，线上线下双轨并行、有序衔接的诉讼模式已初步形成。

二是在线诉讼规则逐步成熟定型。随着在线诉讼逐步普及，2018年以来，最高人民法院先后制定印发了《关于互联网法院审理案件若干问题的规定》《民事诉讼程序繁简分流改革试点实施办法》《关于新冠肺炎疫情防控期间加强和规范在线诉讼工作的通知》等文件。部分信息化基础较好的法院结合审判实际，研究制定了在线诉讼规程、操作指南、诉讼指引等，并在司法实践中不断细化完善。这次出台的《在线诉讼规则》，是前期探索和各地经验的集大成者，也是将比较成熟的实践创新上升为制度规则，及时巩固行之有效的改革成果。

三是网络空间司法治理水平不断提升。近年来，以互联网法院为代表，各级人民法院审理了一大批具有规则意义的互联网案件，探索确立了公共数据、虚拟财产、数字货币、智能作品等新客体的保护规则；依法规范直播带货、付费点播、知识分享等新兴业态；严厉打击暗刷流量、不当采信、网络刷单、空包洗钱等网络灰黑产业，有效维护网络空间秩序，有力推动了数字经济、数字产业创新发展。

二、制定出台《在线诉讼规则》的重要意义

《在线诉讼规则》的制定出台，在我国互联网司法发展进程中具

有里程碑式的意义，主要体现在以下三个方面：

第一，《在线诉讼规则》深入贯彻以人民为中心的发展思想，有效满足人民群众互联网时代司法新需求。互联网时代背景下，人民群众普遍期待诉讼能够顺应数字化、网络化、便捷化的大趋势，更加公正、高效、低成本、多元化地解决纠纷。《在线诉讼规则》将在线诉讼定位为为人民群众提供增量司法服务的重要形式，从制度层面创新司法模式，重塑审判流程，完善便民机制，充分尊重当事人的诉讼方式选择权，保障其在线诉讼知情权和程序利益处分权，统筹兼顾不同群体的诉讼能力和需求，细化明确各类诉讼主体的权利义务，确保在线诉讼“降成本不降质量、提效率不减权利”。

第二，《在线诉讼规则》首次构建在线诉讼规则体系，有力推动诉讼制度不断与时俱进。《在线诉讼规则》坚持在现行法律框架下，立足在线诉讼数字化、网络化、智能化的特点，丰富拓展司法亲历性原则、直接言词原则、诉讼对等原则的内涵，构建起贯穿立案、调解、询问、证据交换、庭审、执行全流程的在线程序规则，形成了较为系统完备的在线诉讼规则体系，有效填补了我国在线诉讼的制度空白，也为世界互联网司法发展提供了中国智慧和中国方案。

第三，《在线诉讼规则》加强网络空间司法治理程序保障，促进实现更高水平的数字正义。《在线诉讼规则》的制定出台，有利于从程序、实体和技术等层面，提升网络空间治理的法治化水平。在程序层面，《在线诉讼规则》全面贯彻正当程序原则，充分保障合法诉讼权利，明确诉讼行为规范，有效维护在线诉讼程序正义；在实体层面，《在线诉讼规则》通过高效便捷的解纷程序、精准智能的技术手段，积极帮助法官“寻找事实和法律”，妥善处理新型互联网纠纷，确立完善裁判规则，推动实现网络空间治理的实体正义；在技术层面，《在线诉讼规则》积极拓宽信息技术在司法程序中的应用场景、合理划定技术边界、推动技术普惠均等、维护诉讼数据安全、推动打破数字壁垒，实现更高水平的数字正义。

三、《在线诉讼规则》的起草过程和主要内容

《在线诉讼规则》全文共39条，内容涵盖了在线诉讼法律效力、基本原则、适用条件、适用范围，以及从立案到执行等主要诉讼环节的在线程序规则。下面，我从五个方面介绍《在线诉讼规则》的主要内容。

（一）确立在线诉讼基本原则，明确适用范围和条件

《在线诉讼规则》首次对在线诉讼的含义作出明确界定，既可以是全流程在线办理，也可以是某一诉讼环节的在线办理，两者均是在线诉讼的表现形式。为确保在线诉讼坚持正确的价值取向，《在线诉讼规则》确立了在线诉讼“公正高效”“合法自愿”“权利保障”“便民利民”“安全可靠”五个基本原则，作为开展在线诉讼的总体要求。

在线诉讼的适用范围涵盖了绝大多数民事、行政、特别程序和执行案件，对刑事案件适用在线诉讼，我们坚持审慎稳妥推进，主要适用于刑事速裁和减刑假释等案情简单、程序简便的案件。适用在线诉讼以当事人主动选择或者同意为前提条件，人民法院对案件审理方式有决定权，可以根据案件难易程度、技术条件、实际审理需要等因素，综合确定适宜的审理模式，统筹平衡好案件审理的质量、效率和效果。

（二）明确电子化材料效力和审核规则，夯实在线审理机制基础

电子化材料的提交和应用是在线诉讼的基础和前提，但传统诉

讼规则要求诉讼文书材料和证据材料均要提供原件，这与在线诉讼的特点不相适应。《在线诉讼规则》坚持在安全可靠的前提下，明确电子化材料“视同原件”的效力规则和审核规则，一方面丰富和拓展了当事人提交诉讼材料的渠道和方式，提升了诉讼便利，降低了诉讼成本；另一方面严格规范审查电子化材料与原件的一致性，保证了电子化材料形式的真实性，有效防范虚假诉讼、恶意诉讼风险，确保在线诉讼安全有序。

（三）明确区块链存证的效力范围，完善证据真实性审查标准

近年来，区块链技术存证应用日益广泛，涉区块链存证纠纷不断增多，司法实践规则需求强烈。《在线诉讼规则》对此作出积极回应，我们在深入研究区块链技术特点、全面总结相关案例认定规则的基础上，确认了区块链存储数据上链后推定未经篡改的效力，明确了区块链存证的真实性审查标准，以及上链前数据真实性审查规则，系统全面地解决了区块链存证的真实性认定问题，既充分肯定区块链技术优势，鼓励采取区块链技术解决“存证难”“认证难”的问题，又有序规范区块链存证行业的发展，防止过度夸大区块链存证效力，严格审查标准，科学划定区块链存证法律边界。

（四）明确在线庭审适用范围和方式，规范在线庭审秩序

在线庭审是在线诉讼的核心环节，集中体现了在线审理机制的特点和优势。《在线诉讼规则》合理拓展在线庭审适用范围，明确列举不适用在线庭审的具体情形，强调必须采取视频方式，建立线上线下转换机制，确保在线庭审开展有序、适用有度。同时，《在线诉讼规则》针对在线庭审可能面临的风险隐患，对在线庭审环境、在

线庭审纪律、在线庭审公开、证人出庭作证等方面作出明确要求，强化诉讼主体维护在线庭审秩序的诉讼义务，明确妨害在线庭审处罚规则，保障在线庭审的合法性、规范性和权威性。

（五）明确非同步审理机制，合理限定适用范围和条件

《在线诉讼规则》首次确认非同步审理机制的法律效力，允许当事人在一定期限内，以非同步方式在线开展调解、证据交换、调查询问等诉讼活动，提升诉讼的便捷性。需要强调的是，《在线诉讼规则》对非同步审理总体上保持稳妥审慎态度，严格限定了非同步庭审的适用范围、条件和方式，将其作为当事人确有困难无法同时到庭的特殊庭审形式，并非在线庭审常态。

（六）明确电子送达适用规则，细化送达生效判断标准

“送达难”一直是困扰审判工作的“痛点”问题，电子送达为解决这一难题提供了全新的思路和方案。《在线诉讼规则》以问题为导向，全面规定了电子送达的适用条件、内容范围、手段方式和生效标准，在充分尊重当事人意愿的基础上，确立了“默示同意规则”，将“同意”形式扩展至事前的约定、事中的行为和事后的认可，加大电子送达适用力度。为确保电子送达的有效性，《在线诉讼规则》根据电子送达地址来源和当事人确认情况，分别规定“到达生效”和“知悉生效”两种标准，有效兼顾送达的准确性和效率性，防止“送而不达”“达而不悉”“重复劳动”，避免当事人来回奔波，降低诉讼成本，促进审判提速增效。

此外，《在线诉讼规则》还对在线调解、身份认证、在线立案、在线应诉、电子笔录、电子卷宗、在线执行、在线数据保护，以及刑事案件在线审理等方面作出系统规定。

当前，信息革命时代潮流正与中华民族伟大复兴历史进程发生历史性交汇。《在线诉讼规则》的发布，标志着人民法院互联网司法建设迈入新阶段、踏上新征程。我们将紧紧抓住新一轮科技革命的时代机遇，深入贯彻习近平法治思想和网络强国战略，以变应变，锐意创新，持续优化“中国特色、世界领先”的互联网司法新模式，创造更高水平的数字正义，为推动构建网络空间命运共同体作出更大贡献。

人民法院互联网司法的建设与发展*

党的十八大以来，以习近平同志为核心的党中央牢牢把握信息化时代的重大历史机遇，加快推进网络强国战略，将互联网发展作为推进改革开放和现代化建设事业的重要支撑，信息技术和互联网产业取得了显著发展成就。习近平总书记深刻指出，“没有信息化就没有现代化。”① 强调要“善于运用互联网技术和信息化手段开展工作。”② 2020 年 12 月 7 日中共中央印发的《法治社会建设实施纲要(2020—2025 年)》，也提出要完善“互联网 + 诉讼”模式，推动科技创新成果同司法工作深度融合，对“依法治理网络空间”作出专门要求。

互联网时代的全面到来，给司法工作带来了前所未有的机遇和挑战。近年来，人民法院坚持以习近平新时代中国特色社会主义思

---

* 根据《人民法院互联网司法的建设与发展》改编。原文刊载《人民法院报》2021 年 9 月 16 日，第 5 版。

① 习近平主持召开中央网络安全和信息化领导小组第一次会议强调　总体布局统筹各方创新发展　努力把我国建设成为网络强国，载共产党员网，https：//news. 12371. cn/2014/02/27/VIDE1393502403671131. shtml。

② 习近平：《决胜全面建成小康社会　夺取新时代中国特色社会主义伟大胜利》，载《求是》2017 年第 21 期。

想为指导，紧扣时代脉搏，遵循法治规律，探索推动审判方式、诉讼制度、司法裁判与互联网技术深度融合，积极回应互联网时代社会法治需求，促进网络空间治理法治化。2017 年 8 月 18 日，最高人民法院院长周强在杭州互联网法院挂牌仪式上首次提出“互联网司法”的概念，强调“要积极探索互联网司法新模式、新经验，为全球互联网治理作出积极贡献”。2019 年 12 月 4 日，最高人民法院发布《中国法院的互联网司法》白皮书，进一步诠释了互联网司法的含义，全面总结了近年来互联网司法建设的成果和经验。2020 年 10 月 15 日，周强院长在第十三届全国人民代表大会常务委员会第 22 次会议上，正式提出“构建中国特色、世界领先”的互联网司法模式建设目标，人民法院互联网司法建设迈入全新阶段。

近年来，互联网司法建设已经得到长足发展，但目前在理论和实践层面，对“互联网司法”的内涵还存在不同认识；对“互联网司法”与“互联网法院”“在线诉讼”“智慧法院”等概念的联系与区别需进一步厘清；对互联网司法建设的路径有待系统梳理；对未来的发展方向须作出系统规划。这些既是重要现实问题，也是重大理论问题，亟待予以回应和解决。

一、互联网司法的基本内涵

互联网司法的内涵，并非来源于理论预设或官方界定，而是在司法实践的不断探索中得以丰富和发展起来的。随着人民法院信息化建设加速推进，审判流程从线下转移到线上，数据信息从纸面转移到“云端”，人民法院的案件审理模式，当事人参与诉讼的方式，以及诉讼程序规则都发生了深刻变化。与此同时，随着互联网的日益普及，各类互联网纠纷日渐增多，人民群众互联网司法需求更加强烈，对人民法院互联网审判工作提出了更高的要求和期待，亟待司法作出积极回应，有效完善互联网案件裁判规则体系。上述模式和规则的有机统一，就是我们所说的互联网司法。

互联网司法大致包括三部分内容：一是与互联网技术深度融合的审判模式。即传统审判流程在互联网上的升级改造、信息技术在司法场景中的融合应用，如跨域立案、在线缴费、电子送达、区块链存证、智能类案推送等。二是体现互联网特点的在线诉讼制度。即以在线诉讼为核心，构建起的一套电子诉讼规则和证据规则。包括：在线诉讼的适用范围和条件；从起诉立案到宣判执行的程序要求；电子化材料的效力；区块链存证的审核规则；电子送达适用范围、条件和生效标准等。三是确立互联网依法治理的实体裁判规则。互联网司法的核心价值，就是要及时妥善审理新型的互联网纠纷，针对各类纠纷发生于互联网、证据产生于互联网、后果呈现于互联网的新类型互联网纠纷，确立和完善裁判规则，强化司法裁判的引领示范作用，有效维护网络空间秩序，保障数字经济快速健康发展，促进网络空间治理法治化。

总体而言，互联网司法是一个融合互联网技术深度应用、在线诉讼程序规则、依法治网实体裁判的司法模式、规则集合和制度体系。要深刻理解互联网司法的内涵，还需要与相关概念作出清晰区分。

第一，互联网司法不等于互联网法院。互联网法院属于互联网司法建设中组织机构建设范畴，一定程度上代表了互联网司法的发展高度。但互联网司法并不专属于互联网法院，随着实践经验的积累和规则体系的完善，互联网司法的任务和要求已逐步拓展辐射到所有法院，是人民法院司法工作的重要组成部分。

第二，互联网司法不等于在线诉讼。在线诉讼是相对于线下诉讼的一种新型诉讼方式，侧重于如何通过技术实现诉讼的网络化，以及通过程序规范实现在线诉讼制度化，是互联网司法的重要表现形式。但互联网司法并不限于在线诉讼，它关注的不仅仅是诉讼活动本身，还包括技术与司法运行的全方位融合，以及审理特定互联网纠纷而形成的实体裁判规则。

第三，互联网司法不等于智慧法院建设。智慧法院建设侧重于技术层面对法院工作的全方位改造，包含了智慧服务、智慧审判、智慧执行、智慧管理四个方面，目标是支持全业务网上办理，实现全流程审判执行要素依法公开，面向法官、诉讼参与人、社会公众和政务部门提供全方位智能服务。智慧法院和互联网司法既有联系又有区别，两者都注重技术与司法的融合应用，着力实现技术对法院形态和司法运行的结构性重塑；两者的区别在于，互联网司法除了关注技术应用、平台搭建与机制创新外，还涉及诉讼程序和实体裁判规则体系的完善与建构，关乎程序公正和实体公正。

二、互联网司法的发展路径

人民法院互联网司法建设所走的是一条顺应时代大势、立足司法职能、面向群众需求、遵循司法规律的科学发展道路，总体上按照统筹规划、试点先行、逐步推广、制度定型的改革思路有序推进。最高人民法院将互联网司法建设纳入司法体制改革的整体规划，《人民法院第五个五年改革纲要（2019—2023）》明确了互联网司法建设的总体方向、主要领域、关键举措和实施步骤。在做好顶层规划的同时，积极鼓励基层探索创新，组织开展相关试点，总结提炼先进经验和成熟做法，稳妥有序地逐步推广，推动互联网司法建设体系化、制度化、规范化。

（一）价值取向：坚持以人民为中心的发展思想

人民法院推进互联网司法建设根本目的在于不断满足人民群众互联网时代司法新需求，通过创新司法模式，重塑审判流程，优化便民机制，完善裁判规则，有效降低群众诉讼成本，丰富解纷渠道方式，提升案件审理效率，维护群众网络空间合法权利。例如，我们推进的“一站式多元解纷和诉讼服务体系”，就是互联网司法建设的重要成果之一。人民法院依托互联网和信息技术，打造“一站式”诉讼服务和多元解纷平台，集成整合多项服务内容和多方解纷力量，提供跨域立案、纠纷解纷、诉讼咨询、信息查询、费用缴纳、材料提交、涉诉信访等 29 项在线诉讼服务，实现当事人“最多跑一次”，甚至“一次都不用跑”。又如，人民法院推进在线诉讼新模式，坚持以“合法自愿”“权利保障”为基本原则，充分尊重当事人的诉讼方式选择权，保障其在线诉讼的知情权和程序利益处分权，统筹兼顾不同群体的诉讼能力和实际需求，确保在线诉讼“降成本不降质量、提效率不减权利”。

（二）探索主体：由集中管辖法院向全国法院拓展

为确保互联网司法发展积极稳妥、平稳有序，自 2015 年起，我们在互联网产业集中、信息化基础较好、互联网审判经验相对丰富的地区和法院，先行探索互联网司法新模式。2015 年 4 月，浙江省高级人民法院率先在辖区法院开展电子商务网上法庭试点，集中审理网络支付纠纷、网络著作权纠纷、网络交易纠纷等案件。2017 年 8 月和 2018 年 9 月，先后成立杭州、北京、广州互联网法院，首次以整体法院为平台和载体全方位深化互联网司法建设。三家互联网法院在在线审理、平台建设、诉讼规则、技术运用、网络治理等方面作出了积极探索，取得了良好效果，为互联网司法模式的拓展和深化提供了可复制可推广的有益经验。截至2020年年底，三家互联网法院共受理互联网案件25.17万件，审结24.18万件，在线立案申请率为99.98%，全流程在线审结21.11万件，在线庭审平均用时28分钟，案件平均审理周期约61天，相比传统审理模式，分别节约时间约3/4和1/5。

自2018年以来，天津、上海、湖北、江苏、四川、福建、贵州等地法院，充分借鉴互联网法院经验，结合辖区内互联网纠纷和互联网产业特点，积极组建互联网审判庭、合议庭或审判团队，科学设置组织机构，集中优质审判资源、探索在线诉讼模式，加大互联网案件审判力度，不断丰富互联网司法的实践样本，为互联网司法模式的全面推开奠定了良好基础。自2020年以来，随着人民法院信息化建设3.0版基本建成，"中国移动微法院"平台在全国法院搭建完成，特别是2021年6月《人民法院在线诉讼规则》的正式发布，标志着互联网司法模式已在全国法院全面推开，意味着人民法院互联网司法建设已从"分散探索"迈入"统一推进"的全新历史阶段。

（三）司法模式：由人工线下封闭向线上开放智能转变

传统司法模式下，司法活动和诉讼方式呈现出时间线单一、场景封闭、全人工主导的特点，近年来通过推进互联网司法建设，人民法院司法模式逐步向时间线开放、诉讼场景多元、多方参与交互、线上线下有机融合的方向转变。

一是全面推进数据信息电子化。人民法院大力推进电子卷宗同步生成和深度运用，依托数据信息技术，将传统纸质的、实体的卷宗材料和司法信息全部转化或者生成为电子数据信息，形成可沉淀、可挖掘、可复现、可追溯、可核验的司法大数据信息，为司法运行模式的转型升级和实体裁判公正提供数据基础。截至2020年年底，全国已有3256家法院建成了电子卷宗随案同步生成系统，占所有法院总数的93%以上，73%以上的案件随案生成电子卷宗。

二是有效实现诉讼活动在线化。我们在部分法院前期探索基础上，积极稳妥推广在线诉讼模式，特别是2020年突如其来的新冠肺炎疫情，使得人民群众在线诉讼需求全面提升，倒逼了在线诉讼加速推进。最高人民法院全面总结提炼各地的探索经验，制定出台《人民法院在线诉讼规则》，首次构建了适用于全国法院，贯穿诉讼全流程，具有司法解释效力的在线诉讼规则体系，实现了在线诉讼模式规范化、定型化、制度化。自2020年1月1日至2021年5月31日，全国法院在线立案1219.7万件，在线立案占全部立案数的28.3%；在线开庭128.8万次；电子送达3383.3万次，占总送达次数的37.9%，建成科技法庭4万余个，具备庭审录音录像、庭审证据在线展示、庭审语音自动识别、庭审活动自动巡查等功能，全国法院在线诉讼适用规模和质量不断提升，线上线下双轨并行诉讼模式已基本形成。

三是稳妥推进司法裁判智能化。人民法院依托云计算、大数据、区块链、机器学习等信息技术，积极开发各类智能化办案辅助平台，不同程度实现了立案风险主动拦截、案件繁简甄别分流、电子卷宗文字识别、语音识别转录、案件智能画像、庭审自动巡查、证据自动核验、法条及类案精准推送、文书自动生成、文书瑕疵纠错、裁判风险偏离度预警等智能辅助功能，有效减轻司法人员工作负担，促进审判质效大幅提升。例如，最高人民法院牵头建设“法信”平台，汇聚法律法规、司法文件、案例、学术成果等法律知识资源，为法官办案提供全面、便捷的智能检索、智推服务。截至2020年年底，法信平台注册用户数为129.3万余人，平台总访客量2560万人，总浏览量 2. 99 亿次。最高人民法院委托河北法院研发智审系统，探索利用人工智能技术辅助法官快速生成诉讼文书和裁判文书，截至 2020 年年底，智审系统在河北 190 家法院使用，服务 1. 4 万名法官，累计生成 3400 余万份文书，其中辅助制作裁判文书 250 余万份。此外，上海法院还研发了裁判文书大数据智能分析系统，实现对裁判文书中 61 项要素的智能分析，推进文书智能化纠错，提升司法公信力。截至 2020 年年底，上海法院共分析裁判文书 64 万余篇，瑕疵占比 29. 44%，2020 年比 2019 年瑕疵占比降低 12. 65%。我们在大力推进司法智能化的同时，明确了智能化技术作为"裁判辅助"的基本定位，注重规范技术应用规则，划定技术应用边界，强化法官裁判主体地位，确保技术应用适度有序、安全可控，普惠平等。

（四）工作重心：由机制创新向规则确立演进

互联网司法发展起步阶段，工作重点是紧跟技术发展趋势，探索在线诉讼机制，强化技术应用，促进司法便民利民。随着互联网产业与经济社会发展深度融合，互联网司法的工作重心已经从机制探索、平台建设向确立规则、完善制度等方面拓展提升，其核心功能更加侧重于完善互联网专门化审判体系，公正高效处理新型互联网案件，促进网络空间依法治理。近年来，以互联网法院为代表的各地法院不断完善专业化审判机制，提升互联网案件审判水平，从初期普遍审理网络著作权、网络借贷、网络购物、网络侵犯人格权等一般性、大批量的互联网纠纷，逐步发展到审理涉及网络基础设施安全、算法规制、数据权属交易、网络平台治理等类型新、疑难复杂和互联网特性突出的案件。比如，北京互联网法院审理的全国首例"暗刷流量案"，有力打击网络黑色产业，保护公平竞争的网络营商环境。杭州互联网法院审理的全国首例大数据权属案，确立了数据资源确权、流通、交易的行为规范。广州互联网法院审理的“网络传销行政复议案”中，支持行政监管部门依法查处以新型网络营销为名进行网络传销的行为，有效净化了互联网市场环境。

各地法院通过不断丰富和完善互联网领域裁判规则，有效探索确立了公共数据、虚拟财产、数字货币、智能作品等为新客体的保护标准；依法规范直播带货、付费点播、知识分享等新兴业态；严厉打击暗刷流量、不当采信、网络刷单、空包洗钱等网络灰黑产业，有效维护网络空间秩序，有力推动了数字经济、数字产业创新发展。

三、互联网司法的未来发展方向

当前互联网司法发展还面临着一些障碍和瓶颈。比如，传统诉讼理念有待进一步转变，互联网法院设置模式有待进一步优化，信息技术与司法融合应用模式还有待进一步探索，互联网裁判规则体系有待进一步完善，等等。着眼未来，人民法院还需要从以下几个方面提升互联网司法建设水平。

一是加大探索创新力度，继续发挥互联网法院引领示范作用。持续深化互联网法院建设，积极推动前沿科技在互联网法院先行先试，使互联网法院成为新技术、新机制的“孵化器”和“试验田”。未来，我们将进一步完善互联网法院设置模式，优化案件管辖范围，聚焦审理具有规则确立意义的互联网案件，推动确立其专门法院地位，发挥互联网法院在网络空间治理领域的“头雁效应”，推动网络空间治理法治框架更加成熟完善。

二是全面提升科技应用水平，推动司法审判模式整体性变革。“十四五”时期，人工智能、大数据、区块链、5G 等现代信息技术将得到更加广泛的应用，互联网司法建设步入关键时期、迎来全新机遇。最高人民法院将进一步加强谋划、科学布局，加快推进人民法院信息化4.0版建设，拓展前沿科技的司法应用场景，大力完善各类平台系统，增强平台功能集成度，提升数据信息交互度、保障司法运行安全度，为人民群众提供智能化、一体化、协同化和自主化的智慧法院服务，为法官“寻找事实，寻找法律”提供更加有力的科技支撑，推动形成以数字化为基础、以网络化为载体、以智能化为支撑的“智慧司法”体系。

三是完善专业化审判机制，积极输出网络空间治理裁判规则。互联网社会既是共享社会，也是风险社会；数字经济既是创新经济，也是法治经济，未来社会对互联网司法的需求将日趋强烈，对规则治理也将提出更高要求。一方面，互联网司法要向规范化、专业化、精细化方向发展，更加注重以个案裁判明确网络空间交易规则、行为规范、权利边界和责任体系，引导和规范网络新经济新业态发展，提升网络空间治理的法治化水平。另一方面，我国互联网司法要成为推动国际性互联网治理规则和治理模式发展的重要平台。在跨境交易、数据权利、平台责任、网络侵权等领域，积极输出裁判规则，推动形成国际标准和准则，增强我国互联网空间的规则制定权和国际话语权，为提升全球互联网治理水平，构建网络空间人类命运共同体贡献中国方案和司法智慧。

四是加强改革系统集成，完善互联网司法建设配套举措。互联网司法建设是一个系统工程，需要加强改革的系统集成，着力做好以下三个方面的配套：第一，健全互联网审判制约监督机制，依托信息技术进行智能化监管，实现对审判工作的监督管理全线贯通、全程留痕、动态可视。第二，完善互联网司法配套制度规则，研究制定诉讼平台管理和在线诉讼技术标准等配套规范，进一步完善技术应用规则，保障技术安全、确保平台中立。第三，加强互联网司法人才培养，健全科技人才和法律人才融合培养机制，全面提升审判业务能力、科技应用能力、改革创新能力，努力建设一支政治过硬、业务精湛、具有国际视野的高素质互联网司法人才队伍，为互联网司法长远发展奠定坚实基础。

七、将非诉解纷机制挺在前面

如何平衡好司法供给与司法需求的紧张关系，妥善解决“人案矛盾”问题，是新一轮司法体制改革要解决的重要问题，也是一个世界性难题。西方国家同样经历过“诉讼爆炸”时期，并试图通过加强替代性纠纷解决机制（ADR）来缓解人案矛盾。近年来，随着我国经济社会快速发展，法院受理案件进入高速增长期，全国法院受理案件每年超过3000万件，法官年人均结案近240件，在经济发达的北京、上海、浙江、江苏、广东等地的部分法院法官人均结案数超600件，形势已经相当严峻。面对这一客观情况，一方面持续争取各方支持，适当加强人民法院人力、财力、物力保障；另一方面就是通过改革不断优化司法资源配置、提升司法效率。新时代十年司法改革，紧紧抓住了三个核心要素：调整诉讼需求、优化资源供给、提升程序效能，打出了一套改革组合拳，有效缓解了司法供需的紧张关系。

人民法院立足司法职能，坚持将非诉讼纠纷解决机制挺在前面，积极参与社会治理创新。一方面，在各级党委领导下，主动融入社会矛盾综合治理大格局，积极参与“一体化矛盾纠纷调处中心”等建设，发挥司法推动、参与、保障作用。另一方面，积极主动作为，以人民法院诉讼服务中心和在线调解平台为载体，集合各方解纷资源，形成“一站式”多元解纷机制，从源头上减少了进入立案程序的案件。

努力构建具有中国特色的多元化纠纷解决体系*

党的十八届四中全会通过的《中共中央关于全面推进依法治国若干重大问题的决定》提出要“完善调解、仲裁、行政裁决、行政复议、诉讼等有机衔接、相互协调的多元化纠纷解决机制”。在中央统一部署下，最高人民法院一直十分重视多元化纠纷解决机制改革，积极发挥司法的引领、推动和保障作用，努力构建具有中国特色的多元化纠纷解决体系，推动多元化纠纷解决机制在法治轨道上不断发展完善。

一、科学认识中国特色多元化纠纷解决体系的制度内涵

多元化纠纷解决体系，是指各种纠纷解决方式、程序或制度以其特定的功能共同存在、相互协调所构成的纠纷解决系统。在“全国法院多元化纠纷解决机制改革工作推进会”上提出了“国家制定发展战略、司法发挥保障作用、推动国家立法进程”的“三步走”

---

* 根据《努力构建具有中国特色的多元化纠纷解决体系》改编。原文刊载《人民法院报》2016年7月6日，第5版。

新战略，要求各级法院树立“国家主导、司法推动、社会参与、多元并举、法治保障”的现代纠纷解决理念。按照中央改革部署，各级法院要优化法院内外资源配置，深刻认识“四大优势”的特色制度内涵，推动多元化纠纷解决机制的“升级换代”。

（一）充分发挥党委领导的巨大政治优势

构建具有中国特色的多元化纠纷解决体系，要始终坚持党的领导，充分发挥党总揽全局、协调各方的领导核心作用，确保始终坚持正确的政治方向。目前，我国的多元化纠纷解决机制改革已经形成了中央统筹部署、各地综治协调、社会广泛参与、司法提供保障的组织模式，并取得了显著成效。作为执政党的中国共产党及其各级党政组织，在明确改革方向、整合解纷资源、提高解纷实效等方面发挥了核心的领导作用。从 20 世纪 60 年代初的“枫桥经验”，到 21 世纪初的大调解体系建设，再到当前具有积极示范效应的多元化纠纷解决机制“眉山经验”的形成，无不得益于中央主导的政治优势和各级党政机构的有效推动。各级人民法院要始终坚持依靠党委领导，积极争取政府支持，努力构建“党政主导一盘棋、社会参与总动员”的格局，为进一步深化多元化纠纷解决机制改革提供强有力的政治保障。

（二）充分发挥综治组织、行政机关统筹协调的优势

多元化纠纷解决机制改革是一个系统工程，涉及诸多国家机关、综治组织和其他社会团体等，需要各级综治组织在综合治理、平台建设、机制建构方面发挥领导决策、统筹资源、工作协调等作用。各级行政机关在各自职能领域承担着一定的纠纷解决职责。所以，各级人民法院在多元化纠纷解决机制建构中必须加强与综治组织和

行政机关的沟通协调，建立定期或不定期的联席会议制度，形成信息互通、优势互补、协作配合的纠纷解决互动机制，支持行政机关在其职责范围内积极开展行政和解、行政调解和行政裁决等，促进诉讼与行政调解、行政复议、行政裁决等机制的对接。

（三）充分发挥社会力量基础雄厚、资源丰富的优势

多元化纠纷解决机制作为汇聚各种纠纷解决方式的社会治理系统，只有凝聚共识、汇聚力量，发挥出基础雄厚的民间解纷力量的优势，才能真正形成纠纷解决的合力，破解发展中遇到的难题。要与人民调解组织充分对接，发挥人民调解组织分布广、数量大、扎根基层、贴近群众的优势，化解基层矛盾、维护基层稳定。要加强与商事调解组织、行业调解组织的对接，发挥专业人士、行业专家化解纠纷的专业化、职业化优势。另外，各级人民法院还要积极支持工会、妇联、共青团、法学会等组织以及人大代表、政协委员、专家学者、律师等参与纠纷解决，汇集起全社会纠纷解决资源的强大合力，共同建构一个具有中国特色的科学系统的纠纷解决体系。

（四）充分发挥司法引领、推动和保障的作用

中共中央办公厅、国务院办公厅联合印发的《关于完善矛盾纠纷多元化解机制的意见》对人民法院在多元化纠纷解决机制改革中的功能和作用给予了准确的定位，即“人民法院要发挥司法在矛盾纠纷多元化解机制中的引领、推动和保障作用，建立健全诉讼与非诉讼相衔接的矛盾纠纷解决机制”。发挥引领作用，主动与诉讼外的纠纷解决机制建立对接关系。法院建立功能强大、资源充足的诉调平台，引导当事人选择适当的方式化解纠纷，建立形式多样、运行规范的诉调对接机制，指导其他纠纷解决机制发挥有效作用。发挥

推动作用，促进矛盾纠纷多元化解。法院通过诉调对接、业务指导、人员培训、参与立法等途径，促进诉讼外纠纷解决机制的发展，让更多的矛盾纠纷通过规范、中立、有效的非诉解纷渠道解决。发挥保障作用，促进诉讼外纠纷解决机制发展。包括对调解协议法律效力的依法确认，对特邀调解组织建设的完善，对特邀调解员行为规范的约束，更有对特邀调解员的技能培训和能力提高等，努力提高调解员的业务素质和调解的公信力。

二、人民法院推进多元化纠纷解决体系建设的重大成就

十年来，“二五改革纲要”[①] 首次提出建立健全多元纠纷解决机制，2008 年该项改革纳入中央司法改革整体部署，2009 年最高人民法院出台《关于建立健全诉讼与非诉讼相衔接的矛盾纠纷解决机制的若干意见》（以下简称 2009 年《若干意见》），2012 年扩大试点，2014 年确定示范法院。近日，按照中央改革部署和“四五改革纲要”[②] 要求，发布了《最高人民法院关于人民法院进一步深化多元化纠纷解决机制改革的意见》和《最高人民法院关于人民法院特邀调解的规定》（以下简称《纠纷解决机制意见》和《特邀调解规定》）。多元化纠纷解决机制改革经历了从试点到示范、从理念更新到理论升华、从改革实践到制度建设的过程。

（一）搭建了功能完备、运行规范的诉调对接平台

2012 年，最高人民法院印发了《关于扩大诉讼与非诉讼相衔接

① “二五改革纲要”，是指 2005 年 10 月 26 日发布的《人民法院第二个五年改革纲要（2004—2008）》。

② “四五改革纲要”，是指 2014 年 7 月 9 日发布、2015 年 2 月 26 日修订的《人民法院第四个五年改革纲要（2014—2018）》。

的矛盾纠纷解决机制改革试点总体方案》，要求试点法院建立“诉调对接中心”。2015 年，最高人民法院要求各级人民法院以诉讼服务中心或者诉调对接中心建设为核心，建设功能强大、资源充足的诉调对接平台。目前，全国法院共设置 3498 个诉讼服务中心和 467 个诉调对接中心。下一步将把诉调对接平台建设与诉讼服务中心建设结合起来，建立集诉讼服务、立案登记、诉调对接、涉诉信访等多项功能为一体的综合服务平台，实现从单一平面的衔接功能向多元立体的服务功能转变，达到“规模化、系统化、常态化”的标准。

（二）完善了形式多样、覆盖全面的诉调对接制度

在立案登记制改革背景下，各级人民法院贯彻落实《民事诉讼法》规定的先行调解原则，建立完善了诉调对接各项制度。一是推动创设了司法确认制度。2004 年《最高人民法院关于人民法院民事调解工作若干问题的规定》首次提出司法确认程序，2007 年部分法院开始试点，2009 年《若干意见》进一步完善司法确认制度，《人民调解法》和修订的《民事诉讼法》在法律层面上肯定了司法确认的独立程序价值。二是推动调解方式的多样化。《特邀调解规定》要求各级人民法院建立特邀调解制度，完善特邀调解组织和特邀调解员名册制度，规范了特邀调解程序，通过委派调解或者委托调解，发挥社会力量的作用；《纠纷解决机制意见》推动建立律师调解制度，发挥法律专业人才在化解纠纷方面的优势；建立法院专职调解员制度，合理配置法院系统内部资源。

（三）创新了高效便捷、灵活开放的诉调对接机制

在多元化纠纷解决机制建设中，法院通过创新民商事纠纷中立评估机制、无争议事实记载、无异议方案认可机制，丰富和发展多

元化纠纷解决机制体系；探索建立调解前置程序，引导当事人在登记立案前选择特邀调解组织或特邀调解员先行调解；通过在线纠纷解决方式，建设集网上立案、案件查询、网上咨询、在线调解等功能为一体的在线纠纷解决系统，为人民群众提供经济、方便、快捷、高效的纠纷解决渠道；全面发挥繁简分流机制、小额速裁程序、督促程序的作用，畅通案件分流渠道，最大限度地满足当事人的多元司法需求。

（四）培育了充满活力、素质优良的解纷队伍

各级人民法院通过业务指导、技能培训，培养了一支具有专业水准和较高调解技能的人才队伍。自2009年以来，部分法院开始对特邀调解员进行制度化、规范化改革探索，建立特邀调解组织和调解员名册制度，加强法院矛盾化解能力。今年4月，最高人民法院多元化纠纷解决机制研究基地在湘潭大学揭牌成立，研究基地将致力于建设具有国际视野和前瞻思维的理论高地，培养纠纷解决领域专家、司法实践骨干的人才高地，为纠纷解决机制改革提供智力支持的成果高地，紧跟时代发展充分展示“中国经验”的创新高地。

（五）推进了多元化纠纷解决机制建设的立法进程

根据中央统一部署和要求，改革成果要及时通过立法等方式予以固定。目前，最高人民法院已经推动一些条件成熟的地方着手本地多元化纠纷解决机制的综合性立法和单项立法进程，并已取得初步成果。2015年5月1日，《厦门经济特区多元化纠纷解决机制促进条例》正式实施，这是我国第一部关于多元化纠纷解决机制建设的地方法规，山东省、四川省、黑龙江省人大常委会都已启动了地方立法程序。最高人民法院积极支持和指导地方立法探索，从而推

动国家层面相关法律的立法进程，将改革实践成果制度化、法律化，促进多元化纠纷解决机制改革在法治轨道上健康发展。

三、我国多元化纠纷解决机制建设面临的形势任务

（一）应对社会转型期纠纷多发成为新挑战

当前，我国改革进入攻坚期和深水区，国家发展处于社会转型期、利益调整期和矛盾凸显期，各种社会矛盾纠纷频发、易发，且纠纷的主体、性质、形式、过程及社会影响都呈现多元化的特征和趋势。要深刻认识全面建成小康社会决胜阶段的新形势，正确把握我国发展重要战略机遇期内涵的新变化，深入分析经济发展新常态下的新问题、新挑战。如果社会矛盾纠纷得不到及时化解，群众合法权益得不到有效维护，经济社会发展秩序不可避免会受到损害，全面建成小康社会目标就难以顺利实现，全面深化改革、全面依法治国和全面从严治党也难以顺利推行。

（二）兼顾司法公正和司法效率成为新课题

司法公正与司法效率是对立统一的关系。公正是司法的灵魂和生命。迟到的正义会让正义大打折扣，公正与效率都是法治社会的重要价值目标。周强院长强调，要牢固树立高效与公正相统一的法治理念，高效必须以公正为前提、为基础，公正必须以高效为支撑，否则都会影响法治的权威和公信。诉讼是依靠国家公权力介入解决纠纷的方式，具有强制性、规范性、程序性和终局性的特点，是维护社会公平正义的最后防线。非诉讼纠纷解决方式，以当事人的自主合意和选择为基础，程序上简易灵活、快速高效，对于破解“案多人少”难题、提升司法效率具有重要意义。

（三）用多元方式化解不同纠纷成为新任务

人类社会在其发展的任何阶段，都需要与之相适应的纠纷解决体系。社会越复杂，要求纠纷解决的方式、手段也越丰富。现今社会，指望用一种纠纷解决方式就能全部解决各类矛盾纠纷是不现实的，司法资源的稀缺性，也注定了诉讼不可能“包打天下”“包治百病”。要快速适应纠纷的多元属性，及时转变纠纷解决的理念，努力提供个性化“私人订制”“量身定做”的多元化纠纷解决机制，切实满足人民群众对纠纷解决方式的多元需求。

（四）顺应国际纠纷解决发展潮流成为新趋势

“世界潮流，浩浩荡荡，顺之则昌，逆之则亡。”国际化已然成为当今世界发展的趋势，也应当成为多元化纠纷解决机制未来发展的重要战略。一个功能互补、相互衔接、科学系统的纠纷解决体系已经成为一个国家或地区投资环境和软实力的重要组成部分。进一步加强与其他国家和地区司法机构、仲裁机构、调解组织的交流和合作，提升我国纠纷解决机制的国际竞争力和公信力。要发挥各种纠纷解决方式的优势，不断满足中外当事人纠纷解决的多元需求，为国家“一带一路”等重大战略的实施提供司法服务与保障。要打造国际化、外向型、合作型的多元化纠纷解决体系，推动全球治理理念创新发展，努力为完善全球治理贡献中国智慧和中国经验！

不断提升多元化纠纷解决机制改革法治化水平*

完善多元化纠纷解决机制，是党的十八届四中全会《中共中央关于全面推进依法治国若干重大问题的决定》确定的一项改革任务。2015 年 12 月，中共中央办公厅、国务院办公厅印发《关于完善矛盾纠纷多元化解机制的意见》，从制度层面对多元化纠纷解决机制改革作出顶层设计，进一步明确了此项改革的指导思想、基本原则、目标任务。为了推进落实中央部署的改革任务，最高人民法院 2015 年 4 月在四川眉山召开推进会，部署了 50 家示范法院工作，2016 年 6 月出台了深化改革的指导意见和司法解释，推动各地法院结合工作实际，完善平台设置，健全诉调对接机制，规范特邀调解制度，创新在线调解、在线司法确认方式。各地的改革实践积累了很多鲜活的经验。就进一步深化多元化纠纷解决机制改革，统筹推进优化司法资源配置的其他改革，全面推广人民法院深化多元化纠纷解决机制改革的“东方经验”，我谈三个方面的意见。

---

* 根据 2017 年 2 月 16 日在深入推进多元化纠纷解决机制改革会上的讲话稿改编。

一、以点带面，示范引领，推动多元化纠纷解决机制改革提档升级

党的十八大以来，全国法院按照试点先行、总结经验、示范带动、全面推广的工作思路，部署了一系列多元化纠纷解决机制改革试点工作，取得了明显成效。试点法院特别是示范法院在推进多元化纠纷解决机制改革过程中，创造和形成的一些成果经验，各地法院应当积极借鉴推广。

一是坚持党政主导，构建多元化纠纷解决机制工作新格局。按照周强院长在“眉山会议”上的讲话要求，各地法院积极争取党委政府的大力支持，形成“党委领导、政府主导、社会参与、多元并举、法治保障”的工作格局，改变法院在诉调对接工作中的“独舞”局面。“眉山经验”“潍坊经验”“马鞍山实践”的首要一条，都是坚持党政主导第一位、全市“一盘棋”，将该项改革纳入平安建设和综合治理考核，将软指标变为硬任务，有力地推动了齐抓共管、多元共治。

二是加强制度建设，促进多元化纠纷解决机制规范化。为贯彻落实中共中央办公厅、国务院办公厅印发的《关于完善矛盾纠纷多元化解机制的意见》，2016 年 6 月 28 日，最高人民法院发布《关于人民法院进一步深化多元化纠纷解决机制改革的意见》和《关于人民法院特邀调解的规定》，进一步明确了人民法院开展多元化纠纷解决机制改革的基本原则、工作重点和实施路径，把平台建设、诉调对接、特邀调解、在线解纷等内容制度化、规范化，为深化此项改革提供了重要制度保障。2016 年 9 月 12 日，最高人民法院出台《关于进一步推进案件繁简分流优化司法资源配置的若干意见》，为合理配置司法资源、缓解办案压力、提高审判质效提供了指导意见。许

多高级人民法院结合本省实际抓好贯彻落实。安徽省高级人民法院出台《进一步完善矛盾纠纷多元化解机制工作意见》、浙江省高级人民法院印发《关于建立健全“大立案、大服务、大调解”机制的指导意见》、北京市高级人民法院发布《北京法院立案阶段多元调解工作的规定》、广东省高级人民法院印发《关于进一步推进民事案件繁简分流优化司法资源配置的实施意见（试行）》等，科学指导辖区法院开展多元化纠纷解决机制改革。

三是加强平台建设，推进纠纷一体化解决。截至2016年年底，全国法院设立专门的诉调对接中心2338个，通过建立与各类调解组织的诉调对接平台，将大量的纠纷化解在立案阶段或者审前准备阶段。例如，北京法院通过探索调解前置，导出纠纷6.9万件，占一审民商事新收案件总数的17%；安徽省127个法院均依托诉讼服务中心建立“诉调对接中心”，搭建诉调对接、案件速裁、专业解纷等六大平台；福建省厦门市思明区人民法院和厦门鹭江公证处跨界合作，将诉前分流、司法送达、调查取证、财产保全等司法辅助业务外包给公证处，走出了一条法院与公证跨界合作的成功路径。各地在借力其他有效渠道、探索协同解纷、增强系统集成方面，打出了一套组合拳。

四是细化制度落实，提高各项对接程序质效。主要有三个方面：其一，完善特邀调解制度。截至2016年年底，各级法院按照新的规范要求，建立特邀调解组织近2万个，吸纳特邀调解员6万多人。这支法院编外解纷队伍，接受法院委派调解和委托调解案件101万件，调解成功53.8万件，成功率为53.3%。通过特邀调解，有效配置法院内外的纠纷解决资源，分流案件约占一审民商事案件总数的10%以上，缓解了法院案多人少的矛盾。其二，发挥专职调解作用。各级法院选派擅长调解的法官或司法辅助人员担任专职调解员，化解立案阶段适宜调解的案件。2016 年，各级法院配备专职调解员 8480 人，调解案件 72.5 万件，调解成功 38 万件，成功率保持在 50% 以上。通过专职调解分流化解大量简易案件，让法官集中精力审理疑难复杂案件。其三，强化司法确认支撑。做到统一审核部门，统一确认标准，统一对接平台。2016 年，全国法院受理司法确认案件 17.4 万件，确认调解协议有效的 15.3 万件，其中浙江、安徽、湖北、广东法院均超过 1 万件，强有力地保障和支持调解组织发挥作用。

五是加强诉调对接，整合力量共同推进改革。自 2016 年以来，最高人民法院与司法部、保监会、证监会等部门开展对接平台建设，联合出台了涉及行业性专业性纠纷的诉调对接规定或意见。各地法院纷纷与地方相关机构或组织进行对接。例如，安徽省高级人民法院分别与安徽省侨联、工商联等 8 家单位联合印发了诉调对接工作意见；北京市高级人民法院与首都综治办共同指导成立北京多元调解发展促进会，整合了 35 家行业协会调解组织的力量，2016 年接收法院委托调解案件 3675 件，调解成功案件涉及标的额 7 亿余元。山东潍坊法院通过创新做实做细诉前调解，实现了“收案下降、结案上升”的良性循环。

六是创新在线调解，发挥科技支撑改革作用。近年来各地法院积极探索在线调解机制，比如，安徽省合肥市蜀山区人民法院建设“E 调解”平台，四川省成都市人民法院、浙江省杭州市人民法院等开设在线调解，吉林电子法院平台开通“空中调解室”，河北开展“互联网 + 诉非衔接人民法庭工作机制”等。去年年底，最高人民法院确定了北京、河北、上海、浙江、安徽、四川 6 个高级人民法院和上海海事法院为在线调解平台试点法院。今天上午的在线调解平台试点启动仪式就是一个良好的开端。该平台自去年 10 月试运行到今年的2月15日，已经上线开通在线调解平台法院419家，联合在线调解机构634家，引入在线调解员2390名，处理纠纷1697件，调解成功775件，实现各类纠纷解决方式线上线下的融合贯通和有效衔接。此外，安徽省高级人民法院率先制定了《安徽省法院在线调解工作规则（试行）》，规范在线调解工作。在线调解平台，深度融合司法裁判案例和司法大数据所确立的规则、尺度、导向，有效连接调解、仲裁、鉴定、律师、公证等法律服务网络，明晰司法标准、增加解纷预期，实现让信息多服务、让群众少跑路，切实打通服务群众"最后一公里"。

七是完善配套保障，提升资源配置水平。各地法院在推进多元化纠纷解决机制改革过程中，不仅注重横向联合，还高度重视纵向联动，完善配套保障机制，统筹推进改革。浙江省高级人民法院规定"诉前化解率"指标，将案件的诉前分流、化解纳入审判质效评估体系，将司法确认案件数纳入"调撤率"范围；北京法院、陕西法院也将多元调解工作纳入法官业绩考评，将调解员的办案补贴列入法院财政专项预算，调动了法官和特邀调解员的工作积极性，实现了资源配置和工作对接协调一致。安徽省高级人民法院依托信息化技术，研发网上立案系统和委托调解系统，实现审判系统与网上立案系统、委托调解系统的数据实时交换，推动了纠纷解决平台的信息化建设，实现了调解全程留痕。

八是推进立法，推动多元化纠纷解决机制改革法治化。各地法院积极参与并推动地方的多元化纠纷解决机制改革立法。2015年4月，福建省厦门市出台全国第一个地方性法规《厦门经济特区多元化纠纷解决机制促进条例》。2016年7月，山东省出台第一部省级层面地方性法规《山东省多元化解纠纷促进条例》，四川、黑龙江、安徽等省不断协调推进地方立法工作。安徽省在刚刚结束的省人大会上将多元化解纠纷促进条例的代表议案作为一号议案。这些经验值得其他地方学习借鉴。一些地方法院积极推进当地的政策出台。安徽省马鞍山市委、市人大分别出台《关于全面推进多元化纠纷解决机制建设的意见》和《关于进一步推进多元化纠纷解决机制建设的决定》，明确党政、司法、社会各界责任，形成“党政司法协力推进、预防化解齐头并进、一院一品错位跟进、互联互通与时俱进”的“马鞍山实践”，促进了多元化纠纷解决机制改革提档升级。

二、认清形势，找准问题，进一步凝聚改革共识

当前，我国处于社会转型期、利益调整期和矛盾凸显期，各项改革进入攻坚期和深水区，案多人少矛盾日趋严重，矛盾纠纷类型、特点、规律也发生了许多新的变化。2016 年，全国法院受理案件 2305. 6 万件，比上年增长 18%，审判工作也面临着“去库存”“降成本”“去短板”三大任务。深化多元化纠纷解决机制改革，将法院大量案件通过诉讼外解纷机制予以分流化解，有利于优化司法资源配置，有利于降低当事人的时间成本和经济成本，有利于提高审判质效。推进多元化纠纷解决机制改革，不仅能够满足人民群众多元化解决纠纷需求，而且体现了纠纷解决机制的与时俱进，有利于进一步推动国家治理体系和治理能力的现代化。多元解纷的“东方经验”也得到世界各国的广泛认同。

从司法实践看，多元化纠纷解决机制改革还存在以下几个方面的问题：一是有的法院领导对改革政策精神的理解不够深入、重视程度不够。从全国范围来说工作发展不平衡、落实进度差别很大。二是部分地方法院争取党委支持力度不够，推进改革的主体意识、责任意识需要进一步强化，责任分工不明确，个别地方还存在消极等待、走一步看一步、与改革举措不同步的现象。三是改革方法有

待改进，推进改革思路仍然停留在工作机制调整层面，缺乏改革方法的系统性、科学性和统筹性。四是措施落实不到位，一体化平台建设还需要加强。有的法院特邀调解名册制度不健全，分流化解纠纷的功能发挥不足。有的法院专职调解人员、调解法官配备不到位。人民调解、行政调解、司法调解之间缺乏有效沟通，行业性或专业性的诉调对接工作规则不完善，存在“对而不接、联而不动、程序空转”现象，诉与非诉之间的衔接不够顺畅，未能实现优势互补。五是配套保障存在“短板”，人员保障缺乏分类和精细化管理，培训力度不够，内部绩效考核评价体系不够科学，物质经费保障不充分，报酬偏低影响调解员工作积极性。

出现这些问题，主要有两个方面的原因：一方面是主观认识不到位，缺乏从政治高度和社会治理的角度认识做好这项改革的重要意义，缺乏从优化司法资源配置满足群众需求出发做好这项工作的紧迫感，缺乏从人民法院长远发展和提升司法公信力方面做好这项工作的责任感。另一方面也是受立法、制度、环境等客观因素的制约。对待改革中出现的问题，我们要进一步增强担当精神、创新精神，应当以改革的思维和方法加以解决，进一步深入领会贯彻落实中央精神。

针对这些问题，各级法院党组要切实负起改革主体责任，凝心聚力、狠抓落实，科学把握改革的内涵和要求，积极主动转变思想、统筹领导、改进方式，确保改革政治方向正确、方案质量过硬、整体工作协调。

第一，提高思想认识，树立深化改革大局观、法治观。习近平总书记指出，要“增强工作预见性，不断创新理念思路、体制机制、方法手段，全面提升防范应对各类风险挑战的水平”①。当前，人民法院要按照中央提出的“四个全面”战略布局和五大发展理念，认真学习和深刻领会习近平总书记最近对政法工作所作的重要指示，在中央坚强领导和各部门大力支持下，从完善中国特色社会治理体系的高度推动多元化纠纷解决机制跨越式发展。通过推动立法和完善政策将多元化纠纷解决机制改革升级为国家治理体系和治理能力现代化的整体战略行动，推进全社会多层次多领域依法治理，提升社会治理的法治化、精细化、智能化、社会化、开放化水平。

第二，找准功能定位，提高法院工作自觉性、主动性。中共中央办公厅、国务院办公厅印发的《关于完善矛盾纠纷多元化解机制的意见》要求，人民法院要发挥司法在矛盾纠纷多元化解机制中的引领、推动和保障作用。这是对人民法院在多元化纠纷解决机制改革中的功能定位。发挥“引领”作用，就是要在矛盾纠纷多元化解的制度设计、平台建设、机制完善、法治宣传等方面发挥引导、指导、规范和示范作用。发挥“推动”作用，就是要通过诉调对接、司法确认、队伍管理、参与立法等途径，让更多的矛盾纠纷解决在非诉解纷渠道。发挥“保障”作用，就是要对非诉讼纠纷解决方式进行全方位、立体式的保障和支持，包括认可调解协议的法律效力、完善调解组织的机构建设、规范调解员行为、提高调解员技能和能力等各个方面。

第三，加强组织领导，增强落实改革责任感、使命感。习近平总书记在2017年2月6日中央深改组第三十二次会议上强调，“党

① 习近平对政法工作作出重要指示，载中国共产党新闻网，http://cpc.people.com.cn/gb/n1/2017/0113/c64094-29019757.html。

政主要负责同志是抓改革的关键”①。这是开展司法改革工作的重要指示，也是我们做好各项改革的重要历史机遇。中央对改革的落实高度重视，而且进一步加大力度，重要的体现就是要求党政主要领导亲自抓改革谋划落实。一是要积极争取地方党委政府的全力支持。要认真落实习近平总书记重要指示精神，把多元化纠纷解决机制改革放在更加突出位置来抓。进一步梳理在组织领导、对接机制、保障制度、管理激励等各方面的困难和问题，集中向当地党委政府汇报，积极争取当地党委、人大和政府出台相关政策文件，构建各种纠纷解决力量积极参与、多元共治、各取所长、各尽其能、科学系统的多元化纠纷解决体系。二是要落实责任、抓出效果。中央文件和最高人民法院的贯彻意见都已经出台，下一步的关键就是各级法院的落实工作。各高级人民法院要按照这次会议精神，尽快拿出本省的落实方案，指导本辖区的改革工作。各高级人民法院主要领导要进一步加强组织领导，建立整体协调、分工明确、各负其责的工作机制。对于重点和难点的问题，主要领导不仅要亲自抓、带头干，还要做到重要改革亲自部署、重大方案亲自把关、关键环节亲自协调、落实情况亲自督察，使改革落到实处。

第四，运用科学方法，注重推进改革统筹性、系统性。进一步深化多元化纠纷解决机制改革，一是要注重统筹性。要将多元化纠纷解决机制改革与推进案件繁简分流、立案登记、专业审判、智慧法院等相关改革举措有机衔接、统筹规划，构建卓有成效的配套与保障措施，不是仅限于多元化纠纷解决领域体制的调整和修补，而是通过各个方面体制与制度的深度革新，实现多元解纷改革机制之

① 习近平主持召开中央全面深化改革领导小组第三十二次会议，载中国政府网，https://www.gov.cn/xinwen/2017-02/06/content_5165887.htm。

间的资源共享与优势互补，重点解决案多人少的矛盾，促进解纷机制全方位改革。二是要注重系统性。各级法院要在改革中注重与党委政府、人大政协、行政机关、仲裁、公证、律师、调解组织、社会团体、专家学者等有关部门和人员的沟通，调动各方积极性。三是要注重协调性。各级法院要结合实际细化落实措施、分解任务，将多元化纠纷解决机制改革指导意见融入立案、审判、执行的各个领域，将多元解纷的理念贯穿在诉调对接中心建设、人民法庭建设、案件管理系统等方面。

三、真抓实干，锐意创新，切实提升多元解纷改革实效

2017 年是司法改革决战之年，改革任务更加紧迫，审判工作任务更加艰巨。只有统筹推进多元化纠纷解决机制，才能做到优化司法资源配置，满足人民群众多元司法需求。各级法院要根据自身工作实际，准确把握改革精神，统筹完善配套机制，扎实推进工作举措，加强总结宣传引导，确保改革取得实效。具体要抓好以下六个方面的工作：

第一，进一步完善平台功能，推动对接平台一体化、便民化。一是完善诉调对接中心建设。配置专门人员，强化工作职责，发挥诉调对接中心诉讼辅导、分流过滤、调解速裁等功能，逐步提高诉至法院纠纷的过滤分流比例。二是推进一体化平台建设。推广浙江杭州余杭区“道路交通事故调处一站式平台”、山东潍坊“诉调对接综合平台”、安徽马鞍山花山区物业“三位一体”解纷平台等成功经验，发挥一体化平台快速便捷有效化解纠纷的作用。三是在诉调对接中心组建调解团队、速裁团队或调解法官工作室。按照“团队化”建设思路，整合诉内、诉外解纷资源，推进诉前调解、繁简分流，提高诉调对接工作效率，实现“先行调解、调裁一体、即调

速裁”。

第二，进一步完善制度建设，促进对接机制规范化、精细化。一是落实特邀调解制度。各级法院要按照《特邀调解规定》的要求，严格特邀调解名册管理，对当事人加强指导，形成区域内调解案件、调解员共享机制。加强对特邀调解的程序管理，细化调解前、调解中以及司法确认、案件移送等具体程序规则，完善案件登记、流转等相关制度。二是发挥诉前引导程序性作用。建立纠纷解决告知程序，通过诉讼成本评估、优化工作流程，引导当事人自愿选择非诉渠道解决纠纷。做好调解与督促程序的衔接，探索民商事纠纷中立评估机制、无争议事实记载机制和无异议调解方案认可机制，鼓励和引导当事人先行协商和解，提高诉前引导吸附力。三是积极探索调解前置程序改革。按照《纠纷解决机制意见》要求，推动有条件的基层法院对家事纠纷、相邻关系、小额债务、消费者权益保护、交通事故、医疗纠纷、物业管理等适宜调解的纠纷开展先行调解试点。借鉴北京法院试点调解前置程序做法，细化程序设计和机制衔接，深入发掘、推介优质调解案例，积极引导当事人选择非诉调解方式。

第三，进一步形成解纷合力，提高社会各方参与度、协同度。各级法院应当结合各自实际，按照“重点突出、分项对接、协调联动、整体推进”的要求，拓展诉调对接平台领域，提高诉调对接专业化程度，提升全方位诉调对接水平，形成社会各界协同参与解纷合力。一是要强化与综治部门的诉调对接，借鉴四川眉山、河南焦作、安徽亳州等地的做法，依托社会治安综合治理平台，将纠纷化解纳入社会综合治理体系，建立矛盾纠纷排查化解联动机制，加强网格化管理、社会化服务、信息化支撑、人财物保障，确保多元化解工作责任落实，有效对矛盾纠纷进行源头治理。二是要积极推动与商事调解组织的诉调对接。推广上海经贸商事调解中心入驻上海市浦东新区人民法院自贸区法庭、安徽省马鞍山市雨山区人民法院设立金融商事调解中心等经验做法，进一步完善具有市场化特点的商事调解规则与对接机制，发挥商事调解组织化解专业纠纷的职业化优势。三是要大力推进类型化纠纷的行业调解对接。高度关注社会矛盾纠纷集中多发领域，在家事纠纷、交通事故、医患纠纷、消费者权益保护、保险、证券期货、知识产权、电子商务等领域推动有关部门成立行业性、专业性调解中心。在法院诉调对接中心设立专业调解室或者在纠纷多发领域派驻调解点，突出地方特色，突出重点领域，突出分类施策，增强法院附设调解的专业性、便民性。四是要进一步加强与律师、仲裁、公证的对接。多元化纠纷解决机制不仅是社会治理水平的重要体现，也是国家经济竞争能力的重要表现，潜力无限，前景无限。我们要充分调动和发挥法律职业人士和专家学者的专业优势，推广上海市第二中级人民法院与上海律师协会、北京市第四中级人民法院与“一带一路”国际商事调解中心的对接做法，设置律师调解室，健全律师调解对接程序和保障机制，研究制定律师调解相关制度规范，大力推行律师调解制度。加强与仲裁机构对接，促进仲裁办案规范化、制度化，发挥仲裁在保障“一带一路”建设、自贸区建设中化解国际贸易纠纷的积极作用。借鉴福建省厦门市思明区人民法院、上海市普陀区人民法院与公证机构对接的做法，积极支持公证机构发挥诉前调解、委托送达、案件调查、协助保全、执行等公证法律服务优势，协助法院化解大量纠纷。

第四，进一步运用科技手段，促进解纷方式的智能化、高效化。在全国高级法院院长会议上，周强院长提出“要深入推进法院信息化建设，加快智慧法院的建设”。今天的在线调解平台启动仪式标志着多元解纷进入信息化的快车道，各试点法院要认真落实最高人民法院印发的《关于在部分法院开展在线调解平台建设试点工作的通知》要求，大胆探索，不断创新。一是要进一步完善在线调解平台功能，保持在线纠纷解决平台建设的先进性。努力将平台打造成集在线调解、在线立案、电子送达等为一体的信息平台，融合裁判规则导引、纠纷案例学习、调解资源整合、诉调对接等功能，为当事人提供更便捷高效的服务，让纠纷解决插上科技的翅膀。二是要逐步完善在线调解机制的制度建设，保障在线调解平台建设的规范性。研究制定在线调解规则，制定在线调解组织和调解员的选聘标准，建立在线调解组织和调解员数据库，加强指导、监督、管理和培训。通过信息互通互联，实现各类调解资源线上跨界融合与共享共用。三是要加强在线调解平台的系统整合，发挥网络平台的最大效应。要加强与在线调解平台运营主体的沟通合作，推进与法院诉讼服务网、案件信息管理系统的深度融合，在确保审判数据信息安全的基础上，实现信息共享共用，方便当事人和调解员选择适当的时间、地点在线上处理纠纷，减少诉累，节约成本，实现纠纷解决的便捷高效。四是要不断开发大数据采集分析和挖掘应用的潜能，实现在线纠纷解决机制的智能化。探索对纠纷解决进行全程管控、数据采集、信息共享、对比分析，为当事人理性选择纠纷解决方式提供合理预期，为化解纠纷和社会治理决策提供依据和参考。最高人民法院将在适当时候对在线调解平台试点工作进行评估，总结经验，加以推广。其他有条件的法院也要认真落实《纠纷解决机制意见》积极参与在线调解试点。

第五，进一步完善配套保障，促进多元解纷职业化、专业化。一是加强特邀调解员管理制度建设。各级法院要按照《特邀调解规定》要求，严格特邀调解组织和特邀调解员名册管理制度，细化特邀调解员行为规范，完善特邀调解员资格认证制度，建立特邀调解组织、调解人员培训制度，提升特邀调解员的职业化、专业化水平，形成特邀调解资源的共享。量化特邀调解员工作，探索采取多种奖励机制，提高其积极性。二是建立以财政支持为主、社会投入为辅的经费保障机制。争取各级政府探索推行职业调解服务的市场化运营方式，建立适应不同解纷组织、不同解纷方式特点的多层次、多样化的经费保障体系。三是充分发挥诉讼费用调节当事人诉讼行为的杠杆作用，借鉴上海法院“统一诉调对接案件收费标准”，引导当事人选择诉前调解。四是完善诉调对接案件管理机制。将诉调对接、指导调解工作纳入法院整体目标管理考核体系。明确立案部门指定专门人员负责管理诉前调解案件，强化与调解组织的沟通对接。将委派调解、委托调解、专职调解、司法确认等指标纳入审判管理系统。积极探索法院诉调对接数据与社会治安综合治理基础数据实现对接，为分析预测矛盾纠纷、风险防控提供参考依据。

第六，进一步加强宣传指导，发挥解纷文化的先进性、特色性。一是总结提炼多元解纷文化的核心价值。如安徽桐城“六尺巷”调解、四川省成都市蒲江县人民法院“五老调解”等既有历史传承，又具地方特色。要继承中国优良调解传统，将多元解纷“东方经验”发扬光大，不断总结提炼价值互补、机制互联、程序互通、共建共享、多方共赢的多元解纷文化。二是加强理论研究，将多元解纷文化融入社会主义核心价值观。要加强与政法院校、科研机构等单位的交流与合作，积极开展理论研究，推动研究成果的转化，充分发挥多元化纠纷解决理论对司法实践的指导作用。要发挥司法政策导向作用，把社会主义核心价值观主动融入纠纷解决过程。发挥司法推动核心价值观的建设作用，通过多元化纠纷解决机制建设，在全社会鼓励引导当事人选择非诉讼程序解决纠纷，提高非诉解纷的社会认同感。三是提升我国纠纷解决机制的国际竞争力和公信力。建立“共建共享”对话沟通协同机制，积极参与国际纠纷解决机制规则的制定，将具有中国特色的和谐文化理念推向世界。积极参与其他国家和地区司法机构、仲裁机构、调解组织的交流与合作，提升我国纠纷解决机制的国际话语权。加强宣传引导和成果展示，让中外当事人自愿选择调解、仲裁等非诉讼方式解决纠纷，为服务“一带一路”建设等作出应有的贡献。

在司法体制改革中不断传承创新“枫桥经验”*

20世纪60年代初，浙江枫桥的干部群众创造了“枫桥经验”，并随着社会的发展不断完善、发展和创新。可以说，“枫桥经验”既是一项具有历史延续性的制度传统，也是一种不断创新发展、充满生机活力的社会治理实践。自诞生以来，“枫桥经验”经历了从调和阶级矛盾、维护社会治安、加强社会管理到创新社会治理的变迁，其内涵也在实践中不断得到丰富和发展。人民法院应当将“枫桥经验”融入司法改革实践，在改革中不断传承创新“枫桥经验”，并将“枫桥经验”与司法改革的结合作为人民法院充分发挥职能作用的内生动力，不断提高司法公信力，满足人民日益增长的美好生活需要，努力让人民群众在每一个司法案件中感受到公平正义。

一、准确把握“枫桥经验”的精神实质

人民法院在司法改革中传承创新“枫桥经验”，首先要深入了解

---

* 根据《传承“枫桥经验”创新司法改革》改编。原文刊载《法律适用》2018年第17期。

“枫桥经验”的发展脉络，并在此基础上准确把握“枫桥经验”的核心内涵和精神实质。

从“枫桥经验”的发展脉络看，大致可以分为诞生（始于 1963 年）、前进（始于 1971 年）、发展（始于 1991 年）、深化（始于 1998 年）四个阶段。

“枫桥经验”发端于社会主义改造时期，起初是一种对敌和平斗争改造的经验，后来发展为处理人民内部矛盾的经验。此后，又转变为社会治安综合治理经验，再从社会治安综合治理经验发展为包括村民自治、基层民主法治建设在内的基层社会治理经验。

20 世纪 60 年代初，在社会主义教育运动中，浙江诸暨枫桥镇干部群众创造了“充分发动和依靠群众，开展说理斗争，没有打人，更没有捕人，就地制服四类分子（地主、富农、反革命分子、坏分子）”的好经验。1963 年，毛泽东同志对于“矛盾不上交，就地解决”① 的“枫桥经验”予以肯定，并且作出批示：要各地仿效，经过试点，推广去做。② 毛泽东同志在同公安部负责人谈话时说，“从诸暨的经验看，群众起来之后，做得并不比你们差，并不比你们弱，你们不要忘记动员群众。”③

“文化大革命”初期，“枫桥经验”曾被认为是“和平改造”的典型、是“放纵包庇敌人”的表现而受到批判。1971 年，在第 15 次全国公安工作会议上“枫桥经验”再次受到肯定。1978 年 4 月起，枫桥地区又在全国率先开展为“四类分子”评审“摘帽”试点

---

① 陈冀平：《努力做好新时代“枫桥经验”理论总结和课题研究工作》，载人民网，http：//opinion. people. com. cn/GB/n1/2018/0215/c1003 –29824816. html。

② 陈冀平：《努力做好新时代“枫桥经验”理论总结和课题研究工作》，载人民网，http：//opinion. people. com. cn/GB/n1/2018/0215/c1003 –29824816. html。

③《一切依靠群众一切为了群众发源地诸暨探秘“枫桥经验”新发展》，载百色政法网，http：//www. baisezfw. gov. cn/show. php？ id =2017。

工作，“枫桥经验”成为正确落实党的政策的工作经验。1979年，出现了“四类分子没有了，还要不要枫桥经验”的质疑，当时的公安部调查组作出了明确的表态：“枫桥经验”依然适用，农村的治安问题依然复杂，依然要依靠群众，实行帮教。

改革开放后，枫桥区干部群众加强社会治安的动态管理和公共管理场所的专业化、网络化管理，创造了融“打、防、教、管”于一体的社会治安综合治理网络，探索出了一条适合当代实际的社会治安综合治理的最佳途径，有效地维护了社会治安，保障了经济的繁荣发展。1990年5月，浙江省公安厅和绍兴市公安局对这一经验进行了总结，形成了调查报告和典型材料。同年9月，中央政法委转发了这个调查报告，并向全国推广。1991年，由于媒体的大量宣传报道，全国范围内再次掀起了学习“枫桥经验”的热潮。“枫桥经验”被视为社会治安综合治理的典范。1998年，经浙江省调研总结和《人民日报》推广介绍，“枫桥经验”被提炼为“党政动手，依靠群众，立足预防，化解矛盾，维护稳定，促进发展”的时代特色经验。“枫桥经验”最为典型的做法是“四前四早工作法”。“四前”即“组织建设走在工作前，预测工作走在预防前，预防工作走在调解前，调解工作走在激化前”。“四早”即“预警在先，苗头问题早消化；教育在先，重点对象早转化；控制在先，敏感问题早防范；调解在先，矛盾纠纷早处理”。此外，还建立了“三联”（组宣联手、镇村联动、工作联考）考核和包村工作向村述职、包村工作由村评议、包村工作与村捆绑考核制度。

2003年，时任浙江省委书记的习近平同志在浙江省纪念毛泽东同志批示“枫桥经验”40周年大会上明确提出，要牢固树立“发展是硬道理、稳定是硬任务”的政治意识，充分珍惜“枫桥经验”，大力推广“枫桥经验”，不断创新“枫桥经验”，切实维护社会稳定。同年，“枫桥经验”中的“矛盾化解五分法”（“家庭琐事不出户、邻里纠纷不出组、小事不出村、大事不出镇、矛盾不上交”）向全国推广。2008 年，“枫桥经验”的内涵又有新发展，逐步形成了村民自治、基层民主法治建设的新经验。

2013 年，习近平总书记就坚持和发展“枫桥经验”作出重要指示强调，各级党委和政府要充分认识“枫桥经验”的重大意义，发扬优良作风，适应时代要求，创新群众工作方法，善于运用法治思维和法治方式解决涉及群众切身利益的矛盾和问题，把“枫桥经验”坚持好、发展好，把党的群众路线坚持好、贯彻好。[①]

2017 年 12 月，中央政法委书记郭声琨在浙江调研时强调，“新时代，要把握好‘枫桥经验’的精髓，传承好‘枫桥经验’，同时，适应社会主要矛盾变化，顺应人民日益增长的美好生活需要，推动‘枫桥经验’与时俱进。”[②] 2018 年的中央政法工作会议提出，要以总结推广新时代“枫桥经验”为契机，提升城乡基层社会治理现代化水平，推动“枫桥经验”由促进乡村治理体系建设向促进城镇、社区治理体系建设延伸。

半个多世纪以来，“枫桥经验”经历了不同的发展阶段，其目标定位不断在发生变化，相应地，工作方法也在不断地进行调整，但是，其核心内涵始终如一，那就是：尊重人民主体地位，发动群众，依靠群众，就地解决矛盾。“枫桥经验”是党的“一切为了群众、一切依靠群众和从群众中来、到群众中去”的群众路线的生动写照。这是“枫桥经验”的核心价值所在，也是“枫桥经验”的精神

---

① 习近平指示强调：把“枫桥经验”坚持好、发展好，载中国政府网，https：//www.gov. cn/guowuyuan/2013 – 10/12/content_ 2585868. htm。

② 《新征程：适应社会主要矛盾变化 打造社会治理新格局》，载搜狐网，https：//www.sohu. com/a/218395252_ 434781。

实质。

“枫桥经验”是基层群众主动参与社会治理和规则制定的鲜活实践，是具有典型意义的中国法治经验，是关于法治中国的生动故事，它为中国特色的法治生成和发展模式提供了鲜活的实践样本，尤其是，它在推动纠纷预防和源头治理、完善矛盾纠纷多元化解机制方面树立了典范。

“枫桥经验”注重在基层治理中狠抓基层党组织建设，重视在党的领导下加强其他社会组织建设；坚持民主、自治原则，建立基层群众自治制度，保障人民当家作主；立足于建设人民满意的服务型政府，构建基层社会公共服务体系。这些做法体现了党的十九大精神，也是全面推进依法治国进程中需要深入挖掘和弘扬的新时代内涵。

当前，司法改革正处在承前启后的关键阶段。最高人民法院将传承创新“枫桥经验”纳入2018年司法改革工作要点，要求各级人民法院大力弘扬“枫桥经验”，不断健全完善多元化纠纷解决机制，推进国家治理、社会治理、群众自治的有机融合，促进调解、仲裁和诉讼等共建共治共享多元解纷格局的效能升级。这不仅是人民法院深化司法体制综合配套改革必须坚持的重要方面，而且是推进国家治理体系和治理能力现代化的重要内容。

二、务实推进司法改革的基本遵循

党的十九大提出，要“深化司法体制综合配套改革，全面落实司法责任制”。人民法院要将“枫桥经验”同司法改革实际相结合，不断传承创新“枫桥经验”，务实推进各项改革举措。具体而言，应当做到以下六个坚持：

一是坚持党的领导、整体统筹，主动将司法改革融入全面深化改革大局。党的领导是中国特色社会主义最本质的特征。坚持党对一切工作的领导，发挥党总揽全局、协调各方的作用，是各项事业取得成功最根本的政治保障。人民法院要自觉把传承创新“枫桥经验”、务实推进司法改革融入全面深化改革工作大局，主动对接党委整体部署，积极争取党委政府支持协作，促进法院各项工作的整体升级和快速发展，切实发挥司法改革服务保障社会经济发展的职能作用。

二是坚持人民中心、群众路线，发挥法院在社会综合治理中的法治引领作用。全心全意为人民服务，是党的根本宗旨。群众路线是党的生命线和根本工作路线。“枫桥经验”是我们党“以人民为中心”发展思想的具体体现，也是党的群众路线在矛盾纠纷化解工作中的灵活运用。人民法院要始终坚持“尊重群众、为了群众、发动群众、依靠群众”的工作思路，尊重基层群众首创精神，积极创新工作指导方式，始终做到便民利民，教育和引导群众自我教育、自我管理、自我服务，在预防和化解社会矛盾中不断迸发出新的活力。各级人民法院要在诉讼服务和诉调对接工作中让人民群众拥有更多参与纠纷解决的选择权，在纠纷解决中真正感受到便利。充分尊重当事人的自主意思表示，支持和引导人民群众理性表达诉求，自愿参加调解、仲裁、诉讼等纠纷解决活动，自主达成和解协议，引导当事人选择最便捷、最适合、最经济的纠纷解决渠道。

三是坚持依法履责、延伸职责，充分实现司法维护社会公平正义的核心职能。执法办案是人民法院工作的第一要务。基层法院在推动社会治理重心下移、实现政府治理和社会调节、居民自治良性互动中具有重要作用。各级法院要始终坚持履行审判职能，大力提升审判质效，充分发挥司法维护社会公平正义“最后一道防线”作用。要依法加强对人民调解的业务指导和技能培训，不断健全诉调对接制度机制，支持社会组织参与纠纷解决。要坚持“不错位、不越位、不缺位”，适度延伸职能，将派出法庭打造成为基层治理“桥头堡”，大力整合基层社会纠纷解决资源，推动矛盾纠纷源头化解，有效改变法院在纠纷解决中的“独舞”局面，推动形成各方力量共同参与纠纷解决的全新格局。

四是坚持系统集成、合作共赢，全面构建多元化、便捷化、法治化的矛盾纠纷预防化解机制。加强社会治理制度建设，必须做到社会协同、公众参与、形成合力，不断提高基层治理的社会化水平。各级法院要深入挖掘各种有利社会条件和文化资源，充分发挥人民法院在纠纷解决体系建设中的引领、推动、保障作用，形成全覆盖、网格化的调解指导体系，将纠纷化解关口前移。大力建设从村（居）调解、行业调解，再到法院特邀调解，最后由诉讼终局裁判的纠纷解决体系，实现“分层递进、多级过滤、稳妥有序、合作共赢”，确保矛盾就地化解，发挥司法在纠纷解决体系中的“压舱石”作用。

五是坚持价值引导、德润人心，将社会主义核心价值观融入司法改革实践。各级人民法院要充分认识到社会文化和价值观念在纠纷解决中不可替代的巨大作用，积极引导乡贤、族老将急公好义、回馈乡里的优秀品质，转化为化解群众矛盾、做群众工作的巨大热情。要大力支持群众自治组织开展工作，有效实现法治与德治、德治与自治、自治与共治的有机统一，为公正司法奠定良好的法治文化基础。

六是坚持理论引领、科技助推，打造新时代的“枫桥经验”。现代化的纠纷解决，必须有现代化的理论基础和现代化的科技支撑。人民法院要积极同科研机构建立联系，通过邀请学者访问调研、设置课题研究项目、召开理论研讨会、出版专题论著等多种形式，为人民法院传承创新“枫桥经验”提供理论支持。要大力推进信息化和“智慧法院”建设，创新网络便民利民工作机制，提升在线调解质效，不断提升人民法院工作智能化水平，推动“枫桥经验”在新时代焕发新风采。

三、健全完善多元化纠纷解决机制

中央全面深化改革领导小组召开的会议多次强调，改革要坚持问题导向，奔着问题去，跟着问题走，哪里出现新问题，改革就跟进到哪里，改革是奔着问题去的，要解决问题就要针锋相对，提出的措施要有针对性。当前，我国纠纷解决体系建设的主要矛盾，已经转化为人民群众日益增长的多元解纷需求和多元解纷渠道发展不平衡、不充分之间的矛盾，具体表现为诉讼渠道不断扩大完善和社会解纷力量发展不平衡、不充分之间的矛盾。

我国社会主要矛盾的性质，决定了必须通过建立完善多元化纠纷解决体系，促进社会自我消化矛盾纠纷，有效维护社会和谐稳定；我国纠纷解决体系建设主要矛盾的实际状况，决定了人民法院要切实发挥在多元化纠纷解决机制中的引领、推动、保障作用，积极构建制度机制平台，引导当事人自主解决纠纷，培育社会自愈能力，有效防范和化解各类风险。

当前矛盾纠纷多元化解机制建设还面临着一些困难，主要表现在社会纠纷解决力量发育相对缓慢、社会组织经费保障体制不完善、非诉渠道分流案件作用发挥不够等方面。为此，我们应当坚持问题导向，从“枫桥经验”中充分汲取改革的智慧和力量，不断提高非诉讼纠纷解决方式的社会认同感，形成简单纠纷化解在诉讼前端，法院在后端集中审理疑难、复杂、新类型案件，人民法院发挥适用规则、明确规则、创制规则职能的新格局。

“枫桥经验”是人民群众在解决各种矛盾纠纷、实现自我管理的过程中创造性智慧的结晶，它在解决矛盾纠纷方面形成了一整套行之有效的做法。如建立“党委抓总、部门协同、镇村联动”的工作机制，以形成工作合力；建立纠纷案件移送、重大疑难纠纷联调、综治工作统计月报等工作制度；重视调解，除建立村组、片区、镇三级调解组织外，还充分发动各种社会力量参与调解，从调解比例来看，社会力量调解占75%左右，司法所、人民调解委员会调解占15%左右，派出所、法庭调解仅占5%左右；在调解方式上，主动体贴民情，注重说服感化，灵活采用多种方式；对于调解，还提出了一系列具体要求，如“六个优先”（容易激化的纠纷优先调处，经济纠纷优先调处，“三养”纠纷优先调处，有倾向性、牵连性的纠纷优先调处，影响生产的纠纷优先调处）、“四个统一”（调解干部调解纠纷时认识要统一，调解纠纷程序要统一，法律政策依据要统一，处理方案要统一）、“六个用心”（倾听当事人陈述要专心，调查取证要细心，开展疏导要耐心，调处纠纷要诚心，下达结论要公心，遇到反复要有恒心）和“四快工作法”（矛盾纠纷及时受理，取证调查及时到位，组织调解及时有效，案件办毕及时报结）等。

枫桥法庭在司法实践中还形成了“三前调解法”“四环指导法”“调解劝导制度”。“三前调解法”是指诉前调解、庭前调解、判前调解，尽量使纠纷调解在成讼前、开庭前和宣判前进行，配套建立了法律指导员制度、纠纷告诉引导制度、特邀陪审、旁听制度以及案件结果反馈制度。“四环指导法”是指诉前环节普遍指导、诉时环节跟踪指导、诉中环节个别指导、诉后环节案例指导。通过“四环指导法”，强化了“依法调解”原则，并且实现了审判与调解的有机结合。“调解劝导制度”是指法庭在受理案件之前，为当事人提供一份“调解劝导书”，以亲切平和的方式说明调解与诉讼的利弊，劝导当事人理性选择解纷方式。该制度体现了司法为民的理念，有利于整合法律资源，更好地服务于当事人。

"枫桥经验"作为化解基层社会矛盾纠纷的经典样板，为人民法院进一步健全完善多元化纠纷解决机制提供了诸多有益的启示。

一是努力推进矛盾前端治理，鼓励引导当事人更多选择非诉讼方式化解矛盾纠纷。将纠纷解决从后端诉讼向前端矛盾化解推移，促进社会治理模式由"消极安全"向"积极安全"转变，是社会治理转型升级的一个重要表现。各级人民法院要挖掘利用海量案件资源，提供面向各类诉讼需求的相似案例推送、诉讼风险分析、诉讼结果预判、诉前调解建议等服务，积极引导当事人自愿选择调解、仲裁等适当的非诉讼纠纷解决方式，促进矛盾纠纷有效分流、多元化解。

二是注重依靠各方力量系统推进矛盾纠纷多元化解。多元化纠纷解决机制绝不是靠人民法院单兵突进能够实现的，人民法院要注重与党政、人大、仲裁、公证、调解组织、社会团体等有关部门的沟通，加强与行政机关、仲裁机构、人民调解组织、商事调解组织、行政调解组织的对接，完善调解、仲裁、行政裁决、行政复议与诉讼的有机衔接，调动各方积极性，构建共建共治共享的社会治理格局。

三是建立调解前置程序，加大矛盾纠纷诉前分流力度。要注重发挥地方积极性，推动有条件的基层法院开展家事、相邻关系、小额债务、消费者权益保护、交通事故、医疗纠纷、物业管理等适宜调解的纠纷调解前置程序的试点工作，促进矛盾纠纷的诉前分流。

四是充分发挥人民法院在多元纠纷化解中的指导和保障作用。一方面，人民法院可以通过法律咨询、业务培训、实地指导等方式，加强对调解等工作的法律指导，切实做到法律指导工作经常化和制度化，促进非诉解决机制整体质效的提高。另一方面，由于诉讼是解决纠纷的最终手段，人民法院要严格遵循证据裁判原则，依法公正处理诉讼案件，发挥司法裁判的定分止争和价值引领作用，弘扬社会主义核心价值观，切实维护当事人合法权益，促进社会和谐稳定。

五是注重多元化纠纷解决机制与其他机制的衔接配合。将多元化纠纷解决机制改革与推进案件繁简分流机制、立案登记制、专业化审判、智慧法院建设等相关改革举措有机衔接、统筹规划，形成纠纷层层分流过滤机制，完善卓有成效的配套与保障措施，促进改革举措之间更加协调、形成合力。

四、推进国家治理、社会治理、群众自治有机融合

“枫桥经验”体现了国家治理、社会治理、群众自治的有机融合，昭示着中国特色社会主义法治道路。“枫桥经验”由人民创造，体现了人民群众的集体智慧，是基层群众自治的典型样态；同时，它顺应了时代的要求，顺应了国家治理的需要，体现了“以人为本”“和谐社会”“稳定与发展”等理念，并得到了中央的支持和推广。“枫桥经验”强调“群防群治”“齐抓共管”，动员起最广大的部门、干部和群众，深入渗透到社会治理的各个环节；在多元治理格局中，“枫桥经验”要求领导干部起带头和表率作用，并建立了工作例会制度、情况通报制度、首办责任人制度、维稳工作考核制度等日常工作机制。

“枫桥经验”既体现了自下而上的参与和多元特色，也包含了自上而下的各种动员、指导和教化方式。在国家治理、政府治理与社会治理互动的过程中，形成了某种沟通协调机制，政府的经验可能转化为群众的经验，国家的资源可能发展成社会的力量，立法的局限在法律实践中得到弥补，司法功能的有限性被凸显出来，司法的

权威性则通过综合方式得到有效捍卫。

“枫桥经验”是一种具有生命力的治理实践，它尊重当地群众争取自身合法权益的各种选择，着眼于法治建设的本土传统与现代制度文化的内在统一，通过在不同的社会治理方式之间保持多元化、理性化的内在张力，塑造具有中国特色社会主义法治传统和地方性法治经验。

人民法院在推进司法改革中，应当贯彻“枫桥经验”所蕴含的多元共治理念，并处理好国家治理、社会治理、群众自治之间的关系。

一是通过司法改革推进国家治理体系和治理能力现代化。党的十九大报告指出，“全面深化改革总目标是完善和发展中国特色社会主义制度、推进国家治理体系和治理能力现代化。”习近平总书记指出，“深化司法体制改革，建设公正高效权威的社会主义司法制度，是推进国家治理体系和治理能力现代化的重要举措。”① 司法改革促使司法更加公正、高效和权威，增强了人民群众的获得感，是完善中国特色社会主义法治体系的内在要求。

二是促进各种社会力量在矛盾纠纷化解中发挥更大的作用。当前，民间组织、行业组织、专业组织、行业协会、商会等社会组织成立专门机构参与纠纷解决存在法律障碍，社会组织经费保障体制不完善，律师和社会公众对非诉纠纷解决机制的参与度不足，这些困难导致非诉渠道分流案件作用发挥不够。为此，人民法院应当重视主动培育社会力量的解纷能力，在法律制度和工作机制上为社会力量参与纠纷解决创造良好条件。如积极推动修订完善社会组织登

---

① 中共中央文献研究室编：《习近平关于协调推进“四个全面”战略布局论述摘编》，中央文献出版社 2015 年版，第 118 页。

记管理法规，规范商事调解收费标准，鼓励民间解纷力量更多参与社会治理；推动各级政府通过购买社会服务方式，将调解等多元解纷服务纳入政府采购目录，促进民间解纷力量发展；大力支持和鼓励发展行业调解、商事调解、专业调解，加强人民调解专业性、行业性建设，加大对调解的专项经费支持力度，推动构建“人民调解和行政调解国家保障，行业调解协会支持，商事调解市场运作”的经费保障模式；建立完善调解培训机制，推动建立专业化、职业化调解员资质认证制度，加强调解员职业道德建设，完善调解员职业水平评价体系和绩效考评体系；等等。

三是推动自治、法治与德治有机结合。要切实保障人民群众有序参与和监督司法的权利，当前全国人民陪审员总数 22 万人左右，较 2013 年翻一番，5 年来参审案件 1295.7 万件，要在此基础上认真贯彻《人民陪审员法》，不断完善中国特色的人民陪审员制度。要通过社会调查员、合适成年人等制度，在家事案件、未成年人案件等案件中，加大人民群众对司法活动的参与。要深化司法公开，完善司法与媒体的良性互动机制，以阳光司法增进全社会对司法的信赖，让司法裁判成为“活起来的法律”，真正成为人们的行为准则和生活规范。要在裁判文书释法说理中，注意法理情相融合，以法为据、以理服人、以情感人，追求法律效果与社会效果相统一，让法治与德治相得益彰。要适度延伸司法职能，充分发挥基层法院、派出法庭引领推动保障作用，推动基于“情理法”的调解与基于“法理情”的诉讼良性互动，不断优化乡村社会治理结构，为乡村振兴战略顺利实施提供有力保障。

五、促进共建共治共享社会治理格局效能升级

“枫桥经验”是一个综合的、开放的体系，总体上经历了从政策

到制度、从运动到组织、从管理到治理的变迁。其中既包括传统的治理方式，如动员、开会、宣传、汇报等，也包括现代的治理方式，如建立具体细致的行业规范、强调数字化的管理、接受公开的制约和监督等。“枫桥经验”历经半个多世纪经久不衰，就是因为其中贯穿着与时俱进的创新精神。在中国特色社会主义新时代，“枫桥经验”面临着转型升级问题，这种转型升级应当以优化共建共治共享的社会治理格局为改革目标，以法治化、智能化、专业化为主要特征。

法治化是现代社会治理的基本原则，也是一个成熟社会的基本标志；智能化是社会治理的技术创新，是有效提高社会治理效率和精准度的必然要求；专业化是现代社会治理的内在规律，随着社会分工越来越细，社会治理必然朝着专业化方向迈进。社会治理从传统治理向现代治理转型，必然要推进社会治理方式的法治化、智能化和专业化。人民法院在推进司法改革中，应当以“枫桥经验”为引领，大力推动法治化、智能化、专业化，促进共建共治共享社会治理格局实现效能升级。

在法治化方面，人民法院要积极推动多元化纠纷解决机制的立法进程。近年来，一些条件成熟的地方着手推进本地多元化纠纷解决机制的综合性立法和单项立法，已取得初步成果。如厦门、山东、黑龙江、福建等地已经出台了多元化纠纷解决机制地方立法，带动和推进了其他省市积极开展多元化纠纷解决机制立法工作；四川、安徽、吉林等省多元化纠纷解决机制建设的立法工作也在稳步推进。这为推动全国性综合立法奠定了良好基础。下一步，应当深入调研地方立法实践的有益探索，总结提炼各地立法经验，支持和鼓励更多地方通过地方立法开展探索和试点，提升矛盾纠纷多元化解法治水平；根据改革推进落实情况和司法实践对现行有关法律作出适当修改完善，为矛盾纠纷多元化解机制建设提供有力法律保障，推动多元化纠纷解决机制立法纳入全国人大立法规划；在条件成熟时向全国人大提出立法建议草案，整合单行法律中相关内容，通过集各地、各方成功经验之大成的综合性全国性法律，将社会治理“从政治走向法治、从党的政策走向正当法律程序、从群众运动走向民间治理”。

在智能化方面，人民法院要牢牢掌握人工智能时代推进司法改革工作的主动权。最高人民法院已于2016年10月开展在线调解平台试点，进行初步探索，取得了阶段性成效。截至2018年7月20日，全国共有1008家法院接入在线调解平台，共有人民调解员、特邀调解员、律师调解员、行业调解员、商事调解员等在内的13,781名调解员，人民调解委员会、行业协会调解中心、商事调解中心、心理咨询机构、仲裁机构、律师事务所等12,908家调解组织入驻在线调解平台，在线调解平台共调解案件19,312件。各级人民法院应当顺应现代科技发展趋势，在基础数据与终端平台、人工智能与司法经验、现代科技与诉讼程序、算法规则与法治公义四个方面，深入推进科学技术、社会治理和司法改革的深度融合，打造“互联网+社会治理”新模式。

在专业化方面，人民法院要不断夯实各项工作基础。要细化落实中央关于加强法官队伍正规化、专业化、职业化建设的各项要求，不断完善司法人事管理制度机制，全面提升司法队伍政治素质和业务能力。要在人员、资金、软硬件建设等投入上向基层一线倾斜，改善基层法院、派出法庭的人员结构和物质装备条件，使之能够有效应对现代社会矛盾日益复杂化、新颖化的挑战。要积极培育高素质、专业化的社会工作人才队伍，在医疗纠纷、道路交通、劳动争议、物业纠纷等领域建设专业性调解组织，大力完善律师调解制度，加强社会心理服务，建立第三方中立评估机制等，提高社会力量参与化解矛盾纠纷实效。

“好风凭借力，送我上青云”。今年恰逢改革开放40周年，“枫桥经验”也迎来了新的历史发展机遇。人民法院要以习近平新时代中国特色社会主义思想为指导，秉持敢想敢干、开拓进取的改革精神，在司法改革实践中传承创新“枫桥经验”，探索在全国法院复制推广新时代“枫桥经验”的有效形式，推动司法体制综合配套改革和社会治理制度建设不断取得新进展。

探索完善先行调解机制*

完善先行调解机制改革座谈会的主题是认真学习贯彻习近平总书记在中央全面依法治国委员会第一次会议上的讲话精神，从法院工作实际出发传承创新“枫桥经验”，进一步深化司法体制综合配套改革，研讨如何完善先行调解机制，加快构建立体化、多元化、精细化的纠纷解决体系。

一、深刻认识完善先行调解机制的重要意义

完善先行调解机制，是多元化纠纷解决机制建设的重要内容，是传承创新“枫桥经验”的重要举措，通过发挥特邀调解制度作用，做好矛盾纠纷源头预防和化解工作，共同促进形成共建共治共享的社会治理格局。

一是精准推进改革，落实司法体制综合配套改革。根据中央全面依法治国委员会2018年工作要点，最高人民法院牵头负责的工作任务清单明确了7项改革任务，其中第7项是“加快构建立体化、多元化、精细化的矛盾纠纷解决体系，推进案件繁简分流”。中共中

* 根据2018年11月2日在完善先行调解机制改革座谈会上的讲话稿改编。

央政治局委员、中央政法委书记郭声琨在今年中央政法工作会和全面深化司法体制改革推进会上两次提出“开展调解前置程序改革试点”的要求。最高人民法院司改办今年作了大量前期调研论证工作，考虑到调解前置程序改革涉及法律授权，按照中央全面依法治国委员会职责分工，由司法部牵头推进。人民法院则从进一步完善先行调解机制出发，发挥委派调解延伸性和递进性功能作用，通过一项小的机制改革，进一步激活和释放多元化纠纷解决机制的正能量，通过确立规则引导矛盾纠纷在诉讼程序外解决，建立和完善纠纷层层分流、有序解决、源头化解的良性运行机制，为开展调解前置程序改革提供实践经验，是落实中央司法体制改革要求的具体措施。

二是以人民为中心，满足群众多元化解纠纷的需求。党的十八大以来，人民法院在贯彻落实中央部署司法改革任务中，始终以人民为中心，坚持公正高效、便民利民、良法善治、依法稳妥的改革主导思想。人民群众在追求纠纷处理结果公正的同时，对纠纷解决提出了多元、便捷、高效等新的要求。根据《关于完善矛盾纠纷多元化解机制的意见》，2016 年，最高人民法院制定了《关于人民法院进一步深化多元化纠纷解决机制改革的意见》和《关于人民法院特邀调解的规定》，提出探索建立调解前置程序和“对适宜调解的纠纷，登记立案前，人民法院可以经当事人同意委派给特邀调解组织或者特邀调解员进行调解”。各地法院结合工作实际，积极探索“调解前置程序”改革，通过整合调解资源、贯彻先行调解理念，将调解程序与诉调对接、立案登记等各环节工作有机结合起来，统筹推进，通过机制创新，让更多矛盾纠纷在诉讼外得以解决，减少当事人纠纷解决的时间成本、经济成本和司法成本，使人民群众通过这项改革体会到更多的获得感。

三是以问题为导向，通过实践探索总结改革经验。立案登记制改革以来，法院案件呈现逐年增长态势，案件数量增长导致法院审判资源紧张、审理期限拉长，案件积压、审判精细化不够、当事人诉权实现迟缓等问题。为将一般性矛盾纠纷化解在前端，化解在基层，让人民法院发挥好维护社会公平正义“最后一道防线”的作用，各级法院主动争取当地党委、政法委、综治部门及政府相关部门支持，积极拓宽纠纷解决渠道，构建集人民调解、行业调解、行政调解、律师调解、法官调解于一体的立体化多元调解工作格局。例如，北京、山东等地将多元化解工作纳入综治平安考核，建立信息沟通、情报预警、会商研判、请示报告、督办指导等一系列重大敏感案件诉前化解机制。这些实践经验做法既符合社会治理规律，也是建设法治国家、法治社会的必然要求。

我们在推进先行调解机制建设取得经验的同时，也面临一些困难和问题。调解并非法定的前置程序，法律对纳入调解的案件类型没有严格限定，调解前置程序缺乏法律支撑；非诉调解与公证、仲裁、诉讼相比，调解组织的公信力有待提高，调解人员的专业能力差异明显，调解程序松散不规范，调解队伍及经费保障的支持力度有待加强，考核激励机制有待完善，法律对调解协议的司法确认案件范围有待扩大，诉讼费的杠杆作用还没有充分发挥等。这些问题都有待我们在推进多元化纠纷解决机制改革中予以逐步解决。

二、完善先行调解机制的几点要求

通过调研论证，最高人民法院根据现有法律规定，从传承创新“枫桥经验”出发，最大限度将各类纠纷防范在源头、化解在基层，完善委派调解机制，做好特定类型案件先行调解工作。

一是以完善委派调解机制为抓手，提升纠纷解决体系的立体化水平。第一，建立立体化工作格局。人民法院积极争取党委政府大力支持，形成“党委领导、政府主导、社会参与、多元并举、法治保障”的工作格局，将委派调解工作纳入司法统计系统，纳入绩效评价系统，将软指标变为硬任务，有力推动齐抓共管、多元共治的新格局。第二，形成立体化治理体系。要贯通融合社会治理中的自治、法治、德治方式，坚持自治为基础、法治为保障、德治为先导，通过委派调解方式，将矛盾纠纷在诉前化解、和解、调解。第三，形成立体化制度机制。准确界定委派调解案件的内涵与外延，进一步完善委派调解程序制度和管理流程，发挥委派调解制度作用，通过调动全社会力量参与矛盾纠纷源头预防、源头化解工作的积极性。同时，要处理好与立案后分调裁机制的衔接。

二是调动社会力量，提升纠纷解决体系的多元化水平。第一，实现部门参与多元化。多元化纠纷解决机制改革是一个系统工程，需要党委、综治、政府部门、司法机关、调解组织、仲裁机构、社会团体和民众等诸多主体的共同参与、共治共建共享。第二，实现调解主体多元化。深化多元化纠纷解决机制改革，就是要传承创新“枫桥经验”，发挥人民调解、行政调解、司法调解、行业性专业性调解等各类调解主体优势，将多元化纠纷解决机制改革放到整个社会治理的大体系中谋划。第三，实现平台建设多元化。不是仅限于多元化纠纷解决机制的调整和修补，而是将多元解纷的理念贯穿在社会综合治理当中，通过顶层设计和深度革新，实现多元解纷机制之间的资源共享与优势互补，与司法领域、行政领域、经济领域等诸多改革项目结合起来。

三是完善配套措施，提升纠纷解决体系的精细化水平。第一，组织管理精细化。加强调解组织机构的专业化、规范化建设，积极参与调解从业人员资格认证管理、组织培训，制定调解程序规范和调解员行为准则，提高调解员的业务素质和职业道德，积极培育具有国际声誉的商事调解组织。第二，诉调对接精细化。将到法院准备提请诉讼的纠纷进行“登记”。同时，加强流程管理，完善立案与调解、调解与速裁、速裁与普通程序的衔接机制，促进纠纷便捷、高效、稳妥、实质化解。促进先行调解程序科学化、规范化、便捷化、高效化。第三，信息应用精细化。充分利用最高人民法院“人民法院调解平台”，不断完善网上立案、网上查询、在线调解、在线确认等机制，整合现有立案、分流和多元调解等系统，为当事人提供智能化、全方位、人性化的司法服务。要完善在线调解系统，提高在线调解平台使用率。要在“道交一体化”改革试点基础上，继续探索适合一体化解决的在线纠纷解决平台。第四，经费保障精细化。明确经费保障标准，使调解经费补贴更具有操作性，进一步确保调解队伍的稳定性。探索建立合理的调解收费机制。建立费用调节机制，综合参考诉讼费交纳办法、仲裁收费标准、公证收费标准，设立一个合理且极具性价比的调解收费标准，由物价部门核定后执行。推动诉讼费用交纳办法，制定灵活的调解费用分担规则，发挥诉讼费的杠杆作用。

四是依法稳妥推进改革，提高纠纷解决体系的法治化水平。第一，依法完善委派调解机制。严格遵循调解自愿原则，充分尊重当事人的选择权。遵循司法规律，在法治框架下满足人民群众化解纠纷的多元需求，为当事人提供更多的、更适宜的纠纷解决方式。第二，推动扩大司法确认范围。进一步推进扩大司法确认程序适用范围改革，将经过权威专业的调解组织或调解机构调解达成的协议均纳入申请司法确认范围，进一步完善司法确认的流程管理。第三，加强宣传引导。通过在诉讼服务中心设立诉讼辅导室，建立诉讼辅导工作机制，引导当事人对其诉讼风险作出理性、合理的判断和预测，引导当事人选择非诉讼纠纷解决途径化解纠纷。要加强中国特色纠纷解决机制理论研究，为改革提供充足的理论支持。

为优化法治营商环境提供有力司法服务和保障*

非常高兴能以在线方式参加第三届清华大学世界法治论坛。论坛汇聚世界各国法治精英，围绕“营商环境和法治建设”这一主题，共同交流、集思广益、共谋发展，此次论坛必将形成丰硕成果，对深化法治建设和优化营商环境产生重大而深远的影响。

优化营商环境是我国全面深化改革开放、完善市场法治建设、提升竞争力、增强市场活力、稳定社会预期的重大举措。习近平总书记多次强调，要“营造稳定公平透明、可预期的营商环境，加快建设开放型经济新体制，推动我国经济持续健康发展”。① 近年来，以习近平同志为核心的党中央对优化营商环境工作高度重视，经过持续努力，我国营商环境明显改善，国际排名显著提升。在世界银行发布的《全球营商环境报告》中，中国全球营商便利度排名从2018年的第78位大幅跃升至2020年的第31位，连续两年跻身全球

* 根据2020年10月16日在第三届清华大学世界法治论坛上的致辞稿改编。

① 《十八大以来治国理政新成就》编写组编：《十八大以来治国理政新成就》，人民出版社2017年版，第930页。

营商环境改善最大的十大经济体。今年 7 月，世界银行发布专题报告，向全球集中介绍中国优化营商环境的工作举措和改革成效，表明我国优化环境的改革实践得到国际社会高度认可。今年 1 月，国务院印发的《优化营商环境条例》正式实施，各地广泛开展国内营商环境评价工作，优化营商环境的广度与深度进一步拓展，标志着具有中国特色的营商环境评价体系有效建立，立足中国国情、符合中国实际的营商环境评价制度正在不断构建完善。营造良好的营商环境，其中一项重要内容就是提升市场法治化水平，让法治更好地规范、引导、服务、保障市场经济健康有序发展。可以说，建设现代化经济体系和开放型经济新体制，比以往任何一个时期都更加需要法治化营商环境。

最高人民法院高度重视优化营商环境工作，立足审判职能，以改革为动力，积极参与优化营商环境工作，努力将产权、要素、交易、企业竞争和退出等内容纳入法治轨道，推动建立对接国际市场的法治化营商环境。

第一，对标国际国内指标，全面深化提升司法质效改革举措。世界银行对营商环境便利度的评价标准包含 10 个领域，涉及数百项指标。其中，直接评价司法质效的指标占 20%，分别是“执行合同”和“办理破产”；与审判工作紧密相关的占 20%，分别是“获得信贷”和“保护中小投资者”。我们积极对标指标体系，着力在司法制度和诉讼程序等诸多方面推出一系列重点举措，补强失分项，巩固得分项，不断提升营商环境法治化水平。同时，我们研究建立了既符合我国国情和司法规律、又接轨国际标准的“法院版”营商环境指标体系和大数据评价系统，逐步在全国法院推行，指导各级法院结合本地实际推出有针对性的改革举措，推动涉及司法质效的各项指标全面提升。从 2018 年起，我国在“执行合同”领域的全球排名稳定在全球第五，“司法程序质量”二级指标连续两年排名全球第一，被评为这一领域的“全球最佳实践者”。

第二，加强规范指导，完善优化营商环境相关司法解释及司法政策。近年来，最高人民法院围绕营造稳定公平透明、可预期的营商环境，先后出台《关于充分发挥审判职能作用切实加强产权司法保护的意见》《关于为改善营商环境提供司法保障的若干意见》《关于严格规范民商事案件延长审限和延期开庭问题的规定》《关于适用〈中华人民共和国企业破产法〉若干问题的规定（三）》等规范性文件，指导各级法院充分发挥审判职能作用，完善审判流程机制，全面提升审判质量与效率，依法保护产权和企业家权益，为优化营商环境提供了有力的司法保障。

第三，发挥审判职能，服务保障营商环境建设大局。人民法院立足审判职能，精准把握司法工作与营商发展的结合点，助力经济高质量发展。一是加大产权保护力度，严格区分经济纠纷与刑事犯罪，公正高效审理各类涉产权案件，让“有恒产者有恒心”。二是加强知识产权保护，在北京、上海、广州设立知识产权法院，在南京等 15 个城市设立知识产权法庭，集中管辖知识产权案件，审理了一批引发广泛关注的涉外知识产权案件。三是加强破产审判工作，健全市场主体救治和退出机制，完善破产重整、和解、“执转破”等制度，依法处置“僵尸企业”，促进有价值的危困企业再生，服务保障供给侧结构性改革。2019 年 1 月，在深圳成立全国首家独立运作的破产法庭，全面加强破产审判专业化机制建设。今年 8 月，深圳市出台全国首个个人破产条例，对健全个人破产制度将产生重大影响。四是建立金融专门化审判体系。2018 年 8 月，我们在上海成立全国首家金融法院，集中管辖上海市的金融案件，努力提高金融审判质效，有效防范和化解金融风险，助力打造国际金融中心。

第四，深化智能应用，着力构建信息化智能化的法治营商环境。自2017年以来，我们先后在杭州、北京、广州设立互联网法院，集中管辖互联网金融、合同、知识产权、行政等案件，充分利用信息技术手段，探索全流程在线审理机制，完善在线诉讼规则，探索互联网案件审判规律，为网络营商空间司法治理提供中国方案。今年9月23日，最高人民法院召开“互联网法院工作座谈会”，明确互联网法院将更加注重输出网络空间治理裁判规则，得到科技界、理论界和互联网企业界的普遍认可。

在互联网、大数据、云计算、AI、5G等信息技术蓬勃发展的背景下，我们以信息化手段创新完善诉讼服务机制，积极加强电子诉讼平台建设，积极完善随机自动分案制度，积极推进电子卷宗随案生成和深度应用，积极提升智能辅助办案水平，不断优化诉讼服务效能，努力通过数字化、网络化、智能化司法助力营造法治营商环境。

当前，我国仍然处于转变发展方式、优化经济结构、转换增长动力的关键时期，结构性、体制性、周期性问题相互交织，“三期叠加”影响持续深化，加上新冠肺炎疫情冲击，经济运行面临较大压力，国际环境日趋复杂，优化营商环境面临的困难和挑战更多。在今后的工作中，人民法院将一如既往地发挥审判执行职能作用，促进市场竞争环境更加公平高效透明，全面提升我国法治竞争力，不断提高营商环境的法治化、国际化、便利化水平。

夯实营商环境的法治基础，不仅需要完善的法律体系和全面的司法保障，还需要社会各界的共同努力。在此提三点建议：

第一，广泛凝聚合作共识。本次论坛设置了“营商环境和民商法的发展”“营商环境和司法的发展”“营商环境和跨境投资”等议题。希望大家以此次论坛为契机，秉持共商共建共享原则，准确把握营商环境法治化进程，广泛凝聚共识，推动优化营商环境工作开创新局面、再上新台阶。

第二，持续加强经验交流。各国立足本国国情，在优化营商环境方面，探索一系列行之有效的举措，取得很好的工作成效。这些举措虽然各具本国特色，但在基本原理和思路上有很多值得他国学习借鉴的地方。希望大家全面分享各自成功经验，坦诚交流、互通有无、启迪智慧，共同推动全球营商环境进一步优化。

第三，不断深化实务合作。改革举措是否转化为法律法规、规范性文件，能否通过制度激发活力，是世界银行评估法治营商环境的重要考虑因素。人民法院将进一步加强院校合作和国际交流，创新合作交流模式，加强理论研究论证，对还不适应法治营商环境建设需要的内容，修改完善相关司法解释、司法政策，适时提出修法建议，推动完善制度机制。

八、建言献策助推法治新发展

2018 年 3 月，我当选为政协第十三届全国委员会委员、常委，至 2023 年 3 月卸任。五年来，我认真履行政协委员参政议政职责，提出六件政协提案，内容涵盖法官履职保障、个人信息保护、疫苗法律制度完善、互联网法院法律地位、诉讼收费制度改革、新就业形态用工制度完善等方面，为助力法治中国建设建言献策。

关于加快推进法官履职保障有关立法的提案（2018）

近年来阻挠、妨碍法院正常审判执行工作，针对法官及其近亲属的威胁、侮辱、骚扰和暴力侵害事件增多，马彩云、傅明生、陆川等法官遇害事件，表明在法官权益保障立法、机制、配套等方面急需完善。正因如此，2016 年 7 月，中共中央办公厅、国务院办公厅印发《保护司法人员依法履行法定职责规定》。2017 年 2 月，最高人民法院发布人民法院落实该规定的实施办法，中央对司法人员履职保障高度重视，有力推动在全社会形成尊重裁判、维护权威的良好氛围。近年来，关注法官履职保障的建议提案明显增多，已经成为两会司改热议话题，越来越受到全社会的关注和重视。

一、为什么要加快推进法官履职保障有关立法

（一）加强法官履职保障意义重大

第一，是确保司法公正的现实需求。要追求裁判过程公平、结果公正，必须确保法官办案时远离案外其他因素的不当侵扰，包括“打招呼”“批条子”，以行政指令方式要求法院法官从事法定职责

外事务等。

第二，是提升司法权威的必要条件。法官履职行为的权威是司法权威、法治权威最生动的体现。如果履职安全缺乏保障、裁判得不到有效执行，司法就无法发挥定分止争作用，法律形同虚设，社会必然失序。

第三，是完善法治体系的题中之义。只有确保人民法院依法独立公正行使审判权，构建充分、严密、周到的法官履职保障机制，公正司法才能真正成为中国特色社会主义法治体系最重要的保障支撑。

（二）加快推进法官履职保障立法非常必要

首先，长期以来，法官履职保障主要停留在政策层面，现行《法官法》虽有规定，但过于原则、分散，细化落实规定不够，操作性不强。通过有关立法，整合履职保障规范，可形成既有长效制度机，又有完备配套举措的履职保障体系。

其次，虽然最高人民法院文件比较具体，有利于落实“两办”规定，[①] 但效力不够。例如，不安排法官职责外事务、法官人身保护、法官职业和人格尊重等均有待相关部门支持。只有通过立法，才能提高效力层次，赋予这些保障措施以系统效力、强制力、权威性，推动各部门、全社会达成共识。

二、关于制定法官履职保障专门立法的建议构想

（一）总体原则

一是注意整合现行《法官法》相关条款，吸收借鉴有关改革成

① “两办”规定指，中共中央办公厅、国务院办公厅印发《保护司法人员依法履行法定职责规定》。

果和经验。二是坚持问题导向，完善组织支持、硬件支撑、救济渠道、落实机制等内容。三是细化保障措施，明确有关要求和责任，强化针对性和操作性。四是强化组织保障，设立专门组织负责法官履职保障事宜，明确组成人员和职能等。

（二）具体方面

具体包括以下方面及配套：一是规定不得要求法官从事超出法定职责范围的事务，可以通过依法公正审理案件、适时发布典型案例、完善以案说法机制等法定职责内方式参与地方治理。二是规定法官履行法定职责的行为，非经法官惩戒委员会听证和审议，不受错案责任追究；非因法定事由，非经法定程序，不得将法官调离、免职、辞退或者作出降级、撤职等处分；规定法官提出异议、申请复议和申诉的权利；规定法官受到错误处理、处分后的救济措施等。三是规定法官考评委员会工作机制和绩效考核体系等，注重审判工作实绩，充分考虑差异性。四是履职保障设施建设规定，包括安检设备和人员配备、录音电话和记录设备、专门会见、接待场所等。五是法官个人信息安全保障规定，防止法官个人信息过度公开影响审判工作和日常生活。六是法官人身安全保障规定，法官因依法履行法定职责，本人或其近亲属遭遇恐吓威胁、滋事骚扰、跟踪尾随，或者人身、财产、住所受到侵害、毁损的，公安机关应当依法采取保护措施。七是审判辅助人员保护规定，审判辅助人员与法官同处审判一线，应参照法官，对审判辅助人员依法履职行为进行保护。

关于完善我国个人信息保护法律制度的提案（2019）

网络信息时代，公民个人信息经济价值日益凸显，通过网络出售、非法提供和非法获取公民个人信息的行为增多，甚至形成“黑灰产业链”，由此产生的违法犯罪现象也越发突出。因此，急需完善我国个人信息保护法律制度，加强对收集、存储、处理和使用公民个人信息行为的规范，加大公民个人信息保护力度。

一、我国个人信息保护法律制度存在的问题

（一）个人信息保护缺乏专门性、体系性立法

目前，我国《民法总则》《刑法》《侵权责任法》《网络安全法》等对个人信息收集、使用、保护以及侵害个人信息处罚作了规定，奠定了相关法律基础。但是立法规定分散，缺乏统一性、整体性和系统性，对个人信息界定不明确，有的规定缺乏可操作性，难以适应互联网时代对个人信息保护的需要。

（二）刑法保护的个人信息范围界定过宽且不够明确

《刑法》规定了侵犯公民个人信息罪，最高人民法院、最高人民检察院联合制定的司法解释也明确了定罪量刑标准。但仍存在以下问题：一是前述规定认为，受刑法保护的公民个人信息为“可识别”特定自然人身份或者反映特定自然人活动情况的各种信息；但随着信息技术不断发展，可“识别”的信息会不断增加，有的信息被滥用时不一定产生社会危害性，从这个角度看，受刑法保护的个人信息外延失之于宽。二是按信息重要程度，将信息分为高度敏感、敏感、一般三个层次，并确定了不同的入罪数量标准，但实践中，对随互联网技术发展而产生的新型信息（如“行踪轨迹信息”“网上交易信息”等）如何归类存在较大分歧。

（三）网络个人信息侵权诉讼证据规则有待完善

网络个人信息侵权类纠纷日益增加，“网络侵权证据”属于电子证据，对民事诉讼法相关证据规则提出完善要求。电子数据易被伪造、篡改，侵权证据证明力要依靠电子信息技术来甄别真实性和完整性，专业性很强。与传统侵权相比，网络个人信息侵权主体和手段都具有隐蔽性，被侵权方取证必须依靠专业技术，否则很难获取充分证据。因此，网络侵权举证责任分配规则有待健全完善。

二、完善我国公民个人信息保护法律制度的建议

（一）相关立法要衡平个人信息保护和数字经济发展

在信息时代，一方面，公民个人信息数据的深度挖掘和利用促进了各行业的发展，通过提供优质用户体验为日常生活带来便利；

另一方面，个人信息权具有社会属性，不完全等同于财产权。因此，个人信息权保护立法，要注意平衡权利保护和企业创新、数字经济的发展关系，既不能规范过严，阻碍企业创新、数字经济发展，又要充分保护公民个人信息权。

（二）加快个人信息保护法立法进程

尽快制定《个人信息保护法》，推进个人信息专门化、综合化、系统化保护，明确保护目的和原则，明确安全保护标准和操作程序，明确个人信息收集者、使用者权利、义务和法律责任。同时，在金融、通信、电子商务、教育、医疗卫生、传媒等重点领域，加快制定有关行政法规、部门规章。

（三）适当限缩“公民个人信息”的外延

将侵犯公民个人信息罪中“公民个人信息”范围进一步限缩为“可识别特定自然人身份或者反映其活动，并且被滥用后会对公民个人人身、财产造成危害的信息”；该公民个人信息一般不包括已公开的信息，除非属于非法公开；对行踪轨迹信息的归类认定要把握动态性和隐私性特征，对财产信息的认定要将财产性内容和信息用途结合起来。

（四）增设过失泄露公民个人信息罪

掌控公民个人信息的企业，由于没有履行好监管义务，导致公民信息被泄露的事件时有发生。《刑法》可以增设过失泄露公民个人信息罪，对履职或服务过程中获取的公民个人信息，未依法履行监督、管理、保护职责，造成严重后果的，应当根据情节予以刑事处罚；此罪定位为业务过失罪，要以造成严重后果为入罪标准。

（五）完善个人信息侵权诉讼的证据规则

进一步完善个人信息保护诉讼相关的电子数据取证、认证规则；将审判实践中行之有效的网络个人信息侵权举证责任分配做法吸收到民事诉讼规则中，以进一步予以完善。

关于完善我国疫苗法律制度的提案（2019）

疫苗安全问题关乎人民的生命、健康，事关国家公共卫生和安全，山西疫苗事件、山东非法经营疫苗事件到长春长生生物疫苗造假事件，引发全社会广泛关注，也敲响了疫苗安全的警钟！习近平总书记强调，要始终把人民群众的身体健康放在首位，以猛药去疴、刮骨疗毒的决心，完善我国疫苗管理体制，坚决守住安全底线，全力保障群众切身利益和社会安全稳定大局。[①] 市场经济是法治经济，必须尽快完善我国疫苗法律制度，擎法治利剑，惩前毖后，让每一支疫苗都处于监管之下，让人民群众放心、安心。

一、我国疫苗法律制度存在的问题

（一）关于生产、销售假药、劣药罪的刑事立法不完善

一是《刑法》对假药和劣药进行区分，并对生产、销售假药、劣药的行为规定轻重不同的刑罚；但实践中假药和劣药界分标准并不明确，而且劣药导致的危害后果并不必然比假药小。二是生产、

① 习近平对吉林长春长生生物疫苗案件作出重要指示，载中国政府网，https：//www. gov. cn/xinwen/2018 –07/23/content_ 5308593. htm。

销售劣药罪以对人体健康造成严重危害为入罪条件，但在疫苗事件中，注射过期疫苗、失效疫苗（劣药）并不一定产生此类后果，可能无法对相应生产、销售行为处以刑罚；另外，《刑法》规定的最高从业禁止期限灵活性不够。

（二）疫苗行政监管法律制度存在漏洞

当前规范重点在疫苗流通和预防接种，而非疫苗监管，监管手段不多，对疾控机构和接种单位违法行为的行政处罚过轻；日常监管法律措施较少，对生产、销售劣药行为的行政处罚轻，违法成本过低，处罚金额与高额利润明显不成比例，难以遏制违法行为。地方食药监管机构在经费、人事等方面受制于地方政府，也是有的地方对违法行为处罚不力的原因。

（三）损害救济法律制度存在不足

对于因接种疫苗产生的损害救济，我国目前采取二元并立模式，对疫苗异常反应损害实行国家补偿，对疫苗产品缺陷和医疗事故损害采取侵权责任救济。一是在疫苗异常反应救济法律制度方面：补偿范围狭窄，仅限于因第一类疫苗异常反应造成的损害，并将最主要因素——偶合症造成的损害排除在外；补偿标准不明确，程序复杂，鉴定及争议解决机制缺乏中立性。二是在疫苗产品缺陷和医疗事故损害赔偿制度方面：损害后果与疫苗接种因果关系认定困难，对生产者、销售者、接种者过错认定困难，赔偿诉讼耗时长。

二、完善我国疫苗法律制度的建议

（一）取消刑法中假药、劣药分立的立法模式

对生命健康的危害程度一般与药品种类及假劣程度相关，大多

数国家和地区将劣药归入假药；我国刑法对假药和劣药进行笼统区分，并设置差距较大的刑罚，这并不合理。建议取消生产、销售劣药罪，将劣药纳入假药范畴，采用“行为犯+结果犯”的立法模式，即详细列举不得生产、销售的药品类型，同时将因假药而产生的实际危害结果作为从重处罚情节；针对采用从业禁止最长期限仍不足以防止再犯的情况，增设终身从业禁止规定。

（二）完善疫苗监管行政法律

一是建构疫苗全过程监管法律体系，让监管贯穿疫苗生产、销售、运输、仓储、接种全流程；强化对第二类疫苗的监管，确保其在省级公共资源交易平台上交易；监管工具法定化、多样化，将标准、标签、说明书、再评价、监督检查、召回、违法事实公布等多种监管工具纳入法律法规。二是加大对生产、销售假、劣疫苗的行政处罚力度，对情节恶劣者实施惩罚性行政制裁，提高违法成本和威慑力度；健全市场信用法律体系，将疫苗违法违规者纳入“黑名单”管理。三是运用信息化手段，确保每一支疫苗信息可追溯，接种者可查询并享有知情权。

（三）完善疫苗接种损害救济法律体系

一是国家对疫苗异常反应实行直接、及时、足额补偿，对第一类、第二类疫苗造成规定范围内的损害，采取国家补偿，减少救济排除事项，将偶合症至损纳入救济补偿范围；建立疫苗异常反应损害补偿基金制度，基金来源于政府财政拨款、疫苗生产企业缴纳的强制保险理赔金、社会捐款等。二是疫苗缺陷造成损害的，生产、销售者承担损害赔偿责任，存在故意、重大过失的，施加惩罚性赔偿；简化诉讼程序，建立《疫苗损害赔偿表》，如果接种疫苗后出现表中对应损害结果，无须证明因果关系，可直接请求赔偿，对表中未列出的损害结果，由中立机构进行鉴定；建立疫苗产品缺陷损害赔偿强制保险制度，生产企业负担保险金。

关于明确互联网法院专门法院法律地位的提案（2020）

设立互联网法院是党中央的重大决策部署，在杭州互联网法院设立运行两年多，北京、广州互联网法院设立运行一年多来，三家互联网法院坚持以人民为中心的发展思想，探索构建适应互联网时代需求的新型诉讼规则，通过依法审理各类互联网案件，推动网络空间治理法治化，强化我国在网络空间治理的国际话语权和规则制定权，各项工作取得良好成效，受到中外各方面的广泛关注和充分肯定。

一、互联网法院发展中存在的问题

互联网法院作为一项改革试点，是集中管辖特定类型互联网案件的基层法院，主要实行“网上案件网上审理”新机制，在案件审理、平台建设、诉讼规则、技术运用、网络治理等方面，形成了符合互联网时代要求的特色经验。特别是通过审理一批互联网特性突出、法律关系复杂、专业技术性强的互联网案件，依法界定网络空间权利边界、明确网络行为规则、完善互联网治理规则，保障互联网新业态健康发展，有力推进网络空间治理法治化。

但是，由于互联网法院法律地位不明确，发展中存在一些制度性、机制性、瓶颈性问题。一是互联网法院的管辖急需优化。互联网纠纷的新颖性、复合性和跨地域性导致案件管辖复杂性。例如，许多新类型案件难以纳入传统民事案由，起诉时包含多个案由的案件存在管辖权冲突，互联网不正当竞争、垄断纠纷等未纳入管辖范围。二是诉讼规则有待完善。传统线下诉讼规则与在线诉讼模式不相适应，需要重新理解定义司法亲历性原则，探索在线诉讼规律，完善在线庭审、电子证据认定、电子送达等方面的诉讼规则。三是平台建设还需进一步统筹整合。平台建设受多种因素制约，需要统筹推进，如内外网平台需要进一步对接整合，专业技术人员匮乏、数据安全存在隐患、外部数据共享渠道有待拓宽等问题需要进一步改进。

二、关于明确互联网法院专门法院法律地位的建议

从互联网法院审判实践看，其管辖范围逐渐从批量简单案件转向技术性强、复杂性高、类型新颖的案件，适应互联网时代要求的诉讼规则和办案平台将逐步确立，其政治意义和政策功能将更加凸显。为充分发挥互联网法院功能作用，应进一步明确其专门法院地位，重点完善以下制度机制：

一是完善互联网审判总体格局。互联网时代涉网纠纷具有普遍性、常态化，所有涉网案件均由互联网法院管辖不合理、不可行。互联网法院管辖案件应当向“专”而“精”的方向发展，集中管辖类型新颖、疑难复杂、具有规则确立意义的互联网案件，提升审判专业性和专门化程度。由于互联网纠纷在线发生、打破时空的特点，互联网法院管辖地域应当跨地市级或省级行政区划，注重形成更清

晰、明确的法律适用标准，统一新兴领域裁判规则。对于普通涉网案件，由地方法院继续审理，完善互联网审判组织体系，形成科学合理、分层递进、有序衔接的互联网审判格局。建议全国人大常委会法工委等部门，加大立法支持，研究互联网法院和普通法院管辖划分，明确互联网法院专门法院地位，探索跨行政区划管辖案件，如北京互联网法院管辖范围扩至京津冀、广州互联网法院扩至珠三角、杭州互联网法院扩至长三角，实现案件管辖合理布局。

二是推动完善在线诉讼规则体系。加强互联网法院在线诉讼探索，理顺诉讼流程，明确操作规范，形成管辖、立案、庭审、送达、电子证据质证认证、执行等一整套在线诉讼程序规则，完善民事诉讼规则，从制度上消除网上立案、电子送达、在线庭审、电子归档等障碍。建议全国人大常委会法工委在授权开展民事诉讼繁简分流改革试点的基础上，适时总结评估，修改完善相关电子诉讼规则，推动互联网技术与审判方式、诉讼制度深度融合。

三是统筹推进基础设施建设和配套保障。针对信息化平台建设受制约问题，推动制定平台技术标准和数据安全标准，加大诉讼统一平台建设、监管力度。地方党委政府加大人员编制、机构设置、财政保障、技术支持、专门人才培养等配套支持。建议中央网信办牵头，推动制定法院系统平台技术和数据安全标准，协调法院、政府机关和互联网企业等机构建立数据共治共享平台。

关于深化诉讼收费制度改革的提案（2021）

2021年1月10日，中共中央印发《法治中国建设规划（2020—2025年）》，对完善民事诉讼制度体系作出工作部署，明确提出“改革诉讼收费制度”。我国现行《诉讼费用交纳办法》（以下简称《交费办法》）于2006年颁布，2007年实施，《交费办法》的出台和实施，有效遏制了收费乱象，强化了诉权保障，发挥了重要历史性作用。但目前《交费办法》实施已逾13年，在此期间经济社会形势发生深刻变化，相关法律不断修改完善，司法体制改革持续深入推进，《交费办法》的相关内容已不能满足新时代人民群众司法需求和司法实践的现实需要，在一定程度上制约了民事诉讼制度功能作用的发挥。为积极贯彻落实党中央部署，推进国家治理体系和治理能力现代化，当前有必要深化诉讼收费制度改革，加快修改完善《交费办法》，全面激活诉讼收费制度在保障诉权、引导程序、调解案件、构建诚信社会等方面的多重功能，助力推进法治中国建设。

一、诉讼收费制度存在的主要问题

一是《交费办法》不适应立法和实践发展需要。2007年、2012年《民事诉讼法》经历了两次大规模修正，先后对当事人申请再审权利进行诉权化改造，增设了小额诉讼、公益诉讼、确认调解协议、实现担保物权、第三人撤销之诉等新类型案件，但《交费办法》未根据诉讼法律修改作出及时调整，导致存在大量规则空白，实践中各地做法不一。

二是《交费办法》确定的收费模式和标准科学性不足。《交费办法》确定的收费模式较单一，未精准区分不同诉讼流程、审判进程、不同审级的收费梯度，不利于激发当事人尽早解决纠纷；不收费案件范围过于宽泛，既不符合收费与司法资源耗费相当性原则，也不利于发挥其他纠纷解决主体作用；案件收费标准不合理，财产类分段区间和比例有待调整，收费上不封顶，不利于当事人诉讼权益保障；司法救助制度有待完善，诉讼收费缓、减、免制度程序设置过于烦琐、适用范围过窄。

三是诉讼收费制度改革未与相关改革举措协同推进。党的十八大以来，司法体制改革不断深入推进，但诉讼收费制度改革推进滞后，制约了相关改革的推进力度和落地效果，改革系统集成效应未充分发挥。比如，推进四级法院审级职能定位改革，需进一步发挥诉讼收费制度杠杆调节作用，促进案件数量在不同审级合理分配；民事诉讼程序繁简分流改革试点工作开展后，诉讼收费范围和标准与当事人司法需求、诉讼程序特点和司法资源投入没有形成合理匹配，制约试点改革综合效能发挥；在财务省级统管改革后，诉讼费的收缴、管理、退费机制有待进一步理顺；等等。

二、关于改进诉讼收费制度的建议

一是尽快组织研究修改《交费办法》。建议由司法部牵头尽快研究修改《交费办法》，统筹兼顾诉讼收费制度的多重功能，坚持诉讼收费标准有升有降的思路，及时填补相关收费规则空白，建立程序分类、进程分段、审级分级的诉讼收费新模式，科学调整案件收费标准，对财产类收费标准适当下调，对非财产类案件收费标准适当提高。

二是加强各项改革举措之间的协同配套。建议在推进诉讼收费制度改革中加强与立案登记制、司法责任制、四级法院审级职能定位改革以及民事诉讼程序繁简分流改革试点等改革举措的统筹衔接、协同配套，合理确定收费案件范围和标准，探索建立申请再审案件收费或预收费制度，充分发挥诉讼收费制度杠杆调节作用，有效形成改革合力，发挥系统集成效应。

三是完善收费“缓减免”规则。建议简化诉讼费用“缓减免”的审查程序，适当扩大“缓减免”适用对象，将法人或者其他组织，尤其是中小企业纳入救助范围，积极落实司法救助制度，确保优惠政策用得其所，充分发挥“缓减免”制度在维护自然人和法人合法诉讼权益、助力优化营商环境方面的保障作用。

四是健全诉讼费管理制度。建议明确诉讼费追缴程序和机制，保证追缴程序及时启动，切实解决欠交诉讼费问题；根据诉讼费的性质和特征，建立诉讼费专用账户，实行精细化管理；充分利用互联网技术优势，打通法院、银行合并财政系统接口，完善移动支付、网上办理等便民交纳和退费方式。

关于完善我国新就业形态用工法律制度的提案（2022）

国家统计局发布数据显示，2021 年我国灵活就业人员已经有 2 亿人左右，新就业形态蓬勃发展，各种灵活就业模式吸纳了许多劳动力就业。据调查，一些平台外卖骑手人员达到 400 余万人；从事主播及相关从业人员 160 余万人，比上年增加近 3 倍。习近平总书记的重要讲话指出，“要健全完善规则制度，加快健全平台经济法律法规，及时弥补规则空白和漏洞……明确平台企业劳动保护责任。”① 去年，人力资源和社会保障部等部门出台的《关于维护新就业形态劳动者劳动保障权益的指导意见》，实施分类保障，赋予不完全符合确立劳动关系情形的劳动者基本劳动权益保障，填补了规范空白，对支持和规范发展新就业形态，切实维护劳动者合法权益意义重大。

一、我国新就业形态用工法律制度存在的问题

一是由于新型用工实践发展迅速，相关立法存在一定滞后性，

① 习近平主持召开中央财经委员会第九次会议，载中国政府网，https：//www. gov. cn/xinwen/2021 –03/15/content_ 5593154. htm。

导致目前劳动仲裁和司法实践中存在一定程度的法律适用不统一。少部分案件认定为劳动关系，享受劳动者权益保障，绝大多数案件则因依据不明确，不能认定为劳动关系；在认定了劳动关系的案件中，劳动者权益保障程度也存在不统一现象。二是前述新就业形态权益保障指导意见虽然将用工法律关系分为劳动关系、不完全符合确立劳动关系情形和普通民事法律关系三类，但没有明确劳动关系、不完全符合确立劳动关系情形认定标准和不完全符合确立劳动关系情形下权益保障内容，导致相关保障大多数停留在“纸面上”。三是调研发现，涉新就业形态民事纠纷主要以追索劳动报酬、劳动者遭受损害和执行任务过程中致人损害纠纷为主，因相关规则不明，导致责任分担失衡，影响社会稳定。

二、完善新就业形态用工法律制度的建议

一是完善相关立法或司法解释。立法层面对新就业形态用工法律关系分为劳动关系和民事关系两类，而行政规章层面则分为三类，在法院不能拒绝裁判且行政规章不能作为裁判依据时，会导致司法裁判与行政管理相冲突。建议尽快完善相关立法或司法解释，统一新业态用工法律规范体系，如果修改法律时机尚不成熟，可以暂由司法解释作出开放性规定，审判实践先行探索。

二是完善劳动关系认定标准。由人力资源和社会保障部门尽快明确劳动关系认定标准或者由司法解释尽快明确有关指引性考量因素，使劳动仲裁和司法机关有据可依。

三是完善不完全符合确立劳动关系情形的认定标准和权益保障。劳动者与平台企业之间的法律关系不符合传统劳动关系，但平台企业对劳动者进行劳动管理的，应当支持劳动者向平台企业主张最基本的劳动权益保障。一方面人力资源和社会保障部门可以通过行政

规章形式予以明确，另一方面司法机关可以作出探索性、开放性规范，逐步总结经验，供立法参考。

四是积极稳妥推进平台企业用工管理算法规制。平台经济下，平台企业用工通过用工管理算法决定了工作时间、地点、工作量、奖惩办法等。劳动者一旦接受平台派单，则需按照平台算法执行相关行为；出现劳动事故时，劳动者权益往往因为算法管理隐蔽性难以找到承担责任的用人单位。另外，由于平台算法的“最优选择”，劳动者为防止因为违背算法设定的工作时间或者工作量等受到惩罚，出现闯红灯等违背交通规则和社会秩序的行为。有必要对平台用工管理算法作出规制，明确算法规则生效要件，赋予平台企业对算法合理性的举证责任。

五是明确劳动者受到损害的责任承担规则。劳动者因执行工作任务遭受损害时，明确指派工作任务的平台企业如何承担责任；第三人造成损害的，第三人和指派工作任务的平台企业如何承担责任；参加了工伤保险或者新就业形态就业人员职业伤害保障统筹的劳动者受到损害时如何处理等。

六是明确劳动者致人损害的责任承担。劳动者执行工作任务过程中致第三人损害时，应当明确受害人如何向平台企业和有故意或者有重大过失的劳动者主张责任；购买了第三者责任险等商业保险时如何处理；劳动者在工作过程中造成他人损害，受害人有理由相信劳动者系执行工作任务时，责任如何承担等。